抬頭望向天空尋找答案的人們,
以及隱藏在星空中的歷史

人類大宇宙

THE HUMAN COSMOS

喬・馬錢特——著
Jo Marchant
徐立妍——譯

獻給帕比和魯弗斯

CONTENTS

序曲

將近一百四十億年前，一切自虛無中霹靂而生，我們的宇宙從一個熾熱、壓縮又微小到無法想像的小點中迸發誕生，接著幾乎是在一瞬間便往外膨脹，形成太空的這個空間以超過光速的程度急速擴張，一直到所有存在的物體大約成為一顆葡萄柚的大小。然後，宇宙持續擴張、冷卻，接著形成了最初的物質，就在那第一秒內，中子、質子、電子、光子、中微子等各種粒子組成的高密度團相互推擠，形成一股驚人而熾灼的熱，散發出有如霧般的光。宇宙生成大約三十八萬年後，這顆泡泡已經擴張到幾千萬光年以外的地方，並且冷卻到了幾千度左右，這樣的溫度足以讓原子組合在一起，宇宙第一次透出了光。一開始只是一閃即逝的光，然後黑暗再度籠罩，還要再過幾千萬年，重力才能夠吸引住稍有密度的各種物質，粗暴地將一團團氣體碰撞在一起，形成最早的星星及星系，就這樣，天空的燈光一個個亮了起來。大多數的宇宙學入門大概都會以自己的方式描述這一連串事件，但謎團仍未解開：大霹靂（Big Bang）真的是一切的開端嗎？或者我們的宇宙只是在另一個更大的多重宇宙中一顆不斷膨脹的泡泡？宇宙會永遠擴張下去嗎？或者到最後會在一次大擠壓中再次崩塌？不過，眾人都能同意宇宙的普遍性質及宇宙是怎麼回事，目前已經揭露的事實是，這是一臺龐大且精細的機器，由物理粒子組成，並且其中的作用力也依循著數學方程式及法則。這本書要說的是不同的故事。宇宙的科學解釋是我們現代文明的巔峰，如此擲地有聲的見解足以消弭其他所有不同看法。研究宇宙的宇宙學曾一度被形容為在哲學及精神層面上的廣泛追尋，要找出人類存在的意義，要問我們是誰、我們在哪裡、我們為何在此地，如今卻是數學天文學的一個分支。那麼，那些大哉問怎麼了呢？我們對於宇宙已經沒有其他什麼需要知道的嗎？這本書並不是要詳細描述最新的天文學進展，是要介紹長久以來，人們從星辰收集到的知識歷史，是關於人們的宇宙觀如何讓他們認識了現實的本質及生命的意義；關於我們已經捨棄的那些神祇與靈魂、神話與神獸、宮殿與天體；關於科學觀點如何成為主流，而這段路程又是如何形塑今日的我們。這是一段關於人的故事，講述了祭司、女神、探險家、革命家和君王，故事並非由大霹靂開始，甚至也不是由科學的誕生開始，而是由最早抬頭望向星星的人類開始，以及他們在天空中找到的答案。

●

為何要在乎過去對天上的信仰？考古學家和歷史學家通常不會如此。我們知道，科學是立基於試圖理解天堂的念頭，不過學者要更全面追溯人類歷史進展時就鮮少以此為焦點，我認為此舉對於我們要理解自己從何而來造成了巨大的盲點。事實上，人們在天空中所看到的模式一直都主宰著人們在地上生活的方式，形塑了對於時間與空間、權力與事實、生與死等概念。

我們在古老的過往中便看見這一點：執著於日食的巴比倫人；建造金字塔以引導靈魂前往星星所在之處的埃及法老；在太陽旗幟下奮戰的羅馬皇帝。對宇宙的概念也形塑了現代世界，即使我們忘記這些影響力的根源，卻也已經深植在社會當中，存在我們的國會、教堂、藝廊、時鐘與地圖裡。從基督教的誕生，乃至歐洲的探險及主宰星球，其中核心的影響力正是對太陽、月亮、星星的信仰，他們指引著不羈的立法人員創建了民主與人權原則、引導經濟學家建立資本主義所仰賴的框架，甚至指示畫家畫出了第一幅抽象畫。

今日光害籠罩著我們的星球，星星幾乎消失了，過去在黑暗的夜空中能看見上千顆星星，但今日在城市裡的我們只能看見幾十顆。天文學家擔心，就連這些很快也會遠遠不敵人造衛星的數量，在美國和歐洲的大多數人根本再也看不見銀河。看著自然遺產這樣逐漸消蝕實在是災難一場，我們與銀河系及浩瀚宇宙之間的連結也會就此消逝。沒有人為此群起大聲疾呼，大多數人只是聳聳肩，依舊盯著自己的手機，絲毫不擔心即將失去這片在歷史上其他每一種人類文化都視為必要的景象。

但是，我們仍然努力想弄清楚我們在宇宙中的位置，科學在這方面的進展十分成功：今天一個五歲小孩比起幾千年前的古早文化更清楚物理宇宙的歷史、組成及本質，但是科學也將這些文化在生命中發現的意義拆解了大半，將個人經驗屏除在我們對現實的理解之外，取而代之的是時空概念抽象而數學化的網格。地球從存在的中心被踢到了邊緣，生命被重塑成隨機意外的結果，而且也完全不管神明了，現在一切都能以物理法則來解釋。我們在宇宙秩序中完全不是什麼有意義的角色，而是如物理學家史蒂芬・霍金（Stephen Hawking）所言，我們只是「化學渣滓」，存在於一個中等大小的星球表面，繞著一個沒什麼重要性的星球運行。

幾百年來不斷有人批評反對這樣冰冷機械式地解釋人性，過程中經常全盤否決科學的見解，一直到不久之前仍屬於禁忌話題，但現在即使是受人敬重的科學家也對此表達擔憂，他們認為或許物理物質並非宇宙全貌、並非我們的全貌；或許，科學只看見了全貌的一半。我們可以解釋星體與星系，但心智呢？意識本身呢？這些論戰逐漸形成一場世紀之戰，可能會改變整個西方的世界觀。

畫下戰線之後，我想我們必須換個角度思考，提出概述，因此這是一本關於宇宙的書，不是科學指南，是從人性出發。我不長篇大論地講述，而是選擇了十二個時刻，你或許也可以稱之為墊腳石，讓我們理解歷史上的人們是如何看待天空，尤其是這十二篇故事依循著西方物質宇宙觀點的崛起，爬梳這套宇宙模型如何主導我們的生活。這些故事從人類最早透過洞穴壁畫及巨石陣來表達人性開始追溯，途中講述了基督教、民主及科學等重要傳統的誕生，最後進行到追尋外星生命以及近來飛入真正的且虛擬的太空之旅。

這趟旅程能夠解釋今日的我們是誰，或許還能指引出未來的航道。所謂當局者迷，我們很難看見其極限，因此我希望拉遠距離去檢視人類宇宙信仰的深度歷史，或許有助於我們探索世界觀的界線，還可能看得更遠。我們是如何成為無意義的宇宙中被動的機械？這些信念如何影響我們生活的方式？而我們由此又能前往何方？

1 神話

綜觀歷史，世界各地的藝術作品上經常出現有趣的點狀圖案，數量各有不同，但通常都是六個圓點形成緊密的團體，四個為一排、兩個為另一排；這樣的主題在世界各地的社群中都出現過，從美洲納瓦荷部落的葫蘆形搖鈴上鑽出的孔洞，乃至於西伯利亞薩滿巫師鼓上的繪畫，甚至還出現在日本汽車製造商速霸陸的商標上。

所有這些例子當中的圓點所代表的是夜空中最具代表性的景象：昴宿星團，這一團六、七顆星星（確切數量會依觀看條件有所不同）看起來相當接近太陽每年在空中行經的軌跡，而成為了許多神話與傳說中的主角：在切羅基神話中，這些星星是走失的孩子；維京人將這些星星當成女神芙蕾雅的母雞。這些星星也是金牛星座中相當顯著的組成，昴宿星團就坐落在天空中這頭牛的肩膀上方，再加上向外突出的牛角，紅巨星畢宿五就是明亮的牛眼，還有另一群星星畢宿星團則在牛的臉面上散落成一個V字形。

這六點形成的圖案經常出現，表示昴宿星團在世界各地的社會中相當重要，也傳達出人類想要在藝術上呈現星空各種面向的共通渴望。但是這個故事還不僅如此，有另一個例子也畫出這些點點，但老實說似乎是不可能出現的。在法國西南部的拉斯科洞窟（Lascaux）最出名的，就是洞內豐富的舊石器時代藝術：描繪動物的壁畫及雕刻，認為已有兩萬年歷史，是人性初現的象徵。幾十年來，學者不斷爭論這些作品的意義，同時卻很少有人注意到，在洞窟龐大入口空間的頂部有六個簡單的點，完美契合昴宿星團的位置，以紅赭色仔細畫下這些點，漂浮在一頭壯碩的原牛肩膀上方。

這頭原牛被稱為「第十八號公牛」，有五．二公尺長，是整個洞窟中最大、或許也是最容易辨識的壁畫，與現代的金牛座形象之間有驚人的相似性，甚至在臉頰上還有V字形點點，已經被發現多年，但在導覽手冊上卻沒有提及，主流考古學家也鮮少討論。金牛座是最早出現記述的星座之一，文字紀錄可以追溯至將近三千年前觀測天象的巴比倫祭司，祭司將昴宿星團看成了天上公牛背上的鬃毛。但其真正的起源會是拉斯科這個應該還相當原始的狩獵採集部落所創作的星圖嗎？與其說學界否定了這個想法，應該說根本沒討論過其可能性。

然而，過去幾年來，人類學、神話學和天文學等領域的專家開始主張，應該澈底重新評估我們在舊石器時代祖先的技巧，以及他們訴說的故事有多麼長遠的影響力。這裡要說的就是人類與星空關聯的歷史，那麼就從第十八號公牛的謎團開始吧，我們將會探討拉斯科的藝術家是否真的能夠畫出星座，也要問問為什麼他們會如此關心天空。這趟旅程會引領我們直往核心，認識這群最早擁有想像力、記憶力、解釋及表達能力的人類，宇宙對他們來說有何意義，而他們所創造的宇宙觀仍影響著我們今日的生活。

●

一九四〇年九月十二日，十七歲的實習技工馬塞爾・拉維達（Marcel Ravidat）和三個朋友一起到村莊附近的山丘散步，村莊位於法國西南部的蒙蒂尼亞克（Montignac）。村莊裡流傳著這片山丘底下有洞窟，法國大革命之後的一波處決潮中，附近一處莊園的主人也是修道院院長拉布魯斯（Labrousse）據說就藏在其中一個洞窟，而拉維達則異想天開地認為其中可能藏著寶藏。幾天前，他在地面上發現了一個洞，或許有機會一探，並開始清除障礙物，這一次他帶著一把刀和一盞拼湊出來的燈，打算要完成這項工作。

這些男孩的目標是地面上一處臉盆狀的凹陷，周圍長著松樹和杜松，到處都是荊棘灌木，盆底有一處小開口接著一道狹長、幾乎垂直的通道。男孩們清除了荊棘（居然還有一頭驢子屍體），然後徒手將洞口挖寬到將近三十公分。他們往下丟石頭，發現石頭滾動了很長時間而且還有回聲，感覺相當驚訝。那些荊棘底下藏著什麼龐大的東西。

拉維達是這群人當中年紀最大也是最強壯的，他頭下腳上鑽了進去，匍匐在土裡爬了幾公尺後，便掉在一堆尖尖的泥土和石頭上。他點起燈，這是他用一顆滑脂泵加上一條線做成的，但他幾乎馬上就失去平衡，一路滑到底部。他發現自己處在一片寬闊的空間裡，大約有二十公尺長，便出聲叫朋友跟著下來。

他們在近乎一片漆黑中穿過石灰岩洞穴，避開地上的淺水坑，最後抵達一處狹窄的走道，上頭拱起的頂部距離相當遠，就像教堂穹頂。一直到了這裡，拉維達才舉起燈，男孩們便發現了寶藏。在白色的牆壁上覆滿了爆發的生命，從我們的物種誕生便出現的圖像，經過兩萬年後終於再次重現世人眼前。

首先，他們注意到有顏色的線條以及怪異的幾何圖像，然後拿著燈往四處一照，便看到了動物，到處都有金色的馬配上黑色鬃毛，同時還有紅黑相間的公牛、山羊，以及一頭鳴叫的長角雄鹿。一群群動物躍然牆上，跟著跳上了洞窟頂部，有些線條明確而顏色繽紛，也有些形象模糊，彷彿是從霧中掉出來似的。這些男孩還不明白自己發現的東西有多麼重要，但他們知道這很特別，於是在搖曳的光線中又跳又叫地慶祝著。

拉斯科洞窟（以鄰近的那座莊園命名）如今名列歷史上最壯觀的考古發現之一。在法國南部及西班牙北部有上百個洞窟，拉斯科是其中一處，洞窟中的裝飾可以追溯至三萬七千至一萬一千年前。這些藝術家從解剖學來說已經是現代人類，他們在上一次冰河期間，大約是四萬五千年前首先從非洲遷徙到歐洲。這段時期稱為舊石器時代晚期，以此時所使用的石頭工具命名，而人類的創造力似乎也在此時有爆發性的成長。其他地方也發現大約同一時期的岩石壁畫，像在印尼及澳洲都有，這項活動的起源幾乎可以肯定還更早就出現在非洲。不過，多虧了其複雜性、細膩的保存手法以及繪畫雕刻的數量驚人（近兩千幅），拉斯科是當中最為精細的遺蹟。

這裡的藝術家使用以植物製成的刷子或者髮束，顏料則是鐵礦和錳礦、高嶺土及炭條，畫滿了深達一百公尺的石窟內所有通道及穴室。他們的創作讓我們得以一窺史前人類的心智，實屬難得，也美得令人魂牽夢縈。這些先民是誰？他們關心些什麼？是什麼讓他們想要創作藝術？實質上，是什麼讓他們發展出人性？

自從男孩們發現此地後的幾十年間，學者針對這些問題提出了各種令人目不暇給的答案。早期有人認為這些神祕的圖樣只是裝飾，「為了藝術而藝術」，沒有什麼特別的意義；另一派則認為這些動物代表不同的部落，這些繪畫描述的便是部落之間的戰役及結盟。有些專家認為這些繪畫的用意是施法的咒語，是為了提升狩獵遠征的成功率或驅除惡靈。在一九六〇年代，學者採取了統計學的方式，記錄下不同類型的圖樣在洞窟內的分布情形，並且根據他們看到的模式建立理論，例如馬和野牛就象徵著男性和女性身分。

然後，諾伯特・奧祖拉特（Norbert Aujoulat）出現了，他對這些繪畫的了解或許比任何人都更加親密。他十分熱中於洞窟研究，自述為「地底人」，經常獨自遁入法國山區，一去就是好幾天，也協助發現了十幾處地底洞室。但他一直沒有忘記自己初次見到拉斯科的時候，那是在一九七〇年一個冬日下午，自從發現洞窟之後便開放大眾參觀，但後來又關閉了：每天上千名遊客所呼出的氣息，再加上他們帶入的細菌，都損傷了珍貴的壁畫。當時二十四歲的奧祖拉特就在當地讀書，參加了賈克．馬叟（Jacques Marsal）的私人導覽行程，馬叟正是三十年前發現這個洞窟的四名好朋友之一。

為了抵達壁畫所在之處，馬叟帶著他們走下一道斜坡，通過一連串為安全而建造、由石塊堆砌成的入口廳堂及門廊，這讓奧祖拉特感覺他們恍若正要前往神廟內部的神聖空間。最後一道門是以沉重的青銅鑄成，裝飾著光亮的石頭，奧祖拉特只花了半個小時探索在門後的寶藏，但已經足以決定他人生的道路，他完全入迷於洞窟內那股強烈的人類存在感，強大到能夠穿越數千數萬年，於是他立定目標，志要理解這些壁畫創作的方式與原因。

奧祖拉特花了將近二十年才得以完成自己的夢想。一九八八年，他成為法國文化部洞窟藝術局的局長後，便展開研究拉斯科洞窟長達十年的龐大計畫，從環繞著入口洞室頂部的大型公牛，到一處稱為半圓形後殿的較小洞室中密麻交纏的雕刻圖案。其他學者都將焦點放在藝術上，奧祖拉特卻是以自然科學家的身分看待拉斯科，從各個面向研究這個洞窟，包括石灰岩的地質學乃至牆上動物的生物學，他下了結論，認為其他人都忽略了一個關鍵面向：時間。

他在研究馬、原牛和雄鹿等一同交疊出現的圖樣時，發現每一次都是先畫上馬、然後是原牛，最後才是雄鹿。而且，這些動物總是顯露出對應著一年當中特定時節的特徵：馬匹身上厚重的毛皮及長長的尾巴對應著冬天尾聲；原牛則是在夏季當中，然後雄鹿頭上突出的鹿角是秋季時才有的特色。對每一物種來說，都正值交配季節。

奧祖拉特在二〇〇五年出版的《拉斯科：動作、空間與時間》（Lascaux: Movement, Space, and Time）一書中描述了自己的發現，他認為壁畫繪製出重要動物的生育週期，可以理解這個洞窟是一處靈性的聖地，用意是象徵創造以及生命的永恆節奏。不過，這些繪畫所呈現出的創造週期並不僅是代表了俗世上與動物、天氣相關的主題，還能延伸到整個宇宙。

當然，年復一年發生在石器時代世界中的生命再造，也能反映在星象週期上：以太陽的路徑及夜空中出現特殊星座來標記每一季節。奧祖拉特相信，這就是藝術家觀點的核心。他認為，這顯示出生物及宇宙時間是相互糾纏在一起的，將洞窟頂部高懸的牆壁及整片頂部的壁畫比擬為「蒼穹」，並且提出論點說這些動物並非呈現在地面上，而是於天空裡。

這點可以解釋為什麼這些動物經常看起來像是飄浮著的：從各個角度繪成、看不見任何地面線條，有時甚至還高懸著腳蹄。如果奧祖拉特是對的，拉斯科洞窟不僅表達出生物學，同樣也表達出宇宙學：這些藝術家並非在模仿身邊所見的環境，而是將一切定義了他們存在的變化，無論是地上的或在天上的，都揉合在一起，可以說這就像一首歌頌他們宇宙的歌賦，呈現出人類最早對於宇宙本質及生命起源的認知。

奧祖拉特處於法國學術機構的核心，而他的研究成果具有相當大的影響力，但即使如此，卻很少有人討論他對天空的概念。在缺乏直接證據的情形下，考古學家認為，與其將這些繪畫視為對天空的觀點，當成歌頌自然的作品要容易多了。不過仍有一些學者認為奧祖拉特的論點還不夠大膽，拉斯科的藝術家不僅僅是想像天空上的動物，更繪製出天上的星圖。

●

一九二一年，一位叫做馬塞爾・博杜安（Marcel Baudouin）的法國史前歷史學家發現了一塊形狀像是陰莖的海綿化石，這塊化石在法國中北部的貝訥（Beynes）出土，上頭有相當鮮豔的紅色鏽斑，某位古代藝術家在這些位置雕鑿以創作出一連串黃色、蹄狀的點。「我第一次見到這樣的作品！」博杜安興奮寫道，他發表了一篇論文，名為〈大熊與天上的陽具〉（The Great Bear and the Phallus of Heaven），他認為這個圖形符合北方的大熊星座，甚至連比較明亮的星星都會以較大的點來表示。

不可能判斷這些點是何時鑿下的，不過他認為應該是在舊石器時代或新石器時代。因為地球的自轉，北半球的星星看起來彷彿是繞著北極正上方天空中一個靜止的點運行（今日稱為北天極）。博杜安推測這塊化石想要以天上陰莖的形象來表現出北極，雕鑿的點就代表附近的大熊座繞著這根棒子運轉。

他是最早在史前藝術中看見星星的其中一人，在一九二〇至三〇年代間，包括博杜安在內有好幾名學者回報在凹陷的低谷中有星座圖樣，稱為杯狀槽，從法國南部至斯堪地那維亞等地點挖出的石碑及洞穴牆上都發現過。其他人無法證明他們的論點，如今大部分也遭人遺忘，但幾十年後，美國考古學家亞歷山大・馬沙克（Alexander Marshack）於一九七二年出版的《文明的根源》（The Roots of Civilization），在這本影響深遠的著作中，他便推廣了石器時代天文學這個概念。

馬沙克使用顯微鏡檢視舊石器時代晚期人類在骨片上留下的鑿刻痕跡，他最早研究的其中一塊是已有三萬年歷史的骨頭，於法國多爾多涅（Dordogne）地區的布隆夏岩棚出土，骨頭一側刻上了六十九個圓盤或新月狀的凹槽，排列成蛇形線條。馬沙克指出這些凹槽的雕刻用上了二十四種不同的手勢，顯示這些記號是在二十四種不同場合成群刻下來的，這不是單純的塗鴉，而是某人在記錄某件事情，馬沙克認為正是月亮盈缺。他檢視了在形狀各異的骨頭、石頭及鹿角上都出現的類似圖案，認為舊石器時代的人類便經常會追蹤天空的情況，使用陰曆來記錄時間流逝。

即使馬沙克對冰河時期天文學的主張尚未得到證實，卻也普遍引起重視，研究人員很快就開始再次檢視史前時代的星座圖樣，尤其是在拉斯科洞窟當中。德國天文學家麥可・拉朋格魯克

（Michael Rappenglück）一九八四年仍在慕尼黑大學就讀時，去聽了一場演講提到拉斯科洞窟壁畫中可能畫著星圖，這是他第一次聽到這種論點，「我真是大開眼界。」他說。如今，拉朋格魯克已經是德國吉爾興（Gilching）成人教育中心兼天文臺主任，同時是歐洲文化天文學協會前主席，他從那時起便一直在研究這套理論。

他所研究的其中一幅圖案就是第十八號公牛。經過很長一段時間，天空中的星座會因為地球自轉軸的晃動而移動，個別星星也會依循自己的軌跡運行。為了檢驗這幅星圖有多麼符合金牛座及昴宿星團，拉朋格魯克計算出這些星星在大約兩萬年前應該會怎麼排列，然後將計算結果跟洞窟牆上的照片比對，他發現這頭公牛被畫下的時候，昴宿星團會略高於公牛背上，然後畢宿五（公牛的眼睛）周圍的畢宿星團會更加清晰，比今日的星圖更為符合壁畫上的樣子。

他相信這不是巧合，主張我們的金牛星座（過去曾是以整頭牛的形象呈現，但經過幾百年已經失去了後半身軀以容納新的牡羊星座）起源自更加古老的星群，就稱之為「原牛」，靈感來自冰河時期人類會獵食的巨大公牛。

拉朋格魯克從人類學中尋找證據來支持自己的論點，他指出綜觀歷史上各個社會都曾經使用昴宿星團為曆書，星星每天晚上都繞著南北天極運行，但因為我們也繞著太陽轉，表示星星依循著一年的循環；不同的星星與星座都在一年中特定時間「升起」或「落下」（清晨時在地平線上方出現或黃昏時消失在視線中），昴宿星團是靠近黃道（太陽在天空的路徑）的突出星團，特別能夠標示出季節更迭。

今日，從東歐的立陶宛到西非的馬利，乃至於安地斯山脈等地的農耕社群，仍然是以昴宿星團的可見度來標示農業年度。像是黑腳族等美洲原住民，傳統生活上都與這些星星以及野牛的生命週期同步：昴宿星團落下時，就到了狩獵季節。拉科塔族及夏安族甚至以野牛生命週期來命名某些月份：十一月是「母水牛的生育之月」，一月則是「幼年水牛毛皮染色之月」。

拉朋格魯克提出，拉斯科的藝術家可能建立了一份星曆，以昴宿星團類比標注了原牛生命週期的重要時刻。他計算出，在繪製公牛十八號的時候，昴宿星團會在十月中的日出前一刻出現，在初春時運行到天空的最高點，然後在八月底消失，這表示昴宿星團的消失然後再出現，就正好對上原牛於八月至十月間的交配季節。有鑑於此，或許自然而然就會將昴宿星團附近的星星和公牛的形象連結在一起。拉斯科洞窟周圍山丘西邊在春季天空中最顯眼的就是這幅星象，天空中一頭巨大的生物，長著閃閃發亮的紅眼睛，背上的毛髮如此耀眼，正準備頂著牛角往銀河方向衝過去。

同時，拉朋格魯克認為其他洞窟中可能也存在著天文學相關資訊。在法國阿爾代什省（Ardèche）的獅頭洞窟（Tête-du-Lion cave）中發現了另一頭原牛，比起第十八號公牛還古老了將近四千年，身軀上有七個點聚成一組，他認為可能代表了昴宿星團。而在西班牙桑坦德（Santander）的卡斯蒂略洞穴（El Castillo）中也有一組神祕的七個赭紅色圓盤，年代可回溯至公元前一萬兩千至一萬一千年，排列成往下指的曲線，靠近一道驚人的五公尺長簷壁飾帶，上頭畫著紅色手印。

拉朋格魯克先計算了當時的天空看起來應該會是什麼樣子，然後結論是這些圓點相當符合一個叫做北冕座的星座，並且認為旁邊那一道手印可能是代表銀河。在公元前一萬兩千年，北冕座從不落下而是繞著北天極轉，就相當於舊石器時代的北極星，這是我們的極星，因此對於指引北方就相當重要。和昴宿星團一樣，北冕座在神話中是顯著的角色，一段凱爾特神話中將之形容為星辰女神艾麗安蘿德（Arianrhod）的家，這座冰堡就坐落於北方天空中一座神奇、不斷旋轉的島嶼上。或許這段神話中的元素可以回溯至舊石器時代，當時這些星星真的會在空中繞圈子？

懷疑論者堅持說這些想法永遠都無法得到證實，實在有太多可能的組合，在歐洲洞窟中有太多組圓點，天空中又有太多星星。但其他人主張，光從各種近似第十八號公牛的圖樣來看，假如不是刻意為之，那麼這樣的巧合也太非比尋常。而且，拉朋格魯克並非唯一將舊石器時代洞窟連結到我們訴說的星辰故事之人。

●

有一個謎團長久以來都未能得到解答，那就是為什麼在不同地方顯然毫無相關的文化中會存在類似的神話。就拿宇宙狩獵這個故事為例，動物被獵人追趕到了天空化身為星座，在世界各地都能發現這個故事的變形，講述的對象可能是不同的星星、獵人及獵物。

這個神話的一個希臘版本中，宙斯戲弄了女神亞特蜜絲的同伴卡麗絲朵公主，讓她放棄貞潔還讓她生下兒子阿卡斯。憤怒的亞特蜜絲將卡麗絲朵變成了一頭熊。長大後的阿卡斯成為一名獵人，還差點以矛射殺了自己的母親，但宙斯介入阻止，將卡麗絲朵變成大熊星座，阿卡斯則成為她身邊的小熊星座。

同時，在美國東北部的易洛魁部族中，則說到有三名獵人在森林中傷了一頭熊，熊的血液沾染至秋天落葉上，然後獵人們跟著這頭熊上了天，便一同成為大熊星座。在西伯利亞的楚科奇人認為，獵戶星座是一名獵人，他追趕著馴鹿卡西歐佩雅，不過對鄰近的芬蘭—烏戈爾人來說，獵人追趕的動物是駝鹿。

法國考古學家兼統計學家朱利安・德修伊（Julien d'Huy）運用種系發生學背後的原則來探究這些故事的起源，發展這套技巧是透過比較不同物種之間的DNA序列來收集當中的演化關係，生物學家運用電腦軟體來分析DNA當中的相似及相異之處，並建立起譜系樹來顯示物種之間最有可能的關係。德修伊也以類似的技巧來研究神話。

德修伊要研究的並非DNA，而是分析了世界各地四十七種版本的宇宙狩獵神話，將之拆解成九十三個個別成分，或稱為「神話素」（mytheme），例如「動物是草食動物」或者「神將動物變成星座」。在每個神話中，他為每個神話素編碼成存在（1）或不存在（0），得出一串0與1，然後用種系發生學軟體來比較，建構出最有可能的譜系樹。他在二〇一六年發表結果，認為這個神話起源於歐亞大陸北方，然後衍生出一個分支到了西歐，接著人類渡過白令海峽遷徙到北美時又衍生出一個分支，古代的白令海峽曾經連接著俄羅斯東邊端點與阿拉斯加，他說，這表示這個故事絕對至少可以回溯至一萬五千年前，在此之後這段陸橋便遭海水淹沒。

德修伊結論道，宇宙狩獵的舊石器時代原本最有可能是講述一名獵人隻身追逐著一頭駝鹿，狩獵行進到了天空中，但獵人還沒來得及殺掉動物，動物便化身為如今我們所知的北斗七星，或稱犁星（大熊星座的尾巴及側腹）。在舊石器時代，駝鹿是歐亞大陸北方森林中的優勢哺乳類，是相當關鍵的狩獵目標，而且也有證據顯示駝鹿在文化上也具重要意義。例如二〇一七年有一份研究，檢視了在愛沙尼亞發現的上百件動物牙齒吊墜，發現駝鹿是中石器及新石器時代（公元前八九〇〇至一八〇〇年）中最常見的哺乳類，然後才慢慢由熊取代。隨著宇宙狩獵的故事在世界各地透過歷史流傳下來，不同地方的人可能會改編故事，好符合對他們來說最重要的動物及星座。

德修伊分析的其他故事似乎還可以回溯至更早，在四萬多年前便隨著最早一批人類遷徙離開非洲，散播到各地。他整理出一套核心的「神話原型」，認為早期人類往北、往東遷徙時便帶著這套故事，這些故事並非全都與星星有關。有些講到龍：長著角的巨大爬蟲守衛著水資源，還能夠飛行、生成彩虹，並且製造雨水及大雷雨。不過也有講到昴宿星團，通常都是一名女人或一群女人，對抗著象徵男人的獵戶座，然後將銀河想像成一條河，或是亡者行走的道路。

也就是說，我們今日所述說的星座神話並不只是故事，而是世代流傳了千萬年的文化記憶，有時確實能夠回溯至舊石器時代。德修伊稱這些故事能讓我們「一窺祖先的心智宇宙」，可那一窺並不會直接將昴宿星團連結到原牛，不過就像拉斯科洞窟中的壁畫一樣，以龐大的作品描繪出印記在天空中的生物。

●

生活在南加州的原住民丘馬什族人認為，宇宙是三個圓盤狀的世界所組成，漂浮在浩瀚的深淵中。底下的是下界，居住著奇形怪狀、邪惡的生物；中界則是人類居住的地方，由兩條巨大的蛇撐起，只要牠們一動就會引發地震；最上面的上界由一隻巨大的鵰抓著而能凌空，鵰揮動翅膀便造就月亮盈缺。

這個宇宙由太陽統治，喪妻的太陽住在上界中一座以石英水晶打造的房屋裡，以人肉為食。他每天在天空中行進，帶著一把火炬，除了頭上的羽毛頭帶之外什麼也沒穿；晚上他便與天郊狼（可能是北極星）賭博來決定底下人類的命運。不意外的是，丘馬什族看待太陽的態度相當謹慎，不過他們對上界的知識並不只是來自於追蹤天空的情況，我們之後就會提到，他們會有所知是因為他們曾親自造訪。

幾百年前，丘馬什族在加州海岸中南段一帶十分強盛，而他們的旅程為我們提供另一個切入角度，認識像拉斯科洞窟藝術家這樣的史前人類對天空可能有什麼想法。因為丘馬什族生活方式的複雜性似乎相當類似於舊石器時代晚期歐洲的情況，他們會建造圓形草屋、製作雕刻精美的木碗、編織漂亮的籃子，並且以木板打造能出海的獨木舟，用來捕捉重達兩百七十公斤的劍魚。部落裡的男子會以顏料彩繪身體、戴著羽毛頭飾，女子則以鹿皮或水獺毛皮製成衣裙，並且用貝殼珠當作貨幣。

西班牙人在十八世紀到來之前，部落中大概有一萬五千人，一七六九年首次與原住民接觸的士兵描述道，那裡是一座大城鎮，屋頂上高高堆著燒烤過的魚。但是在接下來的幾十年間，丘馬什人的人口銳減，一方面是屈服於殖民者，另一方面則是他們帶來的病症感染：傷寒、肺炎及白喉。

到了二十世紀初，丘馬什的文化及語言幾乎滅絕，多虧了一位在史密森尼學會工作的語言學家約翰．皮博迪．哈靈頓（John Peabody Harrington），還是保留下了一點痕跡。他一生的研究都在追蹤整個北美地區，找到還能使用瀕絕語言的長者，勸說他們分享一切自己還能記得的文化遺產。

獨自工作的哈靈頓個性古怪又執著，他在一九六一年過世之後，史密森尼學會的研究員發現他在整個美國西部各地的倉庫、車庫，甚至雞舍中存放了上百個箱子，其中散放著美洲原住民製作的笛子和玩偶、死掉的小鳥和狼蛛、髒衣服和吃了一半的三明治，後來這些被統稱為「哈靈頓金礦」：其中的照片、素描、筆記和錄音，詳細敘述著過去以為早已佚失的各種文化故事及信仰，也包括了丘馬什族。

幾年後，聖塔芭芭拉自然歷史博物館（Santa Barbara Museum of Natural History）的一名研究員崔維斯．哈德森（Travis Hudson）利用哈靈頓好幾千頁的筆記，重新建構出一套世上最詳盡無比的狩獵採集社會天文信仰。哈德森在一九七八年出版《天空中的水晶》（Crystals in the Sky）一書，結論認為丘馬什族對天空的知識比起過去西方學者所認定的還要更加豐富、更加細膩。

哈靈頓訪問過的丘馬什長者談到了一個充滿著強大、超自然生物的上界，北極星就是天郊狼，這是人類及萬物之父，天上的其他部分都繞著北極星轉動。卡斯托與波路克斯（雙子星座）這兩顆星星是太陽的堂姊妹，畢宿五則是另一頭郊狼，跟著代表昴宿星團的少女跨越整片天空；獵戶座腰帶是「熊」，而銀河是鬼魂走的道路。

這些神祇的行動與地上的生命緊緊交纏。丘馬什人知道太陽何時會在地平線上的特定地點升起或落下，或者某天日出或黃昏的天空中出現哪幾顆星星的時候，地球上就會發生特定的季節更替：種子會成熟、鹿群會遷徙、雨水會落下。冬至正值隆冬時節，這一天太陽走到最南邊的端點，白日是一年當中最短的，丘馬什族人認為這一天是宇宙的關鍵時刻，若是不能說動太陽回來，黑暗就會降臨並滅絕地上所有生命。丘馬什人仔細觀測天象以預測冬至，然後在最重要的那天早上進行儀式，通常是在洞窟裡，在地上插入頂端以石英製成的太陽棍棒，好將太陽「拉」回到往北的軌道上。

但是並非人人都能知道這些知識，這些天空中的祕密掌握在一小群屬於菁英階層的天文學家兼祭司手上，稱之為「安塔（'antap）」，在太陽祭司的帶領之下形成了一個本質上的祕密會社。他們從來不會跟平民分享知識，且握有強大的政治影響力，聲稱只有他們能夠理解並影響丘馬什生活所圍繞、倚賴的宇宙體系。

這些祭司在無數個晚上抬頭觀察才獲得了如此詳盡的天文知識，不過他們也使用曼陀羅屬（屬於茄科）的致幻植物來幫助自己進行「幻象歷險」，讓他們可以造訪上界，與郊狼等超自然守衛神接觸、預測並影響未來，還能與亡者的靈魂溝通。

這樣的行為稱作通靈，這個詞彙源自西伯利亞，十七世紀的西方旅人遇見了通古斯人當中叫做薩滿（saman）的宗教領袖而得名，不過在世界各地傳統的狩獵採集社會中都存在著類似的行為與信仰。薩滿會進入一種出神狀態以造訪另一個現實或神靈的世界，在這類旅程中，他們會遇見神靈給予指示並獲得力量，讓他們可以勝任各種工作，例如預示未來、傷害敵人、控制天氣與動物及治癒病人。要引發出神狀態有幾種不同方法，有時會利用像是曼陀羅屬植物或死藤水等致幻植物，也有透過冥想、禁食或剝奪感官的做法，還有運用像是擊鼓或跳舞等儀式。

西方人類學家一開始很排斥薩滿教，認為這根本不值得研究，將從事此業者斥為騙子或者有精神疾病。但是羅馬尼亞宗教史家默西亞・埃里亞德（Mircea Eliade）改變了這點，他所發表的開創性研究《薩滿教：離魂古術》（Shamanism: Archaic Techniques of Ecstasy）於一九六四年首度以英文出版，他研究了歷史上曾出現過的薩滿教習俗，認為在狩獵採集社會中普遍都存在，從西伯利亞到北美洲，乃至於西藏都有。因為這些傳統實在非常相似，他認為一定是從舊石器時代某個共同源頭流傳下來的，隨著人類遷徙到世界各地散播出去，就像德修伊研究的神話一樣。也就是說，薩滿教便是人類的第一個宗教。

其他學者從一開始便對埃里亞德的一些假設有所質疑，但他的研究引發了一波人們及科學界對薩滿教的興趣，如今有好幾條證據線索顯示，通靈時的出神狀態並不單純是文化現象（或想像出來的），而是代表了人類大腦普遍都具備的能力。神經科學家在薩滿進行神靈之旅時測量大腦活動中的特徵圖，這些神靈之旅的某些特性就類似於催眠及冥想，認為這些薩滿並非在演戲，是真的進入了一種特殊且有所不同的意識狀態。

同時，人類學家也記錄了上千名西方人在這類出神狀態中的經驗，大部分都是以擊鼓聲引發，並發現到即使這些人不知道自己會遭遇什麼，回報時也會分享與傳統薩滿相當類似的經驗。

西方巫師認為這是因為他們造訪的神靈世界是真的，不過科學家傾向視之為可以證明人類神經系統有能力產生特定的景象與幻覺。無論是傳統薩滿或是經歷過神靈之旅的西方人，經常都會遇見動物並與之溝通，或者自己變身為動物；另一個重要的特色是鑽進地下或飛上太空的經驗，經常會穿過一層膜或障礙物，從一層移動到另一層。這類景象同樣也反映在狩獵採集社會的宇宙信仰中：宇宙分成不同層，就像丘馬什族將之稱為上界、中界及下界，這幾乎是放諸四海皆準的主題，例如，許多不同社群中的薩滿巫師都相信他們能夠飛上某個特定星座或星星，就能跟上界的神靈接觸。所以，或許並不是簡單的觀星，而是不同的意識狀態幫助他們創造出人類最早的宇宙模型。

南非岩畫藝術專家大衛・劉易斯－威廉斯（David Lewis-Williams）以及法國洞窟專家尚・克洛特斯（Jean Clottes）在一九九八年合著了《史前時代的薩滿》（The Shamans of Prehistory）一書，將薩滿教的概念應用到如拉斯科洞窟這樣的舊石器時代遺址上。劉易斯－威廉斯先前是在南非研究游牧民族桑人在十九及二十世紀的岩畫藝術，桑人明確將自己的藝術和通靈時的幻象歷程連結在一起，例如描述畫中的形體是動物形象的薩滿或者靈魂嚮導。

接著在二〇〇二年，劉易斯－威廉斯又推出一本暢銷書《洞窟中的心靈》（The Mind in the Cave），他認為所有人類的神經系統皆相同，舊石器時代晚期的人類就解剖學而言和我們相同，所以有可能他們也會體驗到相同的幻覺。他指出，在現代西方社會中，我們經常會將出神狀態及幻象斥為異常或抱持懷疑，我們也很重視邏輯理性思考，但薩滿教的研究顯示，意識狀態的改變確實存在，而且差不多世界上每個傳統社會都對此十分珍視。若只是透過我們自己的表面理解來看待洞窟藝術，或許就忽略了重點。進入法國及西班牙這幾處深入且狹窄的洞窟時，感覺就會像是穿越進入了地底下的神靈國度，所以或許史前時代的薩滿會在進行幻象歷險的時候進入洞窟，就像兩萬年後的丘馬什薩滿便是這麼做的，然後將他們所見畫在岩壁上。

這套理論有助於解開拉斯科洞窟及其他舊石器時代晚期洞窟壁畫的好幾個謎團。首先，這或許可以解釋壁畫上經常出現的抽象幾何圖形，例如點、格網、鋸齒紋及波浪紋線條。在出神狀態剛開始的幾個階段中經常會見到體驗者的視覺受到這類影響，劉易斯—威廉斯這樣表示（飽受偏頭痛所苦的人也經常會見到這樣的形狀）。南美的圖卡諾人會利用「亞給（yajé）」來誘發出神狀態，這種飲料是以一種藤蔓植物製成，具有精神藥物的作用，人們喝下後經常會在房屋或樹皮上畫下他們在幻象中看見的幾何圖形。

這也能夠解釋在舊石器時代藝術中那種古怪的混種圖像，例如在法國東南部的肖維洞窟（Chauvet）中的半野牛半人，或是東南部三兄弟洞窟（Trois-Frères）裡畫著的巫師就長著雄鹿的耳朵及鹿角、健美的人類雙腿及臀部、馬尾巴以及巫師的長鬍鬚。在深層的出神狀態中，人們經常回報自己見到了動物、人類及怪物的形象，可以感覺到自己彷彿與其融為一體。

最後，劉易斯—威廉斯的想法能夠解釋藝術家為何會將洞窟壁畫的特質融合在圖像裡，還有在某些案例中，人們經常碰觸窟壁、在壁上作畫的地方：製造手印、手指畫過的痕跡，甚至在凹洞中填滿泥土、用手指或棍棒戳刺。如果將洞窟視為前往地底神靈世界的通道口，那麼洞窟牆壁就會是兩個現實之間的屏障，只要穿過這層膜，神靈就可能出現。「牆壁並非是無意義的支撐，」他說，「而是圖像的一部分。」

基本上在這類神靈之旅中，洞窟的物理現實就會與存在於薩滿心智中的神靈世界交纏在一起，彼此會透露出另一邊的訊息，人們會進入洞窟並畫下自己所看見的景象，實質上轉變了洞窟內的牆壁。同時，先前的訪客所留下的畫會讓他們有所準備，影響了他們自己看見的景象。在他們出力創造現實的同時，現實也顯露在他們眼前。

劉易斯—威廉斯只專注於將洞窟視為地底世界的比喻，對於天空他不太多談，但是從比較近代的社群所發現的證據顯示，前往上界的旅程也很重要，同樣也會呈現在洞窟牆壁上。丘馬什族的祭司經常會以天空中的圖樣來裝飾洞窟，包括太陽及月亮；圖卡諾族則是畫下平行的兩串點來代表銀河。拉朋格魯克認為，若是單純以迷幻狀態所留下的結果來解釋拉斯科等洞窟內的符號，其中忽略了某件事，這些圖樣是整體「宇宙景象」的一部分，其中的洞窟所代表的不只是下界，而是整個宇宙。

我們無法直接詢問史前時代的薩滿宇宙是什麼樣子，不過崔維斯・哈德森研究了丘馬什族的天文學之後，結論是他們的宇宙「和人類緊密連結在一起，且充滿了豐沛的力量來源，能夠影響萬物」；形成一個無止境的重生循環不斷出現，「其中的物質既非創造也非毀滅，而是轉變成生或死」。

現代西方薩滿的信仰似乎也符合這個詮釋。居住在新墨西哥（New Mexico）的珊卓·英格曼（Sandra Ingerman）從事通靈也是一名作家，她描述通靈時的狀態就像揭開了另一種觀看現實的方式，所看見的其他生物「不是物體，而是一張生命網，所有生命都在互相溝通」，她說這張網絡中不只包含了動物、植物，還有太陽、月亮與星星。同時，受到祕魯奎洛族（Q'ero）長老間認可為薩滿的喬·鮑比（Jo Bowlby）現在在倫敦經營療癒儀式，回想起自己第一次飲用死藤水的經驗，那是在亞馬遜雨林中晚間舉行的儀式，天上繁星滿布，有人拿給她半杯「有腐敗味道的」飲料。一開始，她看見自己的手變形時驚駭不已，只一眨眼就變換成各種想像得到的動物足部，最後變成一隻龍蝦螯，但此時她卻感受到一股純粹的狂喜排山倒海向她湧來。她說，那既是萬物也是虛無，就像是在外太空一樣。從此之後，她在那天所學到的東西便一直留在她心裡：「你明白了這個宇宙多麼浩瀚、多麼奇妙，這是一種連結的經驗，感覺自己屬於某個東西。我們並無分離或者孤立，滋養著樹木的力量也同樣滋養著你。」

一九四〇年九月，馬塞爾．拉維達和他的朋友一開始沒有將他們在拉斯科的驚人發現告訴任何人。隔天，在九月十三日，他們拿著更好的燈和繩索回到洞窟，一個人先出發後隔十分鐘再換下一個，以確保沒有人跟蹤他們。他們將入口挖得更大一點之後，進入探索了每一條通道，一直走到洞窟的最深處，才剛走過滿是雕刻紋飾的半圓形後殿就看見一條垂直的井道，深到看不見底。男孩們停了下來，誰要先下去？

再次，還是拉維達先鑽了下去。他的心臟狂跳，沿著繩索爬下去，他的緊張不是因為懷疑自己的體力，是因為擔心那幾個比較年輕的朋友可能會害他摔下去。他踩到地面時已經往下爬了八公尺，他舉起燈照向牆壁，看見了一幅最為奇異的洞窟壁畫。

壁畫的主角是一個竹竿似的鳥頭人，還有明顯的陰莖，這是洞窟裡唯一的人類圖案，通常被稱為「死人」，以四十五度角躺著，頭往後仰，手臂及手指都攤開來。一頭毛茸茸的野牛正朝他衝過去，低著頭將牛角往前刺，肩膀上有一個黑點，腹部底下還有一串圈圈，看起來就像牛的內臟掉出來了。在那人身下就有一隻鳥窩在一根直條上。

這幅詭異的景象讓好幾個世代的學者都深感疑惑，但是德修伊與拉朋格魯克都認為，要理解這幅畫的祕訣或許就在天空裡。只要稍微改變觀看的角度，這個人便是直立站起看著天空，同時在直條上的鳥與野牛都跟著他向上。德修伊認為這幅景象可能是描繪宇宙狩獵，正是獵人與野獸升上天空成為星座的時刻，這可以解釋雖然野牛處於攻擊狀態卻似乎沒有往前衝的原因。牛肩上的黑點可能是一顆星星，底下地面上的黑色圖案則可能是獵物受傷留下的血跡，代表了秋季開始。

德修伊承認這不過是「可能的假說」，不過井道中的這幅景象看起來與西伯利亞馬亞河（Maya river）邊新石器時代的岩畫有驚人的相似之處。一般認為，馬亞河邊的岩畫正是描繪宇宙狩獵的早期版本，其中的獵人瞄準了駝鹿，太陽則懸在其肚腹下。或許拉斯科野牛身下的圈圈並非代表內臟，是代表太陽。

另外，拉朋格魯克則認為鳥頭人是拿著權杖的薩滿，野牛則是他的靈魂助手，引導著他進入天空的旅程。類似的景象也會出現在現代薩滿文化的藝術作品中，例如狂喜狀態的薩滿飛向天空，陰莖勃起並迎向天空中的公牛，這幅作品就出現在北美洲奧格拉拉族人的一座梯皮帳篷上。拉朋格魯克更進一步提出，拉斯科洞窟中的野牛、鳥頭人與鳥的眼睛正好對應著織女一、天津四與河鼓二，也就是所謂的「夏季大三角」，這是夏季抬頭望向天空時最明亮的星星。兩萬年前，這三顆星星從不落下，而是繞著北天極轉，就像一個巨大的天空時鐘可以顯示出夜晚的時間。或許拉斯科人將這個星座想像成天上的薩滿（在舊石器時代就相當於丘馬什族的天郊狼），每天晚上都繞著宇宙軸心轉動，在靈魂助手的陪伴下，他管理著並滋養了天空。拉朋格魯克將這幅圖畫詮釋為天空中的景象，同時也是一幅地圖，能夠指引地上的薩滿前往天極的旅程。

我們永遠也不可能證明古代藝術家真正的意圖是什麼，但是各項不同的證據確實似乎漸漸匯聚成了一種解釋：深埋在拉斯科洞窟地底最深處的這幅史前景象，描繪的是前往星星的旅程。循著類似的道理，這一章節中描述了各種引人詰問的故事線，包括第十八號公牛、死人與宇宙狩獵，在我看來，雖然還有不確定性，仍是讓我們更加堅定一個越來越無法忽視的廣泛結論：如果我們想要了解自己這個物種從何而來，要認識人類最早的信仰與身分認同來源，那麼我們就必須將輪轉的夜空納入思考。

看著天空中這些不斷反覆的循環，夜復一夜、季復一季，絕對有助於激發出最初始的思考，想著我們是誰以及現實的本質，而這樣的思考仍留存於今日的狩獵採集社群中。「他們也有同樣的疑問，」拉朋格魯克說，「何為生？何為死？太陽去了哪裡？這個世界的背後是什麼？」

我們的祖先為了回答這些問題而塑造出的宇宙，在精髓上是屬於人類的，不只是受到天空的啟發，我們大腦中產生出不斷變換的意識狀態也會有所影響。其中，生命與無生命、人類與自然、大地與星星之間是沒有界線的，在我們創造這個宇宙的同時，宇宙也創造了我們，其中的內在經驗及外在現實緊緊交纏、密不可分，而我們從一開始就一直努力想從中抽離出自我。

2 土地

一九六七年十二月二十一日，天將亮之際，考古學家麥可．歐凱利（Michael O'Kelly）踏入了一座五千年古墓的一片黑暗之中。他手腳並用爬過一條狹長甬道，進入深深埋藏在大量石塊堆疊之下的墓室，然後他轉身回頭望著入口。那一塊可見的地景看來幽暗而平淡無奇，一條波光粼粼的小河切穿了這塊土地，成群椋鳥在空中盤旋。他看著手錶確認時間：還有兩分鐘就九點了。接下來所發生的事情將讓他一舉成名，永遠改變他的人生。

歐凱利在這五年來一直在愛爾蘭的紐格萊奇（Newgrange）挖掘這處遺址，十七世紀時有工人發現這塊長滿灌木叢的小山丘其實是以古代岩石搭建起來的石隧墓，在不列顛群島上部分地區是很常見的墳墓形式。但這個墓很大，直徑竟然長達九十公尺，還用大石板造出一條長二十四公尺的甬道，通往一座十字形墓室，墓室頂部高高拱起。墓室內外的牆上都畫滿了藝術作品，有線條細緻的人字形、菱形及螺旋形，使用頂端為燧石的鑿子刻在石頭上。

當地人說，這處古墓埋葬的是傳說中的塔拉國王（Kings of Tara），中世紀留下的文獻中記載這個國家就位於鄰近的山丘上。歐凱利在挖掘及修復岩石的計畫過程中，確實發現在地板上混進了人類遺骸，但是放射性碳定年結果顯示，這座墓比起塔拉國傳說還要古老許多。這座墓的建造時期大約在西元前三千兩百年，甚至比埃及的大金字塔還要早了幾百年。

歐凱利還在古墓入口上方高處發現了一個奇怪的方形開口，他稱之為「墓頂箱口」，有一塊方形的石英水晶擋住了一部分開口，似乎是當成了遮板，另外一塊則掉落到地面上；在墓頂箱口岩石上的刮痕顯示，這些遮板曾經不斷開了又關。這處開口太小又太高，不可能是讓人爬進去的，所以歐凱利對其用途百思不得其解，或許是用來放供品的，又或者是當成亡者靈魂的出入口。

然後他考慮起第三個可能性。當地人還說過一個故事，在仲夏時節，太陽升起的光線會照進墓中，照亮墓室後方一處特殊的三重螺旋雕刻。歐凱利找不到其他看過的人，也知道這個故事不可能是真的，因為墓室面向東南方，俯瞰著博因河（Boyne river）河谷，仲夏時的太陽升起會照到更加北方的地方。

但是這些故事不斷出現，歐凱利也發現墓室入口的面向確實大約就在仲冬太陽會照到的方向，這時太陽會在最南端升起。因此一九六七年十二月冬至清晨一大早，他從位於科克（Cork）的家中頂著黑夜開車，開了一百六十幾公里到這裡來驗證這個想法。他抵達時，周圍的田野、甚至山丘底下的路上都是一片寂靜，他進入墓室，感覺孑然一身。

那天清晨的天空澄澈，因此他在墓室裡等待的時候，希望日出的陽光真的能夠照進來，但實際上發生的事情來得相當突然又戲劇化。太陽的第一道光線出現在遠處河岸上的岸脊時，一道細小卻明亮的光線猛然穿過頂部箱口，照亮的並非入口通道而是他腳邊的地板：直接照亮了古墓中心，光線很快就展開成為一道大約十五公分寬的明亮金色光芒，到最後墓室裡一片通明，他幾乎不必點燈就能四處走動，還能看到上方六公尺高的頂部。

「我實在瞠目結舌，」歐凱利後來說，「我以為會聽到什麼聲音，或者感覺一隻冰涼的手搭在我肩上，但當時就是一片寂靜。」十七分鐘後，太陽通過了那處縫隙，黑暗又回來了。這次經驗大大撼動了他，此後他人生中每一年冬天都會回來這座古墓，躺在墓室中柔軟的沙地上等待光線躍上他的臉。

多虧了歐凱利的研究工作，這座古墓如今成為世界遺產位址，每年都有好幾萬人申請，希望能有幸在光線射入時站在墓室中。雖然歐凱利的發現在當時既罕見又令人意外，我們現在知道紐格萊奇的位址只是新石器時代[1]在西歐建造的眾多重要石造建築之一，而這些建築都對應天空中

1 原註：新石器時代從農耕引進開始，一直到青銅器出現而結束。

的特殊事件。

有些建築非比尋常又令人詫異，像英格蘭的巨石陣就是對應著仲夏及仲冬時節的二至點；又或者是在蘇格蘭外赫布里底群島（Outer Hebrides）卡拉尼什（Callanish）的巨石陣，排列出了月亮的十九年週期。不過，也有許多規模較小的例子，例如在南歐發現了上百個簡單的石棚墓，其入口都面對著升起的太陽。[2]

這些石頭對於新石器時代的建造者有什麼意義？為什麼會有人大費周章建造這些特殊建築，其中還有這麼多都與天空有關？就我們目前所能收集到的證據來看，答案或許會揭露出在我們歷史上這段轉型時期人類認同與宇宙學的不同面向，可能指向了最終的轉型成果，也就是人類最早開始採用農耕技術。

舊石器時代所存在的狩獵採集社會對於自然世界來說是不可或缺的一部分，和其他物種公平分享著環境。在新石器時代革命當中，人類切斷了這些連結而成為農夫，控制並運用土地資源。生活方式及思考模式的轉變永遠改變了人類，設定了科技進展的軌道，最終將讓我們不只能夠重塑地貌，更能重塑整個星球。

這次革命不僅僅是與小麥、土地或綿羊創造了新關係，更改變了我們更寬闊的宇宙觀，也就是人類如何看待神靈世界以及天空。事實上可以這樣說，這些新的宇宙觀並不只是反映出轉變為農耕的生活方式，而是原因。

這個故事的起源不在愛爾蘭，而是人類已知最古老的巨石文化建築，甚至比紐格萊奇還要早了六千年，位於其東方好幾千公里處。

●

一九九四年，德國考古學家克勞斯．施密特（Klaus Schmidt）正在尋找新計畫。過去十年來，他一直在土耳其東南部協助開挖一處叫做內瓦里丘里（Nevalı Çori）的遺址，在公元前九千至八千年初期曾有狩獵採集部落定居在這裡，當時的人類在石灰岩塊之間塗上泥巴接合在一起搭建成房屋。村落中有一系列神祕的「儀式建築」（長久以來都在同一位址建造），往地下凹陷了好幾公尺深，形狀就像圓形廣場，內部邊緣環繞著石頭長凳，中間穿插著以單一石塊打造的T字形柱子；中央還矗立著兩個T字形石柱，上頭裝飾著人類手臂的雕刻紋路，就像某種擬人化的物體。

這處遺址非常引人入迷，可以一窺一個社會即將轉換到新時代的世界觀：在幾百年內，農耕

2　原註：石棚墓是單一墓室的墳墓，在兩塊或以上的直立岩石上擺放一塊扁平的大頂石。

就會在此地區蓬勃發展起來。這是在歷史上第一次，這裡的人類開始種植小麥並飼養綿羊、豬與羊。但在一九九二年建造了阿塔圖爾克水壩（Atatürk Dam），整個聚落都淹沒在水下，其餘的祕密也就永遠消失了。[3]

為了找個新遺址，施密特調查了這個區域內的其他史前遺蹟，他在距離內瓦里丘里只有六十公里遠的托魯斯山脈（Taurus Mountains）山麓，發現了一處十五公尺高的土丘，稱為哥貝克力山丘（Göbekli Tepe），意思就是「大肚腩山丘」，因為這裡的地貌曲線很明顯。這座山丘上散落著新石器時代的燧石工具以及破碎的石灰岩板。一九六〇年代發現這些石板的考古學家並沒有太重視這些東西，認為屬於某個中世紀墓園。但是施密特發現，這些石板跟內瓦里丘里的儀式建築中使用的T字形石柱是一樣的，只是這些石板非常巨大，是以幾公尺高的龐大石塊造成。「一看到這裡還不到一分鐘，我知道我有兩個選擇，」他後來說，「離開這裡不跟任何人提起，或者下半輩子都要在這裡研究。」他選擇了第二個。

接下來二十年間，施密特和他的團隊在此處開挖並進行地球物理調查，發現這片山丘到處都是被埋在地下的石柱和圍牆，有類似在內瓦里丘里找到的方形內室，同樣可以追溯到公元前九千年。但是在這之下還有一層更古老的、規模更龐大的圓圈，至少有二十公尺寬，可以追溯到公元前一萬年。每一處空間的邊緣最少圍繞著十二根T字形石柱，空間之間以石凳連接，還有兩根更巨大的石柱（少說有五・五公尺高，每根重達好幾公噸）就平行矗立在中央，上面有雕刻手臂的痕跡，以動物毛皮製成的腰帶及纏腰布。其他石頭上也刻滿了動物：蜘蛛、蠍子、禿鷲、狐狸、野豬、瞪羚等等。考古學家兼史前歷史學家史蒂芬・米森（Steven Mithen）便說哥貝力克的巨石陣「融合了拉斯科洞窟以及巨石陣，而且在時間點上也一樣，就像一塊墊腳石，大約落於兩者之間」。

居然能夠發現如此古老（一萬兩千年）的巨大石造建築實在太驚人了，要有上百人的團隊合作，費了九牛二虎之力及指揮組織才能建立起這樣的建築，就目前所知，一直要到幾千年後才又出現這樣規模龐大的遺址。考古學家過去認為狩獵採集聚落根本不可能做到這件事，推測或許是因為氣候變遷或者人口增加才讓人類轉變為農耕社會，從而能夠提供資源餵養龐大而永久的定居聚落，也才能建造出這樣的重要建築。此舉形成了更加複雜的社會以及宗教信仰的轉變，綜合這樣的原因便讓人類既有了能力、也有動機建造巨大的石造建築群。

有些人對此表示異議。法國考古學家賈克・考文（Jacques Cauvin）在一九九〇年代時便認為一定是先發生了文化或宗教變革。從技術層面來說，早期的人類很可能老早就開始農耕了，

3 原註：當時開挖的許多發現都收藏在尚勒烏爾法（Şanlıurfa）的考古博物館，現在也在此處陳列，包括了完整的儀式建築，也在博物館內謹慎重建起來。

「但是他們從來沒想到或者想要這樣的生活」。他推測肯定是發生了什麼才改變了他們對自然界的觀點，卻並沒有什麼具體證據能夠說明這樣的轉變可能是什麼或怎麼發生的。

不過，施密特的發現表示考文是對的，這些證據清楚描繪出一個複雜而有組織的社會，還具有某種形式的宗教，或至少、至少也有發展相當成熟的神話，這一切都發生在農耕發明之前。而且，哥貝力克巨石陣的石柱就正好矗立在農耕即將起始之地。

生物學家已經確切指出在幼發拉底河與底格里斯河的上游區域之間這一小塊地方，是唯一同時種植了七種新石器時代奠基作物（鷹嘴豆、一粒小麥、二粒小麥、大麥、小扁豆、豌豆以及苦野豌豆）的土地。在研究了上百種一粒及二粒小麥的品系基因組成後，學者的結論認為這兩者的培育版本都可能是源自生長在喀拉卡達山脈（KaracaDağ Mountains）的野生品系，距離哥貝力克巨石陣只有三十公里遠。

要建造哥貝力克巨石陣，必須要在山丘頂聚集相當大量人力，或許多達上百人，光是要餵飽他們可能就會帶來壓力，必須開發出更能掌握的食物新來源。米森認為，在遺址當地或者附近採集並處理野生穀物可能導致掉落的穀物生長起來，然後又被採集，時間一久便形成了人工培育的品系。他總結道，培育小麥並不是因應氣候變遷的結果，「或許是因為狩獵採集社群產生了在土耳其南部山丘頂上雕刻並立起巨大石柱的意識，而產生了這樣的副產品」。

不過，這層連結或許還更深。德國考古學家詹斯・拿特洛夫（Jens Notroff）與他的同事在二〇一四年施密特過世後便接手，繼續在哥貝力克山丘挖掘，發現清楚的證據能夠證明與自然界的關係變動，就像考文的論點一樣。在舊石器時代的洞窟藝術中很少呈現出人類，作品的主角是動物；相較之下，哥貝力克巨石陣中的狐狸、蛇與蠍子就變得沒那麼明顯，或者會用來裝飾那些巨大的擬人化石柱，正如團隊在二〇一五年表示：「人類不是被描繪成與自然界同等的形象，卻顯然是更為重要，地位『高過了』動物界。」他們認為，這樣的藝術作品顯示出人類已經開始對自然施加影響力：一種「心智上的控制」，然後才引發了後續培植作物的實際掌控。

哥貝力克巨石陣還有另一個令人震驚的面向，那就是對死亡的明顯執迷。這裡的藝術作品中描繪出許多無頭人的圖樣，還有頭部的雕像，看起來是從更大的雕像上破損掉落的。在此處的沉積物中發現了許多動物遺骸，學者認為是奢華盛宴所留下的殘渣，不過其中還有好幾百塊人骨。人類學家在二〇一七年報告指出，這些大部分都是頭骨碎片，有些還刻出了凹槽與凹洞，表示過去曾經將完整的頭骨吊掛起來展示。

施密特的解釋認為，抽象的T字形雕像是來自「超凡世界」的物體（在這處遺址及其他地方發現了以自然界生物為本的雕像，顯示建造者如果想要的話便能夠描繪出真實人類的形貌）。而且讓人越發好奇的是，若要進入圓形的圍牆之內，顯然不是經過某道門或者入口，是要透過「石塊舷窗」這種小開口，這些石頭上有一塊畫著一頭仰躺著的野豬。施密特認為，這些圓圈就代表了死者的國度，只有爬過小洞才能進入。

事實上，這段時期與接下來的幾百年間，這個區域都存在著對於死亡的執著，尤其是人類的頭骨，人類遺體也經常就埋葬在人們的家屋中。例如，在約旦的耶利哥（Jericho）與艾因・加札爾（'Ain Ghazal）等遺址，都能回溯至公元前一萬至九千年，有些人在死後會移除其頭骨，改放上石膏製成的臉、並以貝殼做眼睛，然後才安置在地板以下的空間。考古學家也在土耳其南部的卡育努（Çayönü）發現了一處建築，他們稱之為「亡者之屋」，年代約在公元前八千年，地底下埋著六十六個頭骨和多達四百人的遺骸，另外還有一塊扁平的大石板就像祭壇一般，上頭還留著人類及動物的血跡。

加泰土丘（Çatalhöyük）是一個特別怪異的例子，這片二十公尺高的土丘位於土耳其的康雅平原（Konya Plain），距離哥貝力克山丘只有幾百公里遠。這片土丘在大約公元前七千年的全盛時期居住了上千人的聚落，在此建造了泥磚房舍，這些房屋緊密毗鄰，都是往地下開挖，進去時就要從搭在屋頂洞口的梯子爬下去。房屋內各處都裝飾著畫作，牆面上還有突起的動物雕像。屋裡沒有門，要在各個房間走動，居民就得爬過舷窗似的小洞；小小的房間又更進一步劃分成好幾部分，只有一平方公尺的大小中，垂直分成了不同層，邊緣都以公牛頭標示或守衛著，而在這些平臺及牆面中都發現埋葬著人類骨骸，有一塊磚中還封存著死產的胎兒。

居民似乎認為他們房屋的牆面十分重要，不只會將物體嵌在牆面上，有些還築了未有裝飾的小壁龕，大小剛好足夠讓一個人蜷曲身體窩在裡面；牆面上如豹、公牛等動物雕刻也不斷重新覆上石膏，最多可達上百次。

這樣的生活方式看似瘋狂：擁擠不堪又黑暗，也很難四處移動。史丹佛大學的考古學家伊恩・霍德（Ian Hodder）從一九九三年起便在該遺址進行挖掘，他認為對加泰土丘的居民來說，居住房屋的實際結構跟他們的神話信仰是相互纏繞在一起的：「這個世界充滿了不斷流動、變形的物質，還有能夠穿透過去的表層。」

考古學家兼岩畫藝術專家大衛・劉易斯—威廉斯的解讀更進一步。他相信這裡的人們是刻意模仿匍匐鑽入石灰岩洞窟的經驗，在托魯斯山脈上就有這樣的洞窟，只須往南走幾天的路程，而且在加泰土丘上的房舍中也發現來自這些洞窟的鐘乳石塊與石灰岩塊。劉易斯—威廉斯指出，建造這些房屋的人就像舊石器時代晚期在西歐造訪洞窟的人一樣，他們將牆壁視為能夠通過的介面，或者像傳送門一樣，能夠進入宇宙間的神靈國度。在加泰土丘，房屋不只是居住的地方，而是「神祕世界的物質表現」，這是他們的宇宙模型。

世界各地的許多社會中仍然存在著以宇宙為模型的房屋，例如哥倫比亞在茂密森林中生活的巴拉薩納人，傳統上都是生活在稱為「馬洛卡（malocas）」的木造長屋中，每一個都像是個迷你宇宙，以屋頂為天，屋內有一根垂直的柱子稱為「太陽座」，地板為地，底下則是冥界，也就是埋葬死者的地方。劉易斯—威廉斯在二〇〇五年出版的書《探索新石器時代的心智》（Inside the Neolithic Mind）中認為，類似的原則或許可以用來解釋其他在近東地區發現的新石器時代特殊的儀式建築，例如哥貝力克山丘上的巨石陣。他和施密特同樣認為這些建築是在模仿神靈世界，或者宇宙間屬於亡者的國度，整合了凹陷入地底的空間，經常將人類遺骸埋在地底下。

建造者是否只關注冥界，或者他們也會仰望天空呢？哥貝力克山丘的位置在地景上的高點，因此能夠讓人看見天空的全景。有些學者認為石柱的扁平頂端可能用來觀察重要星星的起落，例如獵戶座腰帶，或者建造的目的是紀念明亮的天狼星在空中逐漸現身（因為進動的關係）。其他石柱也將遺址的動物雕刻連結到特定的星座，例如他們認為描繪出地底下的蠍子可能代表位於地平線之下的天蠍座。

拿特洛夫並不認同：他懷疑圍牆至少有一部分是在地底下，往下挖到沉積物的深處而且有屋頂，或許是以獸皮之類的有機材質做成的，因此這個遺址應該不是天文觀測臺，該說是進入一處洞窟般的地底世界進行一趟驚駭之旅，這還比較有道理。最近為保護遺址蓋了一個屋頂，他便在有屋頂的情況下進入這處空間體驗，發現陰影會讓石柱和雕刻看起來更大，「甚至更令人驚嘆，」他告訴我，「我只能想像，年輕的獵人第一次爬下進入這一片黑暗當中，或許除了火炬發出閃爍的火光之外什麼都沒有，他們看見這些巨大蠍子、盤繞著的蛇類以及咆哮的野獸時肯定大受震撼。」

這並不表示建造哥貝力克巨石陣的人就對天空不感興趣，保存最完整的其中一根石柱雕像上便佩戴著一條雕刻出的項鍊，以圓盤及新月形狀為裝飾，一般認為這些符號就代表月亮，甚至有人認為這條項鍊表示這根石柱是「月神」。無論如何，哥貝力克巨石陣這樣的構造顯示出人類看待宇宙的觀點出現了澈底的轉變。看起來有可能，建造了這些遺址的人類對宇宙的認知也是分層的，分成下、中、上界，與他們在舊石器時代的祖先以及今日傳統狩獵採集社群的認知相當類似。劉易斯─威廉斯認為意識狀態的改變可能仍然是遊走在這些不同宇宙國度中的重要關鍵。

不過現在這樣的旅程是發生在人造的環境中，而非自然環境。加泰土丘的居民看起來是複製了自然洞窟中的狹窄甬道；在其他地方，如今人類對這些傳送門的了解更深了，便能夠發展出比較簡單、更加公式化的設計：圓圈、梁柱、廣場。正如劉易斯─威廉斯所指出的，能夠建造有目的性的建築，這樣的轉變也代表了更強大的社會掌控力，有權力的菁英階級崛起；也出現了正式的儀式，包括在死後裝飾並展示特定頭骨，可能還有人類獻祭，當中明定了誰能夠去到這些其他國度、又該用什麼方法。

因此，哥貝力克巨石陣正是兩大重要變革的縮影，這些變革似乎是在採取農耕生活之前同時發生的，都牽涉到社會開始將自己跟自然界區分開來，或是地位還更高一籌。神靈的國度中不只居住著動物引導靈，還有人類的祖先；人類也不再使用現有的洞窟或自然界特殊地景當成進入其他世界的入口，而是開始自己建造入口。

一直過了幾千、幾萬年，這樣的變革才傳到了博因河谷。基因研究顯示出，農耕技術是藉由近東地區的移民逐漸傳播到整個歐洲，這些移民大量取代了當地的人口。新的生活方式大約在公元前七千年傳進希臘，公元前四千五百年左右則進入了歐洲西北部地區，而這些農夫抵達了大西洋海岸時便以巨石建造了特殊的建築，從葡萄牙、布列塔尼到瑞典等地出現了大量石柱、巨石陣、墓室和古墳。

不同的社會以各種不同的方式來表達相同主題：在愛爾蘭便有建造通道墓的傳統，最後形成了新石器時代最為壯觀的重要建築——紐格萊奇。農夫大約是在公元前三七五〇年來到這裡，帶來了陶器與堅固的四方房屋，還有像是小麥及大麥等穀物。學者研究了植物遺蹟之後認為這樣的轉變算是相當迅速，在一、兩百年之內，島上各地便種滿了穀物，同時也砍伐或燒掉了大範圍的森林。

與此同時，人類開始建造簡單的石墓，以五、六塊大石蓋起墓室，頂上還有一塊扁平的石頭頂蓋，再以土丘覆蓋住一切。在接下來的幾百年間，石墓的設計變得更大、更複雜。一開始建造的石墓都小到無法進入，不過後來就出現了顯眼的石標或者寬達二十公尺的土丘，墓中的甬道能通往內部墓室，裡頭有藝術裝飾以及托梁式的屋頂，可以在這裡進行儀式。

愛爾蘭考古學家羅伯特．亨錫（Robert Hensey）一直在愛爾蘭研究這些通道墓的發展，同樣認為這些遺址是傳送門，他在二〇一五年出版的《第一道光：紐格萊奇的起源》（First

Light: The Origins of Newgrange）一書中，描述這些遺址是「一個強大的超越網絡，這一連串特殊建築的作用就像是通往其他世界的橋梁」。他認為，透過待在祖先遺骨所在的同一地方，「如今選定的個人就能實質上進入另一個世界，也就是祖先所在的國度」。就像在近東地區一般，人類並非利用地景特色作為通往其他現實國度的入口，而是自己建造起來。

就像在哥貝力克巨石陣及加泰土丘一樣，這趟前往神靈世界的旅程刻意安排得十分困難。不管石墓的規模有多大，內部的通道寬度一次都只足夠一人通過，要抵達墓室的路程中經常需要蹲低、匍匐或者在石頭上爬行。隨著石墓變得更大，墓室也變得更加複雜，最多有七處壁龕，每一個大小都只足夠一名成人坐著或蹲伏在裡面。亨錫認為，人類可能會在這些壁龕裡待比較長的時間，可能是為了透過感官剝奪進而進入出神狀態（或許還輔以吟唱聲在墓室內迴盪造成的恐怖效果）。他指出，在一些傳統聚落中，例如哥倫比亞的高基人以及巴布亞紐幾內亞北部的歐羅開巴人，受訓成為神靈領袖的個人都會獨自拘禁在黑暗中，一次可能多達數年。

在哥貝力克巨石陣中並無法證明其與天空的連結，在新石器時代的歐洲倒是非常明顯；此處的巨石建築經常以天象排列為主題。學者調查了西班牙及葡萄牙的一百七十七處石棚墓，發現每一個都是面向東方朝向地平線上的某一點，就落在太陽升起的彎弧裡。調查報告中的結論認為，每座墓都是對應著某一天的日出，或許就是開始建造的那一天。一般都相信，這些墳墓能夠通往地底的冥界。這個論點也符合這樣的想法，在冥界中自然會重生，看上去就像是太陽每晚都會進入冥界，到了早晨便重生。

在愛爾蘭，並非所有的通道墓都明顯對應著太陽，不過有幾個也像紐格萊奇的墓室一樣在頂端有開口，這是建造者希望陽光在特定時間點進入墓室的有力證據。同時，人類也越來越注意到，不只是太陽每日重生的週期，還有每一年的循環。二〇一七年針對一百三十六座愛爾蘭通道墓進行研究，結論認為其中有超過二十座都是刻意對應著太陽週期中的重要日期，大部分是二至點。

到後來，大約在公元前三千兩百至三千年間，通道墓的規模變得更大了，通常會超過五十公尺寬，以更大的石頭建造、墓頂更高、通道也更長，另外在設計上也有修改，例如在石墓外部也有繪畫及裝飾、石標周圍留有公共空間及平臺，還有能讓人們站到頂端的平整土丘，過去可供人們與外界隔離的空壁龕現在則放入儀式用的石盆。

總結來說，這些變更顯示出這些遺址的目的已經改變，原本是讓個人能夠進行神靈之旅，後來則轉而用在公開儀式，可能是由位高權重的菁英階級主持，並希望藉此讓旁觀群眾入迷並心生讚嘆。這項傳統的最高峰就是紐格萊奇，在建築前方還裝飾著閃閃發亮的石英：這是目前所知最令人驚嘆的通道墓，無論從規模、複雜度、藝術的品質與數量，乃至於天象對應的精確性而言都是。

但是此處並非獨立存在，這片土地最出名的特色就是位於博因河河套處，不只孕育出紐格萊奇，還有另外兩座規模相當的通道墓：諾斯（Knowth）與道斯（Dowth，這個對應的是冬至日落），周圍附近還有九十座其他特殊建築，包括較小的通道墓、站立的巨石、木柱圓圈、以土地圍起的空間，還有遊行行進的道路。如此令人瞠目結舌的儀式地景，就算沒有上千人，肯定也需要上百人集結資源、同心協力。

在冬至早晨，哀悼或是敬拜的隊伍或許會越過河流，走上高嶺處後將人類遺體放進石墓裡。日出時，光線照射進入墓室，象徵著前往陰暗冥界的旅程，但那或許不是旅程最後的終點，劉易斯—威廉斯認為，人們或許會想像陽光帶著置於墓室內死者解脫後的靈魂，然後持續往上通過高高拱起的托梁屋頂回到空中，在那裡匯入太陽裡，「加入宇宙間生命、死亡與重生永恆不斷的循環中」。

然而，有個問題。無論像是紐格萊奇或道斯這樣的石墓，在聚集群眾的眼中看來有多麼令人驚嘆，主要的事件（也就是光線進入墓室）只有內部少數幾人能夠親眼見到。或許這就是這項傳統最後消失的原因之一。在大約公元前二九〇〇年之後，人類也不再建造通道墓了，反而將焦點轉移到一種新的特殊建築，同樣利用這時刻的陽光照明，並同時能夠讓好幾百人見到。

英格蘭的索爾茲伯里平原（Salisbury Plain）開闊的草地上矗立著長年磨損、搖搖欲墜的巨石陣（Stonehenge）遺址，幾乎沒有其他古老建築像巨石陣這樣能夠激發出諸多不同解釋論點。幾百年來，有人描述這個神祕的巨大圓圈是一座德魯伊神廟，也有人稱是天文觀測臺、治療中心、戰爭紀念碑，甚至是外星飛行器的降落地點，不過多虧了近年來在巨石陣及周圍地區進行的一系列挖掘工作，考古學家如今比起過去有了更充分的證據，能夠講述這些石頭的真正故事。

這處遺址的獨特之處就在於石頭本身的大小令人咋舌，而且還是從相當遠的距離搬運而來，這些巨大的砂岩石板叫做「薩森岩」（sarsen），每一塊都重達二十二至二十七公噸，或許是從巨石陣北方三十多公里處的埃夫伯里（Avebury）附近山丘搬過去的。其中還有比較小塊的青石，每一塊都有幾公噸重，則是從幾百公里遠的威爾斯搬過來：這是整個新石器時代中最了不起的成就之一。巨石陣還有另一個謎團，那就是對應著太陽這個最出名的特色。

現代的挖掘及放射性碳定年法結果顯示，巨石陣是分成好幾個階段建造而成。公元前三千年後不久，當時的人類用鹿角當鋤頭將白堊岩挖出圓形的泥土溝堤（簡略稱之為「圓陣」[4]），內部有一圈青石，還有面向東北方的出入口。圓圈內部矗立著幾塊薩森岩，然後走出出入口就會通往一塊未有雕琢的巨大薩森岩，今稱之為腳跟石（Heel Stone）。幾百年後，這處建築的形式大約已經成為我們今日所認識的樣貌，青石經過重新排列，加入了更多巨大的薩森岩成為一圈三十塊直立的巨石，上面擺放著水平的橫石，可能形成連續的石圈，距離地面有四公尺高。中央則有五個像是門口一般的拱門，排列成馬蹄鐵狀的弧形，這些拱門稱為「三巨石」，將近有八公尺高。

有人為巨石陣提出了非常複雜的天文理論，例如認為能夠預測日食，不過都已遭到推翻；但無庸置疑的是，三巨石弧形再加上還有一條從巨石陣往東北方延伸的道路（後來轉了個彎，最後會抵達附近的艾芬河〔Avon〕），確實指向仲夏時節的日出。如今，每年有上千人聚集在此處觀賞仲夏時的太陽升到腳跟石上方，但是在新石器時代，太陽則會順著那條道路本身升起。

這座建築也對應到了仲冬的日落，落在相反的方向。在夏季，只要站在圓圈內就能看到對應，不過到了仲冬，就必須從東北方沿著那條道路走向巨石陣才能看見日落的對應。事實上，從這個方向看見的岩石表面經過更仔細的處理，表示仲冬的這個時刻是最重要的。另外排列成矩形的石頭稱為「基石」，也可能是對應著滿月最早升起、最晚落下的時間，每十八．六年的二至點就會發生。[5]

---

4 原註：不過真正的圓陣中，溝渠應該會在土堤的外圍，巨石陣的溝渠卻是在內部，這點相當不尋常。

5 原註：一九六〇年代時有人認為這些巨石整合了十幾種天文對應，而「奧布里洞」（Aubrey Holes）就是用來預測日食，但今日的學者大多不接受這樣的推論。

這一切都是為了什麼？這個問題一直困擾著英國考古學家邁克．帕克．皮爾森（Mike Parker Pearson），他在一九九八年二月參與了一部關於巨石陣的紀錄片電視節目，帕克．皮爾森邀請了一位馬達加斯加的同事拉米利索尼納（Ramilisonina）加入他的團隊，兩人曾在馬達加斯加一起工作數年，當地的傳統社群仍然會立起直立的巨石，稱為「瓦托拉希」（vatolahy，意思是「人石」），來紀念亡者。

拍攝的前一天，帕克．皮爾森帶拉米利索尼納到了附近的埃夫伯里，那裡有三處新石器時代的岩石圓陣。帕克．皮爾森很想知道他的朋友對這處史前遺址有什麼想法，向拉米利索尼納解釋說考古學家並不知道為什麼要立起這些石頭。「他問我難道在馬達加斯加工作都沒學到什麼嗎？」帕克．皮爾森在二〇一三年回想道，「在他看來，這些岩石圓陣顯然一定是為了紀念祖先而建造，用岩石建築來代表死後的永生。」相較之下，像木頭這類會分解的材質則屬於生者的短暫世界。

一開始，帕克．皮爾森並不認為馬達加斯加的信仰能夠為這些新石器時代特殊建築的建造目的提供什麼新解釋，先前也有人認為巨石陣是為了紀念亡者而建。但是隔天在遺址拍攝的時候，他開始思考拉米利索尼納的話是不是有助於解釋，不只是這些古老的石頭，而是這周遭的整片地景。

從巨石陣往艾芬河上游走幾哩路就會看到另一處新石器時代遺址，是以土木建造而成的杜靈頓垣牆（Durrington Walls），這是不列顛群島上已知最大的圓陣，這個泥土築起的圓圈圈起了超過十七公頃的範圍，其中還包括了好幾處木柱圍起的大圓圈。考古學家長久以來都認為杜靈頓垣牆比巨石陣還早了好幾百年，不過重新定年過巨石陣的石頭之後，發現這兩處遺址可能是在同一時期使用。帕克．皮爾森與拉米利索尼納談過之後，思考著或許巨石陣和杜靈頓垣牆根本並不是兩處分別的特殊建築，而可能是同一複雜建築的兩半：一處供生者、一處供死者使用。

為了驗證這個想法，帕克．皮爾森和他的同僚從二〇〇三至二〇〇九年同時在兩處遺址挖掘。一如預期，團隊在杜靈頓垣牆發現了先前從未懷疑過的聚落存在證據，聚落可回溯至大約公元前兩千五百年，當時巨石陣處正矗立起巨大的薩森岩。這處遺址到處都是家庭生活留下的遺蹟，同時在巨石陣則找到了幾乎都是經過火化的人類遺骸（考古學家估計，其中有幾百人是在公元前三千年左右埋葬在那裡的）。另外，團隊還在其中一個木柱圈找到一條通往艾芬河的道路，表示這處遺址是透過河流連結到巨石陣。他們也證實了，杜靈頓垣牆有好幾處對應到二至點的天文景觀，例如這個圓圈及通往河流的道路，無論在仲夏日落或者仲冬日出時都是面向東南方。另外，還找到了曾在仲冬舉辦奢華盛宴的遺蹟。

帕克．皮爾森的結論認為，建造巨石陣的人類就是在這裡經歷了史詩般的第二階段，他們顯然是在每年的特定時刻從周圍各地不遠千里而來，為了敬拜他們的祖先，或許也是催促亡者離開生者的世界進入永恆的死後世界。冬至時節的太陽會落到最低點，植物也陷入休眠。他指出，此時或許會被認為是「亡者的黑暗世界最接近生者世界的時候」，或許人們在這時聚集在杜靈頓垣牆，就是要透過盛大的筵席並矗立木柱以紀念近日過世的人。

清晨時分，遊行隊伍可能就從對應著仲冬的木柱圈出發，人們朝著升起的太陽往河流下游走去，他們有可能搭著木筏或獨木舟順流漂蕩進入祖先的國度，或許還帶著特定亡者火化後的遺體，然後在下午朝著巨石陣走去。從這個角度來看，頂著橫石的圓圈可以是代表天空映在地面上的堅實輪廓，太陽會在正後方落下，光線透過圓圈頂端以及高聳的中央三巨石上半部之間那一處狹窄窗口直接照射進來，任誰走上了前往巨石陣的那道斜坡，日落的一絲餘暉會在那裡停留片刻，就像在紐格萊奇一樣，轉變成石頭框住的一道光線。

研究紐格萊奇這類通道墓的理論出現之後，將巨石陣看作亡者的國度，仲冬時節的太陽照射下來，這樣的想法也就合理許多。在這兩處遺址中，新石器時代的建造者都利用石頭，將他們所知地球與天空不斷重複的模式轉化成感官能夠認知到的重要時刻。知道二至點落在特定的日子是一回事，不過眾人集體在仲冬時節感受這一刻又是完全不同一回事：在最黑暗的時刻迎來了光。這時的人類以他們對宇宙週期的知識，建造出一段關於永恆的壯觀訊息，這個永恆指的或許是永恆的死後生命，而這個訊息將留存千萬年。

人們通常會說新石器時代的大創新就是石造建築及農耕，但這兩樣都可以再回溯至更深層的轉變，正是人類在心智上將自己與大自然區隔開來，而操控、主導自然界也就成為可以想像的事。人類不再只是適應環境，而是控制，不僅是塑造出個別特殊建築，最終還要打造出整片地景，賦予自己的信仰和欲望實際的形體。

這樣的革命正是圍繞著哥貝力克巨石陣開始，不過一直到了六千年後，巨石陣的建造者才完成使命；這時已經看不見動物神靈，人類的祖先才是至高無上的主宰。而且人類也脫離了對洞窟及地底世界的依賴。新石器時代在不列顛的農夫塑造出新的宇宙觀，適用在更大、更複雜的社會，如今人們要探索宇宙時不再透過個人進入出神狀態的方式，不必鑽入像拉斯科洞窟或者紐格萊奇墓穴那樣的地底深處，是待在與天空有著驚奇對應的公共廣場。人類不再躲在黑暗中，而是迎向光明。

3 命運

一八五三年十二月，二十七歲的考古學家霍姆茲德．拉薩姆（Hormuzd Rassam）正為了倫敦的大英博物館帶領團隊，在如今位於伊拉克境內的摩蘇爾（Mosul）附近進行挖掘，這對拉薩姆來說是千載難逢的機會，尤其他還是在中東地區出生長大的學者。但是工作持續了一年多以後，他仍然沒有什麼重大發現，而他非常渴望探勘的地點卻又被應允交給了競爭對手的團隊。他還有最後一個放手一搏的想法，但必須抓到完美的時機，於是他觀望著沙漠上方的天空，焦急等待著滿月降臨。

摩蘇爾是拉薩姆的家鄉，今日人們聽到摩蘇爾的時候，大部分都是在對抗恐怖分子的戰爭中發生傷亡的地方，在二〇一七年七月伊拉克軍隊從伊斯蘭國（ISIS）手中贏回這座城市時，已經是一片斷垣殘壁。但是在拉薩姆那個時候，摩蘇爾是鄂圖曼土耳其帝國的一部分，在幾百年歷史的磚牆之內是滿布沙塵的街道、擁擠的市場以及築起壯觀圓頂與高聳宣禮塔的清真寺。看起來不甚牢靠的平底船載運著乘客渡過底格里斯河到對岸的肥沃土地：玉米田、種滿瓜果與黃瓜的田地，還有青草茂盛的矮丘。

過去幾年來，歐洲探險團隊一直在這片土丘上挖掘（還有南方距離三十公里的尼姆魯德〔Nimrud〕），已經發現了令人嘆為觀止的古代世界，其中最大的土丘稱為庫雍吉克（Kuyunjik），長度就有一．六公里長。一八四七年，英國探險家奧斯丁．亨利．萊亞德（Austen Henry Layard）帶著助手拉薩姆鑽入土丘的西南角，讓一座建於公元前七世紀的雄偉宮殿遺址重見天日。這座位於河畔的奢華居所中至少有八十間房間與通道，在石造大門的兩旁有巨大的長翼公牛及獅子把守著，牆面上裝飾著周長有三公里的雪花石膏雕刻門楣，描繪出在整個近東地區的軍事征戰勝利功績。這座宮殿屬於亞述帝國的國王辛那赫里布（Sennacherib）：萊亞德和拉薩姆發現的這座龐大城市叫做尼尼微（Nineveh），是當時世界上所知最大帝國的首都。

亞述人因聖經上的記載而為人所知，聖經中說到辛那赫里布曾試圖圍城耶路撒冷卻未果，並將尼尼微描述成一座邪惡的城市，上帝派約拿到那裡傳道之後，居民便紛紛懺悔。但在萊亞德的挖掘發現之前，從來沒有人發現過亞述文明的直接跡證，如今經過了兩千多年之後，亞述的城市與宮殿終於出土。

一八五二年要進行後續開挖時，萊亞德為了進軍政壇選擇留在英國，因此大英博物館只能將任務轉交給拉薩姆負責。拉薩姆急著想證明自己，計劃要探勘庫雍吉克大土丘的北角，他相信這裡一定埋藏著其他了不起的東西。但此時的英國與法國之間正互相角力，希望獲取能夠運回國內博物館的古物，而拉薩姆抵達時便發現，英國駐巴格達的領事亨利・羅林森（Henry Rawlinson）已經將他最喜歡的位址開挖權利拱手讓給了法國。

拉薩姆到其他地方開挖，到了一八五三年十二月，他的時間與資金都已用罄，他急切地想在回到倫敦之前到該處探勘，但若是他惹惱了法國人又毫無發現，英國高層很可能再也不會信任他。「因此我決定要趁夜到那個地方進行實驗性檢視，」他事後寫道，「便只是等著適當的時機，讓月光參與我的夜晚探險。」

他召募了自己信任的工人組成團隊，在十二月二十日的晚上帶他們到庫雍吉克。第二天晚上，他們發現了一片大理石牆壁的部分，底下還連接著一塊鋪磚的地板。隔天早上，興奮的拉薩姆發電報給羅林森及大英博物館，告訴他們他又發現了一處亞述宮殿，但是那天晚上他的團隊進一步開挖時，才挖了幾公尺就發現已經沒有石板了，周圍只剩下古老的碎石堆。

拉薩姆簡直心煩意亂，他開挖的消息已經在摩蘇爾「走漏風聲」，他擔心法國人很快就會過來阻止他，或者鄂圖曼政府會指控他的行為是劫掠。第四天晚上，他雇用了更多人，讓他們在靠近大理石石板附近的幾處位址工作，在他咬著指甲焦慮了幾個小時後終於聽見有人大喊：「Sooar！」那是阿拉伯語中「圖案」的意思。工人們挖出了一道深深的溝渠，兩旁高高隆起的土堆不斷往下崩塌，在月光的照明下顯現出一幅保存完好的圖畫，那是身材壯碩、留著鬍鬚的亞述國王。

他們所發現的房間原來是一個狹長的門廊，將近有二十公尺長、五公尺寬，牆面上都是狩獵獅子的場景：國王駕著戰車追逐著，高舉著弓；與他的隨從一同以長矛刺進獅子的身體；以匕首刺穿野獸的頸部。這些浮雕是在亞述文明的考古發現中幾幅最為精細、寫實的藝術作品，其中所描繪的一頭母獅尤其讓拉薩姆感動不已：「牠伏在前爪上休息，頭部往前伸，努力想要收起自己受傷的肢體卻不得。」

但最大的發現就在他的腳底下。這個房間的地板上覆蓋著上千片破碎的陶板：有些已經完全粉碎，也有其他幾乎是完整的，最長的將近二十三公分，陶板表面上擠滿了小小的楔形凹槽——這樣的文字被稱為楔形文字，是趁著陶土仍濕軟的時候以蘆葦桿尾端壓上而成。拉薩姆確實是發現了另一座宮殿，由辛那赫里布的孫子亞述巴尼拔（Ashurbanipal）所建，他是亞述帝國最為強大的君王，而這裡就是他的圖書館。

這項發現至關重要。我們在第二章裡知道了，起源於公元前八千年左右的農耕技術是人類歷史上的關鍵轉捩點：人類不再是自然界的一部分，而是開始塑造並控制自然。幾千年後，在幼發拉底河與底格里斯河之間同樣這片肥沃的平原[6]上又出現了另一項人類的重大變革：書寫的發明。

目前發現最早有書寫紀錄的泥板，是來自南美索不達米亞的蘇美文明，在公元前四千年末期，稍後巴比倫人及亞述人也使用這類楔形文字並往北傳播。有了書寫文字便能夠永久記錄下一切，包括債務、稅務乃至於國王的遺詔，藉此便能支撐起所需的運作機制與政府制度，建立起更為複雜的城市、城邦甚至是帝國。當然，有了書寫文字也就開始有了歷史，考古挖掘的遺蹟能讓我們推測出過往的文化是如何思考、有何信仰，但文字可以直接告訴我們答案。

亞述巴尼拔的圖書館是第一次出現這樣有條有理的文字紀錄，讓我們能夠一窺古代文明的心智世界，其中包含了來自整座帝國的上千份文件，當時的亞述帝國涵蓋了整片美索不達米亞平原及更遠的土地，而圖書館中有些文件的年代可回溯至公元前三千年。內容五花八門，有收據（包括牛隻、奴隸和桶裝酒等等）、祈禱文、法律文件、文學作品還有醫藥文件。楔形文字文獻專家珍娜特．芬可（Jeanette Fincke）在大英博物館負責將這座圖書館中的巴比倫泥板分類歸檔，她說這些基本上就是「一切事物的先導，而且我真的就是指一切事物」。

不過這座檔案庫所揭露出最重要的發現，是一個圍繞著對天堂的奇想而建立的社會，甚至可

6　原註：即美索不達米亞平原（Mesopotamia），名稱取自希臘文，意為「河流之間的土地」，從土耳其南方一路延伸到波斯灣。

以說是執迷。陶板上描述了太陽、月亮與各個星球的運動，成為神聖文書，傳達了來自天神的訊息，塑造出人類生活各個面向該有的行為與決定。「在亞札魯（Ajaru，二月）這個月裡，夜晚觀天象時看見月亮蝕缺，國王將會死去。」一塊陶板上這樣寫道，除了這塊板子，另外還有大約七千條這樣簡略寫成的預言，稱為《當安努神與恩利爾神》（Enuma Anu Enlil），自此時起便誕生了讓人類執著不已的想法：我們的命運都寫在星辰裡。

●

亞述巴尼拔宮殿中的浮雕將他描繪成一名嗜血的統治者，其中一件浮雕的主題便是他在自己的花園中享受野餐的樂趣，同時附近的樹上就掛著敵國君王被砍下的腦袋。公元前六一二年，此時亞述巴尼拔駕崩才過了幾年，亞述的敵人便有了復仇的機會，過去的子民組成了聯盟，在巴比倫人的帶領下征服了尼尼微並燒毀宮殿，大火的熱度讓宮殿裡的陶泥板冒泡扭曲，不過也將泥板燒製得相當堅硬，足以保存幾千年。

除了拉薩姆發現的泥板之外，萊亞德也從亞述巴尼拔繼承自辛那赫里布的宮殿中發現了足以裝滿好幾個板條箱的泥板，開挖的團隊自兩座宮殿中運送了上萬片泥板碎片到大英博物館。[7]以前也曾經發現楔形文字泥板，但是尼尼微的發現規模龐大，讓破譯這種奇異文字的任務變得更加緊急。

其中一位先驅便是英國領事羅林森，早在幾年前他便曾冒著生命危險攀登上波斯的一面懸崖峭壁，抄寫下刻在該處作為給神明訊息的神祕楔形文字，這段訊息以三種不同語言重複刻寫，包括了巴比倫人的阿卡德文，就像是楔形文字版本的羅塞塔石碑。到了一八六〇年，他和其他人對這些複雜的符號已經有了進一步的認知，於是便開始嘗試解讀尼尼微的泥板。

這些泥板顯示出亞述巴尼拔不只是一位軍事領袖，同時也相當著迷於蒐集文字，不辭辛勞地從帝國各地蒐集了上千份，他「想要蒐集起已知的世界中所有文字寫下的知識與智慧」，芬可這樣說，例如有一片泥板上就記載著國王給予下屬的訊息：「只要你們知道有哪些稀罕的泥板不在亞述，就去尋找帶來給我！」他尤其將目標放在巴比倫文本，蒐集了超過三千五百份，最古老的可追溯回一千年前。巴比倫雖然在公元前九〇〇年左右便由亞述統治，但在此之前本身便已經是強大的帝國，其首都巴比倫仍然是重要的文化與信仰中心，亞述人也採用了巴比倫人大部分的世界觀。

---

7 原註：拉薩姆和萊亞德並未記錄下自己是在哪裡找到不同的泥板，而且板條箱送抵倫敦之後又混在了一起，因此現在全部都視為同一批收藏。

圖書館中最出名的發現之一便是史詩《吉爾伽美什》（Gilgamesh），通常被形容為世界上第一篇故事。學者認為這是在公元前一千七百年左右在巴比倫寫成，不過是根據早上幾百年的蘇美人詩作，描述一位年輕氣盛的統治者（角色的靈感來自公元前三千年烏魯克〔Uruk〕的真實君王）意欲尋求永生不死，經過一段絕望而註定失敗的歷程後終於長了智慧。《吉爾伽美什》在今日受到盛讚為文學傑作，在出土時掀起了一陣騷動，因為其中一段描述相當類似於聖經中諾亞與大洪水的故事，比起創世記最古老的文本還早了幾百年寫成。（一八七二年十一月，大英博物館的助理研究員喬治・史密斯〔George Smith〕第一次在閱覽室中破譯了這個段落，據說他變得十分激動，甚至開始脫衣服。）同時，這首詩中還充滿了星象典故，在一個場景中國王必須跑得比太陽還快，另一個場景中，國王和朋友恩奇杜（Enkidu）打敗了天上的公牛（也就是我們今日所知的金牛星座），這頭公牛是女神伊絲塔（Ishtar，與金星有關）派來攻擊他們的，他們便砍下公牛的腿丟到女神面前，有些學者認為這段神話是用來解釋在美索不達米亞時代這個星座為何失去了後軀。

另一個從圖書館出土的巴比倫史詩是《至高之時》（Enuma Elish），這首詩不如《吉爾伽美什》那樣出名，不過可以說是一樣重要，因為這是人類所知最早的創世神話之一，是目前留存下來試圖描述宇宙如何成形的解釋中最古老的。這個神話大約在公元前一五〇〇年有了確切的形式，不過還有可能是根據更為古老的故事寫成，這首詩敘述了巴比倫的守護神馬爾杜克

（Marduk，與木星有關）如何打敗母神提亞瑪特（Tiamat）與混沌之力，他將她撕成兩半「就像對付魚乾一樣」，然後他就從這兩半身體中創造了天與地。

接著馬爾杜克為宇宙帶來秩序，規劃了行星與星辰的運行軌跡，將一年分十二個月，一個月有三十天，將夜晚交託給月亮，白天則交託給太陽。他釋放出各種天氣，讓幼發拉底河與底格里斯河分別從提亞瑪特的兩眼中流出。然後他為自己在巴比倫建造了神殿，並且與掌管水與智慧之神伊亞（Ea）創造了人類。就像其他早期描述人類如何看待宇宙的記敘一樣，其觀點相當豐富且宏偉，顯然更加關心要創造意義而非解釋事實。考古證據顯示出，舊石器時代與新石器時代的人類認為在地上發生的事件與天上的事件是緊密相關的，《吉爾伽美什》與《至高之時》都起源於文明的誕生，揭露出一個同樣完整的宇宙，其中的天與地之間會互相映照、影響，就像一枚硬幣的兩面。

據說，美索不達米亞的神明同時居住在天上與地上，每位主要神祇都在自己守護的城市中以雕像的形式存在：例如馬爾杜克就居住在巴比倫的埃薩吉拉神殿（Esagila）中。挖掘成果顯示出神廟長兩百公尺，廣大的庭院通往內部的神殿，一旁還矗立著一座金字形神塔，也稱作階梯形神塔。神殿中的祭司負責照顧馬爾杜克及其隨從神明（也是雕像），為其更衣、準備飲食及娛樂，也會在宗教慶典期間帶著雕像繞行城市內外。新年的十二日慶典尤其重要，法國亞述文明學家尚・博德羅（Jean Bottéro）表示，在慶典期間「崇拜這些神明，不只是復始時間……還要復始宇宙」。

神明也會與行星一同以星座的形式出現在天空中，包括馬爾杜克及伊絲塔，伴隨著月神辛（Sin）與太陽神沙瑪什（Shamash），人類認為這些神祇能夠決定地上所發生的事，並且透過他們的星象變化來暗示人類即將發生的事。埃薩吉拉神殿的祭司被稱為「《當安努神與恩利爾神》的抄書吏」，最出名的就是他們能夠解開上天訊息的祕密，這項技藝可以回溯至好幾百年前，只要正確解讀天象並舉行適當的儀式，就有可能避免任何預知到的危急結果。

因此，亞述巴尼拔要蒐集這些文本的動機並不只是哲學上的研究，而是認為宇宙知識對於他自身的存亡至關緊要。目前看來，這位國王的圖書館中最大一部分的巴比倫文本都是有關預兆和占卜，尤其是與天象有關。芬可說，他的終極計畫就是「要盡可能蒐集泥板，越多越好，上面記載著儀式與咒語的指示，都是能讓他保住王位與權力的重要關鍵」。

觀看天象並不是占卜的唯一形式，可以說大概什麼事情都能傳達出來自神明的訊息，從羊內臟、胎記、煙霧或骰子到特定鳥類的鳴叫都可以。為了避免做出負面的預言，巴比倫人有一大批可應對的宗教儀式，稱為南博比（namburbi），這個字在蘇美文中的意思是「解開」或者「驅除」，透過儀式就能將邪惡像解結一樣脫開。像是加泰土丘上的居民蓋起像洞窟一般的房屋，他們居住在一個魔幻的世界中，真實與神靈的國度之間並無隔閡，一切事情發展都要按照神明的意願進行。

不過天象還是最為有力的預兆。一個人在自己家中觀察到的跡象，例如突然冒出昆蟲，或許能夠解釋單一個人的事情；在街上所看見的預兆則關係到所有街坊鄰居；但理論上，天空中發生的事情眾人都能看見，於是便預示了整個國家的命運：包括作物收成、戰事、政局或君王。圖書館中的泥板詳細說明了在亞述巴尼拔的帝國各地都駐守著祭司，他們經常會捎來報告，記載他們觀察到的天象訊息以及該如何應對的建議，尤其在巴比倫的祭司報告更勤。

他們的智慧都集結在《當安努神與恩利爾神》中，書名是取自開頭的前幾個字：「當安努神與恩利爾神……」（安努神是掌管天空的神明，恩利爾神則是掌管空氣，也稱為「風神」。）這本手冊大約是在公元前兩千年末集結而成，基本上涵蓋了地上一切事物發展的結果，從行星的運動到太陽的顏色皆然，「若是在尼桑努月（Nisannu，一月）的第一天日出（看起來）灑上了血，」一塊泥板上寫道，「國內的穀物便會消失，日子艱苦，將會有吃人肉的事情發生。」另一塊則提到，如果在看得見金星及木星的時候發生了日食，「國家將遭受攻擊」。在最重要的事件當中也包括了月食，通常預示了國王駕崩。月亮的圓盤切分成了四個象限，對應著已知世界的四個區域：阿穆魯（Amurru）、埃蘭（Elam）、亞述與巴比倫，而因月食暗下的區域就表示哪裡的君王將要崩逝。

從亞述巴尼拔圖書館中發現的文件，描述了美索不達米亞的君王會用哪些駭人的方法避免這樣的命運。如果觀察到了月食，君王便會暫時退位，改讓一名敵人、罪犯或者可能是園丁來當替身，讓他穿上君王的衣袍並坐到王位上，身邊則有一名「少女」或「處女」為王后，眾人以盛宴歡慶款待這兩人，最長達一百天，讓他們享受豪華的酒宴、宮廷樂手的表演，甚至搭著王室的船出遊。然後他們會遭到處決，預言成真，那麼真正的君王就能安全返回王位。

如此一窺由天象統治的文明相當迷人，對當時的人來說，天上的太陽、月亮與行星共舞確實就是攸關生死的大事。不過，埃薩吉拉神殿的祭司並不只是迷信的占卜師。一八七八年，一名隱居的耶穌會士開始從大英博物館的龐大收藏中抄寫出更多巴比倫泥板，並協力發現了巴比倫人對天空的知識遠遠超過了任何人所能想像的程度。

●

尼尼微在公元前六一二年毀壞之後，巴比倫人繼承了亞述帝國的統治權，從如今土耳其中部地區向北延伸進入阿拉伯沙漠地帶。尼布甲尼撒二世（Nebuchadnezzar II）在公元前六〇四年登上王位，他在位四十三年間都在重建巴比倫，最後這座城市甚至超越了昔日的榮光。他建造了一座龐大的宮殿，以寬闊的護城河與城牆保護城市，城牆面積寬廣到甚至能夠在上頭駕著四馬馬車繞行。城牆上開了八道門，其中最為雄偉的便是伊絲塔門，通過這道門便踏上二十公尺寬的行車大道入城，最後抵達埃薩吉拉神殿。大門和遊行的路線兩旁築列著上了釉的藍磚，裝飾著凶猛的黃白顏色動物：巨龍、猛獅和原牛。

尼布甲尼撒在神殿旁邊重建了城市的神塔（先前遭到辛那赫里布毀壞），比起之前更加高聳，據信有九十公尺高，外圍環繞著階梯，頂端則有敬拜馬爾杜克的神殿，同樣裝飾著豔麗的藍磚。這座神塔被稱為「埃特曼南奇」（Etemenanki），意思是「天上與地下根基之屋」，從神話學及宇宙學上來說都具有無比的重要性，在《吉爾伽美什》中的敘述明顯與諾亞方舟有所共鳴：兩者都分成了七層，並且涵蓋了一區「伊古」（ikû），大約有九十平方公尺。

這樣的結構也反映在天空上，在倫敦大學亞非學院（School of Oriental and African Studies，縮寫SOAS）研究巴比倫文化的安德魯・喬治（Andrew George）指出，「伊古」便是巴比倫人所稱我們現代星座飛馬座的大四邊形。埃特曼南奇的「結構是同時奠基於宇宙的兩個層次——其浩瀚無垠……超越了兩者之間的鴻溝」，這是馬爾杜克的家，也是巴比倫（以及其君王）安全與權力的終極來源。在聖經中，尼布甲尼撒成為劫掠耶路撒冷並驅逐猶太人的邪惡君王，這座神塔也就成了巴別塔。

德國考古學家在一八九九年開始在巴比倫進行第一次科學挖掘，其成果證實了上述大部分論點。不過這個團隊抵達時便幾乎沒剩下多少陶泥板了，這些泥板都由拉薩姆運走，他在一八七〇年代挖遍了城市大部分區域，另外當地人也非法挖掘，將挖得的泥板賣給了古董商。[8]到最後，大英博物館買下了上千片泥板，一位叫做約翰・史特拉斯邁爾（Johann Strassmaier）的實習神父便注意到了這些泥板。

史特拉斯邁爾於一八四六年出生在巴伐利亞鄉間，十九歲時便加入了耶穌會。幾年後，巴伐利亞成為了新近統一的德意志帝國的一部分，這個國家的第一任首相奧托・俾斯麥（Otto von Bismarck）便盯上了耶穌會，俾斯麥認為他們順服於教宗，等同於挑戰他這個世俗政府的權威，於是在一八七二年便禁止耶穌會士在德國教書或工作。史特拉斯邁爾移民到英國進入一所耶穌會學院，他在那裡專門研究語言。他在一八七六年正式成為神父，兩年後便搬進倫敦梅費爾（Mayfair）一棟耶穌會擁有的房屋中，只要走路便能抵達大英博物館。

但是他仍擺脫不了世俗與宗教世界觀之間的緊張拉扯，近日來一連串革命性的科學發現似乎都削弱了聖經中的觀點，讓倫敦的各派學者爭論不休。一八五九年，查爾斯・達爾文（Charles Darwin）發表了他的天擇演化論，挑戰了聖經中描述物種如何創造的故事；然後在一八七二年，發現尼尼微的泥板中記載了大洪水，有些人便聲稱在舊約中的這起關鍵故事其實只是改寫了美索不達米亞神話。耶穌會長久以來便有深厚的學術研究傳統，也希望能夠捍衛聖經的準確性，於是便想要參與這場因美索不達米亞大批出土文物而起的爭辯。史特拉斯邁爾受命到大英博物館去研究楔形文字泥板，並且開始自學阿卡德文。

史特拉斯邁爾的身材矮小，性格溫和友善，一張圓臉上長著「令人難以忘懷的鼻子」。他原本打算要針對閃語族寫一本書，結果看到博物館收藏著那麼大量的泥板卻都無人解讀而逐漸損毀，他深感沮喪，「要人怎麼撰寫這些語言的歷史呢？」他對一名同事評論道，「畢竟這六萬片楔形文字泥板都還無人抄寫、無人翻譯。」於是他開始遵行規律的工作時程，就這樣堅持了將近二十年，他每天早上十點鐘抵達博物館的學者研究室，然後一路工作到下午四點，中間毫無休息。當時他從上千片泥板上抄寫符號，將Ａ４大小的紙張摺成兩半，以墨水畫出整齊的印記。研究員喬治·史密斯把重點放在解讀尼尼微出土的文本，史特拉斯邁爾則是將焦點放在巴比倫出土的泥板，這些泥板大部分可追溯至尼布甲尼撒之後的時期，大約在公元前五世紀至一世紀之間，其間這座城市先是落入波斯人之手，然後又是希臘人。

一開始，史特拉斯邁爾只是認真抄寫像是帳單及合約等財務紀錄，大多數學者都認為這類文件實在無聊，根本無心理睬，但是他很快就注意到有大量泥板上都沒幾個字，只有數字，而僅有的文字例如就有行星的名字，暗示著泥板的主題與天文有關。史特拉斯邁爾並不理解上面的數

8　原註：就像在尼尼微一樣，這些泥板的發現地點並未留下紀錄，許多在出土及運送過程中也有損壞，等到德國團隊開始工作的時候，幾乎已經沒剩下陶泥板了。

字，於是在一八八〇年，他向同為神父的喬瑟夫・埃平（Joseph Epping）求助，埃平過去在德國曾是他的數學老師，如今待在荷蘭服事。埃平一開始並不願意，他讀不懂楔形文字，而且雖然天文學對他「並非完全陌生」，他事後寫道，這項工作卻似乎令人望而生畏：「我不認為自己十分擅長計算，能夠解開這樣有太多未知數字、又有太少已知數字的算式。」不過史特拉斯邁爾送去了自己畫下的記號，最後埃平還是開始對付這堆神祕的數字，尋找著可能透露出意義的模式。

他從一個有七欄數字不斷上下循環的片段開始，他花了好幾個月才想通這些數字的意義。就在埃平工作的時候，其他楔形文字學者才剛剛略微理解巴比倫人的數學能力，運用六十進位的數字系統（我們每次以小時、分鐘與秒鐘來紀錄時間或者記錄角度的度數時都要複習一次）來處理代數、分數，甚至是二次方程式。不過，他的發現還是完全令人意想不到。

一八八一年，埃平公開表示這些數字代表一連串新月出現的日期與時間計算的步驟，涵蓋的範圍從公元前一〇四年至一〇一年。另一份文件上則記錄了一份類似的表格，顯示金星與木星的位置。這些計算的準確性令人咋舌，甚至連月亮與行星在天空運行時視速度的微妙改變（受到橢圓軌道的影響）也考慮進去了。雖然希臘與羅馬作家經常提起巴比倫人的星象智慧，卻沒有人料到除了他們的神奇預言及祈禱，馬爾杜克的抄書吏還發展出一套關於宇宙的新型數學知識。埃平稱他的發現是「珍貴的歷史寶藏」，巴比倫祭司確實能夠預言未來，運用精確的公式，提早幾十年便能預測到天象事件。

隨著越來越多泥板歸檔並解讀，歷史學家如今能夠描繪出這些祭司的能力是如何逐步進展。在亞述巴泥拔圖書館中發現的《當安努神與恩利爾神》這本手冊，包含的一系列預言中列出了金星的升起與落下[9]，時間點就在公元前兩千年。有些數字似乎是根據觀察的結果，不過另外有些數字則經過修正以符合模式，這個方法並非十分精確，但顯示出巴比倫人已經試圖運用數學規則來描述天空。後來從巴比倫出土的泥板（也有些是烏魯克城中神殿祭司所寫的）顯示出，大約在公元前八世紀時，祭司便開始寫下較有系統性的紀錄，每天晚上觀察天空並寫下自己所見到的一切，這些「天文日記」也包括了地上發生的重要事件，從幼發拉底河水位高低或者羊毛、大麥及芝麻等的價格，乃至於怪胎誕生的報告。

在幾個世代的紀錄中，抄書吏開始注意到「重大週期」：特殊類型的事件過了多久便會再次出現。例如，伊絲塔的漫步路徑經過八年後就會重複，而馬爾杜克則是經過七十一年，蝕缺現象則依循著十八年的週期。只要確認在上一次重大週期中發生了什麼事，他們甚至不必觀看就能監控天空中的徵兆。

接著，大約在公元前四〇〇年，他們的知識又更精進了一大步。祭司將黃道（太陽、月亮與

9 原註：金星第一次在日落前出現以及最後一次在日出前出現。

行星在天空中運行的軌道）切分成十二等分，各占三十度而成為黃道十二宮，各自以附近的星座命名，例如「天牛」（如今的金牛座）和「大雙子」（雙子座），讓他們有了一套精確的系統能夠記錄並計算天空中的事件。不久之後，他們便想出一套算數法來描述日記中所記錄的重複週期。

這些都是根據尋找「週期關係」而得，以行星彼此之間的關係來表達不同的天文週期。例如，每顆行星都繞著黃道以特定的速度運行（其「回歸週期」），不過疊加其上的還有一套曲折的模式，行星有時會停止或暫時逆行（其「會合週期」）。[10]金星只需要非常簡單的關係就能描述得當，在八年間便會歷經八次回歸週期以及（幾乎正好是）五次會合週期，不過其他行星就更加複雜。最後一步就是要整合出這些週期當中出現的細微速度差異，依據既定的規則隨著時間增減不同數值。[11]

天文歷史學家詹姆斯・埃文斯（James Evans）說這些數學非常高明，抄書吏不再需要依賴過往觀測到的一長列數字，只需要一小組數值參數就能定義每個天文事件的行為表現。[12]埃平便是發現了人類從單純體驗天空中的現象轉變為解釋現象的那一刻。

而且這還不是藏在這些破損陶片中唯一的驚喜。

公元前三三六年，距離巴比倫尼亞西北方一千六百多公里遠的地方，一位叫做亞歷山大（Alexander）的年輕王子登上了馬其頓的王位，接下來的五年間，他征服了一片龐大的帝國，贏下希臘城邦，接下來是小亞細亞（Asia Minor），然後是埃及。公元前三三一年十月，在尼尼微附近的平原打敗波斯大軍，贏得這場決定性的勝利之後，他揮軍進入巴比倫。

根據後來的羅馬歷史學家昆圖斯・寇提厄斯・魯弗斯（Quintus Curtius Rufus）敘述，當時有許多巴比倫居民都爬上城牆看著亞歷山大大帝抵達，而他走進閃耀著藍色光澤的大門時，大

---

10 原註：這是因為地球和其他行星都繞著太陽運行，水星與金星離太陽較近，所以在天空中看起來總是靠近太陽，當水星與金星運行到太陽背後（在地球上看起來）的時候，看起來就像是往後退。其他行星（火星、土星、木星）離太陽比我們更遠，所以有時我們在軌道內會超過這幾顆星。

11 原註：祭司並不喜歡追蹤天體在黃道上的運行狀況，反而更喜歡計算重要事件的時間與位置，例如新月或月食，或者某個行星會在哪個時刻停止或變換方向，因為這些事件會引發占卜預測。

12 原註：研究學者在這些泥板中還是能發現驚喜。二〇一六年，歷史學家馬修・奧森德瑞弗（Mathieu Ossendrijver）發現祭司的天文學知識中也會運用幾何學技巧，他指出一塊巴比倫泥板上記錄了祭司如何計算木星運行的距離，使用的方法就相當於將速度設為Y軸、時間設為X軸，然後計算圖形中的面積，過去認為這個方法是歐洲天文學家在公元十四世紀所發明的。

多數人民也走出城去迎接他。官員在遊行的大路上鋪滿鮮花，兩旁排列著銀製祭壇，堆滿香料。他們送出禮物，包括一群群的牛與馬，還有關在籠子裡的獅與豹，同時派出一整列音樂家、智者以及《當安努神與恩利爾神》的抄書吏來炫耀自己的文化珍寶。亞歷山大駕著戰車，身旁圍著武裝侍衛，進入城門後便直接到了王宮宮殿，他深受這座城市的美麗與歷史震撼，於是將此地作為他的新首都。他的勝利促使巴比倫進入了希臘世界，並且讓抄書吏接觸到西方的天文學家與哲學家，而兩者之間的宇宙觀實在天差地別。

神殿的祭司們看待星象事件都是寫在平面的泥板上，但希臘學者卻對立體的描述比較有興趣，他們想要知道的是太陽系如何安排；巴比倫人相信預兆，所以觀察的精確比其他什麼都重要，不過希臘人卻一向沒有準確觀察天空的傳統，他們的模型都是根據虛幻而哲思的理想。

在公元前四世紀時，希臘思想的主要人物就是亞歷山大的導師亞里斯多德（Aristotle），他的基本假設是既然天空是神聖的，其建構必定是完美而有效率地恰到好處：就是一系列的圓球。他認為，球形的地球是位於宇宙中心，環繞著同心圓或球體，乘載著太陽、月亮、五個已知星球與固定星體的軌道。他們唯一能夠想像的天體運動便是以恆常的速度繞著完美的圓運行，但這無法解釋為什麼行星有時會停下並變換方向。在公元前三世紀，西方天文學家想出了一個巧妙的答案：行星是繞著小圈子運行，稱為本輪（epicycle），同時也繞著地球周圍更大的圈子繞行，他們提出這些偏離中心的軌道就是為了解釋月亮與太陽的不同速率。這些幾何理論中並沒有包含精確的數字，原則才是重點，不過到了公元前二世紀，一位叫做喜帕恰斯（Hipparchus）的天文學家改變了一切。

喜帕恰斯大約在公元前一九〇年出生，在希臘的羅德島上進行研究，似乎就憑著一己之力改革了希臘天文學，基本上是將這門哲學性技藝轉變成為實用科學。他進行了大量的天文觀察，一般也認為是他整理出史上第一份星表。同時，他抨擊其他天文學者行事太過馬虎，認為他們的宇宙模型若是不能確切符合天空上所發生的事件就一無是處。根據詹姆斯．埃文斯所言，喜帕恰斯的態度「代表的是一種看待世界的嶄新觀點，至少在希臘人當中是如此」。喜帕恰斯的工作成果幾乎都沒有直接保存下來，不過後來的數學家兼天文學家托勒密（Ptolemy）表示，喜帕恰斯透過觀察天象得出準確的數字（也就是週期關係）來描述太陽、月亮及行星的繞行行為，然後又運用三角學這種新數學（甚至有可能是喜帕恰斯發明的，據我們所知，他是第一個使用這種技巧的人），將這些數字嵌入現有的幾何模型中。

「喜帕恰斯將大致上屬於解釋性的幾何模型變成了真正的理論。」埃文斯說道。他並無法用亞里斯多德的正圓形來完全解釋行星的運動，不過希臘人卻是第一次能夠計算出任意日期太陽或月亮在黃道帶上的位置。

接下來在古希臘世界中出現的偉大天文學家便是托勒密。他在公元二世紀時於亞歷山卓城（Alexandria）進行研究，他以喜帕恰斯的成果為基礎，寫成了不朽的鉅著《天文學大成》

（Almagest），為在天空中觀察到的所有運動擬出了符合邏輯的數學解釋，透過觀星一步步計算出來，其中也包括了喜帕恰斯未能提出的行星理論：托勒密認為天體以等速度繞行的本軸並不是從地球上或者從軌道中心來觀察，而是從第三點，他稱之為「均衡點」（equant）。雖然這個論點很複雜，卻精確得令人佩服，《天文學大成》也確實成為有史以來最有影響力的一本科學書籍，所定義的宇宙觀點流傳了一千五百年。

因此在近代歷史的大部分時間裡，都認為這一連串事件不只能夠解釋西方天文學的起源，同時也說明了普遍科學思考的源頭，便是所謂「希臘奇蹟」的一部分，正如埃文斯所說，「彷彿希臘人一夕之間發明了科學，同時還有歷史、詩歌與民主」。不過在一九〇〇年，埃平的同僚兼繼任者弗朗茲．庫格勒（Franz Kugler）卻在巴比倫的泥板上讀到了令人意想不到的東西，而一直要到幾十年後，人們才能完全明白其重要性。

庫格勒出身於巴伐利亞柯尼希斯巴赫（Königsbach）的一個地主家族，他的下巴方正，個性固執難相處。他過去也曾是埃平的學生，受命到荷蘭一所耶穌會學院擔任數學教授，並且在埃平過世後幾年的一八九七年自學阿卡德文，以接手分析史特拉斯邁爾記下的符號。他和史特拉斯邁爾之間的關係緊張，抱怨這位同事經常從語言學的角度提供建議，並無助於自己的天文學分析。另外，在十九世紀晚期出現了一派思想稱為「泛巴比倫主義」（Panbabylonism），認為希伯來聖經是直接衍生自巴比倫文化及神話的產物，而且巴比倫人最早在公元前三千年就已經發展出十分成熟的天文學，庫格勒則對此提出嚴厲批評。

是庫格勒從埃平發現的天文學理論中整理出大多數細節，他還注意到巴比倫人用來計算月亮運動的週期關係有些古怪。

這是祭司們提出最為複雜的理論。為了完整描述月亮運動並預測最為重要的月食，他們必須結合數個不同的月亮週期：月亮速度的改變（近日點月）、月相的變化（朔望月），以及當月亮跨過太陽路徑時在「交點」間行進所需的時間（交點月）。為此，巴比倫人最後使用的週期將近三百五十年，從中他們得出朔望月的平均長度正好為29.5306天。[13]庫格勒注意到，這個理論中所使用的數字與喜帕恰斯所使用的一模一樣。也就是說，喜帕恰斯根本不是透過觀星才在自己的理論中得到這些數字，而是取自巴比倫的天文學家。

事實上在過去幾十年來已經發現，喜帕恰斯的理論差不多全部都是根據巴比倫泥板上的數字，也包括他的行星週期關係。歷史學家已經知道，巴比倫人的數學以及天文學有某些面向已經

13 原註：巴比倫人並不使用十進位制，而是使用六十進位，也就是以六十為基準（就像我們今日在角度與時間上仍使用此制）。巴比倫人與喜帕恰斯所使用的數值完全一樣，皆為29;31,50,8,20天，能夠轉換為29.5306天（29天12小時又44分鐘），現代的數值也同樣是29.5306天。

滲入希臘人的思想，包括黃道十二宮的符號以及六十進位制（喜帕恰斯就是最早開始使用的希臘人之一），但是巴比倫人仍然被視為原始的觀星者，比不上具備科學思考的希臘人。例如法國的亞述學家喬治．柏廷（George Bertin）就曾在一八八九年回應埃平與史特拉斯邁爾的發現，堅稱說即使希臘人使用了這些祭司的幾個名詞，也應該是巴比倫人向希臘人學習了天文學：「巴比倫人……很快就發現了他們的科學新領袖有多麼精確。」

發現喜帕恰斯的數據就嵌在比較古老的巴比倫模型中，澈底顛覆了這個觀點，證明了他理論中的基本材料正來自神殿中的泥板。同時還有更多證據不斷出土。二〇一七年，澳洲學者聲稱一塊公元前兩千年左右的巴比倫泥板上畫著三角函數：或許祭司也啟發了喜帕恰斯發明三角學。事實上，喜帕恰斯確實非常依賴巴比倫天文學，有些學者認為他一定是親自造訪了埃薩吉拉神殿，並且與那裡的祭司一同研究，抄寫下他們泥板上記錄的觀察與算式，然後轉換成希臘文。不僅如此，與祭司接觸或許還改變了他本身的研究方法，喜帕恰斯原本在家鄉學到的是裝模作樣的哲學思考方式，但埃文斯說他發現巴比倫人居然能夠準確預測到太陽、月亮及行星未來在天空中的位置時，肯定是非常「震驚」，難怪他認為自己的使命就是要讓希臘模型也一樣準確。

因此，喜帕恰斯腦中兩種對立的世界觀發生了碰撞。巴比倫的算術數列能夠產生精確的預測，卻沒有立體結構；希臘人則是擁有幾何模型，卻沒有準確的數字。這兩種模型單獨存在時都不足以完整描述天空，當合而為一時，天文科學於焉誕生。

當然，巴比倫人協助塑造的學問還不僅如此，從起初便同時存在著另一門與天文學有著緊密關聯的學問：占星學。

●

一九六七年九月，法國考古學家在法國東北部格朗（Grand）的一處羅馬聖堂挖掘，在一口古井底部發現了象牙碎片，除了各種陶器、珠寶、果核及鞋子之外，團隊最後挖出了將近兩百片可分成兩對的象牙板，大約在公元一七〇年摔碎後棄置於此。象牙板的表面上還殘留著金箔與彩色顏料的痕跡，平板上刻著一圈美麗的圖樣，即使在今日看來也相當熟悉，從螃蟹、蠍子乃至於兩條長著鱗片的魚，這些圖樣是占星用的。

亞歷山大大帝征服巴比倫之前，希臘人便有許多預測未來的方法，從專門從夢境預言的人乃至於神廟神諭都有，卻沒有從天上解讀某人命運的特殊傳統。若是沒有計算太陽、月亮與星辰位置的能力，便不會存在占星的概念。不過，大約在公元前二世紀時與巴比倫接觸之後，希臘羅馬世界便掀起一陣占星熱潮，席捲了整個羅馬帝國，卻在由希臘羅馬統治的埃及尤其受到歡迎。在埃及神廟的天花板上開始出現精細的十二星座圖樣，古代垃圾堆中也曾發現莎草紙碎片，上面畫著上百筆簡單寫就的占星結果，記錄一個人出生當下天空中的細節。詹姆斯・埃文斯認為這些是占星師的筆記，透過像是在格朗找到的象牙板這樣的板子上參照星座，便能概略透露出與客戶相關的訊息。這些板子上的中央刻著太陽與月亮的圖樣，黃道十二宮則圍著周邊，一圈分成三十六區，是古埃及人用來劃分天空的星辰組合。

有一首敘事詩題為《亞歷山大大帝》（Alexander Romance）是以虛構角度講述亞歷山大大帝生平，有好幾個版本，最早出現於公元二世紀，其中便有一段描述如何使用類似這樣的平板。故事中，最後一位埃及出身的法老內克塔內布二世（Nectanebo II）敗給波斯大軍之後便來到馬其頓王國宮廷，他想了一套縝密的計畫，想欺騙奧林琵雅絲王后（Queen Olympias）與他同床，這位王后便是後來亞歷山大大帝的母親。於是他扮成占星師的樣子，告訴王后從星象看來，當晚會有一位長著公羊角的神祇去拜訪她，接著內克塔內布自己便打扮成這位神祇的樣子。在占星過程中，內克塔內布使用「一塊高貴且奢華的板子」，以象牙、烏木與金銀製成，裝飾得就像格朗出土的那種平板一樣。他打開一個小象牙盒子，小心倒出寶石來代表各個星體，水晶代表太陽、藍寶石代表金星、一顆血紅色石頭則是火星，將之擺放在板子上呈現出王后出生那刻星體在天上的位置。埃文斯說，在希臘羅馬時代，有錢的客戶或許會在神廟以及聖堂進行這樣的問卜，而對其他人來說，街頭的占星師可能是在廣場或市場上占星，在沙盤或者地上畫出客人的星盤。

大多數人認為，根據出生時的星盤與星座而生的占星學（就是我們今日所熟悉的類型，在新世紀網站與勵志書籍上都很常見）都源自於古埃及人；古典作家說是七世紀一位叫做尼切普索（Nechepso）的法老所發明。希臘的占星學確實融入了傳統埃及的元素，尤其是稱為旬星的星群，原本是用來在夜晚辨認時間的，不過也增加了一些特色，例如「占星視點」（horoscopic point），也就是在出生之時升起的黃道，整張星圖也是依此命名。不過說到與數學天文學有關的部分，西方占星學的基本素材便是來自馬爾杜克的祭司。

自公元前四〇〇年左右，巴比倫抄書吏開始另闢蹊徑，他們不只是為國王和國家提供預言，也根據個人出生時天空中的星體位置做出預言。埃平和庫格勒解讀出了第一塊巴比倫人「占星圖」，如今則已經解開了幾十塊，其中一塊最早的可追溯至公元前四一〇年，記錄一個孩子於尼桑努月的第十四個晚上出生，這時木星處於雙魚座、金星在金牛座，而月亮則在天蠍的「角」下方（這是如今我們天秤座的星星），「未來將會相當順遂。」板子上說道。

雖說是巴比倫人的天文學技巧讓希臘能夠發展出占星學，但想要研究占星圖的欲望卻是希臘天文學家的重要動機。喜帕恰斯曾寫了一篇關於占星學的論文，如今卻已佚失。歷史學家老普林尼（Pliny the Elder）對此評論說，他「所得到的讚賞永遠都不夠，從來沒有人比他更如此努力證明人類與星辰有關，我們的靈魂就是天堂的一部分」。托勒密也相當熱中此學，除了《天文學大成》，他還寫了另一部影響深遠的史詩巨作《占星四書》（Tetrabiblos），其中他概述了占星學的方法並且試圖整理成符合邏輯的一套系統，個人特質中「關係到理性與心智的部分就要透過水星的狀況來理解」，他寫道，「感官與非理性部分的特質則是從……月亮而得知」。托勒密的方法與巴比倫人有所不同，他並不認為天空中的跡象是神明的警告，而相信星辰與行星會發射出力量，例如「體液轉換」，能夠在地球上引發效應而影響萬物，從天氣乃至於個人的個性與健康。不過他之所以認真鑽研以達到數學上的精確，至少有一部分也是因為他想要從星象中讀出人類祕密。

一直到了一千多年後，西歐的學者才淘汰了托勒密的系統，並且以日心說創建出我們現代的天象觀點。一五四三年，哥白尼（Copernicus）認為太陽才是宇宙的中心，並非地球；而伽利略（Galileo Galilei）將望遠鏡轉向天空時多有發現，例如金星也和月亮一樣有盈缺，因此他支持哥白尼的理論。然後在一六〇九年，約翰尼斯・克卜勒（Johannes Kepler）屏棄了本輪與均衡點的論述，因為他發現天體運行的軌道並非圓形，而是橢圓形。

對這些為天文學奠基的先賢來說，星辰會影響我們的命運，這個觀點仍然深嵌在他們的研究動機與世界觀中，例如伽利略就經常為有錢的客戶進行占星預測，並且為自己的私生女繪製占星圖。克卜勒希望能夠強化並改革這門學科，描述自己是在「去蕪存菁」，他並不認為如名稱或十二宮圖案等文化發明的產物能夠影響地球上的事件，不過他十分相信各個星球所發出不同品質的光能夠影響氣候與健康。而他認為，地球就和人類一樣有靈魂，容易受到星體之間的和諧與否影響。

但到最後，占星學還是與科學革命無法相容。一六四一年，法國哲學家笛卡爾（René Descartes）發表的論述便非常出名，他將心智與身體分開，意識也與物質世界有所區隔，這是西方思想發生無可阻擋轉變的一部分，轉而傾向將物理的因果關係視為唯一可接受的解釋類型。天文學和占星學必須分道揚鑣：前者是根據客觀測量來理解宇宙的運行；後者則強調無形的連結與主觀解釋的意義。只能有一個贏家。在沒有明顯的物理機制能夠解釋遙遠的星體如何影響我們生活的情況下，占星學的知識基礎也就逐漸崩塌。

以科學為重的天文學發展一飛沖天的同時，占星學則只能「蹣跚前行」，就像威爾斯大學（University of Wales）索菲亞宇宙學文化研究中心（Sophia Centre for the Study of Cosmology in Culture）主任尼可拉斯．坎皮恩（Nicholas Campion）所形容的：「自宇宙學中錯置的系統。」對許多科學家而言，占星學是一門需要剷除的威脅，英國的知名物理學家布萊恩．考克斯（Brian Cox）便形容占星學會「削弱了人類文明的基本結構」，同時生物學家兼懷疑論者理查．道金斯（Richard Dawkins）則抱怨說，占星學「萎縮、磨損了宇宙的價值」。

然而，儘管（又或者正是因為）缺乏科學論證的支持，人類對星座與占星圖的興趣仍然不減，事實上，據說如今的占星學變得更加可信、更受歡迎，尤其是對千禧世代來說，希望藉此在充滿壓力、過分理性的世界中尋求指引、逃避，甚至是模糊的可能性。天文學和占星學看來或許是完全相反的學問，甚至互相敵對，但就某方面而言也是雙生子，反映出我們的本性中兩個不可或缺的面向，也都是基於同樣的人類基本欲求，想在天空中看出規律、秩序與意義，才於焉誕生。

●

公元前三二三年二月，亞歷山大再次帶著軍隊接近巴比倫，城內派出的使節團中有一位懂天文學的祭司叫做貝爾─雅拿伊典納（Bel-aplaiddina），他警告亞歷山大，根據星象的預兆，若是亞歷山大進入城內便會面臨生命危險。古代作家描述這件事的細節各有不同：有一位記述道，祭司建議亞歷山大應該面向東方接近巴比倫，以避免看見落下的太陽，但此地的沼澤地形讓部隊舉步維艱，於是國王又轉身，還是面向西方進了城。

亞歷山大一進到巴比倫便開始計劃自己下一趟軍事征戰，他想要進攻南方的阿拉伯以及西方的迦太基與義大利。幾位希臘羅馬作家則講述起該年五月國王離開宮廷時所發生的事（狄奧多羅斯〔Diodorus〕說他是去按摩了，普魯塔克〔Plutarch〕則說他去運動），一名逃脫的囚犯進入宮殿，自己戴上王冠並坐在空無一人的王位上。亞歷山大的巴比倫言官要國王處死這個人。古代的作家似乎認為這起奇怪事件相當神祕。不過近代的學者則認為，或許是祭司擔心亞歷山大的生命安全，於是試圖執行替身國王的儀式來救他。

幾週後，亞歷山大參加了一場飲宴之後便生了重病，一份天文學日記記下了公元前三二三年六月十一日當晚的情況，這是當代唯一留下後來發生何事的紀錄。「國王駕崩，」抄書吏寫道，「多雲。」

年僅三十三歲，世界上最偉大的一位將領生涯就此告終，這座城市的命運也已成定局。亞歷山大將巴比倫定為首都，並且著手重建馬爾杜克的神殿及埃特曼南奇神塔。但是在他崩逝後，他的將領們瓜分了他的王國，塞琉古（Seleucos）拿下了美索不達米亞，為自己建造了新首都並逼迫巴比倫人民移居該處，只有祭司們留下來守著這座棄城，仍盡責記錄下每一晚觀星的結果。

接下來在公元前一二五年，來自現今伊朗地區的帕提亞人（Parthians）征服了這個區域，不久之後便被納入了羅馬帝國的版圖中。在幾個世紀內，巴比倫就像尼尼微和烏魯克等偉大城市一樣，埋沒在沙底遭世人遺忘，一直到了十九世紀萊亞德與拉薩姆的挖掘才出土。這是人類第一波文明的結束，軍隊與帝國、神廟與神塔、神話與魔法等發展繁盛，為我們建立自己的社會打下了大部分基礎。這波文明的最後一口氣（也就是找到的最後一批楔形文字泥板）就落在公元一世紀，便是預測天空中未來事件的天文年曆。

我們所能推斷出來的，最早在舊石器時代的人類就已經能夠辨識出星座，並且依循著日月星辰每一年的週期生活。到了新石器時代，他們開始形塑自己的宇宙，建造重要建築來創造並留存關鍵的時刻及影響。但是能夠留下文字紀錄（以及有了書寫便能夠支持的行政體系）讓人類有機會大幅擴展控制的範圍。經過了幾世紀的努力之後，巴比倫人將漫無目的、古怪奇異的天空這個天神的玩物，轉變成為可預測、依循數學規則的宇宙。

歷史上許多文明都發展出能夠描述天空的數學模型，中國皇帝的官署中便有一群天文學家，負責繪製天象星圖並預測如蝕缺等事件；馬雅人的領袖將自己和天體連結在一起，計算出能夠沿用百萬年的星象週期。不過寫下《當安努神與恩利爾神》的抄書吏是我們所知道，最早從類比宇宙轉換為數位宇宙的人，也就是最早將現實這片混亂的複雜轉換成以數字呈現的簡潔有力。

4 信仰

公元三一二年十月二十八日，兩軍就在羅馬城外交戰，馬克森提烏斯（Maxentius）與君士坦丁（Constantine）兩個因結親而成為兄弟的將領[14]，正彼此爭奪羅馬帝國西半部的統治權，這片領土從不列顛起達到北非。馬克森提烏斯控制了羅馬，君士坦丁則是從高盧揮軍跨越阿爾卑斯山而來，他在交戰前夕紮營的地點距離羅馬城牆北方僅幾公里遠。

如凱薩利亞主教優西比烏（Eusebius, Bishop of Caesarea）這類古代作家描述君士坦丁在這一天的經歷，可名列史上最重要的轉捩點之一，深具傳奇性。大約午時，這位渴望權力的皇帝便看見一個神聖的異象：太陽上方出現一個熊熊燃燒的光明十字架，上頭烙印著「以此征服」幾

14 譯註：君士坦丁的第二任妻子芙絲塔（Fausta）是馬克森提烏斯的妹妹。

個字。這就足以讓君士坦丁從一個異教徒轉而信仰基督教了，他下令將基督名字希臘文的前兩個字母XP（稱為Chi和Rho）疊加成為凱樂符號，並將這個符號畫在士兵的盾牌上。

同時，馬克森提烏斯聲稱自己受到羅馬戰神瑪爾斯（Mars）的庇護，不過眼看著對手勝仗連連，緊張不安的馬克森提烏斯也用盡自己能想到的一切方法要阻止君士坦丁的進逼，舉凡在神廟舉行儀式、殺生獻祭以從動物內臟解讀預言，還有天空中的預兆都有。他準備好躲在首都固若金湯的城牆後應付圍城戰，儲存大量糧食並摧毀了米爾維安大橋（Milvian Bridge）的石拱橋面，斷了君士坦丁跨過台伯河（Tiber）進入羅馬的路線。但他無法確認人民是否仍會效忠於他；十月二十七日在馬克西穆斯競技場（Circus Maximus）舉行的戰車競技上，群眾都高呼著君士坦丁的名字。隔天，馬克森提烏斯參閱了西卜林書（Sibylline Books）中所收集的各種神諭，便決定改以公開對戰來迎接自己的對手。

既然橋已經不能用了，馬克森提烏斯的人馬便以木船搭成臨時平臺渡過台伯河，在河岸北方幾公里處迎戰君士坦丁的軍隊，而對方進攻的部隊雖然人數少上許多，卻逼得馬克森提烏斯的部隊節節敗退。由於無路可逃，他的上千名士兵被迫只能跳進河裡溺斃。根據某份記載，到最後堆起的屍體高到就連河水也淹沒不了，就連馬克森提烏斯試圖逃跑時也陣亡了，因為他的盔甲太重淹死河中。君士坦丁從泥堆裡撈出他的屍體，舉著他的頭遊街示眾。

這次勝利讓君士坦丁擁有了羅馬帝國西半部領土的絕對統治權，舉著凱樂符號征戰，後來也讓他取得了東半部領土，從馬其頓起，最遠可達敘利亞以及埃及。經過好幾代的動盪不安與內戰，他終於統一了羅馬帝國，雖然因為羅馬的政治影響力在廣大的領土上逐漸崩解，西半部在一、兩百年後仍是陷落，不過東半部的帝國以新首都君士坦丁堡為統治中心，又屹立了千年。

君士坦丁勝利的重要性遠遠超過地緣政治學的範疇。在這位皇帝的統治期間，他打破了幾百年來的宗教傳統，憑一己之力將自己選擇的信仰從一個遭受壓迫的弱勢教派轉變成影響力廣大的教會。他的改宗為基督教鋪好了路，捨棄了過去以行星為依據的古老神明，讓基督教不只在羅馬成為主流宗教，整個西方世界皆然。因此，米爾維安大橋之戰所代表的便是人類歷史上更重大交戰的關鍵時刻：古早文明的天空崇拜對上今日主流的一神信仰。

君士坦丁為了紀念自己戰勝馬克森提烏斯，便在羅馬競技場的附近建造一座巨大的石拱凱旋門，這座凱旋門矗立至今，橫跨在歷代皇帝戰勝歸來時盛大慶祝遊行的路線上，門上刻著大大的銘文，原本是以銅鑄成，將他的勝利歸功於「神聖啟發」。許多歷史學家都認為這句話是指君士坦丁看見天空中燃燒的十字架而改宗的重大時刻，但是過去幾年來，包括藝術史學家伊麗莎白・馬洛（Elizabeth Marlowe）等學者則指出，凱旋門上的大理石雕刻與浮雕當中並沒有基督教符號。

雕刻中反倒出現了羅馬的太陽神索爾（Sol）。凱旋門的東側，索爾駕著他的四馬戰車從海洋中升起，為求平衡，在西側則雕著月神露娜（Luna）落下。凱旋門上其他地方也能發現索爾，從他頭上的一圈光線（稱為太陽冠）以及舉起的右手便能認出，而在門上幾處的君士坦丁也仿照這個姿勢雕成。而且，馬洛也指出凱旋門坐落在道路上的位置設計得相當巧妙，這樣人群朝著凱旋門而來，往前方看過去的視線就會聚焦在一座獻給太陽的巨大銅像上，她說這座凱旋門完全不是為了確認君士坦丁對基督教的信仰，「所偏好的神祇毫無疑問就是索爾」。

換句話說，這位皇帝為眾人所知的改宗之舉完全不如一開始看起來那般。不過話說回來，一神信仰對天空眾神的勝利也是如此。

●

大多數早期社會都會崇拜以某種形式出現的天空，或者將他們的神祇與天體牽上關係，當然也有地上的神祇代表萬物，從動物與祖先乃至於河流與作物。不過絕大多數的宗教，無論存在於歷史上哪個時期、世界上哪個地方，天體都在其中扮演著主要角色，英文中deity（神祇）一字的字根意思便是「在天空中發光」。[15]

二十世紀羅馬尼亞歷史學家默西亞・埃里亞德研究了世界各地上百種宗教，他認為光是天空的無比遼闊與力量就能引發靈性體驗。只要身處此地，天空就會讓我們在宇宙中顯得有多麼渺小，同時又能讓我們觸碰到那片遼闊而又無法想像的整體。「天空的基本本質就是一處滿布星辰的拱頂又是空曠的區域，深具神話與宗教的重要性，」他寫道，「大氣與氣象中的『生命』顯然就是一部永無尾聲的神話。」

有些天神跟特定的天體相關，例如巴比倫人的馬爾杜克與伊絲塔，或是埃及的太陽神拉（Ra）；也有些天神是無上的造物主，就體現或是生活在天上。西非貝南（Benin）文化中所崇拜的瑪烏（Mawu）女神將藍天戴在頭上為面紗，雲朵則是她的衣裳；蘇門答臘（Sumatra）的神祇德巴塔（Debata）咧開嘴微笑時就會釋放出閃電；美拉尼西亞（Melanesia）的班克斯群島（the Banks Islands）上信奉著最高神祇卡特（Qat），卡特揮舞著紅曜石製成的刀子劃開夜晚的黑暗，就此創造了破曉。但隨著三大一神教的崛起，也就是猶太教、基督教與伊斯蘭教，如此豐富的天體擬人化傳統也就掃除殆盡了，大部分人類都淘汰了這些神祇之間的糾葛故事，取而代之的概念則是唯一不變的上帝。

這樣的革命始於迦南（Canaan），這個地區位於巴勒斯坦（Palestine）中央，處於約旦河谷（Jordan Valley）與地中海（Mediterranean Sea）之間。一支稱為以色列人（Israelite）

15 原註：源自西臺文中的 dsius 或者梵文中的 dyaus，後來演變成希臘文中的 Zeus（天神宙斯）與拉丁文中的 Jupiter（木星，亦是羅馬神話中對照宙斯的神祇）。

的民族大約在公元前一二五〇年出現在此地，在青銅器時代晚期大部分時間都是受埃及人統治，從文字與考古證據來看，早期的以色列人也崇拜著以天體代表的各方神祇，當中以雅威（Yahweh，有些學者認為與太陽有關）與其妻子阿瑟拉（Asherah，與樹木有關，後來也將之與金星連結在一起）為首。

這塊區域分裂成兩個王國：北方的以色列（Israel）以及南方的猶大王國（Judah）。亞述人在公元前七二二年摧毀了以色列並流放其成千上萬的人民；公元前五八六年，巴比倫人也對猶大王國做了同樣的事。以色列陷落後，猶大王國中崛起了一個宗教團體，他們以耶路撒冷（Jerusalem）為中心，只認可雅威是宇宙的唯一造物主：這位神祇不能描繪出其形象，也禁止崇拜所有其他神祇。研究這段時期的宗教文件中顯示，這在一開始只是少數人的觀點，但是這樣「唯有雅威」的信仰在巴比倫的流亡人民中則逐漸強化。

公元前五三八年，輪到巴比倫被波斯征服，波斯人幫助流亡人民回到家鄉並重建他們在耶路撒冷的神廟。有了波斯人的支持，這群一神教團體開始控制了猶大人民的宗教機構，他們集結起來並編纂文件成為希伯來聖經。有人認為波斯人之所以同情流亡人民，是因為他們從流亡人民的宗教觀點中找到自身祆教（Zoroastrianism）的影子，其中也有一位無上的造物主阿胡拉．馬茲達（Ahura Mazda），遭遇到懷有敵意的安古拉．曼紐（Angra Mainyu）起而對抗。早期的猶太教肯定受到祆教影響，尤其當中對宇宙的概念就是善與惡之間的史詩鬥爭。

雖然歷史學家對這些事件的理解還很模糊，學者卻大多同意此時雅威的地位在猶太人心中有所提升，與他們遭到流放與失去的經驗有關。同時，麥基爾大學（McGill University）猶太研究學教授大衛．阿貝爾巴赫（David Aberbach）則指出，這群猶太人也在自己這一生中見證了亞述與巴比倫等強大帝國傾覆，或許讓他們傾向認為實體的神明形象與領土身分是脆弱且短暫的，因此轉而選擇「抽象且無法摧毀的上帝，而非木頭與石頭塑成的神祇」。

所有國家都稱自己的主神是至高無上的，但這位新神祇不一樣。例如希臘的宙斯，雖然是宇宙間最強大的神明，但行動仍然受到限制，也會遭遇其他神明的阻撓，不過雅威就不一樣了，雅威是超脫一切的：不在宇宙之內而在宇宙之上，再也不受其規則束縛。據埃里亞德所言，這種「上帝『權力』是唯一絕對真實的概念」正是「所有後來關於人類自由的神靈性思考與推測的起點」。

這樣的想法十分強大，甚至能夠改變人性的靈性面向：如今世界上有半數以上的人口都信奉猶太教、基督教或者伊斯蘭教。一開始，雅威在以色列以外的地方就沒什麼影響力。接著到了公元一世紀，一名來自拿撒勒（Nazareth）的導師帶領著一群猶太人的教派興起，這位導師名叫耶穌基督（Jesus Christ），自稱是上帝之子，使徒保羅（Paul the Apostle）等皈依者將他死後復生的故事帶到了羅馬。信仰要站穩根基的腳步很緩慢；公元二七二年，一名羅馬高階軍官的兒子君士坦丁於納伊蘇斯（Naissus，位於今日的塞爾維亞〔Serbia〕）出生，此時改變的浪潮還只是在岸邊拍打著。

●

君士坦丁成長的年代依歷史學家瓊斯（A. H. M. Jones）的形容便是「邪惡時期」。羅馬人自從在公元前二世紀初入希臘領土之後，統治的區域便迅速擴展，五百年後，這個龐大而無法管理的帝國已處在崩毀邊緣，飽受他國侵略、內戰、饑荒與瘟疫等威脅，互相敵對的軍隊競相扶持新皇帝，速度快得讓人差點數不清楚。

宗教情勢也是變幻莫測，傳統的羅馬神明早就已經和希臘眾神融合為一體：羅馬的主神朱比特便對應了希臘的宙斯，女神愛芙蘿黛蒂（Aphrodite）則帶有維納斯（Venus）的特質，而希臘的太陽神海利歐斯（Helios）便與羅馬太陽神索爾有關。這些對應著行星的神祇占據了人民日常生活中的核心，不只是關係到宗教儀式與奉獻，同時還有像是占星學的預言功能，這門引自巴比倫的學問在整個希臘羅馬世界中相當風行。

到了公元一世紀，行星甚至主宰了日曆，人們開始使用將一週分成七天的制度（這也可能是源自巴比倫），就從土星開始（星期六），接著是太陽（星期日）、月亮（星期一）、火星、水星、木星與金星。[16]但隨著羅馬帝國的擴張，神祇數量也越來越多，因為羅馬人每征服了一塊領土便很樂意引入該人民的神祇。有位歷史學家便這樣形容，這個社會已經「塞滿各種神祇」，從以弗所的阿提蜜絲（Artemis of Ephesus）與埃及的伊西絲（Isis，與天狼星有關）等母神，到波斯的太陽神密特拉斯（Mithras）等等，為此，基督教這派新信仰必須從中闢出一塊天地來。

最後是靠著戴克里先（Diocletian）這位過去曾是帝國親衛隊指揮官的皇帝上位後，才以鐵腕手段恢復了秩序。他在公元二八四年成為皇帝之後便特別尊崇羅馬的傳統眾神，並且懲罰拒絕崇拜羅馬神祇的基督徒。同時，他將不斷擴展的帝國分成兩個部分，各由一位高級與次級統治者共同領導，組成一套四位皇帝的制度，稱之為四帝共治制（Tetrarchy），戴克里先與馬克西米安（Maximian，即馬克森提烏斯的父親）分別統治著東部與西部帝國。兩人同時於公元三〇五年退位，君士坦丁的父親君士坦提烏斯（Constantius）繼承了馬克西米安的皇位，隔年他在英格蘭駕崩後，其軍隊便擁戴君士坦丁為繼承人。但因為四帝共治制的關係，便出現眾多意欲繼承各個皇位的人，也包括了馬克森提烏斯。於是接下來幾年間，君士坦丁必須透過一連串戰役與背叛，與眾多覬覦權位的對手協商。

16 原註：考古學家在各個地方都能看見以行星命名的曆法，包括公元一世紀皇帝提圖斯（Titus）的浴池遺蹟，乃至於公元七十九年維蘇威火山爆發後遭掩埋的房屋牆壁上。

公元三一〇年，君士坦丁在馬賽打敗馬克西米安之後，便下令軍隊沿著主要道路行軍前往一處神廟聖所。[17]根據一份當時的記述，皇帝在那裡獲得神聖的異象，神明保證他的征戰將會獲得勝利並能夠統治多年。不過捎來這段訊息的並非燃燒的十字架，而是傳統的神祇阿波羅（Apollo），通常被認為與太陽有關。

傳統上，羅馬領導人皆秉持他們的權力是來自朱比特，這位神祇是源於更古老的印歐神話中主掌天空的帝烏斯（Dyaus）；不過有些則宣稱自己與某位至高的太陽神有關，認為自己就像某種導管一樣，能夠將太陽光反射到地球上。歷史學家強納森・巴迪爾（Jonathan Bardill）寫了《君士坦丁：基督教黃金年代的神聖皇帝》（Constantine, Divine Emperor of the Christian Golden Age）一書，據他所說，這樣的傳統能夠回溯至說希臘語的托勒密王朝，這些君王在亞歷山大大帝之後統治埃及，因此他們受到古埃及法老以及他們崇拜太陽神拉的影響。在公元前一世紀，尤利烏斯・凱撒（Julius Caesar）戴上了發射出光芒的冠冕，他的繼承人奧古斯都（羅馬的第一任皇帝）豎起了從埃及運來的方尖碑當成巨大的日晷，到了公元一世紀，尼祿（Nero）則是豎起自己的巨大銅像當成了太陽。

這些作為的結果一般來說都不好。公元二一八年，一名出身敘利亞埃米薩（Emesa）的年輕人馬爾庫斯・奧瑞里烏斯・安東尼努斯（Marcus Aurelius Antoninus）透過家族關係繼承了皇位，原本他在家鄉的神廟擔任祭司，以一塊巨大的錐狀隕石為中心崇拜敘利亞的太陽神埃拉伽巴路斯（Elagabalus），他便將這塊石頭帶到羅馬並每天祭拜，「穿著絲質長袍、戴著高雅的冠冕，臉頰也塗上紅色與白色」。他在四年後遭到暗殺，敵人肢解了他的屍體後還在大街上拖行示眾。公元二七〇年當上皇帝的奧勒良（Aurelian）試圖以無敵者索爾（Sol Invictus），也就是「無法征服的太陽」[18]來取代朱比特，結果也不算成功，其最重要的節慶便是索爾在十二月二十五日的誕辰，就在冬至的幾天後，這時太陽恢復了往北走，而白天時間逐漸拉長，時序進入春天。奧勒良最後也在統治五年之後遭到暗殺，不過無敵者索爾的教派卻留存了下來。

學者尚不清楚為什麼君士坦丁選擇依據自己的太陽異象跟隨下場悲慘的前輩步伐，或許是想要與四帝共治時期的傳統宗教保持距離。但是自公元三一〇年起，君士坦丁的鑄幣廠所鑄造的錢幣上都以索爾為設計，將之描繪成「與皇帝同在」，擺出招牌的姿勢：裸身站立著並舉起右手，頭上戴著發射光芒的冠冕。君士坦丁在公元三一二年出發去解放羅馬時，巴迪爾說：「跟在他身邊守護的神祇是太陽神。」

17 原註：這裡可能是位於格朗的神廟，也就是第三章提到的占星泥板出處。

18 原註：關於無敵者索爾究竟是將埃拉伽巴路斯的形象重塑而成，或是希臘羅馬神話傳統中的索爾，又或者是完全新創造出來的太陽神，歷史學家對此看法仍多有分歧。

那麼，他是再度接收到異象才改信基督教的嗎？有些研究學者認為，君士坦丁稱自己看見的「燃燒十字架」其實是一種叫做幻日的太陽光現象，陽光照到大氣中的冰晶產生折射後才會發生，可以讓太陽看起來出現十字形狀。但是其實這件事並不必非得要有氣象學的解釋，羅馬領袖經常利用夢境或異象等言論來鼓勵軍隊或者聲稱得到神明支持。（凱撒遭到謀殺之後，奧古斯都進入羅馬之時，據說在太陽周圍出現了一圈彩虹。）君士坦丁所說在天空中的十字架，或許只是另一種版本的阿波羅故事，在後世加入基督教的轉折元素而重述。

話雖如此，君士坦丁打敗了馬克森提烏斯之後，確實改變了宗教政策。自尼祿的時代開始，基督徒便不時成為迫害的目標，最後的高潮便是戴克里先的「大迫害」，其間只要是拒絕向異教神祇獻祭的人都要入獄或受到處決。君士坦丁在公元三一三年扭轉了這個情勢，准許帝國內的居民能夠崇拜自己所選擇的神祇。公元三二一年，他下詔將基督徒的崇拜日（星期日）定為其他羅馬公民的官方節日。公元三二四年，整個帝國都由他一人掌控之後，他開始在錢幣上使用基督教符號。他移除或者重塑了異教神祇的雕像，建造了一系列重要的基督教教堂，包括耶路撒冷的聖墓教堂，此教堂的位址據說就是耶穌被釘上十字架以及空墓室的地點，至今仍是基督教最為神聖的遺址。

君士坦丁也金援基督教，自己還親自管理其教堂。公元三二五年五月，他從帝國各地召集來上百名主教，召開第一次尼西亞公會議（First Council of Nicaea），首次試圖討論出一份所有基督徒共有的教條。古早時的基督教主教兼歷史學家優西比烏（Eusebius）描述道，君士坦丁穿著紫金色長袍坐在大堂中央，「就像上帝派來的某位天堂使者，衣著閃耀無比，彷彿散發出光芒」，在他的威逼震懾之下，爭吵不休的各方主教也趨於意見一致，協助建立起強大團結的「天主教」教會。[19]

然而，這段眾人耳熟能詳的歷史大多是擷取自如優西比烏等基督教作家的敘述，其他來源則透露出故事中還有更多細節，就像君士坦丁的觀點以及凱旋門。例如君士坦丁打敗馬克森提烏斯之後的多年間，君士坦丁仍持續鑄造以索爾為設計的錢幣，只是最後在大約公元三二四年停止。雖然基督徒確實將星期日視為休息日，在君士坦丁的詔令中並未如基督徒那般稱之為「主日」，他之所以規定這樣的律法「是為了崇敬太陽」。公元三三〇年，君士坦丁在他應該是屬於基督教的新首都君士坦丁堡（Constantinople）立起一尊自己的巨大雕像，雕像位於高達三十七公尺的紫斑岩梁柱上，他以帶著光芒冠冕的裸體形象出現，面向太陽升起的東方。這座雕像在公元一一〇六年因強風吹襲而倒塌，但是在文獻中保留了雕像銘文：「獻給如太陽般閃耀的君士坦丁。」

19 原註：「天主教」（Catholic）一詞源自拉丁文的 catholicus（或者希臘文的 katholikós），意思是普世的。

也就是說，君士坦丁並未捨棄自己的太陽神信仰。不過，既然基督教明確禁止崇拜其他神祇，他是如何同時依循兩種信仰的呢？在他的書信中透露出一些線索，例如他描述上帝「最為明亮的光芒」具有救贖的力量，並且說上帝「舉起純粹的光」穿透他的兒子。巴迪爾等歷史學家認為，君士坦丁從來就沒有真正從異教信仰改信基督教，他只是融合了兩者，將基督教的上帝視為某種至高無上的太陽神，由基督將其光芒散落到地球上。君士坦丁刻意模糊了兩種信仰之間的界線，就能在擁抱新信仰之餘又不必放棄舊的。

當然他不會是第一人，幾百年來，基督徒都一直在運用我們空中星體的力量與光芒。

●

在聖經舊約中，先知瑪拉基（Malachi）將即將出現的彌賽亞說成「公義的太陽」，後來基督也描述自己是「世界之光」。在耶穌被釘上十字架以前，抓住他的羅馬人故意嘲弄他，給他戴上了以荊棘做成的光芒冠冕。不過在公元後的前幾個世紀期間，羅馬帝國中的基督徒為了努力吸引追隨者，並且要跟自身源頭的猶太信仰有所區隔，便不斷借用太陽崇拜中的儀式與標誌。

基督徒並不像猶太人那樣朝向耶路撒冷祈禱，而是面向太陽升起的東方。他們並沒有保留猶太教的安息日，是將主要的崇拜日移到了星期日，符合異教的太陽信仰。在公元二世紀，基督教作家特士良（Tertullian）否認基督教選擇這一天與星期日的太陽意涵有任何關係，不過到了君士坦丁時期，優西比烏則相當爽快就認可兩者之間有直接連結，解釋道「救世主的日子……其名稱就衍生自光芒，也是源自太陽」。

基督教的主要節慶也是依據太陽的運行而決定日期。慶祝耶穌復活的復活節原本是根據猶太教的逾越節，這個節日本身就是直接承繼自巴比倫的新年節慶阿基圖（Akitu），並且是在春分後的第一個滿月時慶祝；在君士坦丁的主導下，第一次尼西亞公會議的主教們投票決定將復活節移到接下來的星期日。至少從公元四世紀起，耶穌的誕生日便在十二月二十五日慶祝，也就是無敵者索爾的生日，異教徒會點燃蠟燭及火炬來慶賀，同時裝飾小棵的樹。

歷史學家兼作家瑪麗娜・華納（Marina Warner）指出，結果便是基督的生命變得與太陽每一年的週期有了密切相關，他的生日依然是在冬至過後不久慶祝，這時太陽開始升起進入春季，然後他就在春分之後死而復生，這時太陽終於戰勝了黑暗，白天的時間就會比夜晚還要長。其他的基督教意象也強化了這樣的比喻。最早在公元一世紀，十二使徒便普遍被認為是代表黃道十二宮，太陽在天空中運行時便會通過這十二宮。

同時，基督教也開始連結到月亮的意象，一開始是教會，最終則是聖母瑪利亞。華納在她的著作《獨她一女》（Alone of All Her Sex）中便指出，在基督教最早扎穩根基的地區中，太陽代表了剛猛的能量與力量，較為柔和的月光與珍貴的露水有關，提升空氣中的濕度，則能孕育生命。她認為這個意象啟發了上帝藉由瑪利亞施予恩典的概念，就像太陽光也會藉由月亮反射。「若是基督教不是扎根於陽光充足的東方，」華納說，「他們所運用的星體意象可能就會大不相同。」

運用太陽作為上帝的象徵，讓轉換到基督教的過程相對容易許多，因為改宗者不必放棄自己熟悉的儀式與節慶，但這也表示，即使基督徒極力否認與異教有任何關聯，還有許多人寧可慷慨赴義也不願向異教神明獻祭，但太陽崇拜有不少元素仍已經嵌入他們的信仰中。正如考古學家潔葵塔・霍克斯（Jacquetta Hawkes）所說：「歷史上經常可見這樣充滿惡意的諷刺，即使他們站在一方的前線衝鋒陷陣，其位置卻早已受到另一方的滲透。」

君士坦丁更進一步利用這樣的整合，不只將基督的身分與太陽連結在一起，也與自己連結。就像基督將神聖的光芒灑落於世間，皇帝亦然。五世紀時有一段文字敘述皇帝在君士坦丁堡的太陽雕像，提到就連城市中的基督徒也會在雕像基座處放置獻祭的供品：「他們以線香與蠟燭來祭拜，就像崇敬神明一般。」無論是否刻意為之，君士坦丁一開始選擇依循索爾神的信仰是一手政治「高招」，提供了他所需要的橋梁，能夠將對天空的崇拜和基督教連結在一起，讓帝國中的異教徒與基督徒能夠團結在一位統治者與一位至高的太陽神之下。

這樣的融合不只對君士坦丁的形象造成影響深遠的結果，也影響到基督徒對其救主的觀感。目前已知最早對耶穌形象的描繪出現在大約公元二三五年，畫在一座私人住家改建成的基督教教堂中，位於今日敘利亞的杜拉歐羅普斯（Dura-Europos）市內。這幅畫被形容為是君士坦丁統治之前唯一留存的教堂壁畫，畫著一位穿著簡單束腰外衣的人正治療一名癱瘓的男子，同時這人能行走在水上，也看顧著自己的羊群。不過在君士坦丁時代之後，典型的天主教描繪就大不相同了，例如五世紀時在塞薩洛尼基（Thessaloniki）的聖大衛教堂（Church of Hosios David）中，基督就坐在以彩虹做成的天空王座上，穿著紫色長袍、頂著金色光環，同時舉起右手。

雖然光環（尤其是出現在人頭後面的圓盤，稱為「光輪」）如今都與基督教有關，原本卻是用在如密特拉教這類異教教派上，用來描繪太陽神的神聖本質與光芒。然後，君士坦丁在羅馬為自己建造的凱旋門將光環用在自己身上，是第一個這麼做的羅馬皇帝，從此之後，基督徒也才開始使用光環，如此便讓基督的身分出現了轉變，越來越有帝國的特色。多虧君士坦丁，這位謙遜的導師成為了宇宙間的皇帝，帶著太陽的光芒統治整個宇宙。

這樣的形象一直到了中世紀也仍然十分有力。至於基督徒借用了光環的意象，究竟是為了顯示他們的救世主是一位強大的皇帝，或者只是希望傳達出太陽的光亮與燦爛，學者之間仍爭論不休。無論如何，一借用了這個形象之後就深植人心，藝術史學家湯瑪斯·馬修斯（Thomas Mathews）說道：「他成為了人們想像出的樣子。」

崇拜太陽與星辰不僅僅是形塑了關於耶穌基督的概念，同時也根植於現代西方關於天堂以及人類靈魂命運的信仰。前加州州長夫人瑪麗亞・施賴弗（Maria Shriver）同時也是一名作家，她曾寫過一本童書叫做《天堂是什麼？》（What's Heaven?）將死後的世界描述成「一個美麗的地方，可以坐在柔軟的雲朵上……當你在人間的生命結束了，上帝便會派出天使下凡帶你上天堂與祂一起」。認為在我們死後，靈魂就會離開身軀到天上與天使同住，如今有許多基督徒都十分相信這個概念，若是古代的以色列人聽了一定會嚇一跳。

根據猶太歷史學家J・愛德華・萊特（J. Edward Wright）所說，古以色列人相信（舊石器時代與新石器時代的社會似乎也是）宇宙分成三層：一層平坦的地上，底下有冥界，上面則有天空。希伯來聖經（重新改寫成基督教的舊約）中描述天空就像一片營帳或天篷籠罩於地面之上，不過同時也是一片堅固的「蒼穹」，有一片石頭地板，庫房中存放著風、雪、冰雹等氣候現象。這些描述中運用了人間城市與宮殿中的形象：例如天堂有一扇供人進入的大門、一座中央的王座室，雅威就坐在這裡統領宇宙，周邊圍繞著眾多聖人參議。

不過就像平民不能隨意進入王宮，這個天堂也不是普通人都能進去。歷史學家迪爾梅德・麥克庫洛赫（Diarmaid MacCulloch）在《基督教歷史》（A History of Christianity）中便點出，希伯來聖經中對於死亡之後會發生什麼事並未多提，但確實說了「人類生命終會結束，而除了少數出類拔萃者，便僅止於此」。鄰近的社會也有類似的信仰。在《吉爾伽美什》中，客棧的老闆西杜里（Siduri）建議英雄放棄尋找永生，告訴他，神明把永生都留給了自己。無獨有偶，荷馬（Homer）所寫的史詩可追溯至公元前八世紀左右，是關於希臘思想最早的文學紀錄，其中也沒提到有哪個顯然是天堂的地方能容納下大部分人類。肉體是真正的「自我」，雖說靈魂或者心智（psyche）被認為能夠在人死後繼續存活在陰暗而灰撲撲的冥界，卻只是活人的影子。在《奧德賽》（Odyssey）中，這樣的命運讓英雄阿基里斯（Achilles）惶恐不已：「永遠別想讓我與死亡和解。」他這樣告訴奧德修斯（Odysseus），又說他寧可在世上做個窮人的奴僕，也不願成為「統御所有消逝死者的王」。

公元六世紀之後便出現了變化。這時的希臘哲學家拋棄了神話中的解釋，轉而尋求以物理學來解釋宇宙，他們的模型也影響了宗教信仰，不只是在希臘，影響力還擴及了近東地區。我們在第三章中聽說了亞里斯多德如何提出一套天體繞著同心圓運行的系統，讓太陽、月亮與各個行星繞著地球轉，這個概念啟發了許多猶太教與基督教（也包括後來的伊斯蘭教）文本中所描述「七個天堂」的概念。不過在更早以前還出現了一個更加徹底的轉變，亞里斯多德的老師柏拉圖（Plato）便針對靈魂提出革命性的想法。

柏拉圖最有名的一篇教誨寫於公元前四世紀，這篇故事收錄於對話錄《理想國》（The Republic）中，描述一群囚犯被鎖鏈鎖著關在洞窟中面對牆壁，所以他們能見到的只有岩壁上的影子，囚犯相信這些影子是真實的東西，但其實那只是實物映出的影子，而實物則存在於洞窟之外的光亮中。同理，柏拉圖認為，我們在生活中感知到、相信是真實的物質，但在這些影子背後其實是不變的概念或者所謂的「理型」（Forms）。這套哲學中認為物質次於意識，物質實體是衍生自概念。

因此，不令人意外的是，柏拉圖認為靈魂比身體要更重要。在另一篇對話錄《蒂邁歐篇》（Timaeus）中，他筆下的一名角色描述了一位仁慈的神，將一個混沌的宇宙形塑成一套井然有序的星體系統，先是捏製出其靈魂然後才是實體。柏拉圖認為人類同樣擁有源自於星體所在的神聖領域中的不朽靈魂，每個靈魂都是從天上的星體下凡來到地上與剛出生的肉體結合；在我們死後，靈魂便從身體中解脫，有些會輪迴轉世，又或者如果我們的品德高尚純良，就會飛升到天上回到星辰之間的位置。「我們應該以自己最快的速度從地上飛到天堂，」他寫道，「而飛離人間就是要成為神一樣的存在。」（畫家梵谷〔Vincent van Gogh〕在一八八八年寫給弟弟的信中也呼應了這個想法，他沉思道：「我們搭上火車要到塔拉斯孔〔Tarascon〕或盧昂〔Rouen〕等地時，當能赴死以前往星星。」）

我們每個人心中都懷著神聖的星火，在我們脆弱而平凡的肉體中存在著完美的靈魂，能夠前往天堂並永遠與星辰同住。這樣的想法既超脫不凡又啟迪人心，那麼柏拉圖是從哪裡得到這樣的想法？這個故事已經隱藏了上千年。

開羅以南的埃及沙漠邊緣，就在薩卡拉（Saqqara）村落附近有一群處於半毀損狀態的金字塔。這裡屬於古埃及首都孟菲斯（Memphis）龐大王室陵墓土地的一部分，這些金字塔比較小，而且大部分都比附近著名的吉薩（Giza）金字塔群要年輕多了。金字塔是圍繞著中心的瓦礫堆以石灰岩塊建造，不過石灰岩老早就已經被偷光了，曾經高達五十公尺以上的金字塔，如今看起來就像低矮而逐漸崩毀的山丘。

一八八一年一月四日，來自柏林的海因里希．布魯格希（Heinrich Brugsch）與埃米爾．布魯格希（Emile Brugsch）兩兄弟造訪這些瓦礫堆，希望能夠挖掘出藏在底下的地下墓室。他們要對付的第一座金字塔中，其古代入口通道上修築了一道沉重的花崗岩暗門封住，於是他們得匍匐在地上，從幾百年前盜墓者挖出的一條狹窄通道擠進去，他們頭頂上懸著看起來搖搖欲墜的古老巨石，海因里希很擔心那些石頭會掉下來壓死他們，不過最後他們安然無恙地落在一處地底通道中。「等在我眼前的是何等驚喜，我的努力得到了何等獎賞！」他寫道，「無論我看向何處，左看、右看，光滑的石灰岩壁上都覆滿著無數文字。」

這些象形文字的雕刻精細，排列成一欄一欄。兩兄弟又是彎腰伏低、又是站上石塊與巨石上，沿著通道攀爬進入了一處比較寬闊的墓室。墓室中有尖聳的石灰岩拱頂，拱頂漆成了黑色並畫滿了白色五角星。這裡的牆壁也一樣寫滿了象形文字，在昏暗的燭光中，兩兄弟一次又一次讀到同樣一個名字：麥倫拉（Merenre），意思是太陽所愛的人。

十九世紀期間，就像在美索不達米亞地區的情況一般，各個殖民強權都積極在埃及土地上翻耙，尋找古代珍寶。在南方的盧克索（Luxor）附近，歐洲探險家挖開了在帝王谷（the Valley of the Kings）峭壁當中的王室陵墓。雖然這些陵寢幾乎不免都老早就被盜墓者搜刮一空，繪製在牆面上的畫作與銘文仍提供了珍貴無比的資訊，讓我們一窺這段神祕文明的歷史。只是令人失望的是，年代更加久遠的吉薩金字塔群墓室中卻完全是空白一片。

年事已高的法國考古學家奧古斯特・馬里埃特（Auguste Mariette）是埃及文物部的負責人，他老早便已經相信所有金字塔都是「沉默的」，認為甚至不值得勞師動眾挖開比較小的金字塔。但是法國政府不同意，而在一八八〇年夏天，當地一組工人挖洞爬進了薩卡拉的一座金字塔中，回報在裡面找到了象形文字。馬里埃特不願意相信，堅稱他們一定是誤進入了哪位貴族的陵墓。但是該年的十二月，他在開羅正纏綿病榻時，又傳來消息說第二座金字塔中顯然也寫滿了文字。因為他的健康迅速惡化，他便派長年與自己共事的同僚布魯格希兄弟去看看。

就這樣，在一月四日早晨，海因里希與埃米爾從開羅搭上往南的火車，然後又騎驢騎了兩個小時才抵達新近有人進入的金字塔。那座畫著星星的墓室西邊還有另一間墓室，同樣有畫滿星空的尖聳拱頂，這裡的牆壁也覆滿了一欄欄的豐富銘文。他們在角落看見以紅斑大理石製成的一副石棺，石棺上是可以往後推的棺蓋，上頭雕刻的象形文字更多，海因里希大略翻譯出來：「至高的神明與光明之地的君王，活得有如太陽。」

在棺槨旁邊的地上躺著一具已經被製成木乃伊的年輕男屍，原本應該包覆在木乃伊上的上等亞麻布已經被盜墓者扯開，殘破的布條掛在遺體上就像蜘蛛網一樣。遺體上的護身符及珠寶已經被盜走，但是這具木乃伊的製作品質高超，而且還能看出遺體面部的細節特色，因此海因里希推斷這具木乃伊就是這座金字塔的主人，也就是麥倫拉一世（King Merenre）。

兩兄弟決定當晚就要將這位四千歲的法老帶給馬里埃特。「我對自己說，或許這樣能讓好友在臨死前再開心最後一次，」海因里希寫道，「讓他能夠親眼看看埃及最古老的一位君王的木乃伊，肯定也是世界上最古老的。」他們將木乃伊放在一具木棺中綁在驢子背上走了兩個小時抵達車站，然後將之運上往開羅列車的行李車廂，告訴那名吃驚的警衛說與他們同行的是已經製成木乃伊的薩卡拉首長。不過鐵路的鐵軌有所毀損，因此火車還沒開到市區就已經停下，隨著太陽落下，他們只能靠步行走完剩下幾公里。「為了減輕重量，我們捨去了棺材，一人抬頭、一人抬腳，就這樣扛著死去的法老王，」布魯格希回憶道，「然後法老從中間斷成兩截，我們倆就各拿著半截身體。」最後他們順利將木乃伊帶到馬里埃特眼前（據說他看見飽受摧殘的國王木乃伊後大受驚嚇），幾天後這位老人便過世了。

不過從這裡出土最重要的發現並非這具木乃伊，而是布魯格希所稱新發現的「金字塔銘文」

（Pyramid Texts）。如今在薩卡拉分屬第五、第六王朝法老、王后的十座金字塔中都發現了類似的銘文，年代可追溯至公元前二十四及二十三世紀。銘文中並未記載歷史細節，卻是我們研究古埃及宗教信仰最為古老也最為豐富的資料來源。銘文中顯示，在其他近東地區文明仍將天堂視為神明專屬的地方時，埃及人卻不這麼想。

埃及人的宇宙觀相當複雜且充滿了混用的比喻。他們將天空想像成一片海洋，太陽神拉駕著天上的駁船越過空中；同時天空也可以是一隻巨大獵鷹的腹部，又或是女神努特（Nut）的腹部，努特可能以母牛或女人的形象出現，拱起背以雙手雙腳撐著，籠罩著土地之神蓋布（Geb），女神每天晚上吞食掉天體，到了早晨又會將之生育出來。生命就是每日重複的循環，圍繞著拉不斷的死亡與重生而運行。日落時，拉會死去並進入地底下的冥界；夜晚期間，他與冥神歐西里斯（Osiris）的身體融合，被描繪成躺在冥界深處的木乃伊，透過這樣的結合，拉便獲得了新生的力量，在日出時重生。

建造金字塔的目的就是讓法老能仿效這一段旅程。埃及學家約翰・泰勒（John Taylor）說，金字塔以岩石建成才能永久存在，而且其目的「不僅僅是作為遺體安息的地方，而是作為生者的世界與重生的死者之間的中介」。說來有趣，這樣的論點倒是呼應了對於巨石陣等新石器時代建築的理論，這些建築也大約是在同一時期使用。就如同太陽一樣，古埃及人相信法老的靈魂每天晚上都與他的肉體融合，也就是陵墓裡的木乃伊，以在隔天重生，金字塔銘文便是匯集了各種輔助這段過程的咒語和禱詞。銘文中描述了各個不同階段，最後的高潮則是國王跟著太陽飛升，與其他星辰並列空中。一段銘文寫道：「太陽啊，我在空中划著你的船前進。」另一段則寫著：「在我眼前已經顯現出一條通往天上的路徑，我當可踏著這條路徑走上天空。」

薩卡拉金字塔的墓室安排都是為了對應這段每日旅程，重生後的國王一開始先往東離開墓室走向升起的太陽，接著出口通道就往北轉，或許是指向繞著北天極運轉的環極圈星體。埃及人將這些星座和永生不朽連結在一起，稱之為「不朽之星」，因為這些星星永不落下。金字塔銘文中有好幾處都稱這些星星是國王崩逝後的最終目的地，不過銘文中也著重描寫其他星星，包括獵戶座腰帶（與歐西里斯有關）、天狼星（女神伊西絲）以及孤獨的與清晨的星（兩者都應該是指金星，在日出與日落時分都會獨自出現，也是最明亮的星星）。

雖然規模較大、年代較古老的吉薩金字塔中沒有銘文，建造這些金字塔的國王很可能也抱持著類似的信仰。一般認為，古埃及人寫下金字塔銘文時，這些內容就已經很古老了。而且，吉薩的三大金字塔都是面向正北，也就是朝向天極。其中最古老又最龐大的便是建於公元前二十六世紀的古夫（Khufu）金字塔，朝向天極的角度誤差只在二十分之一度內。天體物理學家兼考古天文學家朱利奧·馬利（Giulio Magli）表示，那真是「精準到令人瘋狂」，馬利研究過這座金字塔，非常篤定埃及人「對環極圈星體的興趣近乎執迷」。這座金字塔的主墓室中也有往北及往南走的內部通道。根據天文學家的計算，在建造這座金字塔的時候，這兩條通道便是精確指向環極星以及歐西里斯（獵戶座腰帶）最高的升起點。馬利認為，或許這些通道就是「象徵性的路徑」，要推動著國王的靈魂進入天空。

金字塔銘文只有擁有自己金字塔的國王及其家人才能使用，不過到了幾百年後，非王室貴族的死者棺槨內部及莎草紙上也會寫著類似的咒語。大約在公元前一千六百年出現的亡者之書（The Book of the Dead）看起來就會經常使用到，其中包括了幫助擁有者通過測驗的咒語，在測驗中，死者的心臟會放在秤上秤重以決定死者是否有資格上天堂。埃及人並未發明空中有神聖國度的概念（這似乎可以說是普世信念），但就我們所知，他們是最早將這個國度視為高尚之人的靈魂最終目的地。

埃及人的信仰經常被視為歷史上的死巷：該宗教已然失落，雖然迷人卻和今日的來世概念幾乎毫無相關。不過歷史學家尼可拉斯．坎皮恩認為，事實上這應該是一切的開端，也就是說，或許就是埃及人啟發了希臘人對不朽靈魂的概念。坎皮恩指出，希臘作家希羅多德（Herodotus）早就這樣說過，寫道埃及人是「最早提出靈魂不朽這番教義的人」。不過這不能證明什麼，畢竟希羅多德有很多事情都寫錯了，但這樣的連結是有可能的。公元前六世紀，希臘和埃及同樣都落入波斯的統治下，讓希臘哲學家有機會與埃及祭司共處。一般都認為在希臘人當中，最早便是數學家兼哲學家畢達哥拉斯（Pythagoras）提出靈魂不朽的概念，而他對柏拉圖的影響深遠，古代為畢達哥拉斯留下的傳記中就聲稱他曾在埃及神廟研習，然後才到了南義大利開設學校。

在天文學發展的歷史中，埃及人經常受到忽略，畢竟從科學的角度來看，他們的科技完全不如鄰近的美索不達米亞文明那般進步。然而坎皮恩說，就算是這樣，埃及人卻是為西方宇宙學概念的發展立下根基。他表示，雖說巴比倫人提供了數學學理，埃及人的貢獻卻是形而上的：「將靈魂也考慮進來。」多虧了畢達哥拉斯與柏拉圖，認為我們的靈魂應當與星辰同在，這樣的概念在希臘，乃至於後來的羅馬都十分盛行，其中也包括相信要多多思考宇宙運行，如此就能讓我們更靠近神。「觀察星星的運動，彷彿自己與星星同行一般，」二世紀的羅馬皇帝馬可・奧理略（Marcus Aurelius）便這樣建議，「這樣的想像能夠洗去世俗生活的汙穢。」柏拉圖的理念也助長了各種「神祕」教派，一直到了君士坦丁的時代依然很受歡迎，包括諾斯底主義（Gnosticism）、赫密士主義（Hermeticism）與密特拉主義等，這些教派都保證會傳授教徒祕密的知識，告訴他們如何讓靈魂做好前往天國的準備。相較於猶太教的上帝既是滿懷熱忱又急公好義，這些教派卻是崇拜「唯一的神」，這位永恆不變又淡漠的神會散發出知識與光明。

柏拉圖式的概念也默默滲入了猶太教，希伯來聖經中便有兩度暗示虔誠之人將能進入天堂與上帝同在，不過只出現在比較晚期的書卷中。在波斯時期寫成的《傳道書》（Ecclesiastes）中並不相信這種想法，問道：「誰知道人的靈魂是否真能飛升呢？」但在亞歷山大大帝征服之後寫成的《但以理書》（Book of Daniel）倒是語表支持：「智慧人必發光，如同天上的光；那使多人歸義的，必發光如星。」幾百年後，伊斯蘭教也承繼了類似的概念，認為人死後便能到天上享有永生。

不過，受到柏拉圖最大影響的則是基督教這個新興信仰。「等到基督徒開始建立自己的文本時，作家群顯然認為這類討論個人靈魂與重生的言論都是自然而然的，」麥克庫洛赫說，「而這也成為基督徒對死後概念的基礎，有時幾乎接近執著。」

●

公元三三七年復活節過後不久，正在準備入侵波斯的君士坦丁卻病了，於是他去了母親的出生地海倫波利斯（Helenopolis）的一處溫泉療養，結果還是病重到無法返回君士坦丁堡，於是他轉而前往附近的尼科米迪亞（Nicomedia）並召來一群主教。他換下自己代表王室的紫色長袍，改穿上純白色長袍後終於受洗，幾天之後便駕崩了。

君士坦丁的遺體裝在黃金棺材中運送回家並且放置在裝飾華麗的聖使徒教堂（Church of the Holy Apostles）中，他在那裡已經為自己備好棺槨，教堂周圍留著十二個空墓，是為了保存耶穌門徒的遺體。[20]有些歷史學家認為此舉或許是最為明顯的暗示，代表君士坦丁確實將自己與基督相提並論。也有些歷史學家認為，既然使徒是象徵著黃道十二宮，那麼皇帝也可能相對將自己比喻成太陽。在君士坦丁駕崩後不久便發行了正式的紀念幣，當中將他描繪成有如索爾升上天空的樣子，駕著四馬戰車並戴著太陽冠。

最有可能的是兩者皆是。君士坦丁確立了基督教在歷史中勢必成為重要的全球勢力，學者也同意他確保了天主教會的未來，今日基督教的影響力能夠遍及全球，君士坦丁功不可沒。不過要達成這一點，他在基督教信仰中嵌入了自己神聖而光芒萬丈的太陽形象，這個故事反映出在他的時代中，宗教具有更廣泛的模糊性，這段時期互相競爭的各個帝國命運更迭，將各文化中關於宇宙本質及人類在當中的位置等互相衝突的世界觀都聚在了一起。有許多案例顯示，一神教信仰並未消弭關於天上眾神的舊信仰，反而是加以同化與套用。基督教中諸如天堂、靈魂與永恆來生等概念，都是在幾百年來從埃及、波斯、以色列、希臘、羅馬以及更遙遠之地抽取古老多彩的絲線交織而成。

但並非每次都如此。在十八世紀時，政治作家湯瑪斯・潘恩（Thomas Paine）最出名的就是對宗教的嚴厲抨擊（我們在第七章會再提到他），他形容基督教是「崇拜太陽的戲仿，他們將自己口中稱為基督的人放在太陽的位置上，將原本獻給太陽的崇拜敬愛都獻給了他」。當然，早

20 原註：君士坦丁的兒子君士坦提烏斯（Constantius）挪走了使徒的墳墓與遺物，如今世人並未將君士坦丁視為神祇，而是一名聖人。

期的基督徒確實從敵對的太陽教派中吸收了符號與儀式，不過兩者之間有一個基本上的差異是潘恩的批評中並未提到的，這也是柏拉圖思想中主流基督教最終並未接受的一個面向。

柏拉圖思想中的造物主存在於宇宙之內，以手邊能得的材料塑造了天體。「他在混亂無序中帶來了秩序，」柏拉圖在《蒂邁歐篇》中寫道，形塑出一個世界既是「盡量成為完美的整體，也盡量成為完美的各個部分」。相較之下，猶太人相信在宇宙之上、之外存在著超越一切的上帝，從無到有創造了這個世界。「天是我的座位，地是我的腳凳。」希伯來聖經中的《以賽亞書》（Book of Isaiah）這般說道。

基督徒大致上都秉持著後者的觀點，例如優西比烏就很願意將君士坦丁比喻為太陽，寫道：「身為太陽……敞開心胸將自己的光芒分享給所有人，君士坦丁也是如此，清晨便從王宮開始行進，隨著天上的光明也一同升起，將自己的仁慈之光分享給所有來到他面前的人。」不過同時他也清楚表示，即使是太陽本身也非神聖，而只是上帝的一部分造物。君士坦丁或許忠於索爾，不過對優西比烏來說，崇拜的終極目標是在宇宙之外。皇帝支持基督教就代表人們不再「帶著崇拜眼光仰望太陽、月亮或星星，並將奇蹟歸功於這些天體，而是認知到在這些之上還有一位無可匹敵卻又不易察覺的宇宙造物主，已經知道了該專心只敬拜這一位」。

天主教會今日仍然抱持這樣的立場。梵諦岡天文臺（Vatican Observatory）的首席天文學家蓋伊・康索馬紐（Guy Consolmagno）在二〇一三年便明言：「我所相信的上帝並不在宇宙之中，是宇宙誕生之前就存在；並不屬於自然的一部分，而是超脫自然。」這樣的信仰允許一位全能的上帝存在，不受宇宙現有的規則或資源所束縛。但還不僅於此，這對於宇宙本身也產生了重大的影響。柏拉圖的宇宙是活生生的智慧生物，本身即是神聖的存在，自身便擁有能夠拓展至所有現實的靈魂，因此，宇宙中的一切事物都享有同一靈魂：從動物和人類這樣的凡體，乃至於星星，也就是柏拉圖形容為「神聖與永恆的動物」。多虧有他，這樣的信仰在古典世界中很常見。五個世紀之後，羅馬歷史學家老普林尼便將太陽描述成「靈魂，或說是……整個世界的心智」。崇敬天神的早期社會，例如埃及人與美索不達米亞人，無論他們對於人類死後的命運有何觀點，也都是將宇宙視為一個相互連結的活系統，當他們將太陽、月亮與行星當成神祇，實際上就是在崇拜宇宙本身。

那麼，轉換到一神教的重要性就不僅僅是將眾多神明減少到一個，實際上是將我們所生活的這種宇宙改頭換面。五世紀的神學家希波的奧古斯丁（Augustine of Hippo）將主流的基督教觀點都結合在一起，他十分推崇柏拉圖，曾這樣寫道：「沒有比柏拉圖學派更親近我們（基督徒）的人。」但是他卻很排斥將上帝的靈魂融合在宇宙中的概念，「誰看不出來如此將造成如何的後果？實在毫無虔誠而忠於信仰之心。若是如此，無論誰踩踏了什麼，必是踩踏了上帝的一部分；而宰殺了任一活物，必是宰殺了上帝的一部分。」事實上，根據坎皮恩的說法，奧古斯丁「拒絕將宇宙視為活物的想法……而是認為世界上有些部分已經不再活躍，因此與其他活躍的部分有所區別」。

我不知道君士坦丁自己會不會是這樣想的，不過他的改宗就代表了一個轉捩點，至少對西方文明來說是如此。此刻起人類不再像過往一般將整個宇宙視為神聖而活躍的存在，而只是某個單獨存在的造物主所造之物。人類的命運曾經是以天體的運動而決定，星星也是眾神居住之所，如今我們不再處於容納一切的宇宙中心，也就有可能想像踏出去、往下看。

我們的宗教信仰仍然深受太陽、月亮與星星的影響，但如今和宇宙之間又斷了一條連繫。

5 時間

牛津大學（Oxford University）的博德利圖書館（Bodleian Library）館藏中有一本體積小小卻異常鼓脹的書，只簡單稱之為〈阿什摩爾書稿一七九六〉（MS Ashmole 1796），大約兩百頁的小牛皮書頁前後以包覆皮革的木板為封面裝訂起來。書稿於十四世紀寫成，方正的黑色字母上還點綴著繪飾的大寫字母，穿插著精美的圖表，顯示出複雜的軸與輪等機械配置。

這本書是十七世紀時在熱中占星的收藏家伊萊亞斯・阿什摩爾（Elias Ashmole）過世後贈與大學，幾百年來都放著無人研究。一九六五年，一位名叫約翰・諾斯（John North）的牛津天文歷史學家終於著手翻譯其拉丁文字，同時還有書頁邊緣寫著的註解：Hic est liber sancti Albani，翻譯的意思就是「此書為聖奧爾本斯（St Albans）所有物」。他知道在這些書頁中隱藏著些特別的東西，其中描述著一項超乎尋常的發明，出自一位叫做沃林福德的理查（Richard of Wallingford）之手，他在一三二七年至一三三五年間擔任聖奧爾本斯修道院院長，大半輩子都為了這項發明而努力。

這項發明是一座巨大的鐘，安裝在修道院教堂南面高處大玻璃窗的底部。但是理查所建造的這座鐘並不是普通的計時器，而是一座精細的自轉宇宙模型，在建造當時可說前無來者也領先當時的科技甚多，因此兩百年後的一五三四年，圖書館員兼古物專家約翰．勒蘭（John Leland）看到這座鐘的時候，描述這般奇蹟在當時依然在全歐洲無可出其右者。勒蘭說，這座鐘表現出整個宇宙從海洋至天空的一切運作：「讓人能夠觀察太陽、月亮或固定星辰的運行，或者也可以觀察海洋的潮汐漲退。」

這座鐘如今已經不留一點痕跡，現代的歷史學家在讀這些文字的時候也很難知道勒蘭究竟看到了什麼，一直到諾斯在博德利圖書館中發現，自己竟然就拿著沃林福德的說明書，指示該如何建造這一部機器。他所發現的祕密不僅僅讓一項了不起的發明重見天日，更是人類歷史上的重要時刻。

因此，這一章要述說的便是中世紀歐洲的修士為什麼、又是如何追逐時間，而他們這樣的努力又如何改變人類。我們將會看見，他們努力追求更加精準地記錄每一日的週期，最終的成功完全超乎他們最虛妄的想像。然而，他們也摧毀了自己所追求的這件事。在歷史此刻之前，時間就象徵著神聖的宇宙秩序，透過太陽、月亮和星星的循環運行顯現在我們眼前，機械鐘的發明卻釋放出另一種非常不同的時間概念，甚至強大到足以削弱我們與上帝和宇宙之間的羈絆，為一種新的生活方式奠基。

理查出生於一二九一年或一二九二年，他的父親是一名鐵匠，住在英國伯克郡（Berkshire）的沃林福德鎮，大約在倫敦西邊的八十公里處。理查的父親在他十歲時過世，接著一、兩年後他便被當地本篤會修道院的院長收養了，「因為他孤身一人，而且他天資聰穎又前途無量」。這座修道院後來為他付學費，讓他能夠在鄰近的牛津大學讀書，而他在大學中顯然無意研讀神學，卻更喜歡天文學及數學。

本篤會教派（成員被戲稱為「黑修士」，因為他們習慣穿著這個顏色）在歐洲各地都很盛行。一三一四年，年約二十二的理查旅行到聖奧爾本斯的修道院，在那裡宣誓成為修士，或許是因為他需要修道院院長資助他的研究。聖奧爾本斯修道院建於八世紀[21]，是英格蘭勢力最大的修道院之一，最出名的便是此處占地遼闊，還有一座本堂便有八十五公尺長的大教堂，據說是基督

21 原註：在這個位址先前是一座教堂，為了紀念在四世紀戴克里先皇帝迫害基督徒時殉教的聖奧本斯所建。

教世界中最長的。

理查在一三一七年接到任命成為神父之後便回到牛津大學，他又在那裡苦讀九年並寫下幾篇影響深遠的論文。一篇論文中描述他所發明的天文學儀器，稱為奧爾比恩（albion），這架儀器由一組金屬圓盤組成，能夠用來計算行星在天空中的位置；另一篇論文則是在討論占星學，其論述受到托勒密的《占星四書》影響，解釋了如何從天體的排列來預測各種天氣狀況，諸如洪水、乾旱、風暴和潮汐（當然，潮汐的部分他說對了）。

一三二七年九月，理查造訪了聖奧爾本斯的修道院，他的人生再次出現改變：他待在修道院期間，院長休伊．埃弗斯多恩（Hugh Eversdone）過世，投票結果決定讓理查繼承院長的位置。根據修道院的編年史記載，他並不願接受，或許是因為他明白自己即將接下的職責有多麼困難。修道院背負著沉重的債務，教堂有部分已經倒塌卻尚未完全修復，此時的英格蘭還因內戰分裂。

當年一月，英王愛德華二世（Edward II）遭到他的法國妻子伊莎貝拉王后（Queen Isabella）及她的情人羅傑．莫蒂默（Roger Mortimer）廢黜並囚禁，接著這對情人便代表伊莎貝拉的幼子愛德華三世（Edward III）治理國家。接下來的幾個月期間政局動盪不安，不同派系爭權奪位的時候也在各地引發平民起義，而暴亂在聖奧爾本斯這樣以修道院為中心的城鎮上尤其激烈，大眾對於修士原本就憎惡不已，社會衝突對此更是火上加油。

修道院一直都是英格蘭的大地主之一，也確實掌控著居住在他們土地上這群小鎮居民、農夫的生活。平民必須付出高昂的稅賦，還不得在修道院的土地上狩獵。一三二七年一月，聖奧爾本斯的居民進攻並圍剿修道院，要求各種五花八門的特許權，其中還包括在議會中的代表席位。休伊院長先前得到愛德華二世的支持，如今在伊莎貝拉的壓力之下便被迫應允了幾乎所有要求，這番恥辱或許也導致了他的死亡。

到了九月，得意忘形的鎮民更進一步反抗，摧毀了附近的林地並侵入修道院的兔園及魚塘。理查的手上有好一番硬仗要打。不過首先，他得到法國亞維儂（Avignon）的教區廷去確認自己選上修道院長的任命。在這一路上，理查會看到歐洲大陸的宏偉主教座堂及橋梁，並讀到新發表的書稿、見到當代的幾位重要學者，例如其中便包括哲學家兼神學家奧坎的威廉（William of Ockham），他在同一時間也待在亞維儂的教廷。這趟旅程必定讓理查獲得諸多啟發，但是他在一三二八年四月回到修道院府邸的那天晚上，左眼卻出現燒灼般的感覺。他染上了痲瘋病。[22]

22 原註：理查相信自己染了痲瘋病，不過有些歷史學家認為他可能是得了結核病或者梅毒。

自從君士坦丁在新的基督教首都君士坦丁堡統一了羅馬帝國之後，過了大約正好一千年，在皇帝崩逝後的幾百年間，帝國的這東半部領土以及伊斯蘭世界發展出燦爛的文明（後來稱為拜占庭帝國〔Byzantine Empire〕），這裡的學者翻譯古代經典並以此作為知識基礎；但是羅馬帝國的西半部則是一直沒有從東半部受到的影響變動中恢復過來。一部分是因為有大量日耳曼移民自北方湧入，君士坦丁堡的歷任皇帝都無法掌控住這些偏遠的地區。最終，羅馬在四七六年陷落，也宣告古代結束而進入中世紀。

隨著存在已有幾百年的社會、經濟與政治基礎建設等紛紛崩解，再加上長途貿易瓦解，歐洲也落入激烈的混亂當中。主要的光亮據點就是基督教的修道院，這些地方便是能夠延續權力及（部分）學習的固防而穩定的中心。在埃及沙漠中的虔誠隱士最早在三世紀時便開始組成社群，這樣的做法很快就傳播到西方。這些修道院中的生活開始受到嚴謹的計畫規範，例如六世紀時的聖本篤「準則」，而管理著修士每日生活，或許比其他事情都更重要的，便是對時間的執著。

日與夜被分成了嚴謹的時間分區，塞滿了一輪輪的學習與勞動工作，其中以規律的共同祈禱時間標記出準確時程。哈佛大學的歷史學家戴維・蘭德斯（David Landes）稱此為「時間紀律」，讓西方的基督教與其他一神教信仰有所區隔。以猶太教和伊斯蘭教還有東方的基督教教會來說，每日的祈禱都是根據自然界的時間提示來進行，例如日出、正午與日落。但是在西方基督教，尤其是修道院中的基督信仰則是越來越注重規律和準時，他們多添了好幾輪禮拜時間，其中有幾輪並不是透過觀察太陽運行來決定時間，而是計算一天中的小時。本篤便規定了一天要祈禱七次：除了早晨、傍晚和夜晚時，修士還要在第一、第三、第六和第九個小時一同祈禱（稱為第一時辰〔prime〕、第三時辰〔terce〕、第六時辰〔sext〕和第九時辰〔none〕）。23

還有幾個其他的修道制度都採用了聖本篤準則，「時課」很快就成為天主教會的正式規範。這樣的時程安排既嚴謹又有效率，大大提高了修士的生產力，同時也幫助他們在這樣血腥又動盪的年月中仍能維護自己的生活方式。不過，在這樣密切關注準時的背後還潛藏著更深的動機。

在一個人人都要扮演好自身角色的社會中，例如騎士要保衛國土、農夫要種植食物，修士則是不只要為自身的靈魂負責，還要照顧到所有基督徒的靈魂。依蘭德斯所說，他們的工作便是「祈禱且要經常祈禱，藉此拯救廣大的信徒，這些人因為世俗責任或反覆無常而無法全心全意為上帝服務奉獻己身」，修士的這份職責便圍繞著共同祈禱的每日週期，聽著鐘聲而進行。關鍵就在於準時，如此才不會縮短了禮拜時間並且確保所有人的祈禱都會是同步進行：一同大聲吟誦，他們認為這樣能夠讓自己的祈禱更加有力。於是，遵守良好的時間規範甚至比生與死更為重要，

23 原註：從日出時或者大約清晨六點時開始計算。經過幾個世紀，第九時辰便從下午挪動到了中午時分，也就是現代英文中 noon 一字的來源。

人類的靈魂救贖便仰賴於此。

但要如何準確計時呢？到頭來，能夠確定時間的一直都是宇宙本身的運行。最早的人類透過太陽的運動來標記日子與季節，利用月亮的週期標記月份；古代的巴比倫人與埃及人則是以日晷來劃分一天的時間，並且利用星體升起以在黑暗中知道時間，後來的希臘人與羅馬人也依循之。雖然當時的天文學家也和我們今日一樣將一天劃分成二十四等分的小時，社會大眾仍然遵照所謂的季節時，將白日和黑夜都各分成十二等分，因此一年當中的長度各有增減。[24]地球上也會使用沙漏和水鐘（在劃分小時的鐘面指針上掛浮標）來測量比較短的時間，諸如議員的演說計時乃至於娼妓的按時收費。

在中世紀時，雖然大多數的學術領域都退步了，計時的技藝卻隨著基督教修士與學者的研究蓬勃發展，因為他們都想找尋更能夠確保準時祈禱的好方法，尤其是晚間時候。例如在五七〇年代，都爾的額我略（Gregory of Tours）主教便提出了詳盡的指示說明，該如何觀測特定星體的升起並吟誦詩篇來測量時間的流逝。不過這還是代表有人得整晚保持清醒不睡。

公元十、十一世紀時，歐洲的政治局勢開始穩定下來，與穆斯林世界的接觸，尤其是在西班牙，促進了西方學術研究的進展。大約此時，修士開始使用以水力發動的鬧鐘，雖說是鐘，但其實這些鬧鐘上看不出時間，而是連接上簡單的機械裝置，經過一定幾個小時之後就會反覆敲響一個小鐘，讓修道院中負責敲響大鐘的人起床（就像流傳不朽的知名童謠中那位「賈克神父」[25]）。

最早詳細描述這類鬧鐘的紀錄，是在西班牙北部一間本篤會修道院當代的一份手稿中，不過很快就在歐洲各地普及。一一九八年，伯里聖埃德蒙茲（Bury St Edmunds）一處修道院發生火災，修士們便衝到鬧鐘處取水。不過這些鬧鐘也不是特別準確，而且每天晚上都要從零開始重新設定。接著，在十三世紀即將結束之際迎來了一場革命。

諸如沙漏、燃燒的蠟燭與水鐘等這些先前的時鐘設計，都是試圖創造出平均且連續不斷的流動，畢竟這顯然就是時間的本質，但事實上，要讓某個東西以完美的均速不斷運作非常困難。十三世紀時，鐘錶匠開始實驗在繩索或鏈條上綁著不斷下沉的重量，再將繩索或鏈條綁在木桶上，如此轉動就能驅動鐘錶的機械。但是重物總是下沉得太快，速度也不平均，在掉落地板的過程中就會加速；關鍵的突破就是加上一個稱為擒縱器的擺動裝置，藉此或是阻擋、或是釋放運轉的輪軸組，這樣重物就能以可控制、規律的速度下降。蘭德斯說，這是「歷史上最高明的發明之

24 原註：巴比倫人除外，他們將一天劃分成十二個時辰，同時運用均等時和季節時。
25 譯註：這首童謠的中文版本就是〈兩隻老虎〉，原本的法文版歌詞反覆輪唱，大意是：「賈克神父，你還在睡嗎？晨鐘都叮噹響啦！」

一」。這時的匠人不再試圖將時間視為持續不斷的流動來測量，而是利用擒縱器將之切分成規律的節奏，也就是時鐘的「滴答聲」，然後就能計算之。在此之前，伊斯蘭世界與中國已經製造出世界上最為精細的時鐘：包括安達盧西亞的工程師穆拉迪（Al-Muradi）所描述的裝置，藉由快速流動的水流驅動堅固的齒輪，乃至於由中國北宋太子少師蘇頌設計的以水力或水銀推動的水運儀象臺。不過在此之後，歐洲便會主宰全球計時工藝的科技發展。

擒縱器的確切起源歷史已經說不清了。一二七一年，這項裝置顯然還不存在；英國天文學家英格蘭的羅伯特（Robertus Anglicus，意即 Robert the Englishman）寫道，鐘錶匠在實驗以鉛錘讓輪子一天只轉一圈，「卻不太能夠達成盡善的結果」。僅僅幾年後，教堂的財務紀錄上便顯示這時出現了一種新型時鐘，相當昂貴，通常要由專門的工匠打造或維修，並且架設在教堂的高牆上。

最早提到的紀錄都是來自英國的教堂，從貝德福德郡（Bedfordshire）鄧斯特布爾（Dunstable）一所奧斯定會修道院開始，在一二八三年，當地的修士便自己打造了一座時鐘架設在講壇石屏之上（這面龐大的石屏是用來區隔教會的唱詩班與本堂）。不久之後，艾希特（Exeter）、伊利（Ely）、坎特伯里（Canterbury）以及倫敦的聖保羅座堂（St Paul's Cathedral）也都跟上腳步，有一位名叫巴塞洛繆（Bartholomew）的鐘錶匠，因為在聖保羅座堂的工作而收到了兩百八十一份配糧，這一切都在該世紀末之前完成。（歐洲其他地方最早的紀錄則是稍晚一點才出現，例如一三〇九年在米蘭建造的鐵製鐘。）大約在同一時間也首次有文學作品提到機械鐘，是十三世紀的一首法文詩〈玫瑰的故事〉（Roman de la rose）：

> 接著穿透廳堂與廂房的
> 是他的時鐘響起
> 如此巧妙的輪轉
> 不斷推轉著時間流動

這些時鐘不一定都有鐘面或指針，其目的只是要敲鐘提醒祈禱時間。不過，並不是只有修士在追求著能夠自行轉動的機器。

●

在公元前一世紀，羅馬作家西塞羅（Cicero）曾描寫過由偉大數學家阿基米德（Archimedes）打造的兩顆「圓球」。在公元前二一二年，羅馬將領馬克盧斯（Marcellus）劫掠阿基米德所居住的城市敘拉古（Syracuse）時，便沒收了這兩顆圓球，其中之一是一顆實心圓球，上頭標記著星星與星座，馬克盧斯將之捐給了羅馬的一座神廟；不過另一顆圓球實在特別，於是馬克盧斯就自己留著。西塞羅寫道，既然能夠打造此物，阿基米德必然是「擁有無比的才智，遠超過一個人想像人類所能擁有的才智」。

這顆「圓球」是宇宙的機械模型，顯示出太陽、月亮與已知五顆行星的運行。阿基米德「想出了一種方法，能夠以單一器械準確呈現出轉動圓球時，各個不同天體以不同速率各自運行」，圓球運行時，「月亮總是繞著這項銅製發明上的太陽背後公轉，繞行的圈數就和天上的月亮實際待在太陽背後的天數一致。」

在歷史上大多數時間中，一直沒有人特別認真看待西塞羅的敘述，而這樣的裝置並未從古代留存下來，他的描述（畢竟是以虛構的對話寫成）更是遠遠超過古代希臘工匠認為能夠做到的。不過在最近幾十年來，學者一直在研究一項神祕的青銅器械，這是一九〇一年由潛水夫從希臘安提基瑟拉島（Antikythera）附近一艘公元前一世紀的沉船中打撈上來的，上頭的銘刻、齒輪與刻度盤皆已腐蝕到難以辨識。有些作家一開始認為這是一場縝密的騙局（或者甚至是由外星人所造），不過這的確是真的，而學者花了一個多世紀才解開上頭已腐蝕的鑿作。研究學者如今知道，這臺機械是用來模擬天體的運行，正如西塞羅所描述。

安提基瑟拉儀原本是裝在一口約三十公分高的木箱中，儀器前方有一面青銅的大刻度盤，顯示出空中太陽、月亮和各個行星的不同運行軌跡；一顆轉動的黑白圓球呈現出月亮盈缺，同時銘刻中也列出星體在一年中不同的升起時間。背後有兩片螺旋形的刻度盤：一是兩百三十五個月的日曆（還插入了一個四年的刻度盤，標示出競技活動的時間點，包括了奧林匹克競賽），二是預測食相的兩百二十三個月週期。

也就是說，這是一座可攜帶式的宇宙，以機械的形式封裝了整個宇宙。運用齒數各異的不同青銅齒輪組成複雜的鏈接，藉此計算出不同指針的速度差異（留存下來的齒輪超過三十個，但可能原本還有更多），這樣的齒輪在今日我們稱為「發條」。26

從歷史紀錄看來，有一千多年再也沒有出現如同安提基瑟拉儀這樣精細的作品，事實上可以說在沃林福德的理查所打造的鐘之前都沒有。不過運用齒輪來模仿天體運行，人們並未完全忘記這樣的概念。在倫敦的科學博物館（Science Museum）中收藏著一個六世紀的拜占庭日晷，其中的機械日曆便使用了八個齒輪來呈現太陽與月亮在天空中的位置。伊朗中部的伊斯法罕（Isfahan）有一個十三世紀的星盤，上頭也出現了一樣的日曆。有些跡象顯示出這樣的知識最終又傳回了歐洲：例如在一二三二年，代表大馬士革蘇丹的大使面見神聖羅馬帝國的皇帝腓特烈二世（Frederick II），便呈上一個鑲滿珠寶的星象儀。其運作方式尚屬未知，但一份當代的手

26 譯註：發條一詞的英文為 clockwork，顯見與鐘錶（clock）有關。

稿上提及「以特殊奇妙的輪子組成的裝置」。

這些裝置全部都有一項嚴重的限制：皆必須以手轉動。雖然綜觀歷史，人們一直會用水來推動天文模型，例如羅馬建築師維特魯威（Vitruvius）便描述過一座相當壯觀的水鐘，能夠轉動一面刻印著星星的巨大銅盤[27]，但光靠水力仍不足以推動複雜的齒輪機械。十三世紀時，歐洲的學術研究再度興盛起來，神學家和哲學家就變得極度熱中於打造能夠自行轉動的宇宙模型。

一二四八年，方濟各會的修士羅傑・培根（Roger Bacon）寫了一篇論文，認為科學與科技所能造就的奇蹟遠勝於魔法，他描述出諸如潛水艇、飛行機器、凹凸透鏡和火藥等發明，然後又繼續談論他認為比這些發明都更加寶貴的東西：能夠自行轉動的天文圓球模型。這樣的裝置尚未問世，不過培根相信有可能出現，他在後來的作品中則隱約提到，這種裝置可以透過磁力驅動[28]，並且提到「實驗科學上最大的祕密之一，也可能是所有領域中最大的……一個物體或裝置能夠隨著天體的運行而運動，超越了天文學上的所有裝置」。

換句話說，最早試圖打造永動機的發明家並未想要獲取唾手可得的能量或者「欺騙自然」，而是想要打造能夠自行轉動的迷你宇宙。培根說這樣的模型會比國王的寶藏更加寶貴，因為其中就藏著宇宙間運轉的祕密。因此，僅僅幾年後所發明的擒縱器終於能夠分割時間，代表的意義便遠遠不只是改良了祈禱時間的準確性，計時和天文模型這兩大機械傳統即將碰撞在一起。

沃林福德的理查從亞維儂回到聖奧爾本斯時，他的主要任務便是從鎮民手中贏回掌控權，並且拿走他們從休伊院長取得的權利。其中一個衝突點便是磨製麵粉。依法，農民必須付費才能使用修道院中以馬拉動的磨坊，但是他們已經開始搭建自己的磨坊，規模較小且是以人力拉動，這對修道院來說就是損失了一筆利潤。

理查的策略牽涉到對鎮上最有影響力的鎮民發起積極的法律訴訟，他指控他們犯下例如通姦等失德罪行，然後又設酒宴款待法官並建立自己對新任國王愛德華三世的影響力。到了一三三二

27 原註：學者認為這樣的鐘就裝設在風之塔（the Tower of the Winds），這座八角形的建築建於公元前一世紀，如今仍矗立在雅典的羅馬市場中；而維特魯威所描述過的那種銅盤碎片，年代可追溯至公元二世紀，在奧地利的薩爾斯堡（Salzburg）與法國的格朗等地也有發現。

28 原註：他所說的或許就是法國學者皮耶爾．德．馬里庫特（Pierre de Maricourt，也有稱彼得．皮爾格林〔Peter Pilgrim〕）的研究成果，馬里庫特一直在實驗自然界中的磁鐵，並推論（雖然有誤，不過是相當高明的想法）北極與南極的磁極排列與天極一致。因此他認為，將圓形磁鐵對準了天空中的適當角度就能如地球自轉那般轉動。

年五月，鎮民被迫交出自己的特許權利以及他們所擁有的八十餘座人力磨坊。理查沒收了磨坊中的磨石，命人將之嵌進修道院大廳的地板上。

同時他的疾病也在惡化。他的身體虛弱、一眼瞎了，面容更是變得醜陋不堪，連講話都很困難。不過他的勝利似乎為他贏得了院內修士的尊敬，即使曾有對手兩度密謀推翻他卻都失敗了，而他也著手在修道院中進行各項建設工作。但是這一切事件只是讓理查從自己的主要計畫上稍稍分心而已，他決心要以近代的計時科技革命為基礎，打造出世上從來無人見過的東西：一座壯觀的天體鐘。

〈阿什摩爾書稿一七九六〉上並無署名，不過從頁緣上的筆記可以看出，這是聖奧爾本斯的一名抄寫員在理查過世後不久從他的筆記抄錄下來的。[29]書上寫著各種數學及天文學論述，其中有好幾篇已知是由理查所寫下的。除了這些，筆記上還混雜著一些未知、未經編輯的雜亂草稿，可能抄錄自其他來源：建造他這座鐘的說明。這些是目前已知最早針對機械鐘有詳細描述的紀錄，能夠讓我們最貼近探究這項改變世界的發明起源。從這些手稿中，諾斯終於能夠重新建構出這個「宇宙機器」的細節。

筆記上描述了以擺盪的擒縱器控制一塊下墜的重物，藉此推動沉重的鐵製齒輪一天隨著太陽轉動一圈，並且連接到敲響鐘聲的機械，每個小時會響一次。擒縱器的組成是以一塊半圓形的金屬片，輪流以連接在兩個平行輪子上的撞針往前、往後推動。這跟後來普及的所謂「擺桿機軸」

擒縱器不同，而且在諾斯的發現以前，人們一直認為擺桿機軸就是原始的設計。30

這部分的機械似乎並不是理查自己的發明，依他書寫的方式看來彷彿是已知的發明。不過有趣的是，他所描述的安裝方式就和他用來敲響時鐘鐘聲的來回敲槌機械一模一樣。諾斯的結論是這類型的擒縱器一開始一定是當成擺盪敲鐘的裝置，想必是為了水鐘打造的，然後才有人想到這也能用來調節下墜的重物運動。從洪亮的鐘聲乃至於時鐘的滴答聲：這樣跳躍式的觸類旁通讓歐洲得以一躍領先拜占庭與伊斯蘭世界幾百年來的學術成就。

〈阿什摩爾書稿一七九六〉中也描述了這座鐘如何整合了許多天文學功能。二十四小時轉動一周的太陽輪軸連接著第二個轉動稍快的輪軸，這個輪軸推動著一個六呎長的展示刻度鐵盤，與周圍的星星同步運行。這個鐵盤上刻著一張星圖，包括了黃道星座。在此前方還有一片固定的網

29 原註：根據諾斯的研究，到了十四世紀末，這份手稿屬於一位叫做約翰．路奇恩（John Loukyn）的修士，他是聖奧爾本斯的助理司事。修道院中的司事或助理司事要負責看管教堂中的聖器，包括鐘以及後來出現的時鐘。

30 原註：擺桿機軸擒縱器是在一個垂直軸錘的兩邊各設一個擋片，由單一輪軸上方及下方的齒往後、往前推。除此之外，理查所描述的擒縱器設計只有出現在繪圖中，出自十五世紀末義大利的達文西（Leonardo da Vinci）之手。

格，標示出天空中重要地標的位置，包括地平線、時線以及當地的子午線。[31]這片網格就像以細緻的直線與曲線組成的蜘蛛網，要在扁平的平面上投射出天空的立體穹頂就會像這個樣子。

理查並非第一個將這樣的刻度盤安裝進自轉天文模型中的人。在維特魯威所描述的天文水鐘當中也安裝了一份可旋轉的星圖，而在一三二〇年代的英國諾里奇座堂（Norwich Cathedral）財務紀錄中也有描述，鑄造了一個四十公斤的鐵盤，能夠隨著天空旋轉。但是理查卻能夠做到令人倒抽一口氣的準確性，運用複雜的數學圖表來計算適當的齒輪齒數，以及他所使用的輪系大小與相對角速度。諾斯研究出如果時鐘的主要日輪是二十四小時轉一圈，那麼鐵製星盤轉一圈的時間便是二十三小時五十六分鐘又四．一二秒，每天的誤差只在〇．〇三秒。

不過理查並未就此止步，他還加上了一支非常巧妙的「太陽指針」，整體說來這支指針每天會繞一圈，不過正如第三章中討論到的，太陽的速度並非恆常，顯然在天空中運行時會有加速與減速的時候。理查為了使用這個裝置，所運用的顯然是全新發明：橢圓形齒輪。這種齒輪以四個分開的圓弧狀組成，其比例是理查經過計算，能夠精準代表不同的太陽速度。齒輪推動著太陽指針，這樣無論何時，指針經過星圖上黃道線時的位置都能對應到太陽在天空中的確切位置。諾斯本身既專精宇宙學歷史也通曉中世紀科學史，卻從來沒見過像這樣的東西，這橢圓齒輪「結合了數學與機械的天才」，他說道，「或許在整段中世紀歷史或者文藝復興的理論力學史上都無可出其右者。」

第二支指針則顯示出月亮的位置，還有一顆轉動的黑白圓球顯示出月相，這對於計劃夜間行程十分有用，也有助於安排放血療程的時間，這是修士保持健康的一種養生法。這座鐘甚至計算出何時會出現月食。古代的安提基瑟拉儀是目前所知最為精細的天文裝置，直至今日依然是如此，儀器上也有許多類似的功能，但其製造者並未試圖預測月食，而只是利用巴比倫人預測的資料在月曆上標記出可能發生的事件。相較之下，理查的鐘則是自動從太陽與月亮的運行（根據托勒密的理論）推算出月食，並且用一個能轉動的黑色圓盤遮蓋住相應比例的月亮圓球。

最後則是符合修道院對占星學的興趣，他的裝置中也包含了天體對地球的影響，有一個刻度盤上顯示出離聖奧爾本斯最近的港口倫敦橋（London Bridge）潮汐的起落。潮汐的每月週期計算相對還容易，以一個齒輪推動每三十天轉一輪的指針。

沃林福德留存下來的筆記中並未討論到行星，不過研究古文物的勒蘭後來說這座鐘上確實有顯示。勒蘭所提到的「命運之輪」同樣未見於十四世紀的文本上，這可能是指稱羅馬女神福爾圖娜（Fortuna）的輪子，這個意象在中世紀時期十分受歡迎，代表更迭的命運，例如在底部是個乞丐，升起後便成為君王，接著又掉下高位。但是放在基督教的修道院中卻是個奇怪的指涉。因

31 原註：當地子午線是一個大圓圈，經過觀察者頭頂正上方天空中的點以及天極。

此，諾斯提出另一種看法，這個功能的呈現可能是稱為「命運位置」的這條占星學規則，能夠從一個人出生時的天體排列位置來預測壽命長短。

我們對於建造這座鐘的過程所知不多，不過修道院的紀錄提到工程耗費了許多年，且超支預算許多。幾十年後在法國也有留下建造時鐘的詳盡紀錄，透露出這類工程可能的規模。這座鐘是在一三五六年由佩德羅四世（Pere IV）委託建造，他是亞拉岡（Aragon）的一位國王，要建在他位於庇里牛斯山上的城堡中。鐘錶師安東尼奧．波維利（Antonio Bovelli）從亞維儂的教區延帶來十名技巧純熟的助手，他們在城堡的庭院裡搭建起熔爐和鍛鐵工坊，使用木製模板將巨大的鐵輪敲打成型。時鐘外框的重量將近一噸，鐘則重達三噸，最後要用起重機把各部件運到鐘塔上時，周圍聚集了大量人群圍觀，人數多到木匠還得搭起鷹架才能容納所有人。

波維利的鐘比起聖奧爾本斯的鐘要單純多了，只花了九個月便建造完成。即使如此，卻一直沒有真正發揮預計的效果，在三十年間都是由拿著沙漏計時的人負責敲響大鐘。但是，理查似乎已經超越了當時所知的其他一切，打造出一個令人嘆為觀止的模型，展示出神聖秩序與宇宙邏輯，一直到了兩百年後仍能運行不誤。重新發現理查的筆記之後證明了他不只是一位「偉大的修道院院長」，諾斯說道，更是「中世紀後期最能創新的英國科學家」。他這座非凡的時鐘突破了現代人認定十四世紀歐洲天文學家所能達到的境界，同時也代表了科技史上最為重要的轉捩點之一。

接下來幾十年間，歐洲開始流行起巨大時鐘的傳統。這個階段不僅僅是經濟與學術研究復甦，諸如紡織品和穀麥等交易版圖也不斷擴大，社會也反抗起舊有的封建制度。從史特拉斯堡（Strasbourg）到米蘭等城鎮都發展成為活絡的市場，擁有健全的勞力並新興了一群商人階級。

生活與工作的步調越來越快，尤其是在城鎮當中，也就讓人們越來越關注到時間的概念。城鎮的鐘聲為生活報時，提醒著一切事情，從日常工作的開始與結束、市場交易時間，乃至於街道清掃與酒吧關閉的時間。一開始，這些公共鐘聲都是跟著教堂每個季節的禱告時課敲響，不過隨著機械鐘的發明便有了改變。雖然最早的時鐘都是裝設在教堂與座堂，但很快也出現在公共廣場上。

在理查的帶領下，在歐陸各地所出現的時鐘裝置上也有了複雜的天文星體展示，通常也包括了能運動的形體。一三五〇年代在史特拉斯堡座堂塔樓的時鐘上就以一隻鍍金的公雞為主角，在日正當中時便會振翅高啼（現今的布穀鳥鐘仍保留了這個傳統）。布拉格的天文鐘建於一四一〇年，由一副骷髏搖動沙漏；而義大利曼圖亞（Mantua）在十五世紀也建造了天文鐘，其設計師誇口說時鐘能夠顯示各種活動的恰當時間，包括手術、製衣乃至耕地。

這些裝置的意義不僅僅是報時，更是創造的模型，闡述出天上、地上時間的意義與目的，甚至是其道德性。

這些早期裝置的宇宙學本質顯示出，當時人們普遍還是將時間視為潛藏於廣大宇宙中的特性，時鐘的滴答聲與天空中的運行週期密不可分；不過這樣的特性對於推動即將發生的社會重大變革同樣非常關鍵。這些時鐘不只是賞玩器物或工具，而具有神聖的權威性。對於日常中事事依循時鐘的人們來說，這些裝置就呼應了天空中的崇高週期，想必啟發了人們心中不少讚嘆。例如，理查時鐘能夠預測月食，在聖奧爾本斯的居民眼中看來應當十分神奇，恰恰證明了與天國之間的直接連結。修道院中以馬拉動的磨坊向來是眾多紛爭的焦點，也只倚賴簡單的齒輪與輪軸。[32]在理查的時鐘當中，便是利用這樣世俗的齒輪組合與天堂連結起來，也與上帝連結。

隨著公共時鐘的出現，對於時間的掌控權，也就是對工人日常生活的掌控權便逐漸從修道院移轉到了城鎮。例如在聖奧爾本斯，鎮民在十五世紀建造了自己的時鐘，藉此抗議修道院對他們工時的掌控。另外，白天時間的分割方式也有轉變，修道院的水鐘能夠推算出季節或祈禱的時間，不過卻沒有自動化、機械化的機制而能達成此目的的簡單方法，因此在機械鐘問世之後，修道院就從禱告時課轉為均等時制，而且新時鐘並不只是在整點時敲響，是以相符的響聲次數來標記每一整點，這個方法稱為「報時」（理查的時鐘就是第一個已知例子），到了十四世紀末便已廣傳各地。

均等時制的出現切斷了平民與修道院日程的連結，加強了世俗化過程，同時也開始讓計時與太陽的季節運行軌跡區分開來。報時就代表聽見鐘聲的每一個人都會注意到時間，不只是一串間歇性的鐘聲，而是一整天當中有規律、不斷累積的過程。隨著時間變得更加精確，也變得更無轉圜餘地，生活漸漸不受到各種事件或自然現象所控制，取而代之的則是無情的鐘聲進行曲。

歷史學家一般都認為這段時期正為資本主義與工業革命打下基礎，根據二十世紀重量級歷史學家劉易斯・芒福德（Lewis Mumford）所言：「不是蒸汽引擎，時鐘才是現代工業時代的關鍵機器。」製造時鐘需要精準製作的齒輪與科技專業，帶領了機械科技發展而造就了自動化大量生產製程。[33]不過更重要的是工作與工人之間的規範與協作程度提升，對時間的態度也有所改變。專長中世紀英文的約翰・史凱特古德教授（John Scattergood）分析了中世紀時曾提到時鐘的文學作品，發現在機械鐘出現之後，作家便開始使用與時鐘相關的譬喻手法來強調一組新形

---

32 原註：磨坊所使用的應是粗略切割而成的巨大木製齒輪，而非精準鑄成的時鐘鐵齒輪，不過其中的運作原理都是一樣的，也就是將齒輪的齒齧合之後以轉移力道。

33 原註：例如像是行星齒輪與差速齒輪等特殊構造，讓較小的齒輪繞著較大齒輪轉動，最早就是用在天文鐘當中來模仿行星的運行，後來成為自動紡織機中的重要零件，而在更近代也使用在汽車車軸與 3D 印表機中。

成的美德，包括恆常性、準時性與精確性。但是並非人人都歡迎這樣的轉變。十四世紀時，時鐘打斷了威爾斯詩人達菲德・艾普・格威林（Dafydd ap Gwilym）與美少女相處的美夢：「可嘆，在那提防邊的鐘……叫醒了我。」他這樣抱怨道。

使其口舌失去用處，
垂著兩股繩索及輪子，
還有作為重錘的愚蠢球體，
四方的箱盒與鐘槌，
擺鐘木整日來回擺動，
與永不歇息的轉輪。
無禮的鐘發出愚蠢嘈嚷。

不過大致說來，大多數人民很快都跟上了修道院的工作倫理與生產力，從磨坊工人到商人，人人的活動都依照時鐘的機械節奏而能同步進行、有所規範，只不過如今驅使人們的新動力是金錢，而非靈魂的救贖。一四三三年，一位名叫萊昂・巴蒂斯塔・亞伯提（Leon Battista Alberti）的西班牙商人寫道，他每天早上要做的第一件事情就是列出自己這一天必須完成的任務，「有太多事情了：我算一算又思考一番，然後每件任務都分配了時間，」他寫道，「我寧可失去睡眠也不浪費時間。」

不過時間觀點這樣有所轉變的意義並不僅僅是人們越來越在乎準時，過去能夠任意延展的生活體驗如今切割成了固定而可測量的區塊，人們也開始以更符合數理邏輯的方式思考。戴維・蘭德斯認為規律的報時讓過去大多數人不懂算數的社會願意計算並進行簡單的算術（例如計算還有多少個鐘頭工作才會結束）。另外，他也指出在十三世紀以前，測量單位通常都會有變動並仰賴實物，就像英文中的呎（foot，也可指「腳」）或是法文中的吋（pouce，也就是「拇指」），而他認為從季節時轉換成均等時便鼓勵人們發展抽象測量的概念，也就是本身即存在的標準化單位，這點是發展官僚制度與貿易的關鍵。同時，時鐘本身也變得越來越小、越來越簡單，通常也不再做成宇宙模型的樣子而更單純只有顯示「時間」的功能（不過其運轉的方向，也就是順時針方向，仍然反映出太陽在北方天空運行的軌跡）。

芒福德認為，人類新發現了自己能夠以抽象測量單位與數字思考的能力，正是時鐘所造成的真正革命。「人類變得如此強大，甚至忽略了小麥與羊毛、食物與衣物組成的真實世界，」他寫道，「並將注意力集中於完全以象徵與符號呈現出的量化世界。」數量不再只是價值的一種表現方式而是定義，從報時的鐘聲中萌發出現代生活方式的經濟種子。

計時革命同時也對科學家與哲學家的思考產生深遠的影響，這樣的思考方式與已經在進行中的社會變革方式有所重疊也加強了其力道。首先，建造出以宇宙為模型的天文鐘很容易就能讓人推論出宇宙本身就像一座時鐘，最早這樣比喻的一位作家就是義大利詩人但丁（Dante Alighieri），他在一三一六年至一三二一年間（此時的理查正在牛津大學就讀）寫成的《神曲天堂篇》（Paradiso）講述但丁在天堂星體中的遊歷，而但丁抵達太陽這個星體時看見了上帝所創造的宇宙，並將之與修道院在晨間祈禱時間敲響的時鐘相較：「一輪燦爛……敲奏出如此甜美的音符。」

從古代起便有人將宇宙看成是某種遵循著可預測規則的機器，不過到了中世紀，天文鐘裡不斷碰撞的擒縱器讓人無法不接受這樣的概念。一三六四年，義大利工程師喬凡尼・德東迪（Giovanni de'Dondi）建造了一座複雜的天文鐘，一部分便是為了證明托勒密的同心球系統並不只是數學模型，而是確切呈現出天體實際的運作模式。一三七七年，法國哲學家尼克爾・奧里斯姆（Nicole Oresme）認為宇宙就像一個四季不停運作的計時器，從來不會太快或太慢也從不停止：「這個狀況就很像一個人造了一座鐘，讓時鐘自行運作並持續動作。」

對這些中世紀學者來說，宇宙並非如我們今天看待時鐘和機器那樣是一個枯燥而無生命的機械裝置。在《天堂篇》鐘，雖然但丁將宇宙比擬為修道院時鐘，也將之描述為上帝的新娘：宇宙敲鐘提醒晨間來到時，便是她在向丈夫這位造物主吟唱情歌。不過到了十七世紀，如笛卡爾等哲學家便以邏輯推論延伸這樣的比喻，認為不只是星體與行星，就連動物也只是自動機械：由預先訂定的規則來推動機械運作，就像史特拉斯堡的公雞。[34]只有人類因為多了「靈魂」而有所不同。

推動宇宙的動力不再是上帝的愛，而是因果關係；如果要了解某事，就必須透過物理機制來解釋。哲學家兼科學歷史家史蒂芬．圖爾敏（Stephen Toulmin）便說：「十七世紀的科學家若有誰認為不需要這麼多解釋便會遭到同儕的批評，認為這是祈求『奇蹟』與『神祕性』。」宇宙的這番「機械化」最終讓占星學不容於科學殿堂，也為所有未來的科學思考打下基礎。同時，社會上有更多人對時間的態度都出現轉變之後，時鐘也改變了科學家對於時間本質的想法。

時間一秒一秒規律地滴答過去，這樣的概念看似再明顯不過，但並非無可轉圜。人類學家便表示好幾個原始社會中，例如在蘇丹尼羅河岸生活的努爾人、在俄羅斯庫頁島上的愛奴文化，或

34 原註：笛卡爾似乎對時鐘非常著迷，他設計了自己的時鐘機械之外，還有許多類型的自動機械，諸如以磁力驅動的走鋼索人偶，還有一隻會撲向鷓鴣的發條狗。

者是巴西亞馬遜雨林中的亞蒙達瓦部落，這些部族都缺乏抽象的「時間」概念。[35]人類歷史的大多數時間中，太陽、月亮與星星的運動不僅僅是定義了時間，而是創造了時間，若沒有其運行根本就不會有時間。不過隨著時鐘變得越來越準確，這一切都將改變。

一開始的改良是來自於製作出更精良的零件。在十五世紀，鐘錶匠發明了分針，並且設計出不以重墜來推動時鐘的方法，而是以螺旋彈簧，這樣就能做出體積小很多的時鐘，甚至可以做出手錶。天文學家想要能夠更精準計時才能夠更確切記錄下自己的觀察，於是成為這些發展的先驅，在十七世紀，他們又提出更加令人大開眼界的進展。

義大利天文學家伽利略‧伽利萊就提出了關鍵的創見。早期時鐘中的擒縱器有一個問題是其運作速度不固定。時鐘的主人會小心調整擒縱器旋轉臂上的重量以達到想要的速度，但位置只要有一點小小的改變就可能讓時鐘偏離軌道。伽利略發現了以絲線或金屬絲懸掛起的重物，也就是擺錘，無論其質量或擺盪幅度大小為何，總是以固定速度擺動[36]，所以理論上設定為一秒擺動一次的鐘擺只要釋放後每一次的速度都會相同。一六五六年，荷蘭天文學家克里斯蒂安‧惠更斯（Christiaan Huygens）與鐘錶匠薩洛蒙‧科斯特（Salomon Coster）合作，建造了第一個以擺錘推動的時鐘。[37]這項新設計讓時鐘的表現有了非凡的進展，從每天至少有十五分鐘的誤差縮減到只有幾秒。

過去，時鐘和手錶都必須經常調整，而「真時」的參照點就是太陽。許多早期的手錶蓋子內部都有迷你日晷，就是為此目的。太陽在天空中運行速度的些微差異（會讓「太陽時間」與「時鐘時間」之間產生最多十六分鐘的差異）還不足以擔心。不過如今，時鐘比太陽更加準確，一開始為了模仿宇宙而建造的機械裝置已經超越了宇宙，對人類的思想也產生深遠影響。

準備好要利用這波進展來大展身手的便是物理學家艾薩克・牛頓（Isaac Newton），他藉此研究出自己的重力理論。他在一六八七年發表開創性的著作《自然哲學的數學原理》（Principia），澈底顛覆了科學界的宇宙觀，至今仍是歷史上最為重要的一本科學著作。他提

---

35 原註：例如努爾人的月份便是大致依循月亮活動訂定，以一年中不同時節進行的活動命名（也據此行動），例如吉翁（Jiom）月就是要放牧牛群的時候。亞蒙達瓦族人知道有上午和下午、乾季和雨季，但不分月份或年份。這兩個部族的語言中都沒有代表「時間」的字詞或者任何描述時間的獨立單位。

36 原註：嚴格說來，這點只有在稱為「擺線弧」的特定弧線上才成立，和懸掛在金屬絲線上的重物所依循的路徑有些微差異。不過只要將擺錘擺動的弧度限制在狹窄範圍內，誤差就會非常小（鐘擺越長，而弧度越小，誤差也越小）。

37 原註：惠更斯的專長在於研磨透鏡與打造望遠鏡，他最出名的成就便是在一六五五年發現了土星的第一顆衛星，以及在一六六六年觀測到土星環的真正形狀。

出了三大運動定律並且結合自己的萬有引力定律[38]，解釋這幾條定律如何能夠說明太陽系中的一切運動，從流浪行星、遙遠衛星到一生只能見到一次的彗星，甚至包括海洋的潮汐運動。宇宙當中散落著眾多物體，其存在與運動看似互不相關，看了令人頭暈目眩，可牛頓卻描述出一個藉由重力網而互相連結起來的宇宙，只要一行簡單的公式就能解釋一切。

在牛頓對運動的思考中最關鍵的要素，就是對於絕對空間與時間的概念：基本上兩者共同組成了數學網格，而宇宙間的實際物體與動作就疊加其上。例如，牛頓將時間從太陽的運動中分離出來，提出了「真時與數學時」的概念，「兩者均等流逝而與任何外在因素都不相關」。牛頓這個概念的一大啟發就來自於新近發明擺錘鐘的準確性。他經常與英國皇家天文學家約翰・佛蘭斯蒂德（John Flamsteed）交流往來（佛蘭斯蒂德將擺錘鐘引入了一六七五年開設的倫敦格林威治天文臺〔Greenwich Observatory〕），而且學者認為他也擁有一座在一六八〇年代製作的擺錘鐘。牛頓在《自然哲學的數學原理》一書中討論到擺錘鐘如何證明了科學家需要區分正常時間，或稱為相對時間，以及為了精確觀察或計算宇宙現象時所必需的絕對時間。

一開始有些人反對他的理論，例如來自德國的哲學家哥特弗萊德・萊布尼茲（Gottfried Leibniz）就覺得牛頓所提出的概念和力，既神祕又無法捉摸，他也無法解釋。萊布尼茲認為，若是我們無法察覺的東西就不會知道其存在，而我們無法察覺時間，只有發生的事件。他堅持道，時間只是事情發生所依循的秩序，這一點其實比起牛頓的觀點更加接近多數物理學家如今看待時間的觀點（我們在這本書稍後會提到）。不過至少有好幾百年以來，牛頓所提出抽象時間的概念，無論經過什麼事件仍不斷流逝，成為了多數人接受也無人質疑的科學觀點。

隨著擺錘鐘普及，便有越來越多人認識到太陽時與真時或稱為「平均時」之間的區分。從一六七〇年代起便有換算表，列出一年當中每一天或每週的誤差（稱之為「均時差」），這張表經常會貼在鐘盒內部，這樣就能不斷調整時鐘以依循太陽。不過既然人們越來越依賴時鐘來規劃生活，便反轉了此一過程，很快就變成日晷需要附上換算表：需要調整的是太陽，而非時鐘。

大城市一一捨棄了太陽時，一七八〇年在日內瓦、一七九二年在倫敦、一八一六年在巴黎，都公告將平均時作為標準，不依賴太陽而存在的均等、絕對時間概念便成為常識。一開始人們還是覺得中午應該就是太陽位於天空最高點的時候，因此每個城鎮都依循著自己的平均時。但是到了十九世紀，鐵路時刻表就讓這樣的做法顯得不切實際，於是開始實施以每小時區分的時區。二十世紀則發明了「夏令時間」，其間要調整所有時鐘才更方便利用日光，而航空旅行的普及也表示我們已經習慣在一天之內跨越多個時區。時間乃是以獨立、抽象的方式流動，這樣的概念已

38 原註：牛頓的引力定律說明宇宙中的每一顆粒子都與其他粒子之間互相吸引，而這股引力與其質量成正比，並與粒子之間距離的平方成反比。

經不證自明，我們就算想證明是其他方式也很困難。

自此時鐘變得越來越精確，隨著做工巧妙的機械擒縱器逐步被來回振盪的石英晶體取代，然後又出現了快如閃電的原子振盪。雖然過去用來仿造宇宙的圓形刻度盤尚未被數位顯示取代，不過我們對時間的定義已經不再仰賴天文學。一九六七年，科學家重新定義了秒鐘這個基本單位，正式切斷了時間與天堂之間的連結，傳統上是以地球自轉來決定一秒鐘的長度，也就是一天的八萬六千四百分之一[39]，不過如今則是以特定數字來描述，也就是銫原子振盪的週期（超過九十億次）。[40]

社會中的各個面向，從通訊系統、電力網與金融網絡乃至於電影底片和運動賽事結果，其中都潛藏著人腦無法察覺到一秒瞬間片刻這個因素；同時，對時間流逝的感知，無論是花費時間、節省時間或者浪費時間，可以說滲透了我們醒來時的每一刻。準時的重要性與遲到的後果都是小孩最早學到的道理，而且我們所見所聞幾乎都離不開某種形式的時鐘。「我們對這些提示的反應能力都是銘刻於心的，」蘭德斯說，「若是忽略了就要承擔後果。」

諷刺的是，我們測量時間越是精確，似乎就越覺得自己擁有的時間少。例如，全美國有將近半數的人都說，自己覺得日常生活的時間怎麼都不夠用，這種「時間荒」的感覺經常成為不參與休閒活動或者不幫助他人的藉口，同時也與不健康的飲食、睡眠問題和壓力有關聯。我們願意臣服於時鐘的控制，才讓現代都市生活中一切複雜與機運成為可能，但是要將自己的生活切割成越來越小的區塊也要付出代價。

●

一三三〇年代早期，愛德華三世造訪聖奧爾本斯的修道院時，國王看見時鐘便口氣溫和地責怪理查院長，居然不顧修葺教堂，反而將修道院的資源都投入了區區一個計時器。沃林福德回答，未來的院長都可以重建修道院，但是在他死後便沒有其他人能夠完成這座鐘。他知道自己時日無多了，他的痲瘋病在惡化，到了一三三四年便病得非常厲害。一三三五年，根據修道院日誌記載，發生了一場大雷雨，讓他的房間起火，自此之後，「直到他生命終結之日，他就沒有一天不疼痛」。他在一三三六年五月二十三日過世，年約四十四歲。

一五三四年，圖書館員勒蘭看到理查打造的時鐘時，時鐘顯然還在運作，不過這情況並未維

39 原註：六十（秒鐘）乘以六十（分鐘）乘以二十四（小時）等於八萬六千四百。

40 原註：也就是銫 133 原子的 9,192,631,770 次振盪。不過物理學家偶爾還是得在日曆中加入閏秒才能確保時鐘與日夜更迭保持一致。

持太久。此時亨利八世（Henry VIII）才剛與羅馬天主教廷決裂，正打算將英國各地修道院的財富收歸己用，勒蘭便奉命遊覽這些建築物，好在修道院被賣掉之前救下他們所持有的書稿或者值錢東西。「與羅馬決裂所代表的不只是歷史性的斷裂，而是歷史知識上的斷裂，」諾斯指出，「多虧了有勒蘭，讓這份決裂變得沒那麼嚴重。」但是他救不下這座鐘，修道院的教堂最終以四百英鎊賣給了聖奧爾本斯鎮民，這座鐘本身也就從歷史上消失。在一六三一年曾針對英國教堂的重要建築進行調查，不過報告中並未提及，有可能是已經拆解開來以取得珍貴的鐵製零件，鎮民或許使用了其中部分零件造了自己的鐘，在亨利八世的時代則翻新了。今日鐘樓仍矗立著，諾斯也指出其中的中世紀大鐘體積相當，可以推測曾經是屬於修道院的，上頭銘刻著 Missi de celis habeo nomen Gabrielis（吾以加百列之名由上天派來），表示這口鐘來自教堂。理查的時鐘或許仍然敲響著鐘聲。

理查引領發展的科技其中的含義自然仍在現代世界中迴盪著，機械鐘所啟發的各種社會與哲學變革有助於創造那定義現代西方社會的科學世界觀，也推動了令人驚異的經濟與科技進展，敦促著歐洲脫離中世紀的發展停滯期並且得以主宰世界。同時，這些自動機械也在我們與所居住的宇宙之間造成了另一道基礎上的分裂，如今時間並非包含在宇宙運行的週期當中，而是存在於永遠精準的時鐘裡。

6 海洋

奮進號（HMS Endeavour）的船員已經在海上度過兩個月看不見陸地的日子，到了一七六九年三月底，他們終於看見一叢叢海草以及在陸地上築巢的鳥兒：水薙、燕鷗及大黑軍艦鳥。接著又出現幾處長滿棕櫚樹的島礁，他們駕船經過卻未停下，一直到了四月十一日太陽升起之時，他們終於看見目的地：那片青綠茂盛、層巒疊嶂的大溪地（Tahiti）。

這艘堅固的平底船原先是在英格蘭東北部的惠特比（Whitby）建造作為運煤船，一位作家曾形容這艘船是「浮在水面上的煤桶」，後來才為了這趟開疆闢土的太平洋冒險旅程更名並改裝。奮進號原本可載運十二名船員，將船艙改裝成狹隘的艙室，能夠擠進九十多人並儲存足夠三年旅程的物資。船隻在一七六八年八月載滿了貨物與人員從普利茅斯（Plymouth）出航，指揮的也是一個從惠特比煤礦交易開始水手生涯的人：海軍上尉詹姆斯·庫克（James Cook）。

這艘船往南航行穿越大西洋，航線經過葡萄牙殖民管轄的馬德拉群島（Madeira）與里約熱內盧（Rio de Janeiro），然後停泊在南美洲尾端遇見披著海豹皮的火地群島人民。儘管飽受冰雹與暴雪的摧殘，他們在一七六九年一月底仍然成功繞過海況險峻的合恩角（Cape Horn），接著展開漫長而令人卻步的橫渡太平洋之旅。

就當庫克的手下正航行過長達千萬里的茫茫大海時，他們卻是越來越興奮期待著自己即將抵達的土地。西班牙老早就開始為了貿易駕著大型帆船橫渡太平洋，但是這片浩瀚海洋還有很大一部分尚有待探索，而互相競爭的英國與法國之間則剛剛開始派出船隻以尋找新大陸與商機，其中一艘海豚號（HMS Dolphin）在奮進號離開的幾個月前才剛返抵英國。奮進號的水手是第一批造訪大溪地的歐洲人，他們回家後講述著這個熱帶天堂的故事，說自己大啖水果與豬肉，並且只要一支釘子或一顆珠子就能買到袒胸露乳的美麗少女與自己一夜春宵。

隨著地平線那端的島嶼越來越大，看起來正是他們希望見到的一切，高聳而鬱鬱蔥蔥的山巒腳邊綴著果樹、椰子樹和黑沙沙灘，接著退開顯露出青綠色的潟湖和海灣，周邊還圍著一圈珊瑚礁。四月十三日，奮進號船員在大溪地北部海岸邊的馬塔瓦伊灣（Matavai Bay）下錨，馬上就湧上許多艘獨木舟將他們包圍，船上的當地人朝他們揮舞著大蕉並拿出椰子、烤過的麵包果、大溪地蘋果和魚。

庫克曾三度遠航，他在太平洋的發現大概放眼歐洲是前無古人、後無來者，但是對我來說，他首度造訪大溪地的經驗仍然是他職業生涯中最為精采迷人的一段。他在奮進號上的同伴中包括一群藝術家與科學家，為首的便是愛好自然的貴族青年約瑟夫・班克斯（Joseph Banks），已經準備好記錄下等待在前方的嶄新地景與物種。這些學者並不知道自己還會發現其他東西：在海洋另一端無法觸及之地竟有如此活躍的文明，而當地人對宇宙的理解和他們經過啟蒙運動後的世界觀大相逕庭，仍然在試圖解開其中的祕密。這段故事重寫了歐洲人的設想，關於人類航海技術的限制、在廣闊大海中探險的能力，以及我們與星星的關係。

不過這一切都必須先等一等：庫克有自己的優先順序。他和班克斯面見了當地的酋長，這位身材壯碩的長者名叫圖特哈（Tuteha，雙方交換了禮物，但遺憾的是班克斯得拒絕性款待的邀約，因為那些茅草屋「根本沒有牆」），接著就到了島嶼北部海岸一處狹窄的沙嘴上工作。庫克選擇了一塊船上大炮能夠保衛的地方，並在四周築起堅固的木圍籬，由帶著火槍的水手日夜把守。他的計畫是在天文學家查爾斯・格林（Charles Green）的協助下，在裡頭架起一個個帳篷，放置由倫敦最優秀的工匠所打造的設備，包括一個黃銅製象限儀與六分儀，至少還有四架望遠鏡和兩座時鐘。這處營地上升起了顯眼的聯合王國旗幟，庫克就是在這裡執行一項攸關國家安全、尊嚴與財富的任務，這項先驅性任務對於英國努力探索並測繪世界地圖至關重要，並可藉此成為主宰。他稱此地為金星堡（Fort Venus）。

我們一直都很仰賴太陽與星辰，不只是辨認時間，更能辨認位置，在人類歷史的大多數時間當中，知道我們在星球上的位置便緊密關係到知道我們在宇宙中的位置。就像地球繞著軸心自轉一般，人類的軸承就是以天空來定義：太陽的升起與落下來分別東西、所有星辰圍繞轉動的天極則能分別南北，同時我們在任何時候看見天體的位置都透露出我們身處在地球表面的哪一點。地標或許能夠引導在某地的旅行，而磁力驅動的羅盤就能提供一個軸承，但是在過去我們若要知道自己在整個地球上的位置，唯一的方法只能抬頭望，這點一直在幾十年前才有了改變。

許多種類的動物都會利用天體作為行動指示，例如糞金龜會依據銀河的方向找到筆直回到巢穴的路徑，乃至於候鳥，甚至還有海豹，都是靠著星辰導航。解讀天空星圖的能力也是自古以來就形塑了人類遷徙、戰役和貿易等行為，尤其是看不見陸地的海上旅程。學者認為最早在公元前兩千年時，克里特島（Crete）的邁諾斯文明（Minoan civilization）就已經會利用繞著北天極轉的大熊星座與小熊星座，指引戰船與商船船隊到遙遠的港口；荷馬在公元前八世紀寫成的《奧德賽》中，流浪在外的英雄主角便讓大熊一直待在他的左邊，才能夠向東返航回家。

因為地球的軸心會緩慢搖動，標示北方及南方的星辰便會有所變動，這個週期會維持兩萬六千年。目前並沒有星星正好落在南極上（不過南十字星會繞著南極轉），但是過去幾百年來，位於小熊座尾巴頂端的北極星倒是相當契合北極的位置。這顆星星正好就在地球北極上方，在夜空中其他星星都在繞行時卻仍文風不動，對於航海至關重要，又有指標星、導航星等稱呼，或者就是「那顆星」。

北極星除了能夠為我們指引北方，而且你只要觀測其在天空中的高度就知道自己的位置有多北方，也就是緯度，早期的航海設備幾乎大部分都是根據這個原則所打造，例如，若北極星的高度是五十度，那麼你的位置就在北緯五十度。在赤道上（北緯零度），北極星會出現在地平線；在北極（北緯九十度），便在人的頭頂上。最早的導航員可能是以伸直手臂拿著棍棒來估算星星的高度，自九世紀末起，阿拉伯商人會使用卡默爾（kamal）來判斷星星的角度，這種工具是一塊繫上打結絲線的木板。十五世紀，葡萄牙導航員都配備著水手使用的星盤（以標示著度數的沉重銅環來測量高度），航行在大西洋上往南推進，抵達馬德拉群島、亞速群島（the Azores）、維德角群島（the Cape Verde Islands）和獅子山（Sierra Leone）等地，藉此開啟了所謂的地理大發現時代，在接下來幾百年間，歐洲人在全球探險、擴張領土，便形塑了現代世界。

從十五世紀晚期起，便有對照表能夠在白天從太陽的高度來計算緯度，而水手的星盤則漸漸以更為精確的十字測天儀與反向高度儀取代，這些儀器有一根標示度數的筆直金屬棒，上面有另一根可移動調整位置的棍棒。同時，西班牙人也加入了葡萄牙的探險行列，他們資助了哥倫布從一四九二年啟航的橫跨大西洋探險之旅，以及一五二一年首度環繞地球一周的航海歷險，後來加入探索的還有英國、法國及荷蘭。自十六世紀起，諸如糖、香料、絲綢，當然也包括奴隸等貨品，便透過跨太平洋與跨大西洋貿易路線所織成的網絡載運。

這一切都是在無法判斷經度、往東或往西距離多遠的情況下所達成的成就。不過夜空能夠明白顯示出南北之間的差異，而地球的轉動則代表往東或往西航行時，空中就沒有固定的點可作為指引，水手必須從流經船身兩側的水流速度來估算已經航行多遠，或者使用其他技巧，例如向東或向西沿著固定的緯度線航行直到抵達目的地為止，但這樣就必須採用效率差的航線，而且導航錯誤也造成了無數生命折損。

十六世紀的荷蘭天文學家赫馬．弗里修斯（Gemma Frisius）是首位發現到，雖然我們是以地理學的角度來理解經度，也就是空間中的位置，但若以天空的角度來看卻其實是時間函數。處在不同經度的觀測者就是處在地球每日轉動的不同時間點，因此在任何特定時間中，他們都會各自看到太陽或星星在天空中的不同位置，而經度差異越大，一天當中的時間差異也就越大。弗里修斯認為，只要旅行者知道自己出發時以及現下位置的時間，就能藉由計算兩者之間的差異找出經度的改變。[41]

說得容易，要做卻很難。這時的機械鐘就算是在陸地上也無法長時間指出正確的時間，更別提在海上航行時會遇到船身搖晃、溫度與濕度變化大的問題。另一個建議是使用天空本身當作時鐘，月亮的運行速度相較於背景的星星更快一些，因此如果可以預測每一天特定時刻月亮相對於某些星星或太陽的未來位置，並且用已知經度當成參考點，世界上任何地方的水手就能透過觀測月亮來推算出家鄉的時間。

這裡的問題一樣是精確性。月亮在天空中的路徑複雜到不可思議，會受到地球以及太陽重力的影響，所以在計算經度時根本不可能預測出足夠精確的運行位置。無論是哪個國家，只要在導航技術上獲得優勢就能夠在領土與貿易方面大有斬獲，而在海上尋找經度很快就成為當時最為迫切的知識議題。

結果要花兩百年才找到答案。那段期間，歐洲各國領袖都重金懸賞想找到能解決問題的人，法國與英國都由國家出資建造皇家天文臺。雖然現在認為天文臺屬於科學機構，英王查理二世（Charles II）在一六七五年給予英國第一位皇家天文學家約翰・佛蘭斯蒂德的指示很清楚：他必須全心全意「修正天體運動的圖表及星辰的位置，這樣才能夠找出眾所渴望的各地經度，藉此完善導航的技藝」。

讓陸地上的計時科技有了革命性進展的擺錘鐘在移動的船隻上並不管用，不過還是能夠藉此進行更加精確的天文觀測，再加上牛頓在一六八七年發表的重力理論，歐洲天文學家很快就能夠

41 原註：地球每小時轉動十五度（一天二十四小時會轉三百六十度），舉例而言，如果你從倫敦往西航行，而太陽達到最高點（中午十二點）的時候，設定為倫敦時間的手錶顯示為下午四點，那麼你便已經往西航行 4×15 = 60 度。

準確預測出所有主要天體的路徑，只是除了路徑曲折的月亮以外。在陸地上判斷經度的方法在此時已經相當簡單明瞭，但無論是時鐘、天文圖表或是觀測工具，在海上使用時都不夠準確。

不過，隨著庫克的第一趟太平洋探險之旅即將開始，時鐘和天文學這兩種方法終於就快要能夠派上用場。一七五九年，經過三十幾年的實驗之後，英國約克郡（Yorkshire）的木匠約翰・哈里森（John Harrison）發明了一項讓他名揚四海的裝置，他稱之為H4：可以在船上計時的一個小時鐘，或稱之為計時器。再加上新發明的六分儀，讓人們能夠在海上量測出比過去更加精準的高度，導航員便能夠比較當地正午時間與家鄉時間的落差。

但是庫克於一七六八年出航時，H4仍然在測試中，還有人討論其可靠程度，於是為了找到大溪地，他轉而仰賴月亮。天文學家和數學家已經修正了牛頓的月相表，在一七六七年，英國第五任皇家天文學家內維爾・馬斯基林（Nevil Maskelyne）發表了有史以來第一份《航海曆》（Nautical Almanac），內容寫著預先計算好從倫敦格林威治（Greenwich）皇家天文臺的位置來看，月亮與太陽之間每隔三個小時的距離。[42]這份曆書讓導航員只要有六分儀和手錶（能夠顯示當地時間從前一天中午過了多久），最快半小時就能算出自己所在的經度。庫克就是最早的使用者之一。但這份表格說不上完美無缺，可能會出現最多一・五度的誤差，在赤道上就相當於超過一百海浬，而這是因為天文學家對太陽系的理解還有很大的漏洞，庫克的任務就是要填補這個漏洞。

班克斯和他的團隊在大溪地安頓好了之後便開始記錄島上的生活，從繪製野生動植物（坐在蚊帳裡以免大群蒼蠅吃掉顏料）到聆聽以鼻笛演奏的當地曲調。班克斯也經常在自己的帳篷裡招待島民，人來人往非常熱鬧，包括在四月二十八日他形容有一名女性「大約四十歲，身材高䠷且精力充沛」，只是就算她過去是個美女，「如今也沒留下什麼痕跡了」。一名曾經與海豚號造訪大溪地的船員馬上就認出她是當地的酋長普莉亞（Purea），海豚號船員認為她是島上的女王，不過現在顯然是被圖特哈推翻了。

同時，庫克正等著他的大日子來臨。在那之前，他最擔心的其中一件事情就是掌控船隻鐵釘的命運。海豚號的任務就是因為船員以鐵釘交換性服務而面臨嚴重威脅，不聽管束的船員可以說是為了找尋鐵釘把船給拆了。當地人發現他們渴望的物品可以用其他方式買得時，也就不願意放棄珍貴的物資。庫克擬定了嚴格的交易規定，違背者要受鞭刑，其中明訂鐵和其他必需品除了必

42 原註：從此《航海曆》便持續發行，而且最終格林威治也獲選為現今量測全球經度（與時間）的參照點。

要物資（一根長釘換一頭小豬；一顆白玻璃珠換十顆椰子）以外都不能用來交換物品。他的其他挑戰還有抵抗大溪地人高明又驚人的偷竊技巧，在一次竊案中，班克斯的兩名同事丟失了一副觀劇鏡和鼻煙壺；另一次，當地人試圖偷取火槍時還死了，因為庫克還仰賴當地人提供物資，所以急切著想要避免更多流血事件。

五月一日時金星堡已經完工，船員終於將天文設備搬上岸來放置在守衛嚴密的聚落裡，但是隔天早上等他們過來打開巨大的黃銅象限儀時，箱子已經空了：這次損失可能危害到任務進行。庫克想出了一個不使用暴力的解決方法，他告訴手下拿走圖特哈與普莉亞的獨木舟，在象限儀出現之前就扣留這些船隻。同時，班克斯趕緊帶了一小群搜索隊伍跟去質問主嫌，庫克和一群武裝守衛則緊跟在後。班克斯從口袋拿出兩把手槍威脅群情激動的當地人後，終於能夠拿回象限儀，只是儀器已被拆解。他和庫克用草葉把銅塊包起來運回金星堡，對於此行的結果相當滿意，但庫克抵達之後卻沮喪地發現手下強硬將圖特哈綁了起來，圖特哈還相信自己要被處決了。庫克和酋長花了好幾天進行摔角表演和烤豬大餐才和解（同時恢復食物供給）。

普莉亞的獨木舟仍然在奮進號上，隔天早上她派了自己的顧問來取回財產，這位使者待了一整天，對歐洲船隻讚嘆不已，尤其是船上的藝術家與科學家。當天他也留下來過夜，睡在獨木舟的頂棚下。班克斯一開始對此並不是很高興，只是說了些傷人的話表示這個人「年紀至少有四十五歲了，床上卻還不乏伴侶」，但從那之後，這位訪客跟班克斯一行人相處的時間越來越長，成為他們的顧問兼嚮導，差不多就像個朋友一樣。他身為高級祭司，也或許是大溪地學識最淵博的人，非常精通宗教知識、醫藥、天文學與導航，他的名字是圖帕伊亞（Tupaia）。

●

讓庫克大大鬆了一口氣的是，經過一晚變化無常的天氣之後，六月三日早上天亮時卻是萬里無雲的好天氣，而他、格林以及他們的植物學家同伴丹尼爾・索蘭德（Daniel Solander）只剩下幾個小時能夠最後確認他們的設備，包括一座裝在高木箱裡最先進的擺錘鐘，還有好幾副短胖的黃銅望遠鏡，三腳架就架設在深埋沙地中的木桶上。就在早晨七點二十一分過後，他們一直等待的時刻來了，一個黯淡的黑點（也就是金星）開始慢慢爬過熾亮的太陽，對學識足以解讀的人來說，這小小一點就蘊含著浩瀚的訊息：整個太陽系的大小。

過去兩百年來，科學家對於我們在宇宙中位置的理解出現了天翻地覆的改變，托勒密以地球為中心的星球體系，已經維持了一千五百年，但是一五四三年波蘭天文學家尼古拉・哥白尼（Nicolaus Copernicus）終於顛覆了這個模型，認為包含地球在內的所有星球其實都是繞著太陽轉動。自那時起，如伽利略和克卜勒等天文學家以望遠鏡觀測的結果，都提供了海量的證據證明哥白尼是對的。我們並非處於宇宙的固定中心這般特殊位置而往外望，只是緊巴著一顆與其他眾多行星無異的星球，繞著離我們最近的恆星打轉。這般觀點的轉換對於人類來說具有重大意涵，不過若要測定我們在地球表面上的位置，光是描述行星的排列位置是不夠的。若要理解各個星球重力影響月球的複雜交互作用（月相表可以用來計算經度，這就是修正月相表的關鍵），所必須知道的不只是太陽系的運動，還有其絕對大小，尤其是從地球到太陽的距離。

打從古希臘時代，如喜帕恰斯等天文學家便一直試圖測量出太陽系的大小，喜帕恰斯更首創稱為視差的方法，根據這條原則，從不同角度觀看物體時，距離較近者位置的變動會比距離較遠者還大，他以距離幾百公里遠的裸眼觀測結果來推估月亮與地球之間的距離。十七世紀時，天文學家有了望遠鏡這個工具再加上牛頓的數學，便回頭利用喜帕恰斯的方法，此法需要測量天空中微小的明顯變動，只是有遙遠而光芒刺眼的太陽在幾乎是不可能的。不過克卜勒指出行星軌道的大小以及完成繞行一周所需的時間，兩者之間存在著簡單的數學關係，這讓天文學家能夠從軌道週期推算出與太陽系相關的所有距離：只要找到一個便全會通曉。

一七一六年，英國的第二任皇家天文學家愛德蒙．哈雷（Edmond Halley）提出了如何能夠比過去更加準確測量行星的視差，便是在金星通過太陽前方時觀察，這個現象稱為「凌日」。相距甚遠的各地觀察者會看到金星沿著平行路線掃過太陽表面，然後記錄下各地金星凌日發生的時間到底有多長，藉此就能計算出行星的視差。[43]這項計畫非常盛大，需要全球各地的觀測者一同進行，而且每個人計算長達幾小時的凌日歷時要盡可能算到最接近的秒數，而下一次還要等到一七六一年。

等時機到來之前，法國和英國在七年戰爭（Seven Years' War）當中分屬不同陣營，這場為了世界各地領土而起的戰役幾乎牽涉到歐洲各大國家。不過兩國仍然派出天文學家組成的團隊，只是因為戰事再加上天氣多雲與計畫不周，阻礙了許多觀測活動的進行，而其結果也就不甚可靠。一七六三年戰爭一結束，各國又開始積極計畫六年後的下一次凌日觀測，錯過這次就得再等一百多年了。正當各國競逐著聲望與權力時，追逐金星也就成為十八世紀的太空競賽，「我們理當……從一七六九年金星的有利位置當中盡可能多多獲益，」牛津天文學家托馬斯・霍恩斯比（Thomas Hornsby）在制定英國的觀測計畫時這麼說，「我們大概也能肯定歐洲幾個強權國家又會互相爭鬥，看看誰最有能力找出解決這個重大問題的方法。」

英國資助的團隊出發前往挪威與加拿大，而在海豚號帶回訊息報告自己的發現時，最後一刻又加上了大溪地。奮進號船上有兩名天文學家：不只有觀測過一七六一年凌日的格林，還有庫克

43 原註：這項計算也能解釋太陽位置的可見偏移，所以藉由金星凌日來計算視差的效果會比水星凌日（發生頻率更高）更好。水星離太陽比較近，所以觀測其相對於太陽的位置偏移會小得多。（其他行星的軌道比地球更大，所以絕對不會通過地球與太陽之間。）

自己，他在探查北美洲海岸時便學習了航海天文學。[44]到了六月三日，兩人已經花了好幾個禮拜使用六分儀以及剛修好的象限儀找出金星堡的確切經緯度，這些資訊就跟測量凌日一樣重要；接著他們轉向望遠鏡，謹慎觀察著代表金星的暗斑進入及離開太陽表面的確切時刻，同時聽著時鐘的滴答聲。

為免天氣多雲，庫克也有備案，他派遣奮進號的同事從兩個鄰近地點觀察凌日，由班克斯帶領一群人到了小島茉莉亞（Mo'orea），從他的日記中我們知道，他還邀請了當地酋長透過他的望遠鏡來觀測事件；後來島上「三名漂亮女孩」被送去他的帳篷，很容易就說動他留下來過夜。庫克並未提到在金星堡有這類干擾，不過他對自己所得的結果還是有一點失望，因為一種叫做「黑滴效應」的光學現象模糊了凌日開始與結束的確切時刻[45]，而團隊記錄到的時間相差了多達十三秒。

其他觀測者也有一樣的問題，世界各地的數學家在分析數據時也提出不同的結果[46]，因此到頭來，地球與太陽間的距離還是一直等到下一次在一八七四年的凌日才有了修正。有些歷史學家認為，即使不甚準確，庫克應該還是對自己的成果相當自豪。天文學家霍恩斯比利用來自大溪地、加拿大、下加利福尼亞（Baja California）的法國團隊[47]，以及俄羅斯與斯堪地那維亞團隊的觀測結果，計算出地球到太陽的平均距離為149,623,007公里，現代所接受的數值是透過從金星與火星反射回來的雷達訊號推算得出[48]，而與霍恩斯比的計算相差無幾。

同時，歐洲探險家仍然會利用星星來繪製地圖，即使已經開始使用計時器，導航員仍須時時校正，運用月球距離來算出絕對固定的時間。庫克在接下來兩次航程中都同時使用了這兩種方法，任務是繪製從南極洲到阿拉斯加乃至夏威夷（Hawaii）的海岸線地圖，結果一七七九年在夏威夷，同樣是為了取回遭偷竊的貨物，他抓了一名酋長為人質，事態發展卻失去控制而慘遭殺害。

44 原註：例如庫克在一七六六年觀測的日食成果便由皇家學會發表，有助於確立紐芬蘭（Newfoundland）的經度。

45 原註：此一效應的解釋一直有許多爭議；如今認為這是光線在星球邊緣出現繞射或折射所致。

46 原註：世界各地有七十七個觀測站，約有一百五十一名觀測者，他們向不同的學會提報自己的結果，大約有六百份論文。

47 原註：這組團隊大多數人在凌日之後不久都便死於黃熱病，法國天文學家紀雍姆．勒讓提（Guillaume Le Gentil）的運氣也沒多好：他才因為戰爭而錯過了一七六一年的凌日，然後等了八年才到了印度洋區域觀察一七六九年的凌日，結果卻因為多雲而阻擋視線，這樣的失望之情差點把他逼瘋。

48 原註：地球與太陽之間的距離稱為一個天文單位（astronomical unit，縮寫為ＡＵ），其數值會因為時間及參照點而有微幅變動，因此在二〇一二年，天文學家同意固定其定義為正好 149,597,870 公里。

一直到了一八七〇年代及八〇年代，越洋電報纜線能夠將正確的每日時間訊息送到各個港口（然後再藉由丟球或者發射火槍的方式將之傳達給靠岸的船隻），於是也就不再需要月亮距離的方法了。在二十世紀初，無線電訊號讓水手即使身處遙遠的海面上也能夠檢查船上的計時器。到了那時，庫克和其他海上探險家所發現的領土與越洋航路讓歐洲國家能夠殖民並主宰全球，作家大衛．巴利（David Barrie）在二〇一四年出版《六分儀》（Sextant）一書，便說：「新的世界秩序……端賴優秀的地圖。」

回到大溪地，他們成功追蹤了金星凌日之後便該是慶祝的時間了。一七六九年六月五日，等到所有觀測團隊都回到金星堡，庫克便舉辦宴會慶祝國王的生日並邀請當地酋長，他們舉杯祝賀「搖字枸王」，這是他們所能發出最接近「喬治國王」的音。奮進號在大溪地又待了好幾個禮拜，其間庫克繪製了島嶼的海岸線，然後等到該離開之時，他做了一件過去從未做過的事，而這件事最終將能夠揭露出相當不同的宇宙觀，那便是同意讓圖帕伊亞上船同行。

●

圖帕伊亞是阿里奧里教（'Arioi）的高級祭司，這個神祕的信仰團體崇拜著戰神歐羅（'Oro），原本是在位於大溪地西北方兩百五十公里遠的賴阿特阿島（Raiatea）上活動，信仰中結合了活人獻祭的黑暗傳統及熱鬧非凡的音樂、喜劇與豔舞表演。圖帕伊亞年輕時，阿里奧里教的人穿著猩紅色服裝、身上覆著黑色刺青，組成船隊航行在各個島嶼之間演出，讓當地人大開眼界又享樂其中，藉此交換盛宴與禮物。一七五〇年代晚期，鄰近賴阿特阿島的波拉波拉島（Bora Bora）派出戰士攻打，圖帕伊亞便逃到大溪地。他在那裡成為普莉亞的顧問，也成為島上最有權勢的人之一，但是在奮進號抵達之時，普莉亞已遭打敗而圖帕伊亞的前途一片茫然，於是在這群陌生訪客準備離開時，他便要求他們帶他去英國。

班克斯相當喜歡跟這位學識淵博的祭司交談，認為他還有娛樂價值。「我不認為有何不可的，就把他當成奇珍異獸養著，」他寫道，「就像我有些鄰居豢養獅子與老虎，養這個祭司的花費大概不會更貴。」同時，雖然庫克一開始不太願意，卻也接受了圖帕伊亞對當地島嶼的知識會有所用處。奮進號於七月十三日清晨緩緩退出馬塔瓦伊灣，班克斯和圖帕伊亞爬上船桅在那裡佇立良久，向跟在船隻後的獨木舟揮手道別，一直到獨木舟漸漸追不上了為止。班克斯對於島民「嚎啕大哭」頗不以為然，倒是認為圖帕伊亞顯露出真性情，看見他離開時「掉下幾滴真心的眼淚，我認為是真心的，因為我看見他確實努力想隱藏起淚水」。

接下來幾個月當中，圖帕伊亞引導奮進號駛過鄰近的島嶼（庫克命名為社會群島〔the Society Islands〕），也包括了賴阿特阿島，他能夠不使用觀測工具或地圖就導航方向，讓船員驚嘆不已。他在甲板上一待就是好幾個鐘頭，晚上就指出重要的星星，白天時則觀察海浪的起伏模式，若是有人問起，他總是能夠指出大溪地的方向。

在當地島嶼巡遊之後，圖帕伊亞勸說庫克繼續往西航行，他說那裡有更多島嶼，大約航行十二天就能到。若是庫克聽從了圖帕伊亞的指示，就能抵達兩千五百多公里遠的東加（Tonga）、斐濟（Fiji）和薩摩亞（Samoa）等地。但是庫克成功觀測了凌日之後，還有第二項命令要執行，是來自英國海軍部「另外一項祕密指令」，便是要尋找「南方大陸」，這是一片廣大肥沃的土地，英國學者相信這塊大陸必定是位於太平洋的最南端，才能夠平衡北方歐洲、亞洲與俄羅斯的重量。八月九日，庫克便下令往南航行。

他並未找到傳說中的大陸（在他第二次的太平洋之旅中，在多次跨越南極圈之後他終於能夠證明這塊大陸並不存在），但是在十月九日，船隻抵達了紐西蘭（New Zealand），庫克在貧窮灣（Poverty Bay）的海灘上又有了不同的發現：圖帕伊亞居然能夠跟當地酋長交談。這場會面在世界歷史上一直被形容為非凡的時刻。在英國，英國人跨過英吉利海峽（English Channel）後跟其他國家的人就無法溝通了；但是圖帕伊亞與半片海洋之外的毛利（Māori）族人卻有共同的語言。[49]

庫克在他的探險生涯中更驚奇發現，這項共通的特質還能延伸到更遠的地方。正如一名人類學家所言，庫克基本上是「發現了玻里尼西亞（Polynesia）」，以夏威夷、復活節島（Easter Island）和紐西蘭三地所形成的海洋大三角面積約有一千五百萬平方公里，而他發現零星散布在這片浩瀚海洋上的島嶼人民都有相同的語言和文化：使用同樣的石錛、魚鉤等工具，建造類似的茅草屋及獨木舟。「真是非比尋常，」庫克在一七七四年造訪偏遠的復活節島時寫道，「同一個國家居然能夠這樣散播到浩瀚海洋上的各個島嶼上……幾乎是整個地球圓周的四分之一大。」

其他歐洲探險家看見太平洋上這些四散的小島，相隔就算沒有幾千也有幾百公里，卻存在著如此繁盛的社會，同樣感到驚奇不已。出海航行的玻里尼西亞人跟西方導航員不同，他們沒有任何工具或地圖：沒有望遠鏡、六分儀或月相表，他們如何能夠在廣袤無垠的海洋上航行而抵達這些島嶼？學者提出眾多理論，包括有人認為這是一塊有人居住的遠古大陸沉沒後只留下高山山頂露出海面所造成，又或者是上帝恰好在這些地方創造了這些島民。不過庫克跟圖帕伊亞更加熟識之後，有了不同的想法。

一七七〇年三月，奮進號離開紐西蘭，借道澳大利亞（Australia）和印度尼西亞（Indonesia）返回家鄉，庫克聽著圖帕伊亞的口述，記錄下一長串太平洋島嶼名稱，並且提到

49 原註：庫克和同僚沿著紐西蘭海岸探勘繪圖並記錄其文化與野生生態時，圖帕伊亞便成為他們的官方發言人。圖帕伊亞幫助奮進號船員與當地人建立起友善的關係，但庫克從來沒有完全承認他這份功勞，也是一直到近年來才得到學者的認可。

一張「由圖帕伊亞親手繪製的」地圖，標示著總共七十四座島嶼的位置。雖然原始的地圖並未留存下來，但庫克複製的地圖現在則收藏在倫敦的大英圖書館（British Library）中，泛黃的紙張上分布著島嶼的輪廓，顯然是遠超過社會群島的範圍。庫克認為玻里尼西亞人確實有可能在太平洋各處航行，遊走在各個島嶼之間，「白天就以太陽為羅盤，晚上則以月亮與星星為指引」。

他並未試圖解釋他們如何做到這件事，而且圖帕伊亞似乎也無法或不願解釋。圖帕伊亞在奮進號待了一年多，其間他數度逢凶化吉存活下來，包括壞血病和船隻與大堡礁（Great Barrier Reef）近乎災難的碰撞事故，但是在十二月還是在疾病肆虐的巴達維亞（Batavia，今印尼雅加達〔Jakarta〕）港口死於熱病。[50] 他再也無法將自己的學識帶到倫敦，但是他留下的地圖卻從此讓學者著迷不已。

●

考古學家現在都同意太平洋上的居民確實就如庫克所言會航海遷徙，從公元前兩千年起便從東南亞往東移動，並且分段逐漸擴散到東加、夏威夷及復活節島，或許最晚在公元一二〇〇年才終於抵達紐西蘭。雖然庫克和其他探險家帶回家鄉的故事，一開始會讓人對玻里尼西亞人產生綺想，認為他們是依循星星指引的海洋導航專家，不過在一九五〇年代就出現了懷疑論取而代之。

圖帕伊亞的地圖看起來全都錯了。人們理解了太平洋的地理位置之後，他所標示的島嶼大部分不是無法辨識就是位置偏離太遠，同時探險家描述起圖帕伊亞這類祭司的導航方法也很粗糙，而在玻里尼西亞當地的人口因歐洲人帶來的疾病而急遽減少，也跟著損失了大量具備文化知識的寶庫。遠距離導航的技術已經無人記得，如紐西蘭歷史學家安德魯・夏普（Andrew Sharp）等舉足輕重的評論家則堅稱，這樣的人根本從未存在過，他認為玻里尼西亞人不可能在沒有天文設備及地圖的情況下在遠距離航行中找到方向，他們一定是意外發現了新島嶼進而殖民，迷失了方向的獨木舟是運氣夠好才被帶上了遙遠島嶼的岸邊。

持不同意見者很快就反駁，重新建造出傳統獨木舟並測試其遠航能力。在一九七〇年代，夏威夷大學（University of Hawaii）人類學家班・芬尼（Ben Finney）協助打造了一艘命名為侯庫雷亞號（Hōkūle'a，意為「喜悅之星」）的小艇，兩側長十九公尺的相同船體綁在一起之後，加上一塊甲板和兩根船桅，船桅繫著棕色的蟹爪帆，能載運十六名船員。一九七六年，因為已經找不到具備必要專業技能的玻里尼西亞人，於是他們找來密克羅尼西亞（Micronesia）導航員莫・皮亞盧格（Mau Piailug），侯庫雷亞號在沒有現代設備的幫助下，從夏威夷航行兩千海浬

50 原註：有三分之一的船員都在巴達維亞染病身亡，包括天文學家查爾斯・格林。

前往大溪地。經過三十三天的航行，侯庫雷亞號抵達目的地，超過一萬七千名群眾欣喜若狂地前來迎接，「我們沒有人想到會受到那樣的文化迴響。」奈諾亞．湯普森（Nainoa Thompson）說道，他如今是玻里尼西亞航行協會（Polynesian Voyaging Society）主席。這趟航行改變了夏威夷人的身分，他後來又說：「我們原本只是流落荒島的人民……搖身一變成為世界上最偉大航海家的子孫。」

比較近代的考古及基因研究發現顯示出，玻里尼西亞人在過去經常會在相距遙遠的太平洋各個島嶼上航行、交易，甚至最遠可以到達美洲，比哥倫布還要早，同時學者也一直研究留存下來的少數線索，想知道他們是如何做到的。在一段最有影響力的敘述當中，航海家兼玻里尼西亞學家大衛．劉易斯（David Lewis）研究玻里尼西亞人導航方法的歷史敘述，並且訪問了還在世的密克羅尼西亞航海家，結果發現了一套和西方方法迴異的系統，令人難以想像。

對歐洲水手來說最為重要的北極星在南半球是看不見的，而太平洋上的水手並不會測量高度，是使用一種「星空羅盤」透過星星在地平線上升起及落下的位置來辨認自己的方向。[51]導航員在航向某個目的地時，會讓獨木舟朝著恰當的星星前進，每顆星星出現在地平線上的時間很短暫，所以要在夜晚維持航向就必須依循著一連串星星的出現，稱之為「星徑」，這個方法需要水手記住天空各個部分上百顆星星升起及落下的規律。這套系統還輔以觀測太陽、月亮、風向、海洋潮汐，以及遙遠島嶼上的現象，例如雲朵分布及陸棲鳥類等等。這段過程中需要運用到各種感官才能察覺並理解微妙的線索：海水顏色的改變，甚至連海水的味道亦然。劉易斯表示，如果多雲或起霧讓導航員無法看見靠近獨木舟的波浪是從哪個方向來，他便會站起來打開雙腳，用自己睪丸的晃動來感受波浪的起伏模式。

要精通這些技巧必須經過長時間嚴格的訓練，從年紀很小的時候就要開始。導航員會利用吟唱、故事及舞蹈來創造複雜的記憶地圖，其中混雜著視覺比喻，例如將形狀像鑽石的南十字星比喻為「大鱗魨」，同時也包含著宗教信仰。玻里尼西亞宇宙學一個最重要的來源是來自波拉波拉島，一八一八年，一名西方傳教士聽著一名叫做盧阿奴伊（Rua-nui）的老婦人吟誦一首古老歌謠，便將之記錄下來，這是講述創造宇宙的故事，說起在世界起源之時，所有星星如何乘著獨木舟航行到天空的各個角落，然後才創造出「地上所有酋長之王」。圖帕伊亞和他的同伴靠著星星航行的時候，並非只是依循著羅盤的方向，而是回溯祖先在天空上的航行。

盧阿奴伊的歌謠中也描述了天空過去曾經是由梁柱撐著，後來也成為星星，包括「入口梁柱」心宿二、「刺青梁柱」畢宿五以及「辯論梁柱」星宿一。二〇一〇年，包括紐西蘭測量員兼導航員史丹・拉斯比（Stan Lusby）等學者認為，這段歌詞可能暗指教導像圖帕伊亞這類祭司

---

51 原註：在任一特定高度，每顆星星都會在地平線上同一點升起或落下。

的過程，或許就是在一處有梁柱的傳統房屋中進行，代表天空的穹頂。

其中或許還包含了線索指出，玻里尼西亞人過去是如何在一開始發現新島嶼的。（透過重現海上航行的過程，從現代的航海圖上獲得航行方向，然後再轉換成玻里尼西亞式的星空羅盤。）拉斯比認為盧阿奴伊口中的梁柱指的不是單一星星，而是成對的星星，也就是較低的星星出現在地平線上時，只會在垂直線上特定高度出現的另一顆星，成為一組。拉斯比展示出，在這首古老歌謠中提到連續出現的星星所組成的梁柱，可以組合成一套海上道路的系統，在太平洋上由東往西航行。獨木舟可以往北或往南航行到星柱呈現垂直的樣子後再依循之往東或往西，直到抵達陸地為止。或許早期的玻里尼西亞祭司便會被派出執行任務，沿著這些星星所定義的方位線航行，呼應著歌謠中所描述的天空航程。最重要的是，就算第一艘船沒有回來，其他船員還是可以跟隨並抵達同樣的目的地。只要知道了島嶼的位置，就能以更直接的路徑擬定出抵達該島的星徑。

這還只是推論，不過已經顯示出玻里尼西亞人以他們現有的工具便能夠進行有方向性的探險及貿易航行，而每個夜晚神話中的梁柱直直矗立在地平線上的景象，恰巧演示出他們的全面性方法。庫克運用精確的天文觀測結果從圖表和地圖上計算出自己的位置，而他的玻里尼西亞同伴卻是仰賴感官知覺、記憶、故事與信仰同化成一張複雜的網絡。正如法國考古學家安妮．迪．皮耶薩（Anne Di Piazza）所言，這樣的導航方法並不是知識的總和，而是「存在並感知這個世界的方式」。

這樣的體悟讓迪．皮耶薩和她的同事埃瑞克．彼爾特雷（Erik Pearthree）又回頭研究圖帕伊亞和他的地圖。

●

庫克歷經千辛萬苦，沿著大溪地島嶼海岸線，透過天文觀測繪製出的地圖，就像所有地圖一樣，是現實與幻想融合後的迷人作品。他所描繪的地圖在許多方面都吻合島嶼的鳥瞰圖：兩塊大小不一的島嶼、突然冒出的高山與河流、周邊一圈珊瑚礁；不過他地圖上畫到的其他特色就沒有可見的對照，沒有波濤洶湧的海洋，反而是一片標記著度數的網格（從格林威治往西數、從赤道往南數）、一條比例尺，還有指向北方的箭頭。這些地圖上的傳統經過好幾百年的發展，如今已經自然而然到讓我們幾乎不會注意，卻慢慢定義出我們觀看物質世界的方式。

我們知道最早在地圖加上數學符號的人毫不意外的是巴比倫人，他們在描繪附近土地圖樣時引進了比例尺與方向的概念，不過最早繪製全球地圖的卻是希臘人，這項任務與試圖繪製天空星圖的舉動密不可分。公元前五世紀，天文學家歐多克索斯（Eudoxus）描述出一個以地球為中心的球體宇宙，並且建造出一個天體球來展示：這是從外往內觀看的天空圖，除了星星，他還標示出其他重要特點，例如天極、赤道與回歸線（太陽分別在分點及至點時通過天空的路徑）。天文學家接下來要建造地球模型時，便在表面標上了相同的點與圓圈。

公元前三世紀，天文學家埃拉托斯特尼（Eratosthenes）比較相距遙遠城市當中的影子來計算出赤道的長度：也就是地球的圓周長。當時只是運用幾何學的方法計算出地球上任一緯圈的長度，並且將緯度差異（透過天文觀測計算得出）轉換成距離。最後，人類終於知道整個地球的長度並且能夠開始在上面標注出他們所知道的地方（不過因為經度通常是要從旅人的報告中推估，所以結果並非十分準確）。四百年後，托勒密寫出最先進的製圖師手冊《地理學指南》（Geographia），他在書中解釋了將地球曲面投射在扁平地圖上的不同方法，最早是由天文學家在繪製天空星圖時發展出的技術，並且列出了在已知世界各地大約八千個地點的系統性座標。

中世紀時期，歐洲人已經忘記了托勒密的作品（不過說阿拉伯語的學者還知道），此時的普及知識反而是從宗教角度描述宇宙的世界地圖（mappae mundi），這些地圖是象徵性的，而非科學知識：其中一個知名的例子就在英格蘭的赫里福德座堂（Hereford Cathedral）中，將世界描繪成單一一塊陸地外圍繞著環形海洋，以耶路撒冷為中心，地圖上的城鎮參雜著聖經中的場景，基督則坐在王座上監督著一切。不過在一四〇六年，《地理學指南》翻譯成拉丁文之後便完全革新了西方人的世界觀。一千多年以來，人們第一次明白他們所知道的世界（包含歐洲、亞洲和非洲）只占地球表面的一小部分，還有更多地方尚待發掘，而隨著哥倫布乃至於庫克等探險家遠渡重洋，托勒密給了他們能夠記錄發現的工具。

以經緯度來取代神話與宗教，便終於能夠把地方轉換成可靠的位置，創造出物理世界的客觀紀錄，不受個人信仰或經驗汙染。藉此，庫克能夠在他的地圖上從出發點到目的地之間規劃出可靠的航線，就像我們今日依循著地圖所做的一樣。但是在二〇〇七年，迪・皮耶薩和彼爾特雷指出，像圖帕伊亞這樣的玻里尼西亞航海家航行時完全不是依照這個方法，他們認為幾個世代以來的學者都以西方的眼光和腦袋來研究，完全搞錯了圖帕伊亞的地圖。

目前對於玻里尼西亞的導航技術還無法全面了解，其中一個關鍵概念便是埃塔（etak），也稱為「移動島嶼」導航術，在整段航程中水手要將自己的獨木舟想成是靜止的，周遭的水和島嶼則是流經他身邊。[52]按照西方地圖前進時，我們想像自己是以鳥瞰的方式觀看，我們在土地上移動時，土地靜止不動；但航行中的玻里尼西亞人完全是維持在自我宇宙的中心，隨著海洋在他身邊變化而依循星星的指引，他不是靠著想像自己在地圖上前進了多遠來推算位置，而是計算相關島嶼相對於他目前位置的方向，就算他看不見這些島嶼也能進行，類似於我們在熟悉的房間裡要指出特定家具的方向，就算是在我們身後也能知道，只是航海的範圍要大上許多。

---

52 原註：這不是說玻里尼西亞人真的相信他們是靜止不動，而只是為了導航才會這麼想。以現今類似的情況來說，我們通常認為太陽是升起或落下，只是我們也明白其實移動的是地球。

在普盧瓦特環礁（Puluwat Atoll）這座小島上會進行稱為「礁洞探勘」的訓練練習，或許能夠示範這項技術。受訓中的導航員要想像一條鸚哥魚住在他們島上礁岩的一個深洞中，他們說若是拿棍棒朝洞裡戳，就會讓魚逃到另一座島嶼的礁洞裡，同時他們會背誦出指引前往那裡的星徑，接著他們要在腦海中將自己移動到那座島嶼上並重複這項練習，直到他們已經造訪過鄰近所有島嶼為止。這類線索讓迪・皮耶薩和彼爾特雷認為，圖帕伊亞的地圖可能根本不是地圖，至少不應該用看地圖的方式來解讀，而是整合或者用拼貼的方式，畫出以數個不同中心的航行方向指引。

為了測試這個想法，兩名學者將地圖上最大的島嶼群當成一系列中心點，並計算出各個島嶼與其鄰近島嶼之間形成的角度，接著將這些結果疊放在圖帕伊亞的地圖上，發現以五個出發地點為中心的航行方向，包括大溪地和賴阿特阿島，符合地圖上半數以上島嶼的位置，包括南方群島（the Australs）、庫克群島（Cooks）和馬克薩斯群島（Marquesas）。[53]和西方地圖的差異在於，西方地圖上的島嶼「會標注在絕對定義過的位置」，他們認為圖帕伊亞地圖的中心是「主觀座標」，會依據解讀地圖之人的所在位置而有所不同。

迪・皮耶薩和彼爾特雷認為，庫克抄下圖帕伊亞的繪圖時又加上了羅盤方向和比例尺，他對於地圖該是什麼樣子的觀念已經根深蒂固，因此他（以及這之後的無數學者）無法想像地圖還會有其他模樣。不過解碼之後，圖帕伊亞這幅一度失去可信度的地圖便顯露出他對各個島嶼的知識，從西邊的薩摩亞一直到東邊的土亞莫土群島（the Tuamotus），這塊海洋區域約莫是美國國土大小。

●

我們在地球上畫出經緯度的線，藉此就改變了我們與所居住空間的關係。中世紀的世界地圖上不只擠滿了各種地方，還有人、生物與事件，有真實的、也有神話，時間與空間融合為一體，而每個地點則依據其受到認可的重要性來決定要畫得多明顯，另外還畫著各種彷彿就在人們眼前上演的場景。轉換成托勒密式地圖後，就以數學框架取代了這種道德與歷史框架。

根據天文觀測結果繪製而成的新地圖不只是要呈現人類的觀點，更是幾何投影的結果，而且不是根據神話或是福至心靈來分配比例，而是正常的大小，也就是說要平等對待每一個地方，將

53 原註：如果他們是對的，這張地圖只顯示出從每個中心點出發的航行方向，而非距離。但是庫克及其同事記錄下圖帕伊亞還提供了航行到不同島嶼的時間（這對玻里尼西亞導航員來說比絕對距離更為相關，因為他們會整合關於潮汐及風的資訊）。

之視為一組簡單的座標，無關乎其文化重要性。這樣的轉變在今日看來似乎很自然也顯然應當如此，其中卻暗指著攸關基礎的改變，也就是我們對世界的主觀經驗已經不再是「真實」；再加上科學發現地球並非宇宙的中心，這些地圖最終所隱含的意義是存在著一個更深層的客觀現實，只有剝去了個人的信仰與印象之後才能真確顯露出的世界。

公元十七世紀，笛卡爾便總結這樣的概念，他解釋如何使用數字座標（現今稱為「笛卡爾座標系〔Cartesian coordinates〕」），不只可以描述地圖上的位置，還包括幾何形狀與線條，基本上就是不理會物理宇宙而創造出純然數學空間所構成的新國度。空間不再是以實際上的地方與其中的事件來定義，而是無論如何都能往外延伸，依循著一套統一的數學網絡。

換言之，正如我們有抽象時間，老天啊，我們也有抽象空間。在這種笛卡爾式觀點中，我們在固定而客觀的點之間移動，深深影響了現代科學並且引領了震撼人心的科技進展。歐洲探險家所使用的地圖與工具讓他們的船隻能夠征服地球，我們自此便開始將這套方法提升到最為精細的高峰。我們利用越來越高明的科技，不只在海洋上導航更要跨越太陽系，只是一整列人工衛星（配備原子鐘）已經取代了星星，讓我們可以追蹤地球上的位置，誤差不到幾公尺。如今利用定時發送到車輛及手機上的全球定位系統（GPS）資訊，我們要知道自己的位置甚至不必看向窗外，更不用說抬頭看著天空。

不過，總是要付出代價。心理學家與神經科學家警告道，若是我們依賴科技來進行如導航等工作，隨著我們越來越習慣處在抽象而電腦化的世界中，對於實體環境的覺察力就會漸漸消失。研究顯示出，我們傾向過度相信來自電腦螢幕的資訊準確性，反倒忽略了或者不相信自己眼睛與耳朵接收到的訊息，這樣的影響造成飛機機師操作不慎而墜機、跟著衛星導航指示的遊客把車開進海裡。英國神經科學家雨果．史彼爾斯（Hugo Spiers）所帶領的研究團隊在二〇一七年發現，大腦中通常與導航相關的區塊在人們使用GPS時根本不會活動，「我們有科技告訴我們往哪裡走的時候，」史彼爾斯說，「大腦的這些區塊完全不會對街道網絡有所反應，可以說我們的大腦關閉了對我們周邊街道的興趣。」

其他研究也指出，經常使用GPS的人在沒有GPS的情況下更難找到路，學者認為這個現象是因為大腦中的結構改變，使用頻率過低的區塊開始萎縮。就像久坐不動的生活方式會讓我們體能下滑，過度依賴科技來執行感官或智力工作，顯然也會消磨我們的心智，或許甚至讓我們更容易發生如失智症等神經退化性疾病。我們越是依賴電腦而不去使用自己的實際體驗，就越會耗損自己的覺察力與技術。

因此就一方面而言，看不見的經緯度線讓我們與宇宙產生的連結是早期社會中的人類不可能想像得到。例如停泊設備或導繩讓我們有了參照系，讓人能夠發展出令人驚異的洞見與能力，而且不只是在海上，相對於星球、太陽系和更遙遠的星星也能藉此固定我們的位置。但與此同時，抽象空間的發明讓我們在從主觀宇宙觀發展到客觀宇宙觀的旅途上又更進一步，從與宇宙密不可分的相互影響（甚至是宇宙創造者）的角色，成為一個獨立存在現實的記錄者與觀察者。

圖帕伊亞的故事凸顯出我們所做的選擇，我們的空間觀點正如時間觀點一樣，現在感覺起來是如此不證自明，實在很難看出還有其他可能性。我們很容易就會假設，要認識「真實的」實體世界，以數學進行的客觀方法是最好的方法，說不定還是唯一的方法。然而，玻里尼西亞航海家並未拋棄自己的宇宙觀經驗，而是發揮其最大的潛能，藉此在百萬平方公里遼闊的海面上探險，他們結合了故事與歌謠、感官與直覺，得以在沒有科技協助下達成了航海壯舉，讓身為西方人的我們都難以想像。

7 權力

一七七四年十二月，正當庫克船長搭乘著第二艘船艦決心號（HMS Resolution）繼續在太平洋上探險時，一艘迥然不同的英國船艦搖搖擺擺地航入熙來攘往的費城新港口，船上的乘客出航橫渡大西洋是希望能在美洲開始新生活，但在這三個月的旅程當中，船艙中流行起傷寒，等到這艘不幸的船隻抵達港口時，船上大多數人已經病弱不堪，只能讓人將他們抬到碼頭上。

其中一名乘客正是三十七歲的湯姆．佩恩（Tom Pain），這名愛找人吵架又口若懸河的男子就跟踏上這艘船的許多人一樣，他們在家鄉已經沒有選擇了。佩恩的父親在英國諾福克郡（Norfolk）專為人裁製束腹胸衣，他則是嘗試過好幾種工作卻都失敗了，包括收稅員、菸草商、教師等等，最後他賣掉自己僅剩的所有物，買了船票前往新世界。費城這個英國殖民地只有八十年的歷史，不過發展十分迅速，佩恩發現這裡的文明和野蠻交融出勃勃生氣，這裡蓋起了好幾層樓高的磚房、教堂、圖書館，或許還有北美洲最大的市場，卻充斥著各種害蟲，從蚊子到野豬都有，天氣潮濕時，馬車便將未鋪瀝青的街道輾得一片泥濘。

不過佩恩一直等了六個禮拜才見到這一切。他剛抵達時已經快死了，當地一名醫生收留了他並且不讓他下床，不過他一康復之後就開始寫信給其他同來殖民地的人，而且一開始寫了就沒停歇過。他信中寫著關於民主與人權的論點，討論社會會變得如何不同、君主制度的荒謬與腐敗，還有每個人天生就有自由的權利。

他為自己改了新的姓氏為「潘恩（Paine）」，成為世界有史以來最為成功的作家，一位傳記作家曾經說他「可能是現代人類歷史上最有影響力的作家」，要說他的論述改變了世界，一點也不為過。接下來幾十年間，他將激進的想法傳播給大眾，協助發起了兩次革命，還差點就能激發第三次，這些世界讓他在北美被封為英雄、遭英國驅逐並在法國被判處死刑。喬治．華盛頓（George Washington）讚頌他「讓許多人的心智出現美好的改變」，拿破崙．波拿巴（Napoleon Bonaparte）則說「這世界上每座城市都應該為他矗立黃金雕像」。但是世人認為他最後的作品實在太過離經叛道，名聲就此遺臭了兩百年。

潘恩的想法從何而來？這個身無分文的漂泊之人，如何在形塑現代世界政治學中扮演如此核心的角色？這個故事要說的是，權力與我們的宇宙觀是如何一直緊緊交纏。而故事就從一艘海盜船、幾篇天文學論文以及一對圓球開始。

倫敦的《廣告日報》（Daily Advertiser）上幾乎天天都能看到這則告示，就這樣刊登了兩週：「為了對抗法國人而航行，私掠船恐怖號（Terrible），由威廉・戴斯（William Death）船長指揮……所有男性水手及手腳健全之勞工，願意一試運氣者……該船需要人手上船維修。」對十九歲的潘恩來說，這項邀約實在令他無法抗拒。

潘恩在英國塞特福德（Thetford）這個小鎮長大，住在絞刑臺旁的簡陋木屋裡，十四歲就離開文法學校跟著父親學藝。一七五六年，他逃家跑到倫敦做了幾個月的束腹裁縫，但是他無法忍受低薪以及一天得工作十四小時，於是報名要到恐怖號上工作。私掠船是合法的海盜，戰爭期間（以這時來說是七年戰爭）有權能夠抓捕敵軍船艦並分得收益。潘恩的父親是愛好和平的貴格教派，便找到他的下落並說服他不要去。這可讓他逃過一劫，因為恐怖號不久後就在英吉利海峽與一艘法國船艦激烈交戰，船上的人幾乎無一倖免。

不過到頭來，這名年輕人還是忍不住放棄了和平寧靜的日子，選擇衝突與冒險，正如他後半生都是如此。一七五七年一月，他上了另一艘私掠船普魯士國王號（King of Prussia）當船員，這趟旅程成果十分豐碩，他們在六個月內就抓住八艘船，那年夏天他回到倫敦時身上帶著三十英鎊，在當時看來可算是一筆小財富了，這是潘恩人生當中第一次手上有現金可花。傳記作家克雷格・尼爾森（Craig Nelson）認為他應該是犒賞自己「一套適合都市紳士的衣服」：馬褲、襪帶和長襪，配上絲綢滾邊的外套和一頂呢帽。不過他也看上了更為不尋常的東西，「一等我有能力，」潘恩後來寫道，「我便買了一對圓球。」

他所回到的倫敦肯定是熱鬧非凡，正處於歐洲歷史上所謂思想出現最重大變革的時候：啟蒙時代。七十年前，牛頓出版了《自然哲學的數學原理》，指出同一套公式是如何主宰著萬物的運動，大至行星及彗星，小至從樹上掉下的蘋果。如今他的思想已經橫掃整個歐洲，同時包括其中的賦權意涵。牛頓可以說是揭露出了宇宙的運作原理，他的成就並非是求助於過往的權威（例如古代學者或教會），而是透過自己的觀察及天才。宇宙不再是神聖的謎團，任由神祇隨興所至而擺布，牛頓說明了宇宙是按照規律而一致的規則運行，只要願意探查的人都能夠發現並了解。自此一時間百家爭鳴，在當時稱這門學問是自然哲學，如今則稱之為科學。對現代觀測與實驗的熱忱取代了對傳統理論的依賴，可以用德國哲學家康德（Immanuel Kant）的教導總結之：「敢於求知（Sapere aude）。」

同時，科學變得更加平易近人，在普及的書本、講堂及俱樂部中都有人討論最新的思想，其中最具聲望的團體便是英國皇家學會（The Royal Society），其座右銘是Nullius in verba，意思是「不隨他人之言」；不過在歐洲各地的城鎮當中都紛紛成立了規模較小的會社。新科學的信徒當中不只有像是約瑟夫・班克斯等貴族，特別的是還有「技師」，也就是自學的工匠與手藝匠人。

潘恩帶著從普魯士國王號賺得的錢抵達倫敦時，便一腔熱血地加入了這群信奉牛頓學說的社群中。在海上的六個月讓他有大把時間能夠看著星空思考，而且他也十分著迷宇宙的運作與本質。除了購買圓球（一顆代表地球、一顆代表天空），他還學習了如何使用太陽系儀（展示太陽系運動的機械裝置）並且參加了推廣科學知識的各種講堂，例如擅長製作透鏡的數學家班傑明・馬丁（Benjamin Martin），以及蘇格蘭天文學家詹姆斯・弗格森（James Ferguson），弗格森還根據牛頓的思想寫了一本大受歡迎的書。

潘恩在咖啡廳與餐館中和他新交到的朋友長談到深夜，討論化學與彗星、鐘擺與稜鏡，但他們討論的還不僅於此。啟蒙時代的精神鼓勵其參與者不只要質疑科學教義，還包括一切既有的思想。「他們時時的講述與辯論會漸漸演變，久而久之會遠遠偏離牛頓的計算，」尼爾森寫道，「進而開始思考當代最驚世駭俗的問題，其中一個問題將會讓湯瑪斯・潘恩揚名全世界各個城市：為什麼要有國王？」

●

綜觀人類歷史，我們在天上看見的所有事件與關係正是塑造了人類地上生活方式的權力結構核心。正如在第一章中所描述的，最早可以回溯至舊石器時代開始，或許就已經會用一個人對宇宙週期的知識來定義是否為權貴階級。隨著社會發展得越來越複雜，對天空的概念讓各個社會團結在一起，人們抬頭仰望的閃亮圓球成為散發光芒的皇帝與國王的模型。崛起的文明當中，政府的整個機關結構都是圍繞著一個概念而組織起來，也就是依循著天空上的活動來生活：宇宙史學家尼可拉斯·坎皮恩便稱之為「宇宙城邦」。

天文學能夠幫助人們預測天氣形態並規劃農耕時程，同時啟發能夠應用在其他領域的學術研究，例如工程學及經濟學，但最重要的是，把焦點放在天空給人一種穩定感與秩序，讓社會能夠順利發展。確保人民緊密依循著天體事件其實是跟權力有關：利用對天空的知識來加強政治思想、合理化統治者的狀態，並且能緊緊掌控著人民。

我們到目前為止所討論過各種仰望天空的社會，差不多最終都能總結到試圖保全統治者的地位：巴比倫人相當執著於利用天上的預兆來保護國王；埃及法老則認為自己是太陽的化身；又或者早期的猶太人與基督徒對天空的概念就反映在王室宮廷的結構上。正如法國哲學家布魯諾·拉圖（Bruno Latour）所言：「從來沒有人聽說過哪個群體的組成當中沒有運用到天空和地球的關係。」很難找到早期有哪個繁盛文明不是圍繞著天空組織起來的。

歷史上大部分時間以來，這種做法是依循著幾個相關的方式來運作。與壯麗且完美無瑕的天空連結在一起有助於強化統治者的聲望；能夠事先預測天文事件，在古代大多數人眼中看來想必十分神奇，而如此能夠證明統治者的神聖性或者表示他們受到神明認可；再者，看見國王及其宮廷的階級能反映出天上的情況，讓他們的存在看來自然且無可避免。如果社會當中的權力結構在人民眼中看來是宇宙運作不可或缺的一部分，就會更難提出質疑。

例如在中國歷朝歷代中，皇帝被稱為「天子」，要負責讓地上人民的生活與天象相互協調。四千多年以來，中國的皇家天文學家團隊觀測天象，這些學者所製作的星圖與曆書也要作為國家祕密而嚴密看守。皇帝必須正確預測出天象變化以證明自己仍擁有統治的至高權利，如果他的天文學家無法預測到像日月食這樣的重大事件，對手就可能趁機造反。

中美洲的統治者也一樣會聘用顧問觀察天空，並且扮演成天體的化身來鞏固自己與天堂之間的連結。十世紀在墨西哥猶加敦（Yucatán）的馬雅統治者便以雨神恰克（Chac）為名，在宮殿建築上刻畫了上百個代表金星的字符以及數字五和八（代表金星的會合週期）。考古學家埃文．施普拉茨（Ivan Šprajc）研究的是中美洲文化的天文學，他指出這顆行星每年出現與消失的時間正好就是雨季與旱季來臨的時候，恰克將自己與金星連結在一起，便能邀功是自己帶來了雨水讓眾人得以存活。

與天空的連結經常會融入建築物與紀念建築的實體結構中。馬雅人利用階梯和金字塔來創造戲劇效果十足的至點呈現，可以說是巨石陣等位址的進階版；羅馬氣勢恢弘的萬神殿穹頂便標記著分點；建於十五世紀的北京天壇設計便是為了象徵天地之間的連結。其中一個最令人驚嘆的例子甚至是仿照天堂建造了整座城市，八世紀時伊斯蘭帝國的統治者哈里發曼蘇爾（Caliph al-Mansur）雇用了十萬名工人在巴格達（Baghdad）建造新首都。

這座稱為圓城（the Round City）的城市格局是以好幾個同心圓組成，哈里發的黃金宮殿坐落於中央，街道則往外發散直抵外牆，歷史學家易卜拉辛・阿拉維（Ibrahim Allawi）認為這座城是想設計成「以宇宙為本的壯觀星盤」。圓圈會切分成四個區塊，有些象限中的街道數量比其他的更多，阿拉維相信這是代表其與太陽軌道的離心率（太陽在天空中運行較快的象限中就會有更多街道）。同時，這些圓圈或許代表了天球赤道以及北回歸線與南回歸線，宮殿則標示出天極的位置，整片天空都圍繞於此轉動。曼蘇爾想要讓他的新首都成為「掌握權力與商貿的世界帝國中心」，阿拉維說，「並且成為整個宇宙的肚臍」。[54]

然而，天文學與權力之間的連結並非只存在於古老的過往，仍然深植於現代世界的基礎當中。十六世紀的天文學先驅哥白尼，便借用了強大國王的形象來支持自己對太陽的想法。一五四三年，他著手重塑自古以來眾人都深信如此的太陽系樣貌時卻陷入了艱難的處境，他並沒有直接證據能夠證明這個違反直覺的想法，指出地球完全不是宇宙的固定核心，實際上是圍繞著最近的星星打轉。於是他引用當時盛行的政治結構讓自己的想法更可信，描述太陽是如何「掌管著圍繞自己而轉動的行星家族……就像坐在王座上一般」。

人們開始接受哥白尼的想法之後，歐洲君王也轉而開始將自己與位於中心的高貴太陽連結在一起，那些詞句總讓人想起曾經用來描述如君士坦丁等羅馬皇帝的文字。十七世紀時，西班牙的菲利普四世（Philip IV of Spain）有個外號叫「星球王」（指太陽），同時舉世皆知，法國的路易十四（Louis XIV of France）又稱為「太陽王」。最晚在十八世紀後半葉，英國的喬治二世（George II）與三世（George III）也被形容為「閃耀的君主」或「閃亮的王子」，散發出他們「卓越的光芒」。儘管天空有了新的排列，仍然支撐著受到強大君權神授的古老結構，幾千年來皆是如此，但也持續不了多久了，革命已然蓄勢待發。

●

牛頓結合自己的觀測結果與推理能力而顯示出，同樣一套公式便能預測宇宙萬物的運動——從蘋果到行星，從一粒沙到熾烈的太陽，他不僅轉變了人們對物質世界的想法，也改變了對於自

---

54 原註：位於西非馬利（Mali）的廷布克圖（Timbuktu）在十五、十六世紀是伊斯蘭文化的中心，也是一座以宇宙為設計概念的城市。這座城市分成五個「區塊」，分別代表一顆原始的星星，同時還有四顆周邊的星星與東、南、西、北相關。

己是誰、如何生活的思想。牛頓所提出的學說不只是「引力」或者「超距作用」，科學歷史學家莫德凱・范古德（Mordechai Feingold）說，而是一套新的「世界運作系統」。

基礎已經準備好了。在十七世紀早期，伽利略透過望遠鏡觀察發現太陽表面有斑點、月亮上有山峰，而且行星各有自己的相位與衛星，這樣的結果讓一般認為腐敗的地球與神聖無瑕的天堂之間的差異開始崩解。伽利略透過對運動的研究也提出了一套基本的概念，認為宇宙是一套機械式的系統，並非受到上帝的意願統治，而是物理原則。「這本內容廣泛的書籍中寫著哲學，一直都攤開在我們眼前（我是說宇宙），」他寫道，「這本書就是以數學語言寫成。」

這些關於宇宙的思想深深影響了政治思想家，例如英國哲學家湯瑪斯・霍布斯（Thomas Hobbes），霍布斯就和伽利略一樣相信機械式的物質宇宙，而且他認為所有自然現象，甚至包括人類的思考，都只是物體之間機械交互作用的結果。霍布斯在一六五一年出版的《利維坦》（Leviathan）書中便將這些原則套用在政治與社會上，否決了君王的神聖權利並且主張人生來都是平等的。不過他的思想還遠稱不上是民主。

他將個人類比為混亂的粒子，若是沒有強大的權力結構將之團結在一起，粒子就會處在激烈而無所管制的「自然狀態」，當中不會有科技、工業、藝術或科學，人生會變得「孤獨、貧困、危險、野蠻而短暫」。為了避免如此，他建議我們必須放棄個人的權利以換取擁有絕對權力的君主來保護我們。

一六八七年，牛頓以更宏大的計畫取代了這個漫無目的的宇宙，他指出天體完全不是一團混亂，而是受到萬有引力法則的統治。哲學家與政治理論家幾乎是馬上就開始思考，這對社會可能代表了什麼，他們想著，如果一條數學法則就能主宰整個宇宙，那麼簡單的宇宙法則必定也能套用在人的身上。

啟蒙時代最重要的哲學家之一就是約翰．洛克（John Locke），他和牛頓一樣，認為理解世界最好的方法就是結合實證經驗與理性，他同樣看見的是一個物質組成的宇宙，以機械交互作用與碰撞而定義，但是他反對霍布斯所謂無目的的虛空的看法，「自然狀態也有自然法則來治理，」他在一六八九年說道，「而理性就是那條法則，教導……既然人人平等而獨立，沒有人應當傷害另一人的生命、健康、自由或財產。」正如宇宙中一切物體，從原子至行星都受同樣一條物理法則的治理，也應該有同樣一條道德法則治理著每一個人，甚至包括國王。洛克仍然相信我們必須以自己某些自然權利來交換統治者的保護，不過在他的思考中，統治者並沒有絕對的權力，若是統治者成為暴君並侵害到人民的權利，就可以驅逐之。

洛克和霍布斯同樣被視為「自由」政治思想的創始者之一，包括個人權力的概念以及有所限制的政府，今日的西方政治制度便是據此發展。雖然洛克後來也曾與牛頓通信，卻不一定是直接受到這位物理學家的理論影響，在牛頓發表研究成果的數十年以前他便開始建構自己的思想，除了伽利略和霍布斯，他也回應其他人的理論，同時融入自己在英國政治上的經驗。他是在英國內戰時期長大，後來在一六八八年光榮革命（Glorious Revolution）當中，信奉新教的奧蘭治親王夫婦（Prince and Princess of Orange）受邀登基，洛克便協助草擬了權利法案（Bill of Rights）以限縮他們的權力。

儘管如此，洛克與牛頓兩人的研究方法十分相似，出版的時間也只間隔了數年，人們不免將兩者連結在一起，而洛克也進一步拉近這樣的連結，稱牛頓是「舉世無雙」，《自然哲學的數學原理》則是「如何讚賞也嫌不夠」。同時，牛頓在《自然哲學的數學原理》一書序言中提到，他所使用的「同一種理性思考方法」能夠引導發現治理自然其他面向的類似法則。正如范古德所說，牛頓和洛克成為了「新時代的象徵」，他說人們認為洛克的研究成果就證明了能夠以牛頓的科學為基礎，同樣建立起管理社會的自然法則。

牛頓學說的譬喻和原則很快就滲透到政治學當中。愛爾蘭哲學家喬治・柏克萊（George Berkeley）在一篇一七一三年的論文中，就將社會連結比喻成會隨著距離而減弱的引力。幾年後，政治家柏林布洛克子爵（Lord Bolingbroke）也發現，在不斷演變的英國憲法當中有天體運動的機制，認為君主「不再能夠處在遠離子民的另一處軌道上運行，而是就像某顆地外行星，會受到自己的軌道吸引、排斥、影響並指引其運行」。

根據歷史學家理查・史崔納（Richard Striner）所說，在針對牛頓研究的回應中產生了不少政治概念，其中一個最為有力的就是「平衡力」：也就是針對各股力量設定反抗的力量來維持和諧，就像結合了吸引的引力與排斥的離心力讓行星能穩穩待在太陽周圍的軌道上，社會的不同部分也必須有穩定的平衡。法國政治哲學家孟德斯鳩男爵（Charles de Secondat, Baron de Montesquieu）在一七四八年發表論述《論法的精神》（The Spirit of Laws），率先提出這樣的概念，這本書是世上出版的所有政治理論著作中最有影響力的作品。他認為，為了避免濫權，握有權力的當政者應當分成立法、行政及司法權力，以制定、執行並裁決法律。

孟德斯鳩的學說是建立在混合政體的古老理論上，其中結合了民主制、貴族制與君主制，但他也受到其他思想啟發，也就是政治力量就像天體的引力一樣必須互相制衡，這樣權力的平衡才不會倒向一邊中央專制的極端，或者偏往另一邊極端的無政府狀態。他認為大英帝國的君主制有所限制，下議院、上議院和君王之間的平衡力便相當接近理想的體制，「這樣的政府就如同宇宙的體系一般，」他說，「其中有一股力量不斷排斥所有星體接近中央，同時有一股引力吸引著他們往中央靠攏。」

於是，這些就是十八世紀中期眾人熱烈討論的其中幾個思想，不只是政治權貴和哲學家，還有在倫敦咖啡廳裡年輕的潘恩及他的朋友們，還有歐洲各地像他們一樣的年輕人。牛頓的物理學並未提供任何無可辯駁的答案，來自不同國家、宗教背景和政治信念的思想家各自都能運用牛頓學說的比喻，合理化並證實自己的想法：有些人想要盡可能減少干擾社會中自然的宇宙節奏；也有人主張要有所控制以仿效天空中的對抗力量。儘管如此，還是出現了深層而重要的改變，宇宙間的自然秩序有了新源頭，以及新的思想：透過法律與邏輯，人民或許能夠漸漸明白管理自己的最佳方法。受到神聖啟發的宇宙統治者這樣的基本典範已經打碎洞開，而該以何取代的論戰就此展開。

●

潘恩在六個月內就把錢花光了，他離開倫敦之後便開始了十五年到處碰壁而諸多不幸的生活，其間他創業做起束腹裁縫的生意結果失敗、心有所愛之人結果妻子卻因難產死去。他還做過收稅員的工作，在岸邊對付走私販，結果兩度被開除，一次顯然是因為他吹哨揭發醜聞，還有一次是代表同僚為了要求更高的薪水抗爭。他的第二次婚姻迎娶了一名雷威斯（Lewes）菸草商的女兒，同樣以失敗收場，連帶失敗的還有這對夫妻接手繼承的生意。

經歷了這一切，他不斷回頭思考在倫敦聽過的演講與辯論，而在一七七四年，潘恩賣掉了自己的所有物及菸草店所剩的東西付清債務，再次搬到首都並且拜訪了一位朋友：發明家兼外交家，同時也和他一樣熱中於牛頓學說的班傑明．富蘭克林（Benjamin Franklin）。不如到美洲殖民地去碰碰運氣，富蘭克林建議道，他給了他朋友幾封介紹信交給新世界裡有影響力的大人物，然後潘恩便用自己剩下的現金買了一張前往費城的頭等艙船票。

他從傷寒康復後便發現，費城的各家俱樂部與咖啡館中也有人在討論科學與政治等啟蒙時代新思想，很容易就融入這樣的社群，在一家叫做印地安女王（Indian Queen）的俱樂部中一邊喝酒一邊高談闊論，並且參加由美國哲學會（American Philosophical Society）主辦的演講。而且，他很快就找到了工作，在全新創刊的《賓夕法尼亞雜誌》（Pennsylvania Magazine）擔任編輯，雜誌報導的主題從河狸到伏爾泰（Voltaire）皆有，不過潘恩貢獻的稿子越來越偏向政治，刊登的文章談論著反對決鬥、苛待動物與奴隸制度的殘酷，甚至還包括支持女權。

同時，英國與其美洲領土之間的緊張情勢正逐漸升溫。在十七、十八世紀期間，英國大多放任殖民地自主經營，但是與法國交戰的七年戰爭讓英國政府背負龐大債務，因而在一七六五年開始對殖民地徵收嚴苛的稅賦：包括紙張、玻璃、油漆、鉛和茶葉。美洲殖民地群起反抗，並且各地都紛紛抵制要徵稅的貨品，然後在一七七三年十二月發生了著名的波士頓茶黨事件，有好幾百箱茶葉被倒進了港口。

英國的回應是派出戰艦及部隊走上街道，潘恩抵達後不久便趕上了一七七五年春天第一波暴力衝突。出身自維吉尼亞州的喬治・華盛頓是一位充滿魅力的政治領袖，被任命為新成立的大陸軍（Continental Army）指揮官。不過雖然這時的殖民地對母國充滿敵意，卻沒什麼人直接提起獨立，北美殖民地上大多數人都不希望反抗或背叛母國，這場爭鬥是為了逼迫英國給予更優渥的條件而非斷開兩地的連結。不過這對潘恩來說卻是個轉捩點，「我才剛剛落腳在這個國家，火就在我身邊燒了起來，該是掙扎的時候了。」他後來寫道。他開始撰寫一篇加長延伸的論文，這本書冊中寫滿了自己與牛頓派友人所討論過的思想，包括富蘭克林以及律師兼地主湯馬斯・傑佛遜（Thomas Jefferson），他取名為《常識》（Common Sense）。

這本書冊實在太受爭議，他只找到一名印刷商願意發行，而且一開始他還不敢把自己的名字放在上面（書名頁上只寫著「一名英國人所寫」），但是發行之後馬上蔚為風潮。第一刷的一千本在幾天內就銷售一空，在三個月內更賣出十二萬本（這裡的自由人口只有兩百萬），包括競爭及盜版的版本與手抄版本等不只在北美流通，還傳到歐洲各地，大聲朗讀給全神貫注的聽眾聆聽。

潘恩在書冊中主張北美殖民地應該脫離英國的統治而獨立，使用的文字中處處可見牛頓學派的影子，他說：「自然界中從未見過有衛星的體積比主要的行星還大，而正如英國與北美彼此之間的狀況，正好與自然的常見秩序相反，顯然是分屬於不同體系。」他抨擊君主制這件事的概念（即使英國的君主權力有限），主張所有人生而平等，沒有道理將權力交給代代傳承的君王，而且實際上「自然並不同意這種做法，否則便不會這樣經常取笑這種制度，給人類一頭笨驢來換勇猛的獅子」。他描述那股敦促人類在社會中合作的力量是一種「引力」，並且主張應該創造一種新的國家，有民主的政府以及盡量給予成人投票的權利，「我們有能力做到，」他說，「讓世界重新開始。」

像是富蘭克林、約翰・亞當斯（John Adams）及山繆・亞當斯（Samuel Adams）等具有影響力的人物一直都在私底下討論類似的概念，但潘恩是第一個公開鼓吹獨立的人，他使用清楚且有說服力的語言及形象，讓一般美國人都能有所共鳴並理解。同時，他重新建構了整場衝突，主張獨立完全無關乎反抗及背叛，如今反而是一種光榮之舉，確實是自然法則所授權進行的。革命不是為了避稅，是要建立更好的世界。

歷史學家都同意這一刻非比尋常。「在一七七六年一月鼓吹美國獨立，這人不是傻子就是瘋子。」歷史學家伯納德・貝林（Bernard Bailyn）說道，畢竟人人都知道英國是世界上最強大的國家。「潘恩採用了大西洋兩端的英國人都相當珍視的思想，」克雷格・尼爾森也說，「那就是他們的政府是世界上最棒的，能夠抗衡君主、仕紳及平民之間彼此競爭對抗的力量……然後由此引爆。」或者，就像當時一名波士頓人所說的：「一年前若是有人公開提及獨立都難逃刑罰……現在所有人談論的都是獨立，我不知道大英帝國可以做什麼來阻止這一切。」

現在的問題已經不再是北美殖民地應不應該宣布獨立，而是該怎麼做、何時做。就像在歐洲一樣，這場政治辯論中也融入了牛頓物理學的形象。人們已經在使用天文學語言來描述英國與其殖民地之間的關係，一七六四年殖民地總督湯瑪斯・波納爾（Thomas Pownall）便將大英帝國形容成一套天體系統，殖民地會圍繞著其「恰當的球體」運轉，而對波納爾而言，如今政府才是「吸引力的中心，這些殖民地……必然嚮往之」，並非君王。但北美殖民地的人民必須面對更加徹頭徹尾的翻轉，若是移除了系統中的吸引力核心會發生什麼事？

為《康乃狄克報》（Connecticut Courant）撰稿的一位作家警告，如果太快宣布獨立，殖民地可能會像「往空中丟了太多顆球」而四分五裂；不過《賓夕法尼亞紀事報》（Pennsylvania Ledger）的一名記者在一七七六年四月則和其他人一同打造出一個更為樂觀的新前景，這位作家想像出一趟太空之旅，而旅人「在星辰當中建立了共和國」。太陽看起來或許就像低頭稱許著凡人，彷彿「統治天體的偉大君主」，但若拉遠距離從更寬闊的宇宙來看，便會發現其實天空中到處都有這樣的星星，這些星座都是「依據完美平等的原則而統合在一起」，天空中所寫的權力結構不再是君主制，而是共和制。

國會在那年七月正式宣布獨立，獲取「依照自然法則和上帝的意旨所賦予之獨立與平等的地位」，而這篇宣言原本便是由潘恩的朋友傑佛遜所起草，其中最有名的句子是這樣寫的：「我們認為這些是不證自明的真理：人人生而平等，造物者賦予其若干不可剝奪的權利，包括生命權、自由權和追求幸福的權利。」

學者們一直在爭辯其源頭，其中跟潘恩的文章有十分雷同之處，而且概念顯然也受到洛克以及英國的權利法案所影響。許多歷史學家相信這篇宣言也深受牛頓的啟發，文中並未直接引用這位物理學家的文字，但他的概念已經深植大眾心中，因此讀者讀到「自然法則」與「不證自明的真理」等文字，必然會想起牛頓學說中的法則。傑佛遜自己不但擁有牛頓的半身像，甚至還有一副死亡面具，並且稱他是「史上最偉大的三個人」之一（另外兩人是洛克與哲學家法蘭西斯・培根〔Francis Bacon〕）[55]。

綜觀一七八〇年代，受到牛頓啟發的思想及比喻（包括平衡力的概念）在起草美國憲法時一直都是關鍵，國會代表基本上要從零開始規劃出新的政府及聯邦體系。他們對於該如何進行都有不同想法，但是每個人都很關心要設計出一套能夠抵抗失衡或濫權的架構，而他們經常會以天文或機械術語來討論這個問題。

有些代表希望盡可能減少法規，例如德拉瓦的約翰・迪金森（John Dickinson）就認為各州「應該能夠在各自恰當的軌道中自由移動」，不過也有其他代表想要有更強力的約束；約翰・亞當斯便主張要有一份憲法能夠控制「那些吸引力與排斥力，藉此維護自然的平衡」。這場辯論最終的結果是制衡原則，也就是權力分立及兩議院制，如今依然是美國政府的核心：自此以後，這套啟發自天體間自然力量的民主模型便一直輸出到全球各地。

不過在這一切之前出現的問題是選擇國旗，這個設計是由大陸會議（Continental Congress）於一七七七年六月十四日通過的決議所定，而旗面上當然只能想到一個方法來代表

55 原註：培根在十七世紀的研究對於發展科學方法來說至關重要。

新近獨立的十三州，決議上說要描繪成「十三顆星星，以藍色為底畫上白星」，天空中就此出現了新的星座。

●

革命之後，潘恩一直苦於找不到新的目的。「後來出現的任何目標似乎對我而言都不夠重要，」他說，「能夠讓我不再寧靜，再次感受到先前的感覺。」他回歸自己對科學的熱愛，與富蘭克林及華盛頓一起用氣體與蠟燭進行實驗，並且花了七年設計大跨度的鐵橋。

一七八七年，他旅行到巴黎之後又到了倫敦，將他的鐵橋介紹給歐洲的聽眾，他拿到了英國的專利並建造出四十公尺長的模型，但是他對工程業的興趣很快就消失了。大眾對他無甚歡迎之情，湯馬斯．傑佛遜（如今是美國駐法國大使）也從巴黎寫信給他，告知海峽對岸發生了重大事件。

政府管理不善、莊稼歉收再加上國家債臺高築（先是因為七年戰爭，後來又有美國革命戰爭，都有法國士兵參戰對抗叛軍），讓法國陷入了經濟危機，然而貴族仍能飲宴作樂，國內各地的農民卻都在挨餓。一七八九年，法國國會拒絕頒布路易十六（Louis XVI）的稅制改革，於是國王召開了古早時期便創立的三級會議（Estates-General），會議中有三種階級的代表：神職人員、貴族與平民。結果並不如國王所預料，平民馬上就成立了自己的新國民議會（National Assembly），其中他們維持權力的平衡並且邀請其他人加入，法國大革命於焉展開。

那年夏天，議會採納了至今仍在人權歷史上影響重大的文件：《人權與公民權宣言》（Declaration of the Rights of Man and of the Citizen）。這份宣言受到啟蒙時代哲學家的影響，並且在傑佛遜的協助下起草，聲明了在法律上保障所有公民的平等權利，同時包括新聞自由。議會也投票壓倒性通過要縮減國王的權力並且解散貴族階級。不過從一開始，這些事件就比美國的革命多蒙上了一層陰影，暴動分子經常會殘忍殺害那些他們認為代表舊政權的人，在七月十四日攻占進入巴士底監獄後，群眾歡聲雷動地將典獄長的頭顱插在長矛上示眾。

潘恩因他在美國革命中所扮演的角色，獲得了法國榮譽公民身分，也數度前往巴黎親身見證事件經過，並深受這種自由與民主的新範例啟發，但是在一七九〇年，英國出現了一本大受歡迎的書冊，作者是哲學家埃德蒙．伯克（Edmund Burke），他認為起義是「會傳染的」，而蠻橫且粗魯的暴民正在摧毀法國的傳統社會與價值。潘恩聽了便怒氣沖沖，馬上開始撰文提出激烈的回覆，他說進攻巴士底的群眾根本不是暴民，而是英雄：「要教導並啟迪人心實在艱難無比，而且要讓他們知道他們的利益就在於其道德價值，而非復仇之舉，這般的艱難在法國大革命中展露無遺。」伯克藉由傳統與歷史來解釋自己的論點，潘恩則認為權利要由活人來執行，而人人皆生來平等且自由。

一七九一年二月出版的《人的權利》（The Rights of Man）又讓潘恩成為歷史上銷售最快的作家，但大革命才正要開始。六月二十一日早晨，在巴黎照顧潘恩起居的主人天還沒亮就叫醒他，告訴他：「鳥兒飛走了！」國王及其家人逃離了王宮。潘恩急忙衝出門去卻忘了戴帽子，上頭繫著代表共和的三色緞帶，差一點就被氣憤的群眾殺死了。

後來他很快就回到倫敦，但是這段經驗似乎並未澆熄他對革命的熱情。一七九二年初，他發表了《人的權利》第二部分，內容更加明確主張共和制，他已經明白自己在美國所捍衛的自由平等原則也能在歐洲完全展現出來，如果像法國那樣的傳統政權都能有如此天翻地覆的變化，革命就有可能發生在任何地方。

這本書獲得空前的迴響，於是英國政府派出代表，評估軍隊的忠誠度，擔心國家可能即將爆發內戰。書商遭到逮捕、關閉辯論社，潘恩和他的出版社則被控煽動叛亂，這條罪名可以判處死刑。九月十五日，潘恩逃離英國，「身邊圍繞著一群心懷敵意的多佛暴民，嘴裡念念有詞」，不過他抵達法國時卻聽見有人歡呼：「湯瑪斯・潘恩萬歲！」而且他在剛剛經過選舉成立的國民公會（National Convention）也贏得一席。

此時的氣氛相當緊繃，經常有人談論著叛徒和入侵，而且在政府的支持下一連處決了許多人。國民公會從一開始就嚴重分裂，左邊是雅各賓黨派（the Jacobins）的極端分子（以律師馬克西米連・羅布斯比爾〔Maximilien Robespierre〕為首），右邊則是潘恩最親近的盟友吉倫特黨派（the Girondins）。雙方針對國王的命運展開激烈辯論，潘恩主張寬容，結果激怒了勢力日漸強大的羅布斯比爾。一七九三年一月二十一日迎來了讓歐洲各地保守派驚駭不已的事件，路易十六被送上了斷頭臺。

六月，雅各賓黨在國會發動政變而掌權，逮捕了與之敵對的吉倫特黨人。潘恩試圖進入國會大樓而不得，然後在階梯上遇見了一名雅各黨同僚，便評論說有位作家曾經將法國共和比喻為神話中會吞食子女的薩圖恩（Saturn）[56]，這話確實沒錯。「革命時灑玫瑰水可成不了事。」那位法國人回答道。

接著便開始了法國的恐怖統治時期（the Reign of Terror），雅各賓黨人逮捕農民並沒收他們的莊稼，更擴大政治處決，包括處死吉倫特黨人。十月，政府公開宣告潘恩是叛徒，但他無法回到同樣要判他死刑的英國，也不能逃往美國，因為英國船艦已經準備好要在海峽攔截他。於是

56 譯註：薩圖恩是羅馬神話中的神祇，對應希臘神話中的克洛諾斯（Kronos），土星便以此神為名。

他再次開始寫作，能寫多快就寫多快，「我知道我的生命一直遭遇危險，」他後來說，「我的朋友一個個倒下，斷頭臺也馬上就切斷他們一個個的頭顱，而我每天都在等待同樣的命運降臨，於是我決定開始寫作。」

就在聖誕節之後，他一直擔心恐懼的那一刻到來了：保安警衛敲著他的旅館房門把他叫醒，在前往監獄的路上，潘恩想辦法將自己一份珍貴的手稿交給出版商，隨後在一七九四年二月於倫敦出版。潘恩在骯髒、滿是蝨子的牢房裡絕望等待著，此時他最新的著作就要暢銷熱賣，銷售量甚至超過他先前的作品。隨著君主制似乎就要退場，潘恩運用宇宙新科學來攻擊他認為是這世界上另一股強大的獨裁暴政，但無論是這套制度或者是潘恩的聲望，從此再也沒有完全恢復如常。

●

從潘恩還在倫敦生活的時候便一直思考著，科學家對宇宙的理解對宗教信仰而言的意義，「在我自學精通如何運用圓球以及天文鐘之後，」他寫道，「至少也學會了所謂自然哲學的一般知識，我開始……質疑在基督教的信仰體系下，那些東西能夠提供什麼內在證據。」他深信重寫政治學還不夠，所有全國教會無論是猶太教、基督教或「土耳其人的宗教」，都只是人類的發明，他結論道，「設立的目的是為了嚇阻並奴役人類，壟斷權力與利益」。宗教也需要革命。

美國的開國元勛將新政府與宗教影響分隔開來，這是很大的進展，而此舉也是潘恩在《常識》中提出的建議，在他之前的洛克與孟德斯鳩也如此認為。其目的是要保護信仰自由，不讓一種宗教凌駕於其他之上。但潘恩在巴黎寫作的時候，法國的革命人士又更進一步，不只是將宗教與政府區隔開來，而是完全抹除。

新政府已經收走了天主教會所擁有的土地、解散宗教教派，並且流放或殺害許多神職人員。一七九三年秋天，羅布斯比爾和他的雅各賓黨人開始有系統地移除國內所有宗教象徵及信仰，改以啟蒙運動中的世俗價值取代。座堂和墓園遭到破壞，教堂的大鐘被熔掉拿來製作槍枝。他們使用一套新的曆法，一週有十天，一個月有三週，而且不是從基督誕生開始算起，而是共和國的建立。聖母院（Cathedral of Notre Dame）被改名為理性聖殿（Temple of Reason）。

這是潘恩一直盼望著的宗教再思考，但他也擔心，如果摧毀了有組織的宗教而無其他事物可代替，那麼社會會變成什麼樣子，因此在他最後的大作《理性年代》（The Age of Reason）中，他試圖想像出沒有教堂的宗教，要提供一套更加民主的新靈性框架，讓人不致落入毫無道德觀念及無神論的境界。法國的事件「讓這樣的工作顯得無比必要」，他說，「免得在我們全面摧毀迷信、不當的政府制度與偽神學的同時，也讓我們忽略了道德、人性以及真實的神學」。

為此，他引述了自己許多年前在倫敦曾聽過演講中的概念，當時推廣牛頓科學學說的教師經常運用對宇宙的新理解，來證明或支持基督教上帝的信仰，這樣的傳統稱為實證神學。57例如製作天文儀的詹姆斯．弗格森就寫道，天文學讓我們相信「至高無上之神的存在、智慧、力量、良善與主宰！……沒有虔誠信仰的天文學家肯定是瘋了」。數學家班傑明．馬丁則主張，天體的科學研究「在各個方向都創造出一種思想，證明……一個擁有無比智慧、完美無瑕而強大的存在」。

現在潘恩就採用這些天文學家的論點，不過有點變化。他就像自己過去的導師一樣，帶領讀者在太陽系中遊覽，強調宇宙的浩瀚與宏大，「有空間能容納下數百萬個和我們的一般大小的世界，甚至可以更大，而每個世界之間都相隔百萬里遠」，並且認為是一位仁慈的造物主（「至高偉大的教誨者」）創造出無數個星球，讓人類能夠觀測其運動，並從此發現自然法則。這就是我們所需要的一切證明，他說，全能的上帝確實存在。

但接著他就把刀子插了進去，主張他所描述的這種宇宙本質證明了基督教信仰的荒謬，他問，如果上帝創造的世界比星星還多，為什麼就唯有在這個世界上誕生了獨一無二的救世主？我們怎麼能夠相信：「有百萬個世界都同樣仰賴這位至高者的保護，而至高者卻不去照顧其他世界，反而在我們的世界死去，他們說就是因為一個男人和一個女人吃了顆蘋果？」無數太陽系的存在完全沒有強化基督教信仰，反倒看起來「突然就有點荒謬，而且在腦中四分五裂開來，如同飄在空中的羽毛」。

潘恩也用類似的論點來駁斥神啟的概念，認為仁慈的上帝關愛浩瀚宇宙中所有理性生物，不會在特定時間地點只讓少數幾個人能夠接觸到自己，也不會限制只有那些剛好會經文語言的人才能理解自己訊息中所帶的知識。潘恩說，上帝應該會用每個人都能體驗、理解的方式說話，也就是透過宇宙本身的語言，「如今稱之為自然哲學，全然接受科學的整個範圍，其中天文學占了主要的位置……就是真正的神學」。在聖經裡找不到上帝的語言，而是在牛頓的物理法則中。

就像潘恩先前的著作一樣，《理性年代》中的思想也並非完全原創，他依循著十八世紀的自然神論傳統，受到伏爾泰、史賓諾莎（Baruch de Spinoza）與大衛・休謨（David Hume）等啟蒙時代思想家的啟發。[58]自然神論者並不相信會有一位像人類一般的神不斷干預人類事務，而

57 原註：這樣的傳統脫胎自一系列由物理學家羅伯特・波以耳（Robert Boyle）資助的講課內容，思考基督教與新科學之間的關係。第一系列是在一六九二年由神學家理查・班特利（Richard Bentley）主講，稱為「從世界的起源與框架反駁無神論」。牛頓也親自寫信祝賀班特利，說自己在撰寫《自然哲學的數學原理》一書時也思考過，他所描述的原理是否能夠支持對上帝的信仰：「知道這套學說能夠運用於此，實在讓我再歡喜不過。」

58 原註：有些歷史學家認為他也受到自己成長時的貴格教派教養所影響，習慣直言不諱而心存懷疑。

認為造物主更像是神聖的鐘錶匠，上緊了機械發條之後就退後任其依據物理法則運作。這樣的信念並非格外具爭議，包括富蘭克林、傑佛遜、詹姆斯・麥迪遜（James Madison）和華盛頓等諸多美國開國元勛據信都是自然神論者，不過他們並不輕易表露自己的觀點，且十分尊重教會。許多人還是認為，必須要有組織性的宗教才能管控住大眾，不過潘恩反倒是對教會發出了輕蔑的公開抨擊。

這本書在一七九四年出版後便引發爆炸性的結果，成為宗教史上最受爭議的其中一本書。雖然《理性年代》在法國並未激起什麼反應，在英國倒是相當受歡迎，儘管政府用盡方法想要壓下這本書也沒有用；在美國更是熱賣，到了一七九六年便已經發行了十七個版本。這本書不僅助長了自然神論的崛起，同時也引發基督教極端激烈的反彈，包括出版了超過三十份反駁論述，其中一份還發給了哈佛大學的每一名學生，另外也造成一波宗教復興運動，稱為第二次大覺醒（Great Awakening）。

潘恩差一點就無法活著親眼看到這一切。到了六月，恐怖統治的勢力達到最高點，上萬名公民鋃鐺入獄，每一天走上斷頭臺的人更是如流水一般。「羅布斯比爾和他的黨徒心中滿是憤怒和懷疑，彷彿害怕得連一個人都不敢放過，」潘恩回想道，「幾乎每天晚上都有十個、二十、三十、四十、五十或更多人被帶出監獄，早上被帶到一個假裝成法庭的地方，入夜前就是斷頭臺了。」然後他再次因染上傷寒而病重。

「那時我根本沒奢望過能活下來，我身邊的人就更不敢想了。」他說，但傷寒或許救了他的命。七月二十四日，潘恩被判處死刑。有個故事說，此時潘恩的體溫非常高，因此獄方允許他的三名比利時獄友把牢門打開，好讓涼風吹進來，後來有人在牢房標記了數字4，代表他們隔天就要處決了，數字是寫在打開的門上內側，而那天晚上比利時人便要求再把門關上，他們藏起標記，於是保住了四個人的性命。

幾天後，恐怖統治垮臺，羅布斯比爾自己也遭到處決。潘恩熬過了這場病（只是他的健康狀況一直沒有完全康復），終於在十一月獲釋。他又在法國住了五年，遇見了未來的皇帝拿破崙·波拿巴，拿破崙告訴他自己睡覺時枕頭底下就放著一本《人的權利》。[59]潘恩又在《理性年代》多加了兩部分，指出他認為聖經中荒誕、矛盾又不符合道德的地方。一八〇二年，他再次航渡大西洋住在全新建成的美國首都華盛頓特區。

他並未如自己預期般受到歡迎，雖然還是有一些忠實的支持者，但保守派人士不喜歡他激進的政治觀點，而且許多人對於他嚴詞攻擊喬治·華盛頓也相當震驚，因為潘恩認為華盛頓拋棄了他，任他死在巴黎的盧森堡監獄裡。不過對潘恩的厭惡大多還是因為《理性年代》，這本書讓他

59 原註：兩人後來也分道揚鑣，因為拿破崙的手段越來越獨裁後，潘恩便出言批評。

從革命英雄變成了「喝醉酒的無神論者」、「討厭的爬蟲」，甚至還有人稱他「人類混血的野獸之主」。老朋友都不跟他往來了，有一次他想搭驛馬車卻遭到拒絕，還有人朝他丟石頭；當地一名官員拒絕讓他投票。他在一八〇九年於紐約過世，葬禮上只有六個人出席哀悼。「可憐的湯姆・潘恩！在此入土為安，」一首古老的童謠這樣唱著：「沒有人笑也沒人哭慘／他去了哪裡是否飽暖／無人知曉也無人想管。」

●

幾個世紀以前，就如我們已經知道的，包括基督教在內等組織完整的主流宗教將上帝從宇宙中切分開來，以獨立存在而抽象的造物主來取代天空中的古老神祇，不過人們通常還是認為有一股神聖力量融合在宇宙中並驅動之，柏拉圖稱之為普紐瑪（pneuma），或叫做靈，有些學者建立起宇宙是一臺理性機器的概念，他們也這樣相信。十四世紀，但丁描述的宇宙就像一座機械時鐘，以上帝的愛來推動其齒輪。三百年後，計算出橢圓軌道的克卜勒認為，地球、太陽與行星這般有秩序的運動都是受到各自的靈所引導，這股力量會發散到整個空間。笛卡爾形容我們的身體就像宇宙一樣是物理機械，不過認為讓我們之所以為人類的（相對於漫無目的的自動機械），則是無形靈魂所賦予的生命力。

對許多啟蒙運動思想家來說也一樣，物理宇宙的特定運作或許可以運用數學來預測，但是其力量和意義最終還是來自上帝。牛頓自己是虔誠的基督徒，認為他在天空中所見到的美與規律，只能是「因為充滿智慧和力量的神給予指導和宰制才能進行」，其他如潘恩的人則希望人類能夠結合理性、符合牛頓學說的宇宙以及自然神論的信仰奇蹟。

結果並非如此。潘恩的論述確實幫忙打擊了組織性宗教的眾多說法與論點：「正是像潘恩這樣的人，在面對迫害的時候，讓教條軟化下來，我們的時代才能得益。」哲學家伯特蘭．羅素（Bertrand Russell）在一九三四年說道。不過自然神論並未取代基督教，而如今《理性年代》並未被奉為靈性論述，而是朝向無神論發展的重要一步。西方哲學家和科學家將宇宙重新塑造成自我規範的機器時，以可預測的數學原則來解釋並引導，他們不知不覺便抹去了神聖影響力的需求，而宇宙的靈魂便開始漸漸消亡。

德國社會學家馬克斯．韋伯（Max Weber）稱這樣的過程為「除魅」（disenchantment），而哲學家尼采（Friedrich Nietzsche）則將之描述為上帝之死。啟蒙時代之後，統治者的權力並非來自神聖的意志而是人民的同意與理性，潘恩的故事說明了新的宇宙學如何參與啟發了民主與人權的思想。但這還不是全部，能夠以數學來理解可預測的物理系統模型，人們也很熱中於將這個概念套用到人類生活的其他領域中，從金錢到心智皆然。

如大衛．休謨（有時被稱為「道德科學的牛頓」）等哲學家指出，要擬定生活的道德框架根本無須宗教教導。奠定了現代自由市場經濟學的亞當．斯密（Adam Smith）稱牛頓的引力理論是「人類所做過最偉大的發現」，並且據此建構了自己在一七七六年出版的著作《國富論》（Wealth of Nations），其中他描述市場是受到供給和需求這兩股看不見的力量規範，就像是一本新的《自然哲學的數學原理》。[60] 自十八世紀起，心理學新領域的支持者也認為這是對應牛頓的物理學而生，並且開始使用數學工具來研究心智現象，結果便發表了上百條心理學「法則」。[61]

當然，上帝並未死去，但是宇宙間的力量平衡已然轉變。物理學現在是新的至高統治者，無論在地上或天上皆然。

---

60 原註：例如，斯密認為政府不應該干預市場，這樣貨品及服務就能達到「自然的價格……所有商品的價格都會不斷朝著這個方向調整」。

61 原註：這些心理學「法則」包括一八三四年發表的韋伯定律，內容是量化了既定刺激下所感受到的變化；另外還有發表於一九〇五年的桑代克效果律，說明在特定情況下能夠產生令人滿意效果的回應就更有可能再次出現。（現代心理學家對於使用「定律」一詞比較有疑慮，傾向使用如「效應」或「原則」等較低調的詞彙。）

8 光

一七八一年三月十三日星期二，一位名叫威廉・赫雪爾（William Herschel）的作曲家站在英國巴斯（Bath）的自家花園中，用自己製作的七呎長望遠鏡（約兩百一十三公分）觀察星象。就在午夜前，他注意到一個陌生的光點移動通過雙子星座。一開始他以為是彗星，但光點沒有尾巴，然後他才慢慢明白，這顆移動的光點其實是一顆新行星。他將之命名為 Georgium Sidus，也就是以英王喬治三世的名字取名為「喬治星」，不過最後天文學家決定命名為天王星（Uranus），以古希臘的天空之神為名。

這項發現十分重大，天王星是自古代以來人類所發現的第一顆行星，其軌道遠遠超越了木星與土星，馬上便將已知的太陽系規模擴大了一倍。但這只是在十八世紀末至十九世紀初之間填滿天空的眾多發現的其中一波。正當革命重塑了政治地理的面貌，越來越強大的望遠鏡也改變了天文學家觀看天空的方式，讓他們能比從前看得更遠、更清楚。赫雪爾與他的妹妹凱洛萊

（Caroline Herschel）一起從事研究，兩人正站在變革的最前線，此時的天文學研究從更加精確觀測已知天體的運動（主要是為了導航），轉變為搜索並探查整片天空。

如今我們的太陽系越來越忙碌了，因為歐洲天文學家發現了眾多行經地球的彗星，同時還有非常多比較黯淡的小物體，後來被稱為小行星，從一八〇一年發現穀神星（Ceres）開始，接著很快又發現了智神星（Pallas）、婚神星（Juno）、灶神星（Vesta）及其他許多星體。赫雪爾在土星周圍發現了更多衛星（土衛一〔Mimas〕及土衛二〔Enceladus〕）以及天王星的衛星（天衛三〔Titania〕及天衛四〔Oberon〕），他也是第一個發現火星冰冠面積不斷變動的人。已知宇宙的擴張所造成的結果還有更驚人的，人們一直以來在觀測星星時，基本上都將之視為固定在相當接近的圓頂或圓球表面上的點，但隨著天文學家的望遠鏡倍數更加放大，便出現了更加遙遠的光點，讓他們發現自己原來進入了三度空間無限擴張的深空，令人目眩神迷。

其中的變化令人瞠目結舌，許多所謂的星星實際上是由兩顆或三顆鄰近的星星所組成，圍繞著彼此運行，因此很多人認為在這周圍必定還有其他世界。同時，包括赫雪爾兄妹在內的天文學家開始編目，整理成千上萬顆看起來根本不像星星，而是神祕又色彩繽紛的物體；這些物體有些看起來像雲朵、星團、螺旋和點，後來便稱為星雲（nebula，是取自拉丁文「雲」的意思）。雖然科學家會從希臘神話中選名字，宇宙卻已不再是奇幻巨獸或古老神祇的古臺，而是一座無邊無際的天文花園，充滿了自然的物理奇蹟，只待收集、描述。

不過就像所有最出色的花園一般，有些知識也屬於禁忌。革命運動家希望在掃除了舊勢力後能夠重建社會，他們也在重新定義可能獲取知識的方法及內容。法國哲學家奧古斯特・孔德（Auguste Comte）因為建立了實證主義學說而十分具有影響力，完全拒絕任何道德性與譬喻性的論述，在一八三〇年代時宣稱像牛頓這種由觀測與論證交互作用的研究方法是找尋真相的唯一途徑，他花費多年定義出每一種科學的範圍與方法，說明哪種類型的詢問法才合理（及不合理）。至於天文學，他說得很清楚。身為處在地球上的觀察者，我們對於遙遠星體的知識（畢竟只能觀看而無法碰觸）永遠都是有限的，「我們可以想像的是，或許能夠判斷星星的形狀、距離、大小和運動，」他在一八三五年寫道，「但是我們永遠沒有方法能夠檢驗其化學組成。」英國皇家天文學家喬治・比德爾・艾里（George Biddell Airy）在一八五七年重申孔德的論述，示警學者不該揣測天體的外觀或本質，因為「對天文學並無正當益處」，科學家可以觀測星體的運動，但絕對不該探問星體的組成或運作方式。

大概沒有比這次破壞規則的例子更加壯觀的了。僅僅兩年後，在一八五九年，兩名學者在德國南部的海德堡大學（University of Heidelberg）實驗室中工作到很晚，他們往窗外觀看，沿著內卡河（Neckar）往萊茵河（Rhine）方向看去，發現地平線上燃起了紅色火光，原來是鄰近的曼海姆（Mannheim）港口正發生熊熊大火。根據一位編史家的記載，兩人在火光中所見「讓他們驚訝到了骨子裡」。這件事證明了孔德和艾里完全錯了，海德堡二人組的發現為宇宙打開了令人嘆為觀止的新門戶，也再一次改變了我們與天空之間的關係。

●

德國化學家羅伯特・本生（Robert Bunsen）在今日最出名的成就，便是他參與發明了燃氣燃燒器，原本由簡單金屬線組成的工具，如今已經是世界各地化學實驗室中的必備裝置。教師會示範給學生看如何調整與瓦斯混合的氧氣量，看著火燃燒成為高溫無色的火焰，不過他們通常不會解釋火焰如何幫助本生碰觸到星體內部的奧祕。

人人都說本生的性格溫暖迷人，只是身上經常會有化學試劑潑濺的痕跡（他有一位同僚的妻子曾說自己很願意親吻他，只是必須先把他洗乾淨），而且絲毫不在乎實驗室安全，他的英國同僚亨利・羅斯科（Henry Roscoe）記得曾經看見他的手指在冒煙，還「聞到本生燃燒的味道」，因為本生徒手揭開了高熱坩堝的蓋子。

本生的研究一開始是針對致命的砷化合物，他使用一種連接著長玻璃管的面具，讓他能夠呼吸外面的新鮮空氣。在一八三〇年代，他發現了砷中毒的解毒劑，後來在一次樣本爆炸的意外中也藉此救了自己的性命（他遭遇過好幾次實驗室爆炸後還能活著，這只是其中一次）。同時，他也在冰島研究高熱間歇泉的原理，並且發明了一種以鋅和碳製作的電池，用在最近發現的電解技術中從礦石分離出純金屬。

其中一種金屬就是鎂。本生非常著迷於鎂燃燒時所產生的光亮能量，進而將研究焦點轉向光的化學性質。化學家（與煉金術師）早就已經知道，如果朝火焰撒入不同的物質就會產生不同顏色的火焰：如同鎂會產生白光，鋰燃燒時呈現玫瑰紅，鉀則會讓火焰變成紫色。這些顏色代表什麼？

一八五二年，本生搬到海德堡大學。一開始，化學系建築的前身是古老的修道院，實驗桌就擺放在迴廊下；這樣的安排或許也算合適，象徵新形態的知識取代了舊的。「在我們腳下有死去的修士安眠著，而我們將廢棄的沉澱物丟在他們的墓碑上，」羅斯科回憶道，「那段時間還沒有瓦斯，鎮上也沒有供水。」海德堡在一八五三年才接上了中央瓦斯管線，幾年後在新建成的實驗室中，本生製作出他最出名的燃燒燈，能夠燒出透明無煙的火焰，比起直接在火中燃燒，這種燈讓他能夠更清楚觀察到元素的顏色。本生也利用濾光器分離出不同色調，但是仍然很難解釋這些結果：例如銅化合物會製造出偏藍色的火焰，但砷和鉛也會。然後，他的朋友物理學家古斯塔夫・克希荷夫（Gustav Kirchhoff）有了點子。

克希荷夫雖然在自己的領域中也十分傑出，不過從許多方面來說都和本生完全相反。克希荷夫比這位活力充沛的化學家還年輕了十三歲，不過他的同事都形容他的為人謙遜又害羞。他對電力在不同電路及材質中的表現很感興趣，也和牛頓一樣特別擅長對複雜現象做出細膩觀察，然後引導出簡潔的數學法則來描述這些現象。克希荷夫提議，與其用肉眼來比較不同焰色，本生應該讓燃燒發出的光通過玻璃稜鏡，就像牛頓在一六六六年做過的一樣。

牛頓讓太陽光照射進入一個小洞或縫隙，接著通過稜鏡，結果就有了知名的發現：雖然我們看見的太陽光是白色或透明無色，其實是多種顏色聚合在一起，能夠折射出我們認為是綠色、靛色、赤紅色或金色等各種光芒（現在科學家知道不同顏色就對應著不同波長的光），這道混合光進入或離開稜鏡的時候，不同色調就會出現不同程度的偏離：太陽光便展開成了彩虹。克希荷夫說，在本生的火焰光上使用同樣的技巧，能將火焰發出的顏色展開成光譜，就能夠進行更加精確的測量。

兩人一起打造出一套叫做光譜儀的儀器，當中包括一組透鏡、稜鏡以及觀察用的望遠鏡，全部都裝在一個密封的箱子裡。他們使用光譜儀來觀察各種物質的「焰色反應」，包括鈉、鋰、鍶、鈣、鋇，結果發現了相當有趣的東西。對任何特定元素而言，不管燃燒時會呈現什麼化學形態、燃燒時的溫度或者使用什麼氣體燃燒：從該元素發散出的光形式總是完全一致。

其他傑出的科學家也已經利用稜鏡來研究火焰發出的光，他們發現特定物質會散發出特殊的色帶，稱為譜線，例如鈉就會產生一對密集的黃線，但不同化合物中的多種元素會產生各種線條的組合，通常複雜到令人無法理解。不過，克希荷夫非常擅長如何解讀這些圖樣，再加上本生能夠製造乾淨火焰的燃燒燈（本身不會發出明顯線條），以及他能夠用電解法製造出極度純粹的樣本，表示他們是第一組能夠完全理解這些結果代表意義的人。每個元素都有自己獨特的特色，就藏在焰光中。

新的方法很客觀，並非以肉眼來判斷不同色調，就連色盲也能透過測量光產生的線條之間的確切間隔，從火焰就能辨認元素。而且還非常靈敏。本生和克希荷夫一起進行實驗，其中一人在實驗室一角加熱一小塊樣本，同時揮舞著一把打開的大雨傘好讓蒸氣在空中擴散開來，另一人則坐在對角透過光譜儀觀察。本生報告道，尤其是以檢測鈉和鋰來說，這種方法「在精確性和靈敏度而言都勝過所有其他已知的分析化學方法」，就連空氣中僅有百萬分之一的「鹽」都能測出來。

幾年後，他們透過焰色光譜發現兩種全新的元素，其中一種在德國涂克海姆（Dürkheim）的礦泉水中藏著些許，會產生兩條天藍色的光譜線，於是他們依拉丁文中的 caesius 將之命名為銫，「古代人用這個字來描述蒼穹上半部的藍色」。另一種則是銣（透過暗紅色的譜線辨認出），存在於一種叫做鱗雲母的紫紅色礦物中。其他科學家很快就開始採用這種新方法，引發了週期表元素的一波暴增。

但還不僅如此。一八五九年那一天的晚上，本生和克希荷夫透過實驗室窗戶看見曼海姆的大火，他們用光譜儀看著火光，儘管火焰距離他們至少有十五公里遠，居然意外測出鋇和鍶的特殊譜線。幾天後，他們到海德堡附近一處林木茂密的山丘上健行，這條路徑在大學中稱為「哲學家之路」，這時本生想到一件事，或許他們的光譜儀不只能夠看到萊茵河平原的另一端，還能看到宇宙的另一邊。這個想法是孔德與其他實證主義者曾經宣稱過科學辦不到的，而且非常大膽，本生知道就算只是癡人說夢都會被人認為是瘋了。但話說回來，這個想法也非常有道理，「如果我們可以判斷出在曼海姆燃燒的物質本質，」他姑且向克希荷夫一提，「我們何不用同樣的方法看看太陽？」

●

將近六十年前，在一八〇一年夏天，德國慕尼黑一條巷弄中的兩棟建築物倒塌，只有一人生還。救難人員辛苦了好幾個小時後才從瓦礫堆中拉出一名男孩，他是十四歲的孤兒名叫喬瑟夫，同時他們也救出了我們對太陽的科學認知基礎。半個世紀後，本生與克希荷夫將注意力轉向天空時，引導著他們的正是喬瑟夫的研究成果。

約瑟夫·夫朗和斐（Joseph Fraunhofer）父母雙亡後，他便跟著一名玻璃工匠當學徒，根據傳記作家所說，這師傅對他並不好。他試著從舊教科書中學習數學與光學，但他的師傅並不鼓勵學習，朋友也嘲笑他是在浪費時間。這場意外改變了一切，他奇蹟獲救的消息傳到了巴伐利亞王子（後來成為國王）馬克西米利安·約瑟夫（Maximilian Joseph）耳中，王子慷慨賞賜給他十八枚杜卡特金幣。夫朗和斐用這筆錢脫離學徒生涯並買了自己的玻璃研磨機，他持續自學光學，在二十歲時加入了一家製作天文及探勘設備的公司，然後著手研究天文學領域中人人追尋的一項功勛：製作所謂的「消色差」透鏡。

望遠鏡至少在一六〇八年就已經問世了，一名荷蘭玻璃工匠想要為自己的點子申請專利，也就是使用一對透鏡「能夠看到很遠的東西，彷彿近在眼前」。這項發明的消息很快就傳開了。義大利的伽利略在一六〇九年製作了自己的望遠鏡並轉向天空；克卜勒在一六一一年於布拉格打造了一架更優秀的。在一六五〇年代，荷蘭天文學家克里斯蒂安．惠更斯按照克卜勒的設計製造出四公尺長的版本，藉此找出土星的衛星土衛六（Titan）並描繪出獵戶座大星雲。

不過隨著天文學家努力想製造出更強大的透鏡，其影像卻變得越來越扭曲，還出現了有顏色的模糊邊緣。一六六〇年代，牛頓發現這是因為透鏡的作用就像稜鏡一樣，會折射出光線中不同程度的不同顏色。為了解決這個問題，他製作出「反射望遠鏡」，其中不使用折射透鏡，而是鏡子，讓所有顏色都依同樣的角度反彈就能避免這類扭曲。但現有的鏡子是以一種叫做鏡青銅的錫銅合金製造，很快就會失去光澤，這個問題最後要到一八五〇年代才解決，將一片薄薄的銀箔夾在兩片玻璃中就能製作出更持久的鏡子。但是自十八世紀中期開始，透鏡工匠轉而專注研究如何製造能夠消除扭曲的透鏡，他們將不同種類的玻璃疊在一起好讓所有顏色的折射程度相同。

要製造出夠純淨的玻璃樣本，還要將之研磨到夠精準的程度，這項工作很困難，但是夫朗和斐卻是個中翹楚。他也製作顯微鏡所用的透鏡，還有一種他叫做「量日儀」的新型設備，能夠精確測量天空中的位置。（一八三八年，這項儀器被用來測量恆星視差，測得史上第一次估算出與一顆星星之間的距離。）為了設計出完美的透鏡，他需要確認不同類型的玻璃究竟會讓不同顏色的光彎折到什麼程度。於是他用自己的玻璃樣本製作了稜鏡，從一架小望遠鏡中分析結果出現的光譜。一八一四年，他正在研究一小束陽光當中的顏色路徑時，注意到一件不尋常的事。

牛頓指出，稜鏡會讓太陽光發散成一條連續色帶，但是夫朗和斐更近距離觀察光譜時卻發現並非如此。「我用望遠鏡看見或強或弱、幾乎無數的垂直線條。」他寫道。這些神祕的線條比光譜中其他部分還要黯淡，而且有些「幾乎完全漆黑」，就好像這些顏色遭到挖除一般。最後他記下了五百七十四條範例，現今稱為夫朗和斐譜線。[62]

除了太陽以外，夫朗和斐也檢驗了月亮、行星和其他幾顆星體的光譜，結論認為從金星反射過來的光跟從太陽發出的光是一樣的，不過他在其他星體中則看出了不同的圖樣。例如天狼星發出的光當中就標記著三條暗線，一條位於光譜中的綠色部分，兩條則位於藍色部分，這是太陽光中沒有出現的。不同類型的天體所缺少的顏色也不同，但為什麼？

一八二三年，這位玻璃研磨工匠的學徒終於進入體制內，夫朗和斐成為物理學教授，並且加入巴伐利亞皇家科學院（Royal Bavarian Academy of Science），隔年他升格躋身貴族，在姓氏前面加上了頭銜「馮」。一八二六年，年僅三十九歲的他染上結核病過世，卻仍然不知道如何解釋自己找到的譜線。不過，他已經打下了第一層基礎，讓其他人能夠繼續往上堆疊，他在慕尼黑的墓碑上刻著 Approximavit sidera，意思是「他讓星星與人類更靠近」。

●

本生和克希荷夫的挑戰便是要研究出，他們觀察到的發亮譜線跟夫朗和斐在太陽光光譜中看到的暗線有何關聯。其他研究學者（包括威廉・赫雪爾的兒子約翰〔John Herschel〕）已經注意到有些譜線似乎重疊：例如太陽光光譜中有兩條相當黯淡的線，而燃燒鈉的光譜在同樣位置則是兩條亮黃色的線。

一八五九年，克希荷夫進行了一項關鍵性實驗。為了確認這兩條夫朗和斐譜線是否真的符合鈉光譜上的亮線，他將兩者重疊在一起，他點燃食鹽（氯化鈉）後再讓太陽光穿過此燃燒的火焰

62 原註：一八〇二年，英國化學家威廉・海德・沃拉斯頓（William Hyde Wollaston）注意到太陽光譜中有七條暗譜線，但並未繼續探究。夫朗和斐在報告自己的觀測結果時似乎並不知道還有這項研究，他的研究比沃拉斯頓更加深入，利用極度純粹的玻璃樣本及精確的測量記錄了上百條譜線。

照進來，接著他用光譜儀分析了最後產生的光譜。他原本預期燃燒鹽所產生的亮線會填滿太陽光中的暗線，但結果卻讓他意外，亮線並沒有填進黑暗的縫隙而是消失了，而夫朗和斐譜線則變得更加漆黑。

他在太陽光較弱的條件下重複這次實驗，這次鈉光譜中的亮線又出現了。克希荷夫很快就知道是怎麼回事。牛頓認為光是以微粒組成，或稱為粒子，不過克希荷夫認為應該是波，而且他知道類似的波也能傳遞熱能。[63] 根據能量一定會從較熱的物體流動到較冷的物體這條原則，他證明了就理論上而言，如果氣體的溫度比周圍環境高，其原子就會發散出某種模式的輻射；不過若是溫度較低，就會依照同樣模式吸收能量，製造出暗線而非亮線。由此就能夠解釋一開始夫朗和斐譜線是如何產生的。克希荷夫明白，太陽外部的表層一定比發光的核心還要冷，而隨著太陽光通過溫度較低的表層抵達地球，某些顏色或者稱為波長就會被吸收。這表示黯淡的太陽光譜線會透露出在太陽的太氣層中存在著不同元素，就好像在實驗室中能透過亮線來辨認出這些元素，而在太陽光譜中缺乏的這兩條黃線，代表溫度較低的表層中所含有的其中一個元素就是鈉。

克希荷夫和本生知道他們也可以探究其中還有什麼東西，於是這兩人開始狂熱進行一連串實驗，本生在一八五九年十一月形容說這段時間的工作「不讓我們睡覺」。他們把自己能想到的一切物品丟進燃燒燈的火焰，尋找著能與其他夫朗和斐譜線吻合的顏色，並且很快篩選出了從鈣和鉻到鎂、鎳與鋅等元素。[64]

羅斯科在一八六〇年到海德堡拜訪兩人。「我永遠不會忘記自己有多麼驚訝，」他說，「就在那棟老舊物理系大樓的昏暗房間裡，克希荷夫在那裡打造的光譜儀十分精妙，我就往裡頭看。」在那道天空製造出的光明中，距離他們有一億四千六百萬公里遠，而他卻看見了熟悉的鐵元素特徵，讓他驚愕不已。「這證明了我們地球上的鐵也存在於太陽大氣層中，這項發現的強大影響力完全攫住了我。」

其他研究夫朗和斐譜線的科學家也很接近其中幾項結論了，但克希荷夫是第一個精準解釋發散與吸收能量譜線之間連結的人，並且主張利用譜線來追尋太陽中的元素。每條譜線的特殊模式背後都有一套特定機制，不過一直要到一九二〇年代科學家建立出原子結構模型才有了解釋，儘管如此，我們對天空的觀點卻已經轉變。自人類有歷史記載以來，太陽一直都是天空中引人入勝

63 原註：一八〇〇年，威廉・赫雪爾發現，如果在光譜上紅色一端超過一點點的地方放置溫度計，加熱的速度會比放在可見光譜範圍內還要快，現在將這種熱輻射稱為「紅外線」。

64 原註：一八八八年克希荷夫出版的回憶錄中，他回想起研究學者也想調查太陽裡是否有黃金，他的銀行家顯然是這麼說的：「我何必在乎太陽裡的黃金？難道我還能去拿下來嗎？」不久之後，克希荷夫因為他的發現而獲頒黃金勛章，他將勛章交給他的銀行家，忍不住評論說：「看看，我終於成功從太陽拿到點黃金了。」

卻又完全神祕無解的光明，到了牛頓才終於理解其運動，不過克希荷夫和本生則將太陽變成了能夠理解的物體：一團發亮的氣體，表面的溫度比內部低，而且行為表現就像其他高熱物體一樣，組成的原料也和地球上能找到的元素相同。

●

本生和克希荷夫的發現很快就傳遍了全歐洲。在英國，包括羅斯科在內的科學家發表公開講課，解釋利用光來探查行星與星體物理成分的這個革命性想法。「如果我們能夠到太陽去帶走一小部分，拿回我們的實驗室分析，」英國天文學家華倫・德拉・魯（Warren de la Rue）於一八六一年在倫敦化學學會（Chemical Society of London）講課時解釋道，「檢驗的結果恐怕也不會比使用光譜分析這種新方法還更精確。」其中有位業餘天文學家和其他人同樣深深著迷於這項新知，他的名字叫威廉・哈金斯（William Huggins），他在自家的後院中蓋了一座天文觀測臺。

哈金斯出身自買賣絲綢的富裕家庭，幼年時染上天花之後身體就一直孱弱，因此大多是在家自學。他很早就展現出科學方面的才華（據說流傳這樣一個故事，他六歲時自己造了一臺「發電機」，讓他興奮地在家裡跑來跑去大喊著：「我被電到了！」），在十幾歲時就買了第一架望遠鏡，他會待在倫敦中部自家店鋪樓上凝視著窗外的夜空，或者站在屋頂上，身邊都是冒煙的煙囪。他的夢想是進入劍橋大學就讀，不過在他父親生病之後，他便選擇留在倫敦照顧家族的生意。一八五四年時他二十九歲，他賣掉店鋪與父母搬家到空氣相對清新的圖爾斯山（Tulse Hill）南方距離約八公里處。

哈金斯就在那裡蓋了自己的天文觀測臺，以鐵柱架高之後能看見毫無遮蔽的天空，和主屋的二樓之間有一道木板走道連接，觀測臺的可旋轉圓頂直徑則約有三．六公尺。他買了一架二手的望遠鏡（三公尺長，透鏡直徑則有二十公分），將之對準行星進行各種觀測，包括木星表面的雲層、漩渦和斑點。不過他很快就無法滿足於這樣例行性的觀測，並思考著還有什麼更好的方法能學習天空的知識。65

一八六二年一月，他找到了。哈金斯參加了倫敦醫藥學會（Pharmaceutical Society of London）在晚間的聚會，會議中倫敦大學的化學家W．艾倫．米勒（W. Allen Miller）便講解了克希荷夫與本生的研究。哈金斯後來在自己的精采回憶錄中敘述，他聽到「克希荷夫的偉大發

65 原註：天文觀測臺建造完成後不久他便寫道，自己「有一點不滿足於普通天文研究的例行性，在我腦中隱約開始尋找以新方向或者新方法來研究天空的可能性」。

現」時，感覺就像「在旱渴之地發現了一處甘泉」。米勒解釋了化學家可以如何在實驗室裡利用焰色光譜來分析物質，不過真正讓哈金斯餘生努力不懈的則是改變天文學的可能性。「我感覺彷彿自己如今有了能力，能夠揭開過去從未有人揭開的面紗，」他說，「就好像一把鑰匙交到我手上，能夠打開一扇過去從未對人類打開過的門——這層面紗、這扇門的後面就是天體真正的本質這個未知之謎。」66

哈金斯和米勒是鄰居，而那晚兩人一起走路回家，在路上哈金斯便邀請米勒加入他的研究，要將克希荷夫的方法用在星體上。接著他在自己的天文臺中設置了化學實驗室的設備，這處空間中除了他的天文設備，還有「會散發出有毒氣體的」巨大電池、龐大的感應線圈，以及擺滿了本生燈、化學藥品及真空管的架子。

哈金斯和米勒著手開始比較星體光譜上的暗線與不同地球元素光譜的亮線，他們利用感應線圈發出的巨大火花來點燃元素。「地球氫元素的特有光線和星體氫元素相應的輻射能量會在同樣的位置發亮，否則就是落在暗線上，因為天狼星或織女一會吸收氫，」哈金斯回憶道，「我們礦坑中的鐵光譜無論亮線或暗線都符合天球兩端的星體鐵光譜。」

研究工作既艱難又辛苦，星光微弱到令人絕望，我們從明亮的織女一所接收到的光比太陽光要弱了約五百億倍，而這兩人必須從頭開始打造自己的光譜儀，要製作出大約只有三百分之一吋寬的縫隙（以發條機械來緩慢移動沉重的望遠鏡，使其整晚都能精準對齊星體），還需要設計精準的稜鏡，這樣星光發散成光譜時才不會浪費絲毫。即使如此，除非是在最晴朗無雲的夜晚中，否則他們什麼線都看不到，而且為了比對對應不同元素的譜線，他們必須反覆直接看著發散出來的光譜，例如鎂元素發出的短暫而刺眼的閃光，然後再看著幾乎無法辨識的星體譜線，將他們的視力逼到了極限。

美國、德國與義大利等地的天文學家也都在追尋星體譜線，不過哈金斯和米勒很快就成為該領域的佼佼者。一八六四年，他們發表了五十顆主要星體光譜的描述，包括粉紅色的畢宿五、偏橘色的參宿四以及亮白色的天狼星，他們表示星體光譜的譜線就和太陽的一樣豐富，而且還和太陽類似的是，許多譜線正好符合地球上的元素，諸如氫、鈉、鎂和鐵。個別星體之間有些許差異，不過整體而言其意義很明顯：我們在地球上找到組成物質的成分不僅能延伸到我們的太陽系中，更是遍布整個宇宙。

66 原註：經常有人引述哈金斯的評論，因為這似乎完全能夠表達出當時天文學家的興奮之情，感覺天空的研究再也不會相同了。歷史學家芭芭拉．貝克（Barbara Becker）曾經質疑過哈金斯是否真的有這樣的先見之明，認為他的研究工作是緩慢展開的，並且指出他是在幾十年後光譜學的潛力已經完全顯露了才寫下這些評論。不過當時的其他科學家（例如羅斯科與德拉．魯）絕對非常清楚這種新方法的重要性，哈金斯自己則是在一年內就發表了第一篇天體光譜學的論文，並且再也沒有回頭。

除了報告這般相似的化學性質，兩人也提出他們在星體中看到的元素「其中有些和組成地球生命有機體是最為相關的」。過去有些作家（像是潘恩）便曾設想過，其他星星上會不會和地球一樣是能夠出現生物的環境，哈金斯和米勒宣稱他們的研究成果是第一項支持這個驚人結論的科學證據：他們所觀察的星星「就像我們的太陽，能夠維繫世界體系的核心，並提供能量，適應後就能成為生物居住之地。」

之後，米勒回到自己原本的研究，哈金斯則獨自研究，將他的注意力轉向稱為星雲的神祕天體上，這一團團擴散開來的絲線、塊狀和螺旋，看起來和像是圓點一樣的星體非常不同。過去一世紀以來，天文學家便一直對星雲十分好奇，提出了各種可能性，從一塊塊「發光液體」到太陽系的最終狀態，乃至於遙遠到無法想像的銀河系或者「島宇宙」。首先，哈金斯的目標是貓眼星雲，這個有趣的青藍色圓盤位於北方的天龍星座，他後來回想，表示自己將眼睛放到光譜儀上時，感覺既是提心吊膽又滿是驚嘆：「我這不正是要探究一片造物主的祕密天地嗎？」

貓眼星雲屬於一群稱為「行星狀星雲」的未解圓形結構，透過最新、最強大的望遠鏡觀察發現，許多星雲事實上都是個別星體的群聚，能夠支持遙遠銀河系的想法，於是哈金斯預期在所有星光交疊的情況下，自己會看到一大撮暗線，不過他實際所看到的結果讓他以為自己的器材是不是壞了。根本沒有光譜，只有一條亮光的亮線，然後他才知道，這片星雲跟他的設備過去所對準的其他太空物體不同，會產生發散能量的譜線，就像實驗室中的燃燒氣體一樣。

他很快挑出了另外兩條淡淡的譜線，並且發現在其他行星狀星雲的光中也有同樣這三條線。[67]他的結論認為，星雲並非聚集在一起的恆星，而是發光氣體組成的巨大雲朵。[68]不過也不是所有星雲都一樣，哈金斯在包括了幾個螺旋星雲等其他形態中確實看見淡淡的光譜，這些後來都證實是像我們的一樣的銀河系。經過數十年的困惑與猜測，光譜儀終於能夠分辨出這些「奇妙物體」的不同類型。

哈金斯從自己在圖爾斯山的後院，在各個不同的科學研究前沿遊走。一八六六年五月，他收到一名愛爾蘭友人的信件透露訊息，表示北冕星座就要發生怪事了，於是他第一次使用光譜儀觀測到某種叫做新星的星體爆炸。一開始他半信半疑，夜幕一落下便馬上掃視天空，而「讓我相當開心的是，天空中閃耀著一顆明亮的新星體」，其光芒在接下來幾天就逐漸黯淡，不過哈金斯還是及時發現其光譜中包含了暗線與亮線，而他推論，認為在某種「強大的擠壓」中，一顆先前

67 原註：這些行星狀星雲所產生的亮青藍色譜線並不符合任何已知的地球元素，於是哈金斯推測或許是屬於某個「未知物質」，後來便命名為「氙」。一九二七年，研究發現這其實是一種不尋常的氧氣形態，並不是新元素。

68 原註：現在我們知道行星狀星雲是生命即將結束的星體，朝太空噴射出一層發光的電離氣體。

黯淡的星體遭到燃燒的氫氣火焰包圍。哈金斯的發現正對了大眾想像的胃口，甚至啟發了一篇講道，「在我們一間座堂的講壇上……天文學家觀測到遙遠的地方，有個世界起火燃燒而在煙霧與灰燼中消亡」。

同時他也分析了一顆掠過天空的彗星光譜，在其中偵測到碳，而且學界才剛理解都卜勒效應之時，他便率先應用，也就是說，光從朝向我們移動的光源發出時會往光譜的藍色端流動，若是遠離我們的光源所發出的光則會偏向紅色端，藉此就能夠從移動的譜線來推估星體運動。[69]他所得到的答案大多不甚準確，不過以最早的嘗試來說十分大膽。

哈金斯在進行這一切研究的同時也在照顧自己年邁的母親，而母親於一八六八年九月過世後，服喪中的他也就無法專心觀測太陽日冕發出的紅色火焰譜線，結果敗給了另一位英國天文學家諾曼·洛克耶（Norman Lockyer），洛克耶從中還發現了新元素氦；另外，他也錯失了接受拿破崙親自邀請前往巴黎的機會。在那之後，最常陪伴著他的就只有一隻叫做克卜勒的狗。[70]不過他的人生即將再次改變，在愛爾蘭出現了一名同樣熱愛星星的年幼少女。

瑪格麗特·莫瑞（Margaret Murray）是一名都柏林律師的女兒，住在一座喬治時代風格的海濱豪宅中。她的母親在她九歲時過世，而根據當時的記述，她是跟著外祖父學習天文學。她很快就學會使用一架小望遠鏡來描繪星座及太陽黑子，並且自己學習了攝影這項新技術。一八六七年，十九歲的她在雜誌上讀到哈金斯的研究後便深受吸引[71]，然後她依循著文章中的指示造出自己的光譜儀，並且觀測出太陽的夫朗和斐譜線。

69 原註：奧地利物理學家克里斯蒂安．都卜勒（Christian Doppler）在一八四二年提出理論，認為正在運行中的星體，其光的波長會隨著朝我們靠近而減少，因為後續的光波要抵達我們所須行經的距離會越來越短，所以抵達的時間會越來越接近；同理，星體離我們遠去時，波長就會增加。哈金斯寫信給物理學家詹姆斯．克勒克．馬克士威（James Clerk Maxwell），請他以數學來分析此一效應，然後他便用來預估星體的運動，包括天狼星在內。

70 原註：顯然，克卜勒能夠透過吠叫來回答簡單的數學問題（幾年後在德國才出現一匹馬，叫做聰明的漢斯〔Clever Hans〕，也能做類似的表演而知名），而且非常害怕肉鋪。克卜勒的父親和祖父也有相同的恐懼，哈金斯曾向查爾斯．達爾文描述這件事，達爾文對這項明顯是「繼承反感」的例子十分有興趣，後來於一八七三年在《自然》期刊上發表論文討論這件事。

71 原註：歷史學家芭芭拉．貝克認為這篇文章可能是由皇家天文學會（Royal Astronomical Society）主席查爾斯．普里查德（Charles Pritchard）所撰寫，於一八六七年在《好消息》（Good Words）雜誌上發表的〈真實描述燃燒世界的大氣層〉（A true story of the atmosphere of a world on fire）。

我們並不清楚瑪格麗特和威廉是怎麼認識的，不過有可能是透過幫威廉製造設備的霍華．格魯布（Howard Grubb）介紹，格魯布的店鋪就在都柏林。兩人在一八七五年結婚，這年威廉五十一歲，而瑪格麗特二十七歲。瑪格麗特溫柔地引導丈夫，讓他不再投入研究靈魂理論，並且默默影響他的服裝打扮，鼓勵他把頭髮留長並且在下午穿上天鵝絨外套。另外，瑪格麗特也全心投入威廉的研究中，兩人成為科學史上其中一對最為成功的夫妻研究夥伴。

自一八七六年起，威廉原本簡短的筆記紀錄便換上了瑪格麗特鉅細靡遺的實驗報告，同時她也將自己的攝影技術帶到了天文臺中。多年來，威廉都是以手工描繪光譜，不過他的競爭對手都已經開始使用攝影了，尤其是夫妻共同研究的亨利．杜雷伯（Henry Draper）與安娜．杜雷伯（Anna Draper），這兩位來自紐約州的富裕業餘天文學家在一八七二年獲得了織女一的第一幅星體「光譜相片」。[72] 瑪格麗特來到圖爾斯山之後，便與威廉成為最早開始使用新發明的「乾版」攝影法的天文學家[73]，藉著此法再加上皇家學會捐贈的一對強大新望遠鏡（一架是折射望遠鏡，另一架則是反射望遠鏡），兩人很快就回到引領學界的位置上。

因為瑪格麗特比較年輕也比較靈活，視力也更好，於是由威廉負責沖洗照片，瑪格麗特則負責大部分的實際觀測工作。要長時間窩在梯子上對身體的負擔不小，她說不僅需要非常敏銳的雙眼和雙手，更別提還有「天然橡膠製作的萬用關節與椎骨」，不過看見那瑰麗的景象也總算是值得了：「看著在這方圓八公里之內的偉大城市與世界所有動盪之上，天空中各種奇觀這樣莊嚴運行是這般靜謐祥和，沒有比此更能啟迪想像的景色。」不過她有時候還是會希望自己的丈夫是位畫家而非天文學家，「我想若他是繪畫風景的畫家會更快樂一點，而我——啊！我心中也不斷渴望著藝術，」她思忖道，「沒有人知道科學研究是多麼累人：要緊瞇著眼睛好觀察一小方光明或者黑暗，確實需要信念才能甘之如飴……彷彿讓眼睛享受著田野、天空與森林的美麗。」

這對夫妻一同拍攝了包括天王星、土星和火星等行星光譜，還有其他星體，從眾人熟悉的天狼星與織女一，乃至於新近發現的沃夫—瑞葉星（Wolf-Rayet star）這類少見的類型，這種星體具有極高的發散譜線而非暗下的譜帶。接著，他們持續探索星雲的本質，並花了好幾年試圖拍攝太陽日冕的譜線（但沒有成功），而攝影技術也讓這對夫妻能夠將光譜延伸到人類眼睛看不見的紫外光部分。

威廉獲得了無數榮譽與獎項，包括接受皇家學會會長一職、獲維多利亞女王封爵等等，同時

72 原註：亨利與安娜於一八六七年成婚，隔天就去挑選了要用在七十一公分長反射望遠鏡上，當成鏡面的透鏡（兩人後來表示這趟是他們的「結婚旅行」）。建造這架望遠鏡花了五年，並且讓他們得以在一八七二年八月拍攝到織女一光譜的照片。

73 原註：在玻璃板塗上一層感光的明膠乳劑。

在圖爾斯山的家中，這對夫妻也接待了川流不息的貴客，連巴西皇帝也是座上賓（這位留著鬍鬚的高大皇帝對科學十分狂熱，還建了自己的天文觀測臺，讓這對夫妻留下十分深刻的印象，至少比另一位訪客要好多了，後者聽了威廉解釋了何謂雙星之後便回答：「是，非常有趣，但是我一直以來感到最困惑的就是，你們天文學家是怎麼能夠找出所有星星的名字？」）

這對夫妻正站在一個非比尋常的風口浪尖上，這段時期的科技發展與科學發現經常粉碎了僅僅幾十年前還認為是極度瘋狂的妄想。維多利亞時代的英國一開始還出現了基督教信仰基本教義派的復興，一部分是因為法國大革命及後續拿破崙戰爭所帶來的恐懼而推波助瀾，經常有人將這波動盪怪罪於懷疑主義以及如潘恩這類的理性主義作家，但並未持續太久。科學進展終於完成了啟蒙時代思想家所開始的工作，實證方法終於打破了聖經作為物理知識來源的權威。

除了天文學上的驚人成果，地質學家也揭露出地球的深層過往，其歷史能夠回溯的時間遠遠超過聖經上所說的幾千年。拉薩姆在亞述巴尼拔圖書館中所發現的巴比倫泥板上，記載著像是大洪水這樣的聖經故事元素，早在聖經寫成的好幾世紀以前就有其他文化描述過。而當然，查爾斯·達爾文在一八五九年發表的天擇進化論也是另一種有力的解釋，能夠說明包括人類在內的物種是如何起源。

對於孔德實證主義（他的思想在一八六五年便出現英文版本）的支持者而言，科學事實就在某處等待人們發現，而事實所提供的是絕對的知識。或許我們永遠無法知道關於宇宙的一切，但只要我們配備著科學工具，冒險涉入未知的領域，就能夠更加接近事實。正如威廉在成為皇家學會主席時發表的演講所說：「每一項發現都讓世界的景象變得更加壯觀，其中的奇蹟也更加美妙，而所有尚未經人探索的自然腔室與殿堂，便會成為未來世代永無竭盡的資產。」

一八九九年時威廉與瑪格麗特的共同研究生活即將走到終點，兩人出版了一本集結了所有星體光譜的總集（由瑪格麗特繪製美麗的插圖），《泰晤士報》形容這本書是「有史以來最偉大的天文著作之一」。這本書確立了兩人身為新興的天體物理學創始者的地位，而其中所呈現的宇宙也並非靜態的造物，而是不斷演變的整體。書中收錄了他們為新星乃至於星雲所拍攝的天體光譜照片，同時也撰文討論了星體在生命週期中燃燒燃料的同時會如何演進，從例如天狼星與織女一這類年輕的白熱星體，演變成參宿四這樣偏紅而逐漸黯淡的星星，他們甚至臆測著年老星體爆炸後的餘燼中所誕生的星體會如何在各個世代演進。這樣的觀點規模宏大而非凡，不過到頭來都能夠從光中所隱藏的祕密來理解。

●

一九〇八年，八十四歲的威廉通知皇家學會，表示希望歸還學會捐贈給他的兩架望遠鏡，畢竟他再也無法善用，於是最後決定將望遠鏡運送到劍橋大學最新成立的天體物理學系。都柏林的設備製造商霍華・格魯布前往圖爾斯山去監督望遠鏡的拆卸過程，而等他抵達時發現拆卸已經進行得差不多了，望遠鏡的部件與配件就散放在天文臺地板各處。

在這一片雜亂當中就坐著威廉，披著一件寬大的披風靜靜坐在一口打包用的木箱上，同時瑪格麗特則忙進忙出，監督著工人的每一個動作。終於，折射望遠鏡上那片直徑三十八公分的巨大透鏡已經安全放置在箱子裡，格魯布向瑪格麗特示意，「她牽起威廉爵士的手帶著他走到房間另一頭，最後一次看看他們的老朋友，這麼多年來這片透鏡都盡心完成任務，將遙遠距離以外的光線引進到焦點上，」他回憶道，「他們久久凝視著鏡片而傷感著，然後我才蓋上蓋子。」

這對夫妻協助創立的研究領域動搖了人類文化的根基，輕輕鬆鬆就將幾千年來的天空傳說替換成了一套新的故事，昴宿星團並非孤兒、姊妹或獵犬，也不是天空中公牛的記號，而是一群年輕而高熱的氣體團，燃燒氫氣而成為氦氣的同時也迅速穿過宇宙塵埃組成的雲團。公牛星座上熾熱的紅色眼睛是畢宿五，成為了正在老化的紅巨星，冶煉出碳、氧和氮，終有一日會彈射進入太空深處。在日出與日落時最為明亮的金星曾是掌管愛情（或雨水）的神祇，事實上是一顆與地球差不多大小的石頭，在雲層底下藏著火山與高峰，或許曾經還有過一片淺淺的海洋，只是如今已經因為失控的溫室效應而蒸發殆盡，高熱的表面溫度足以熔化鉛。

光譜學所透露的是，就某個角度而言柏拉圖是對的：我們確實是來自星星。天文學家如今知道，所有組成我們這個世界中較重的化學元素，從碳到鈾，都是在億萬年前便在星體當中醞釀成形，然後因為超新星的爆炸而噴射到太空中，幾乎我們身體中的每個原子都曾經是一顆星星的一部分。利用光譜所得到的資訊能夠確認星體的生命週期，藉此也就發現了古代天文學家永遠無法想像到的奇異新物體：包括超新星，也就是某些星體生命結束之際會產生的毀滅性爆炸；中子星則像是一團巨大的原子核，直徑只有幾公里寬，密度卻大到僅一茶匙就可能重達十億公噸；黑洞的密度更大，其引力能壓碎一切物質，就連光都無法逃脫。

這套方法甚至能讓人一窺整個宇宙的起源與命運。測量星光抵達地球時的頻率所產生的都卜勒位移（最早是哈金斯試過這個方法），讓我們知道無論看向哪個方向，遙遠的銀河系都正加速離我們遠去，也就是說宇宙正不斷擴張，而往回追溯這項發現就引導出了大霹靂理論，認為在一百三十八億年前左右一顆無限小而密度極高的點爆炸後才有了宇宙，並自此之後就不斷成長。我們終於有了一套宇宙的科學誕生故事，這是第一個根據科技與觀測而來的故事，而非經由人類經驗與神話。

伽利略將他的望遠鏡轉向天空而成為了科學英雄，他將宇宙中無法想像的豐饒景象第一次帶到人類眼前，結果讓我們能夠詳細觀測到與地球同為行星的其他星體，顯示出這些星體是和地球相同的物體，同時還能夠精確追蹤其運行的軌道，好讓克卜勒與牛頓能夠以數學來描述之。不過，我認為光譜學的發展（從夫朗和斐到哈金斯夫婦）也同樣具有革命性的影響，這門學問讓天文學家能夠不只是記錄下星體的外表與運動，這群先驅將整個宇宙帶到地球面前，證明孔德錯了：我們不需要碰觸遙遠的物體，或者將這些物體的碎片拿在手裡才能研究其組成或運作方式，我們能夠解讀藏在其光線中的祕密。

你可以說他們讓星星離我們更近了，就像夫朗和斐的墓誌銘上所寫的，但諷刺的是，他們的研究也創造出一道深刻的鴻溝，分隔開了我們這個社會所經驗及學習到的天空。現今的天文學家打造出令人難以想像的強大望遠鏡，不只能夠分析可見光，更能分析電磁光譜上的每一部分。這些精細的複雜機器坐落於山頂或者發射到太空中以避免大氣層的扭曲效應，能夠探測出一切，包括火星或月球上是否有水，乃至於宇宙最古老銀河系的結構。對準了高頻率輻射的望遠鏡，能夠偵測到發生劇變的類星體或者伽瑪射線暴的特徵，另外若是對穿透塵雲的紅外線較長波長比較敏感，這類設備就能指示出新生的星體。

不過沒有人確實是透過這些設備「觀看」，瑪格麗特・哈金斯便哀嘆著從凝視天空轉換成瞇眼盯著小段光明之可惜。如今我們的發展則更遠、更深入。今日的天文學能利用電子偵測器感應到來自天空的光子，以及其中所包含的天體祕密，將之轉換成數位資料，再由地球上最為強大的幾部電腦以複雜到不可思議的方程式壓縮。二〇一六年，從泥水匠變成天文學家的蓋瑞・費爾德茲（Gary Fildes）在自己的暢銷書《一位天文學家的故事》（An Astronomer's Tale）中描述，他造訪智利的超大望遠鏡（Very Large Telescope，縮寫為VLT），VLT組合了四面各有八・二公尺寬的鏡子，能夠收集可見光及紅外線輻射，同時可以辨別天空中位置相差不到百萬分之一度的不同點。費爾德茲站在今日試圖理解星體的最前沿，看見在控制室中辛勤工作的科學家卻相當震驚，他們的眼睛並非緊盯著望遠鏡而是一排排螢幕：「他們看起來彷彿已經好幾天沒有看見真正的天空了。」

科學家一開始用光譜儀將光分離開來，將其顏色轉換成數字，也就往外踏了一步而偏離主觀、定性的宇宙觀點，反而更靠近客觀、數學性的觀點，離開了我們體驗到的內在宇宙，更貼近我們計算出的外在宇宙。隨著電子偵測器科技的發展，我們的視覺感（宇宙在我們眼中的模樣）終於也完全從圖片中抹除。由此看來，現代天文學和過去所有對宇宙的任何疑問或理解澈底不同，我們不再需要將臉轉向天空，對於宇宙認知的主要來源（宇宙是什麼、如何產生、和生命有何關係、和我們有何關係）如今是我們的設備，而非雙眼。

但是這樣的轉變也並非一帆風順。在邁入二十世紀之際，科學家努力想要將個人經驗從我們對宇宙的概念中抹除，卻有一群革命性的藝術家奮力想將之留在舞臺中央。

9 藝術

評論說這是在嘲弄劇場，有些評論家抱怨這場戲既瘋狂又毫無道理卻仍然無聊至極，而其他人則十分困惑，他們發現自己就連想討論發生了什麼事都沒辦法。《勝過太陽》（Victory Over the Sun）在一九一三年十二月三日、四日，連續兩天晚上在聖彼得堡（St Petersburg）月神公園（Luna Park）劇場演出，九盧布的票價令人咋舌，不過多虧有謠傳說舞臺上會爆出驚天動地的事件，還是一天內就賣完了，而聚集在劇場內的群眾也沒有失望。

晚上九點，布幕往兩旁拉開，冒出了一大群四處亂竄的演員穿著瘋狂的服裝，舞臺上裝飾著抽象圖樣，沒人聽懂演員在說什麼，還伴隨著一臺走音的老舊鋼琴彈奏出衝突的曲調。這齣戲劇的創作者是三名年輕人：作曲家米哈伊爾・馬修申（Mikhail Matyushin）、劇作家阿列克謝・克魯切尼克（Aleksei Kruchyonykh）以及設計師卡濟米爾・馬列維奇（Kazimir Malevich），這三人是俄羅斯前衛藝術運動的先驅，稱為立體未來主義（Cubo-Futurism），而《勝過太陽》就是世界上第一齣立體未來主義歌劇。

劇中的角色大多由自願參加的學生扮演，只經過兩次排演，包括了兩名來自未來的強人領袖、一名時間旅人、一名意圖作惡者，還有一名毛毛躁躁的傳統主義者，名字是「尼祿與卡里古拉合為一人」。這些演員穿著以紙板和纜線製作而成的巨大幾何形狀服裝，以隨意游移的聚光燈照明，說話的方式是克魯切尼克所謂的雜伍（zaum）風格，其中充滿了不合邏輯的組合並且會在音節之間停頓，用來強調超脫字詞理性意義之外的聲音與情緒張力。馬列維奇的布景同樣也擺脫了所有正常的插圖或裝飾意義，而是打造出幾何形狀的黑白板子（他沒有錢買彩色油漆），藉此操弄觀眾視角並創造出有深度的錯覺。

劇情幾乎沒有可辨識的情節，重建後的結果認為第一幕講述的是，未來主義強人想要抓住太陽並將之囚禁在水泥箱中，其中有許多詭異的暴力：意圖作惡者冷靜地射殺了時間旅人然後又攻擊自己、一具屍體拉著自己的頭髮拖動自己。最後一個場景是某人在講電話：「什麼？他們抓住太陽了？謝謝。」

第二幕則跳到一個遙遠而沒有太陽的未來，在這樣的新現實中，傳統的人類價值已經被摧毀殆盡，這是一個沒有記憶、沒有夢想、沒有情緒的「極度澄亮」，人性已經清洗得一乾二淨：「你變得就像一面乾淨的鏡子或魚缸，在乾淨的洞窟中，無憂無慮的金魚正搖著尾巴就像感恩戴德的土耳其人。」一副骷髏四肢著地爬來爬去，還有一個驚惶失措的胖男人問著：「日落在哪裡？」他試圖設定手錶的時間卻沒辦法，接著就有一架飛機墜毀在舞臺上。

從來沒有人看過這樣的東西，無論是在沙皇時代的俄羅斯或者世界上其他地方都沒有，不過在這個瘋狂的背後仍有一套方法，這三人刻意拆解了社會常規，當然是想要顛覆體制，不過他們其實還存著更大的目標。他們宣戰的對象是理性，也就是啟蒙運動思想的核心骨幹。根據藝術歷史學家夏綠蒂・道格拉斯（Charlotte Douglas）對這齣歌劇的詳細研究，荒謬演出只是試圖掩護想要超脫理性日常世界的企圖，藝術家希望能夠逼迫瞠目結舌的觀眾放棄邏輯，而甘心接受對眼前事件的直覺與情緒覺察。「他們就是試圖驚嚇所有人，」道格拉斯說，「甚至包括這群未來學家自己在內，爾後進入新的意識狀態。」

在理性與科學完全成功占得優勢的當下，馬列維奇和他的朋友卻拒絕了其中的核心設想，即現實就等同於我們所觀察到的物理世界，而所有物體與力量都受到符合邏輯的方程式與法則管束。「我們將太陽連同其新鮮根部採摘下來，」勝利者將那顆熾熱圓球從空中拔下時這樣唱著，「肥沃的根部聞起來是算術的味道。」他們將太陽視為「可見性的創造者與象徵……也是現實幻象的創造者與象徵」，道格拉斯這樣說，「是代表了理性與清明的神祇阿波羅，也是邏輯之光明」。換句話說，就是太陽光愚弄了我們，讓我們相信自己所見的事物為真，人類若要進步就必須摧毀之。

如今《勝過太陽》的初版製作已是聲名狼藉，而其重建版本則經常在世界各地演出。（觀眾之間仍然意見分歧：一位評論家稱一九九九年在倫敦巴比肯藝術中心〔Barbican Centre〕演出的版本是「浪費眾人時間的可笑之作」。）不過對於負責舞臺設計的馬列維奇而言，這齣非典型歌劇只是他探索現實本質這項更宏大任務的第一步，這趟旅程會帶他深入充滿看不見的振盪與額外維度的宇宙，從星體的無遠弗屆乃至於「人類頭骨中的無限空間」。

在這一章，我們要講述馬列維奇以及其他幾位革命運動家的故事，看他們如何在二十世紀的前幾年中轉變了西方藝術。正當探索物質本性的科學家開始質疑起藝術家自文藝時代起便建構出的固體、可預測的宇宙，畫家與詩人便叛逆反抗起可見外表的假象以及邏輯理性思想的主導地位，就從打碎長久以來所抱持的藝術傳統開始，不過終究他們試圖想做的其實是重塑宇宙本身。

●

對宇宙的信念一直都影響著藝術，只要看看歷史中天空的形象是如何演變就能知曉。古代所描繪的天空十分熱鬧，充滿了神話生物與神祇，不過在文藝復興時代之後，畫家也和天文學家一般以光點取代了天神。但除了如何描繪星星之外，宇宙學和藝術之間還有更加深層的關聯，改變了我們對宇宙本質的看法，也就是關於我們所居住的是什麼樣的空間，不免也會影響藝術家如何描繪現實本身。

我們先前已經提過，在舊石器時代，洞窟穴頂上彼此追逐的動物或許代表的是一個融合了人類與自然、土地與天空的宇宙。中世紀歐洲的藝術也代表了一種獨特的世界觀，當然是展現在基督教的符號與主題上，不過從如何架構物體與場景這種基本方法中也能窺見，和這時期的地圖（藝術家通常不會區別此二者）一樣，畫家並不會嘗試以立體觀點來描繪物體，或者整合出一致的觀點，物體通常不會是放置在風景中而是浮起；不同時間點發生的事件會畫在一起；重要的人物或重點就會放大，有位評論家認為這反映出一種文化，也就是「真實並不等同於物質世界」，藝術家希望傳達的「真相」或現實就包含在整體經驗或者場景的意義中，而非實際上看起來會是什麼樣子。

不過當藝術家開始運用數學法則來構圖就改變了這一切。大約一四一三年出現了重大突破，一名叫做菲利波・布魯內萊斯基（Filippo Brunelleschi）的建築師在佛羅倫斯工作，他提出了「直線透視法」這種技巧，也就是根據地平線和消失點來安排物體位置，創造出深度的假象並模仿眼睛從特定觀點觀看時的場景模樣。一四三五年有畫家將這套技法應用在繪畫上之後便傳遍了歐洲，很快就成為繪畫唯一可行的方式，從達文西到拉斐爾的文藝復興傑作，乃至於透納（J. M. W. Turner）的表現主義風景畫，直線透視法在接下來的五百年間仍主宰著西方藝術。

有趣的是，這項創新技法出現時正好也是製圖師在地圖上採用經緯線的時候，托勒密在《地理學指南》中將天和地劃分成以子午線與平行線組成的網格，這本書在早幾年前，也就是大約一四〇六年在同一城市中翻譯成拉丁文。歷史學家爭論著其中是否有直接關聯。托勒密所解釋的幾何投影和布魯內萊斯基的說明十分類似；另一方面，義大利藝術家已經開始在集會中嘗試觀點作畫的技法，這群人對丈量越來越有興趣，並且試圖畫出愈加精確的建築設計圖。無論如何，地圖及藝術上的革新都可歸因於同樣的宇宙學觀念轉變，從中世紀時認為宇宙是一個容易變形而不連續的空間，到了文藝復興時期則變成了統一而符合邏輯的網格。對於天文學家、製圖師及畫家皆然，如今對現實的探索都要仰賴丈量並模仿外在可見的世界。

這樣的範式在藝術中屹立不搖，直到十九世紀才有了轉變，寫實主義者開始畫出真實世界中人物及情景的不完美之處，而非創造出理想化的構圖；浪漫主義者的目標則是描繪自己對某個場景的體驗感受，而非客觀的外表。背後的原因很複雜：當社會變得越來越世俗化、工業化、都市化，藝術家也隨之偏離了聖經或古典的主題，反而開始以自己看到身邊的當代生活為題。另外，歷史學家認為攝影的發明也有關係，突然間人們能夠依照需求創造出精確的影像，因此藝術家就得尋找其他可發揮之處。不過無論是寫實主義或浪漫主義都是漸漸拋開以數學輔助的完美構圖，轉而強調人類觀看行為的雜亂無章。

隨後出現的是印象主義派，幾百年來，人們總將畫布當成是窺探外在世界的誠實之窗，而到了一八六〇年代就有一群畫家對此一假象宣戰，例如莫內（Claude Monet）的畫作中便反而捕捉住自己稍縱即逝、主觀的印象，同時也展現出畫筆的筆觸。然後又出現了後印象主義派，例如梵谷的扭曲圖形、高更（Paul Gauguin）的大膽輪廓，與秀拉（Georges Seurat）的點點，以扭曲的形狀、生動的色彩和厚重塗抹的顏料，更是強烈拒絕了寫實主義。

在十九世紀末，法國畫家保羅．塞尚（Paul Cézanne）終於開始打破直線透視法的規則，融合前景與背景並同時整合了數個觀點。一九〇七年在巴黎工作的畢卡索（Pablo Picasso）創作了一幅長寬各約二．四公尺的帆布畫作，名為〈亞維儂的少女〉（Les Demoiselles d'Avignon），畫上有五名裸女，身邊纏著藍白相間的布料，其中兩人睜著黑色的大眼睛盯著觀看者，其他三名女子的臉則藏在非洲風格的面具之下。

這幅畫十分懾人，就連他最親近的朋友都很驚愕，一部分也是因為畫作的內容不顧廉恥，也完全不在乎西方理想中的美，不過主要還是因為他拋棄了一切三度空間現實的假象，這些女子並未呈現出真實而起伏的曲線，反而擁有銳利的尖角與扁平而呈鋸齒狀的被單。畢卡索吸引了其他想法雷同的藝術家之後，他又更進一步，包括混合不同觀點並且將表面切割成不連續、幾何的平面，這套方法如今稱為立體主義，這已經不只是找到在帆布上安置顏料的新方法，而是重新想像出空間的根本本質。

立體主義的誕生經常被描述成是藝術思想的自然演進結果，畢卡索是依據塞尚的技法以及傳統非洲及伊比利亞藝術中簡化的幾何圖形，後者是西方藝術家才剛發現的特色，兩者無疑都對畢卡索有重要的影響，不過還有另一個因素：從一八九〇年代起便興起了一波科學及科技發展，並且動搖了人類對現實的理解。宇宙又再一次成為了非常不同的地方，而如畢卡索之流的藝術家忍不住要有所回應。

幾十年前，蘇格蘭物理學家詹姆斯・克勒克・馬克士威指出，電與磁的力場會以電磁輻射波的形式穿越太空，並做出光也是這類波的結論。不過現今又發現了其他種類的電磁輻射，擁有幾近魔法般的力量。一八九四年，工程師開始使用新發現的無線電波而在空氣中傳送看不見的訊息；一八九五年，物理學家發現了X射線，這種射線能夠穿透固體並讓人看見隱藏其下的物體，例如在我們肌肉下的骨頭。同時，幾千年來科學家都認為原子是看不見的物質基本組成成分，結果在一八九七年發現原子中還含有更加微小的成分，稱為電子；緊接著在一八九八年就發現放射性，也就是某些元素會產生看不見的放射能，釋放出能量並在過程中改變其化學組成。

伴隨著這些發展的是另外兩項科學主題，今日大多數人都遺忘了，不過就在現代藝術爆發萌生之際，這兩項發現也觸動了大眾的想像力。其一是宇宙「以太」的存在，這是一種細緻的流體，就像果凍或者不停擾動的蒸氣一般，科學家相信整個宇宙必定充滿著以太，小至次原子口袋、大到太空的最深處。一八八〇年代進行的一項大型實驗無法偵測出地球附近有以太存在的跡象，不過科學家也沒有其他方法能夠解釋電磁波如何傳遞通過真空的太空，因此這個概念一直深植人心，直到第一次世界大戰後才有改變。以太「對我們不可或缺，就像我們呼吸的空氣一般」，物理學家湯姆森（J. J. Thomson）在一九〇九年堅持道（他發現了電子）；其他人甚至聲稱以太是物質的終極來源，而原子本身就是以太海中的漩渦。

另一個讓大眾騷動的概念是，太空中可能還潛藏著更多維度空間。自從古希臘人訂下了幾何學原則以來，便沒有人認真質疑過空間是三維度的這個常識概念，不過到了十九世紀，數學家指出完全有可能以不同的規則建構出其他類型的幾何學。法國數學家亨利．龐加萊（Henri Poincaré）自一八八〇年代起便不斷推廣這個想法，主張現實顯然屬於三度空間的本質或許並不存在於宇宙本身，而只存在於我們的認知。正如柏拉圖在幾千年前就表明，或許我們所認知的宇宙只是有限度地映照出真實存在的宇宙。

綜合這一切可以說明什麼？藝術史學家琳達．達林普爾．亨德森（Linda Dalrymple Henderson）研究現代藝術與科學之間的關聯，她表示這等於是全面攻擊了現實本質的傳統思想，物質不再是穩定而不變的，太空也不再是虛空的，而是充滿了隱藏的射線與波，這些新發現擊碎了可見與不可見、物質與能量、實體與非實體之間維持已久的疆界。而且尤其對於藝術家而言，這些發現對於我們的感官認知結果的可靠性與真實性，特別是我們的雙眼，提出了大哉問。「就在人類眼睛可見範圍之外還存在著不可見的國度，這已經不再是神話或者哲學推想的範疇。」亨德森說，科學已經證實了這點。

在一九〇〇年代早期，如龐加萊等的數學家提出，可以透過同時想像某一物體的不同透視點來想像第四維度，畢卡索和其他立體派藝術家便全然接受了這個概念，詩人紀堯姆．阿波里奈爾（Guillaume Apollinaire）是畢卡索的朋友，後來便描述這是「現代畫室語言」的一部分。其他如翁貝托・薄丘尼（Umberto Boccioni）等藝術家則從以太得到啟發，在義大利以立體主義為基礎發展出一波藝術運動，稱為未來主義，讚揚現代機器的能量、暴力與力量，薄丘尼便是其中一位先驅者，他相當著迷於科學家所揭露出的物質本性，在一九一一年寫道：「固體就只是大氣的濃縮物。」他其中一幅最出名的畫作是一九一二年以他母親為模特兒所畫的〈物質〉（Materia），看來令人很是不安，畫作中將女人形體分解成了凹凸起伏的色彩光環與形狀，亨德森說，畫中融合物體與背景的程度是過去從未見過的。而他認為這也是畫家企圖顯示物質會自以太中冒出又分解融入。

雖然技法各有不同，畢卡索和薄丘尼卻都認同一種新的現實範式，其中的物質與空間是能夠彼此互換的，而我們所見、所碰觸的固態立體物體並非表面看來如此。正是這些打破規範的作品，讓馬列維奇和他的朋友創作出這齣超越破壞的歌劇《勝過太陽》。不過在他們之前，還有一位俄羅斯藝術家也對於宇宙中充滿振盪及波的概念深感著迷，在探索其可能性的過程中，便將立體主義與未來主義的進展完全拋諸腦後。

瓦西里・康定斯基（Wassily Kandinsky）是那種天生就會看到可見外表之外的人，「我所看見的一切都會看見其面貌、最內在的存在、隱密的靈魂，」他曾經寫道，「不只是詩人所歌頌的星星、月亮、樹木與花朵，就連躺在菸灰缸裡的菸屁股、街上水窪裡仰望人群而耐心等待的白色長褲鈕扣、穿過長草地而來的螞蟻強壯下巴咬著那塊屈服的樹皮。」

康定斯基出生於一八六六年的敖得薩（Odessa），如今是烏克蘭（Ukraine）的一部分，家庭屬於上流階級（他父親是來自西伯利亞的茶葉商人，而他有一位曾祖母看來是蒙古公主）。他一直都對色彩很有興趣，年輕時曾想像顏色都有自己的生命。一八八九年，他以民族誌學者的身分旅行到俄羅斯沃洛格達（Vologda）北部的偏遠森林，那裡還有薩滿在活動，樹木也有靈性。而他在那裡發現了當地的民俗藝術後便大受震撼，穿著傳統服飾的農民「就像以兩條腿站立、色彩明亮的活生生圖片」，他在日記中這樣寫道，而且刻飾木屋的裝飾也十分豐富，走進去的感覺就像進入一幅畫。

他在莫斯科大學研讀法律與經濟學畢業後，一八九六年就受邀擔任大學教職，眼看著就要展開順利的教學生涯，不過他仍然感覺自己受到另外一個世界的吸引。那一年，他出席了一場莫斯科的美術展覽，第一次看到了莫內的畫作，包括一系列標題為〈乾草堆〉（Haystacks）的其中一幅。「我是看了目錄才知道那畫的是乾草堆，」康定斯基後來回想道，「我根本認不出來。」他一開始覺得很痛苦，認為莫內沒有表達得更清楚，但後來「我既是意外又困惑地注意到，這幅畫不僅僅是攫住了我的目光，更在我記憶中留下無法抹滅的印象。」他拒絕了在學術界發展的未來，搭上前往慕尼黑的火車去學習藝術。

康定斯基身材高大又衣著俐落，戴著夾鼻眼鏡，還將頭高高抬起，有位歷史學家便說他看起來彷彿「睥睨著宇宙」。他很快就學會了不同的藝術風格，從寫實主義、印象主義乃至於如表現主義和野獸派等比較大膽的發展，不過儘管畫出了平坦的景色和幾乎無法辨識的形體，他並未感到滿足，因為這些畫作無法捕捉到他的感覺，當他去觀賞理察・華格納（Richard Wagner）的歌劇《羅恩格林》（Lohengrin）時看見顏色在他眼前舞動；或者太陽在莫斯科的天邊落下時，將整座城市融化到只剩下一個點，「就像一把瘋狂的低音號，喚醒了所有人的心，而所有靈魂都隨之震動」。他後來回想說大約在一九〇五年某天晚上，他黃昏時分走進自己的畫室，終於發現自己一直在尋找的是什麼。一幅畫靠在牆上，內容令人無法理解卻又「具有無法形容的美」，一股內在的光亮照耀著這幅畫。他最後發現那是自己的一幅畫作，倒放在一邊，「現在我才清楚知道，物體會傷害我的畫。」

一九〇九年，康定斯基定居於巴伐利亞南部的穆爾瑙（Murnau），而他在這裡進行的轉變將讓他成為現代藝術中最重要的人物之一。立體主義與表現主義已經更加超脫了將藝術作為窺探外在世界的窗口此一概念，不過美國藝術史學家唐諾・庫斯彼特（Donald Kuspit）認為，如果說他們是敲裂了窗戶，那麼康定斯基就是擊碎了窗戶，他成為現代西方藝術家中第一位完全切斷作品與視覺世界關聯的人。

接下來幾年間他著手創作一系列作品，通常都以音樂主題來命名，例如〈即興〉（Improvisations）與〈譜曲〉（Compositions），有些畫作中仍隱約會指涉俗世物體，不過其他則無拘無束，展開而混亂爆發出各種色彩與形狀，在畫框中旋轉跳躍。數十年來，歷史學家認為康定斯基第一幅純然非表象的畫作（因此也可能是現代西方藝術中的第一幅）是一件無標題的作品，他認定是在一九一〇年創作，如今普遍稱為〈第一幅抽象水彩畫〉（First Abstract Watercolour），學者現在認為應該是在三年後畫成，不過即使如此，庫斯彼特等專家仍然認為這幅畫代表了他在這段時期的思想最高潮。

這幅畫引人入勝，各種如尖銳而暗沉的線條至沾水暈染開的形狀、顏色也從濃豔的紫色至暗灰的綠色都有，全部都拋到帆布上，看不出明顯的順序或節奏。觀看者的眼睛不知道該看哪裡、大腦不知道該怎麼想，畫上沒有地點或時間、沒有方向或大小、沒有因也沒有果。我們受過的訓練是要將自己所見到的一切分門別類，區分成階級與區塊，但是如《勝過太陽》與〈第一幅抽象水彩畫〉這樣的作品卻違反了符合邏輯的詮釋，庫斯彼特形容這是「藝術界勇敢躍入未知之境」。嚴格說起來這完全不是抽象，因為這些作品並非衍生自世俗的形象或物體，不過康定斯基卻是畫出了完全新穎的東西。

他這一路走來並不孤單，如捷克畫家法蘭提塞克・庫普卡（František Kupka）與荷蘭畫家皮特・蒙德里安（Piet Mondrian）等其他人也開始創作非表象性的藝術作品，他們也和立體主義派畫家一樣深受科學家的宇宙觀轉變所影響，尤其是科學家發現物質的組成成分原子並非不可改變、不可分割，完全顛覆了長久以來的看法。這讓康定斯基大受震撼，「原子的崩毀對我的靈魂而言，就等同於整個世界的崩毀，」他在一九一三年寫道，「一切事物都變得不確定、危險而不實在，此時若有一顆石頭在我眼前分解得無影無蹤，我也不會太驚訝。」

另外，以太所代表的意涵也非常吸引他。薄丘尼曾試圖將之描繪成某種實際物質，但讓康定斯基興奮不已的是其潛力，如亨德森所言，這是「一種新形態的藝術溝通管道」。近來發明的無線電報科技讓人能夠在空中傳送出看不見的訊息，還有幾位備受敬重的科學家，例如英國物理學家威廉・克魯克斯（William Crookes）及奧利佛・洛奇（Oliver Lodge），以及法國天文學家卡米伊・弗拉馬利翁（Camille Flammarion）皆預測，以太中的振盪或許最終也能夠傳輸意念。

自然，這樣的思想也啟發了藝術家與作家。一九〇五年，英國哲學家兼詩人愛德華・卡本特（Edward Carpenter）便形容自然是「由智識與情緒交織搭建而成一片數不盡的網絡與管道」；一九一二年，作家艾茲拉・龐德（Ezra Pound）描述詩人就是「不斷觀望注意著新的情緒、新的振盪」，告訴他們要以「新的波長」書寫。許多藝術家都是從相當受到歡迎的神智學協會（Theosophical Society）學到以太能夠用在心電感應的可能性，該協會在一八七五年於紐約成立，俄羅斯移民海倫娜・布拉瓦茨基（Helena Blavatsky）就是創辦人之一，她引用古代哲學與東方宗教的學說，主張宇宙是由一位神聖的造物者所創，並認為以太是某種「世界的靈魂」。二十世紀初，根據神智學家安妮・貝贊特（Annie Besant）與查爾斯・李德彼特（Charles Leadbeater），另外還有德國的魯道夫・史坦納（Rudolf Steiner）的教導，我們身邊都圍繞著不斷振盪的以太光環，代表了我們的思想與情緒狀態。

康定斯基在一九〇九年加入神智學協會（庫普卡和蒙德里安也是會員），參加了史坦納在德國的講課也擁有神智學書籍，例如貝贊特與李德彼特在一九〇一年出版的《思想形態》（Thought Forms），書中有插圖呈現出與各種情況相關的心智狀態應該是什麼樣子，包括有顏色的雲朵、錐狀體、觸角及星暴等，例如「在街道上發生意外時」或者「遇見朋友時」。康定斯基也在自己某些作品中運用類似的形態，不過他所做的不只是畫出思想的圖畫。

他相信宇宙中的一切事物都有自己的靈魂或生命力，他稱之為「內在聲音」，無論是「大雷雨、巴哈、恐懼、宇宙事件」皆然。他想要他的藝術能夠直接傳達出那股內在聲音，不只是模仿其外表，而要和觀看者的靈魂引起共鳴，就像一根振動的弦能夠引發另一根弦同步發聲，或者像電波發射塔向海洋另一端的發送器發出訊息。最後他想出了自己的語言，解剖出色彩與形狀的情緒後果，例如他認為黃色代表有攻擊性的、藍色則是平靜，並且相信他已經揭開了「宇宙法則」。

康定斯基在一九一二年出版的《論藝術中的靈性》（On the Spiritual in Art）一書中便清楚說明，他認為這項任務幾乎就像是拯救人性的任務，警告眾人注意「唯物主義思想的夢魘……已經將宇宙當成了一個邪惡而毫無意義的笑話」，科學已經成為了探索客觀物質世界的方法，不過隨著宗教信仰式微、實證主義興起，科學研究也將勢力延伸到了整個世界的存在，外在現實被重新定義為唯一的現實，科學的客觀知識被重新塑造為世上唯一的知識。他引述了知名的德國病理學家魯道夫・菲爾紹（Rudolf Virchow）的話，戲謔地說雖然他解剖過上千具屍體，卻從來沒能見到靈魂，「在這個將物質神化的年代，」康定斯基抱怨道，「只認知能夠以物理上的『眼睛』所看見的才是物質，靈魂便理所當然地遭到廢棄。」不過他堅持認為，靈魂「只有透過感覺才能認知」。

康定斯基也和其他許多藝術家一樣，無法接受這個驅逐了靈魂之後顯得乾枯而以數學描述的宇宙，「世界會發聲，」他寫道，「宇宙中充滿了能感受靈性的存在，因此死去的物質便是活著的靈魂。」他抹除了自己作品中的物體，便是試圖證明這個宇宙不僅僅是物質、可測量的世界。最終，他想要改變對於現實的看法、關於活著代表什麼意思，想要提出存在的真正本質並不在於外在世界，而是體驗。「是康定斯基清楚說明了，藝術並非現實的替代品，」庫斯彼特說，「藝術本身就是現實。」

抽象派的誕生是西方藝術中的關鍵時刻，不過回到俄羅斯，立體未來派的馬列維奇在《勝過太陽》之後正要繼續創作。在幾年內，他也會掙扎著不知該如何畫出宇宙的真實本質，而他所想出來的答案讓康定斯基的作品看來幾乎可說是溫順可人。

●

和康定斯基不同，卡濟米爾・馬列維奇是在遠離文化中心的地方長大，也無緣接受過良好的教育，事實上他能存活下來就算是幸運了，他有五名手足都在幼年時夭折。他在一八七八年出生於烏克蘭，父母都是說波蘭語，父親在甜菜根加工工廠工作，全家總從這個村落搬到另一個村落。馬列維奇在少年時期便離家到莫斯科就讀藝術學校，只是一開始並未錄取。一九〇五年，正值康定斯基看著自己傾斜的帆布思索眼前的美之時，俄羅斯各地爆發了暴動起義，馬列維奇也加入了示威遊行隊伍，而由此開始發生的一連串事件將在短短十二年後推翻沙皇。

到了一九〇七年，馬列維奇已經是俄羅斯前衛藝術界的核心人物，他受到立體主義與未來主義的影響，但是認為這些藝術家在打破過去的傳統上所做的還不足夠。一九一三年的《勝過太陽》是他第一次的重大宣示，接著在一九一四年二月，他參加了在莫斯科工藝博物館（Moscow Polytechnic Museum）舉行的一場辯論，他和畫家友人阿列謝・莫古諾夫（Aleksei Morgunov）在衣領上配掛著木湯匙，而馬列維奇還發表演講，公開「否決理性」，同時莫古諾夫還羞辱了另一名講者說：「這蠢蛋把我無聊死了。」主席很快就結束了這場辯論以避免打架。

馬列維奇後來解釋說，他的目的不只是要摧毀藝術傳統，更要打垮現代思想的整體建構：理性，理性思考注重邏輯因果，而他卻覺得這比較像是思想狹隘與文化習俗，並非真實。畢竟綜觀歷史，以理性產生的法律從來就無法長久，反而一再遭到取代，若是墨守成規就是拒絕了一大片可能的思想，也就讓人們無法真正理解這個世界。「理性將藝術關在了四面皆牆的盒子裡，」他寫道，「趁還來得及就快跑。」

但是如何攻擊理性？只能以荒謬而不合邏輯的方式進行：打破傳統、攻擊禁忌。在馬列維奇戴著木湯匙發表宣言之後，便發展出一種他稱為「非邏輯主義」的藝術形式，他會創作內容毫無意義的詩，同時根據俄羅斯藝術史學家亞歷珊卓・沙茨奇克（Aleksandra Shatskikh）所稱的矛盾名言來創作畫作：並列呈現看來毫無道理的圖像與物體。這個階段他的創作到了〈母牛與小提琴〉（Cow and Violin）時臻於最高峰，這幅作品是在一九一三年初畫在壞掉的書架上，沙茨奇克說，當時任何人看了「都一定會認為他的理性已經毫無理解的能力」。

可他的畫作卻發生了怪事，就像馬列維奇在一九一四年三月的一封信件上所說：「色塊自己出現了。」他的畫作是以不合理安排日常物體（或者這些物體的信物或符號）的位置為基礎，但是扁平的形狀與色塊卻開始入侵。「奇妙的幾何形狀從深處浮現而出。」沙茨奇克描述道，並且開始主導了畫家對可見世界的錯亂指涉，那年馬列維奇所創作的一幅拼接畫中便是以白色、黑色、藍色及粉色的四方形與三角形為主題，一部分便覆蓋著〈蒙娜麗莎〉（Mona Lisa）的汙損圖樣，他形容這叫做「偏食」。

一九一五年春天，偏食成了全食。[74]馬列維奇正在帆布上揮灑著各種色彩、各種幾何形狀的時候突然停下動作，急忙開始在自己的畫作塗上顏料。沙茨奇克一直在研究馬列維奇的創作生涯，認為他是受到一時間的靈感啟發而無法控制自己，或可稱為「狂喜啟蒙」。馬列維奇回想說，在他繪畫時，「強烈的閃電」就在他眼前橫過畫布。而且，在顏料上都能明顯看見他的指紋，沙茨奇克認為這是因為他要蓋過形狀的動作實在太快，甚至「手指快過自己的畫筆」。最後，在一片白色背景上即將爆發的是……什麼都沒有，整個圖樣不見了，取而代之的是一片神祕、無限擴張而虛無的黑色方塊。

馬列維奇的一名學生回想道，這位畫家因為〈黑色方塊〉（Black Square）的重要性而深

74　原註：馬列維奇也和康定斯基一樣試圖將自己出現突破的年代往前推，當時馬修申正準備重新發表《勝過太陽》的原始圖樣與文稿，馬列維奇便馬上將方塊草圖寄給馬修申。馬列維奇在信中假稱自己是為了一九一三年的演出而畫了這張草圖，但是當時沒有人注意到。歷史學家被騙了幾十年，但如今普遍都認為〈黑色方塊〉其實是在一九一五年六月畫成。

受震撼，他「整整一個禮拜都吃不下、喝不了也睡不著」，他不只是放棄了可見的表象，更是放棄了一切。他稱之為「形式的零」，而且在當時現代藝術中所發生的一切實驗與創作中，沒有其他人能夠創作出像這樣的東西，一名近代評論家稱這是「藝術與哲學的極端行為」，馬列維奇說他「感覺夜晚就存在我體內，我在其中看見了新事物」。

這幅作品於一九一五年十二月在彼得格勒（Petrograd）[75]一場名為「最後的未來主義畫展〇．一〇」首次展出，如今被視為是二十世紀最為重要的藝術事件之一。〈黑色方塊〉就高懸在展場一個角落，那裡還有一處基督東正教神龕放置著宗教符號，此舉讓一名憤怒的評論者發出挖苦的評語：「無庸置疑，這就是未來主義的各位先生打算用來取代聖母與黃銅色金星的『象徵』。」這名評論家在〈黑色方塊〉中所看到的只有「虛無和毀滅」，不過這幅作品確實成為了象徵，這是所有現代藝術作品中最為強烈的圖像之一。

非邏輯主義就是要攻擊先前發生過的事。現在馬列維奇已經準備要建立新事物，他稱之為「至上主義」，他在白色背景畫上生動多彩的形狀，例如有目的性的黑色十字、雀躍的黃色梯形、活潑的紅色方形等等，要從白色之中推擠向前，其他彩色的長條與方形位置安排複雜得多，似乎是違反了地心引力，就像在空中翱翔般。終於，他拒絕了世俗的表象以創造出一種新的現實，也就是《勝過太陽》中所保證的超脫未來。他將空白的背景形容為「白色深淵」，並非空白的帆布而是塗抹上白色顏料，創造出一種深不可測、矛盾的深度感。馬列維奇不以直線透視法創造符合邏輯的三度空間，與他同為至上主義者的埃爾·利西茨基（El Lissitzky）稱這是「不理性空間的終極幻象」，既是扁平，同時又無限擴張。另外，馬列維奇的形狀也充滿了張力與能量，彷彿是以某種宇宙間的平衡力撐著，他很想知道是否「在世界上、在太空中有這樣的形體……在我看來似乎是存在的，只是我們並不知曉。」一九一六年四月，他寫下自己創作一幅叫做〈至上第五十一號〉（Supremus No. 51，後來便佚失了）作品的過程：「驚嘆的情緒淹沒了我，我感受到宇宙的碰觸。」他就和康定斯基一樣，感覺自己揭開了宇宙間老早就存在的形式與法則。

沙茨奇克稱之為直覺，是個人的「躍進」，不過亨德森則認為，馬列維奇就和其他同時代的藝術家一般，是在回應關於宇宙本質的新思想，尤其是可能存在的第四度空間。立體派所呈現出來的形象是結合了不同觀看點，另一種方法則是剖分或者切割。一九一三年出版的暢銷書《更高空間入門》（A Primer of Higher Space）中，美國建築師克勞德·布萊格登（Claude Bragdon）發表了數份圖表說明，立體方塊如何以各種角度呈現出不同的平面形狀以穿過一扁平

75 原註：聖彼得堡在一九一四年改名為彼得格勒，一九二四年又改為列寧格勒（Leningrad），最後在一九九一年改回聖彼得堡。

面，而他認為以相同的方法，能夠將立體物體想像成透過四度空間的形式呈現的區塊或片段。

這不只是幾何學而已。當時有許多包括布萊格登在內的作家都從哲學或靈性的角度解讀第四度空間，認為只有學習將四度空間具象化，我們才能理解現實的真正本質。布萊格登發表了一篇寓言故事，描述有一種族的人認為自己的形體只是平面區塊，並未發現他們真實的更高存在其實是立體的。「新的地平線就此展開，」另一位同樣相當成功的作者查理斯・辛頓（Charles Hinton）寫道，「空間並不如我們最初設想的那般受限。」

亨德森認為，馬列維奇的至上主義多邊形，應該或多或少受到辛頓及布萊格登這些作家的啟發，同時還有俄羅斯數學家兼神祕學家彼得・烏斯班斯基（Peter Ouspensky），呼籲藝術家應該向大眾傳達更高維度的空間意義：「藝術家……必定擁有某種力量，能讓其他人看見他們自己看不見，但藝術家能看見的東西。」這就能解釋馬列維奇為自己的畫作所取的幾個名字，例如他將頑強的紅色方塊取名為〈畫家寫實呈現二度空間中的農婦〉，或者〈畫家寫實呈現足球員：第四度空間中的色彩群聚〉，畫中的主題都是大量互相交疊的形狀。

正如湯瑪斯・潘恩在巴黎等人來逮捕他時便急著完成《理性年代》，馬列維奇的創作速度也很快，急迫地想要傳達出自己對更高現實的想像，以免來不及。俄羅斯在一九一四年八月參戰第一次世界大戰，造成災難性的結果，在東部前線就有超過一百萬俄羅斯士兵陣亡。即將滿四十歲的馬列維奇知道自己隨時會收到徵召令，便寫道：「當我這把骨頭倒下，我不想讓所有一切都馬上消失。」

最後他在一九一六年七月受召入伍被派往克里維奇（Krivichi）與斯摩倫斯克（Smolensk），與自己的畫布分開。接著就發生了他一直希望的人民革命，沙皇尼古拉二世（Nicholas II）在一九一七年二月被迫退位，然後弗拉迪米爾・列寧（Vladimir Lenin）所領導的布爾什維克黨在十月掌權，讓俄羅斯脫離世界大戰轉而投入內戰，最後造成上百萬人喪命。馬列維奇急切地加入新政權，他的畫作大約在此時也有了轉變。一九一七年底，他展示出的畫布上畫著一片片顏色，雖然一邊看來生動又下筆有力，但到了另一邊就漸漸消失成虛無，馬列維奇說色彩以驚人的速度移動，使其在空間中消解。然後他開始畫著幾乎無法辨認的白色形狀，融入那一片無盡的白色深淵中，「宇宙就是溶解液。」他說。就連他的新現實也要被他拋下了。

一九一八年中，他畫出自己知名度居次的畫作〈白上加白〉（White on White）：畫布上不合理的白色空間只用一塊往上飛升的白色方塊劃開。在此之後，或許最後這一步是不可避免的，他在一九二〇年三月於莫斯科舉行了第一場個人展覽，就以〈白上加白〉作結，然後是貼滿純然白色畫布的房間，畫面震撼人心，最後所有內容與差異之處都被抹除了，不留一絲痕跡。在現代與當代藝術中，有許多人展出空白或單色畫布（二〇一五年，羅伯特・瑞曼〔Robert Ryman〕創作的全白畫作就以兩千萬美元賣出），但是馬列維奇先做到了。

當時的評論家完全不知該說什麼，他們在評論中甚至沒有提到最後那間房間，就連他的朋友都認為那只是在開玩笑，但馬列維奇並不後悔，在後續的展覽中他放置了一幅類似的空白畫布，旁邊只寫著一行公式：「零＝全部。」然後便宣布畫完了。沙莢奇克說他企圖想傳達超脫的心理狀態：歷史上所有神祕學家都推崇的那種狂喜感覺，和宇宙融為一體，所有區分和差異都消失殆盡。

他在一九一七年十一月寫道：「夏天時，我坐在房間的畫架前，充滿色彩的大腦中亮起一盞燈，思考著我在這太空中的偉大，畢竟這裡面只有我一人。我看見自己在太空裡，藏身在彩色的點與線條裡，身在其中往深淵移動……我宣布自己是這太空的主宰。」還有一次，他認為這整個宇宙「其中的流星、恆星、彗星與行星都永不停歇地匆匆運行著」，就和人類的頭顱一般。你可以說他是在腦中漫遊宇宙，並試圖在自己的藝術作品中表達自己所找到的這個無垠無量又不符合邏輯的太空。「如果所有藝術家都能看到這些天體運行軌道的交叉口，如果他們能夠理解這些怪異的軌跡，以及我們的身體如何與天空中的雲朵交織，」他寫道，「那麼他們就不會畫出菊花。」

就這樣，他抹除了這幾百年來小心翼翼在客觀與主觀、外在宇宙與內在心智之間的分界。就某方面來說，他回到了薩滿的神祕靈性，「我是一切的開端，」他說，「因為許多世界都由我的意識而生。」康定斯基看見了他身邊一切事物的生命或靈魂；對馬列維奇來說，現實的真正本質根本不在外面的某個地方，整個宇宙都在我們體內。

在馬列維奇將至上主義發揮到極致之後便不再繼續針對理性發出木湯匙攻擊，不過其他藝術家確實接著以攻擊人性的規範與規則來發展創作生涯，其中之一便是馬塞爾・杜象（Marcel Duchamp），他不厭其煩地針對科學家的宇宙觀，並且說他想要「挑戰物理法則的極限」。一九一四年，他在畫布上丟下三根一公尺長的絲線，並依據掉落的線條切割出木板，創造出「根據機率的新測量標準」。一九二一年，他將自己的毛髮剃成彗星的形狀，然後在巴黎街道上繞行出飄移不定的軌道。

杜象的作品啟發了超現實主義，這是二十世紀的重大藝術運動之一，既接納不合理也接納荒謬。法國詩人安德烈・布勒東（André Breton）是開創超現實主義的藝術家之一，他在一九二四年抱怨說實證主義壓制了知識與道德的進展：「經驗……在牢籠中來回踱步，越來越難從中脫身而出。」超現實主義者的目標是，運用無意識的心智以及機率讓想像力自由，並且逃脫理性思考的限制與傳統。

即使如此，他們仍忍不住要回應科學的最新進展。在超現實主義最早的文學表達中，布勒東與人合著了《磁力場》（Les Champs magnétiques）這本非比尋常的書籍，目標就是要描寫出無意識心智中如夢似幻而未經過濾的聲音，同時充滿了詭異的設定與矛盾的圖像。其中一段描述「聰明的群體」出發旅行要到遙遠的地方尋找「埋藏的太陽」，在那處「滿布礫石的染血海灘上，或許能夠聽見星星的溫柔低語」，這一章節叫做「食相」，寫作的時候正好遇到英國天文學家前往巴西的索布拉爾（Sobral）以及西非的普林西比島（Príncipe），想要觀察預測會在一九一九年五月二十九日發生的日食，他們的任務是要測量星光在日食期間的偏折，領導團隊的科學家亞瑟·愛丁頓（Arthur Eddington）形容這個問題是「測量光的重量」。想當然耳，超現實主義者布勒東會深感著迷，現在輪到科學家要拋棄常識的舒適區，前往他們最瘋狂的夢境也無法想像的陌生領域。

古典物理描述的宇宙當中，物體存在與事件發生都僅限於一段固定而絕對的時空當中，這樣的方法用來描述地球上的日常事件非常合適，到了十九世紀末，有些物理學家認為已經沒有什麼尚待發現的東西了。接著就出現了亞伯特·愛因斯坦（Albert Einstein），他在伯恩（Bern）的瑞士專利局工作，他問自己如果以光速在這樣的宇宙中旅行會發生什麼事，並下結論說對觀察者而言，往同一方向前進的光束看起來就像停止了一般，但根據馬克士威描述電磁學的鋼鐵方程式，這是不可能的，光永遠都以同樣速度前進。

因此愛因斯坦轉而假設，無論觀察者的移動速度有多快，光速對所有人來說都維持一致，並引導出石破天驚的結論：空間與時間會依你的觀察點改變。他在一九〇五年發表了「狹義相對論」理論，當物體以光速的相當比例運動時，愛因斯坦的數學描述一塊詭異的區域，這裡的時間對不同觀察者來說會以不同速率流動，而空間能夠擴張也能壓縮。這組方程式表示空間與時間並非互不干涉而是彼此交織影響，也就是說時間是第四維度，而非空間，同時物質與能量可以互相交換，就如愛因斯坦的知名公式 $E=mc^2$ 所描述的。

他後來延伸了自己的想法以整合引力，結論認為引力就相當於加速度力，像是太陽這樣的巨大質量會吸引物體靠近，因其扭曲了時空的結構。愛因斯坦在一九一五年十一月發表了「廣義相對論」這套激進理論，不過一開始除了少數專家學者之外並沒有太多人知道，而重大的考驗則來自追逐日食的學者。

愛因斯坦預測說，因為太陽會扭曲附近的空間，任何經過太陽的光必定會彎折，不會以直線行進。若是如此，當太陽與遙遠的星體在天空的同一部分時，星體的位置看起來就會稍稍移動，因為其光線會略微偏離軌道。靠近太陽的星體通常是看不見的，不過還是有可能在日食期間，太陽光被擋住時去測量位置。愛丁頓在一九一九年十一月於倫敦宣布結果，結果數據看起來是模稜兩可，但無妨，隔天《泰晤士報》的頭條寫著「科學革命：宇宙新理論，推翻牛頓思想」。

有了愛因斯坦的理論，物理學堂堂進入了新時代。以太和第四空間維度（至少在十九世紀是這麼認為）都被棄置一旁，絕對時間與空間的概念亦然。從那時起，宇宙是相對性的，對物理學家而言這是第一道微光，其實「外頭某處」沒有什麼尚待發現的真相，我們所認知的宇宙大多非端賴我們觀看的方式。

還有更多。相對性所討論的是廣大空間中的事件，不過研究極小規模的物理學家，例如原子及次原子層級，也遇到了問題。自十九世紀初以來，普遍都認為光是以波的方式前進，通過一狹小隙縫後往外擴散，就像水波一樣，而附近縫隙發出的波疊加之後就會產生典型的干涉圖形，出現高峰與低谷。但是自一九〇〇年後，物理學家發現若是要理解基本的觀察結果，例如熱物體散發出的輻射模式，就必須假設原子所釋放的能量並不連續，而是零散的封包形式，或稱為「量子」。顯然光並不是波，是以粒子組成，稱之為「光子」。

一九一三年，丹麥物理學家尼爾斯．波耳（Niels Bohr）將這個概念套用到原子結構上，最新的模型認為電子會繞著原子核運轉，就像太陽系中的行星一樣，波耳又補充道，只有對應特定能量的特定軌道才能容納電子，電子在各階層之間跳躍時會釋放或者吸收不等能量的光子，對應不同頻率的光。波耳的原子模型終於揭露出夫朗和斐、本生和克希荷夫都無法解釋的原理：為什麼不同元素的氣態會釋放、吸收譜線的特殊形式。但是原子中有禁入的能量區，電子會從一態中消失後又馬上出現在另一態，這個概念粉碎了古典的現實模型。

鴻溝越擴越大。到了一九二〇年代便發現，原來不只是光，包括所有輻射以及次原子粒子，根據觀察的時間點及方式，都會表現出粒子與波這兩種互相矛盾的特性。討論到微小的量子世界中，如軌道、位置與速度這樣看似無可質疑的概念也要漸漸崩解。包括波耳、維爾納．海森堡

（Werner Heisenberg）和馬克斯・玻恩（Max Born）等物理學家會以數學來描述這些違反直覺的結果，接著引導出就連超現實主義者看來都很極端的概念。他們的結論認為，我們觀察到的粒子在透過測量而固定之前都不會以正常的形態存在，波的形態並非以物質或輻射組成，而是或然率，比方說，我們並不是在描述粒子在哪裡，而是在我們決定觀看的時間點粒子可能出現在哪裡。

他們引領研究的量子理論主張，在次原子層面上我們所能知道的資訊有其基本限制（例如，我們永遠無法同時精準測量出粒子的位置與動量），而且我們永遠無法確切預測某次測量的結果會是如何，而只能知道出現不同結果的可能性。古典力學（以及常識）說，如果你一次次反覆操作同樣的測量，都會得到相同結果，但是在量子力學中，答案可能每一次都不一樣。

這些想法中隱含著重大的哲思。首先，我們所測量的粒子不能與測量的行為分開思考，這個想法馬上讓物理學家之間開始針對外在現實的狀態展開激烈辯論，甚至討論其中是否能連結到人類意識，這場辯論至今尚未有解答（我們會在第十二章回頭探討）。一邊是如愛因斯坦這類的傳統主義者，他們一直堅持認為在物理學家及其實驗之外獨立存在著一個客觀現實；另一邊則有沃夫岡・包立（Wolfgang Pauli）以及後來出現的埃爾溫・薛丁格（Erwin Schrödinger），他們猜想著會不會是我們創造了自己所認知的現實，並且認為量子力學必須找到能與人類心智相容的方法。

第二，過去總認定只要依循著符合邏輯的因果串連起來，現實終究是可以理解、可以預測，但這些新概念卻粉碎了這條金科玉律。自牛頓以降的科學家都相信，理論上只要他們能夠針對一套系統（甚至是整個宇宙）收集到足夠的資訊，就能夠理解關於系統的一切，還能夠推算出未來接下來會發生的一切。量子力學的誕生讓這樣的信念看來毫無用處，反而是告訴我們，我們所觀察到的一切都是或然的統計總和，從日常角度來看會創造出因果關係的假象（就像機器的齒與輪），不過或許並非宇宙中的萬物都已經預先有了結果，追根究柢，看起來似乎是一片模糊，是無法鎖定位置的創造機會。

在這一章中我們已經遠遠偏離了對天空繁星的觀察，但是這些藝術家與物理學家仍然組成故事中相當關鍵的一部分，因為他們以其他方法探索了現實，同時也試圖要理解宇宙的本質。他們不再只是觀星，而是聚焦在如何深入探究這些閃爍光點背後的真相，他們違抗了僅僅幾十年前仍看似無法動搖的確定性與清楚易懂的學說，而到了第二次世界大戰，宇宙的本質已經轉變。

正如我們在後續章節會提到的，幾百年來謹慎建構出一個有所區別的外在現實觀點，並非輕易就能抹去的，但這股爆發湧出的創造力所包含的種子也不能完全阻卻，我們在今日仍然需要時時注意。藝術家運用他們的情緒與直覺來解構邏輯性的三度空間，攻擊著我們感官的極限，並且探索人類心智的主觀領域；物理學家則採用非常不同的方法，仰賴的是數學和理性，不過他們也不得不拋開常識，就像拉開立體未來主義歌劇的舞臺簾幕一樣，顯露出一個同樣無法預測而時時矛盾的宇宙。在最大與最小的層面上都與我們自身的經驗緊密交織，卻已經遠遠超過我們所認知的現實。

●

馬列維奇似乎一直在引領潮流，隨著常識中的宇宙觀式微，他又再次往前邁進。因為內戰導致食物與燃料嚴重短缺，莫斯科的生活越來越艱難，於是在一九一九年十一月，馬列維奇搬到白俄羅斯的維捷布斯克（Vitebsk），在畫家馬克．夏卡爾（Marc Chagall）主導的藝術學校中教藝術。

夏卡爾很快就被擠走了，這間學校成為至上主義的堡壘，而馬列維奇在他人生的這個階段確實也狂熱沉浸在天文學中：他總是隨身攜帶著口袋型望遠鏡，花上好幾個小時默記下夜空的星圖。或許是受到自己漫遊內心宇宙的旅程所啟發，現在他夢想著逃離實體的地球。他受到俄羅斯工程研究先驅康斯坦丁．齊奧爾科夫斯基（Konstantin Tsiolkovsky）的影響，這位工程師最近才計算出要如何以液態氧及氫當成火箭引擎的燃料，將火箭發射到天空中。一九二〇年，馬列維奇預測人類的未來會和宇宙緊密相關，而至上主義機器將會在地球與月球之間繞行，他以俄羅斯語中表示「旅伴」的詞彙來描述：史普尼克（Sputnik）。

馬列維奇並未繪畫，反而是製作並描繪幾何建築模型，稱為「建築子」，包括他稱為「人造星」的太空繞行居住地。他對太空旅行的熱忱也感染了同事與學生，其中埃爾·利西茨基就出版了一本兒童繪本，內容描述兩個宇宙方塊造訪地球之後又升空飛走了。伊利亞·查什尼克（Ilya Chashnik）在一九二五年創作的〈黑色表面上的紅色圓圈〉（Red Circle on Black Surface），生動描繪出在一深邃漆黑的太空中，只有一顆孤獨的衛星繞著紅色圓球轉動，很難相信這幅畫竟是在人類離開地球的幾十年前就完成的。

馬列維奇所啟發的願景到最後也讓他的國家贏過美國，在一九五七年十月發射了世界上第一顆人造衛星史普尼克一號進入地球軌道。不過新的政治氛圍對他的藝術就不太寬容，蘇聯在一九二二年正式成立之後，共產黨的勢力逐漸掌握了社會的各個面向，包括藝術表達，繼承了列寧權力的史達林（Joseph Stalin）到最後只允許創作最真誠而正向描繪蘇維埃生活的作品（這個風格稱為社會寫實主義）。馬列維奇搬到彼得格勒是為了尋求更自由的氛圍，結果在一九二六年，一份共產黨報紙稱他的學校是「政府支持的修道院」，充滿了「反革命的布道演說和藝術家的沉淪」，於是只能關閉。

他的藝術及教學活動受到限制，許多作品也遭扣押，他在一九三〇年遭到逮捕並以全國公敵的身分入獄。面對一無所有的境況，這位高瞻遠矚的藝術家被迫回復到寫實主義繪畫，繪製農民與他家人的肖像畫，希望政府當局能夠接受。不過他從未放棄偷偷加入至上主義的元素，他在一九三三年的〈最後自畫像〉（Final Self-Portrait）當中，將自己畫成了文藝復興時期的藝術家，署名則畫上一個黑色方塊。

馬列維奇在一九三五年五月因癌症病逝，原本他要求回到西方治療但遭到拒絕了，他希望在自己的墳墓上面放置一座建築子和望遠鏡，讓訪客能夠觀察木星，不過這個願望也落空了。然而，他的墓碑倒是安放了一個白色方塊，上面畫了巨大的黑色方形。我喜歡想像這是他終其一生想要尋找的宇宙入口，馬列維奇終於離開地球，前往那浩瀚無垠。

10 生命

一九五四年二月，美國生物學家法蘭克．布朗（Frank Brown）發現了十分值得注意、完全無法解釋的現象，但他的同僚基本上將他的發現從歷史上抹去。

布朗從康乃狄克州紐哈芬（New Haven）的海床上挖起一批大西洋牡蠣，將之運送到幾百公里以外的內陸，也就是伊利諾州埃文斯頓（Evanston）的西北大學（Northwestern University）。然後，他將牡蠣放在一間密閉暗房的鹽水盤中，不受任何氣溫、壓力、潮汐或光改變的影響。正常情況下，這些牡蠣是隨著潮汐而進食，漲潮時打開殼從海水中攝食浮游生物與藻類，退潮時則閉上殼休息。布朗已經知道牡蠣在漲潮時最為活躍，大約一天會有兩次，而他有興趣研究的是軟體動物如何定時進行這類行為，於是設計出這樣的實驗來測試，當牡蠣遠離海床、失去了所有關於潮汐的資訊之後會怎麼做，是否仍然能夠持續正常的進食節奏？

實驗的前兩週，牡蠣確實可以做到，牡蠣每一天的進食活動高峰期都推遲了五十分鐘，正好與其家鄉紐哈芬海灘上的潮汐時間相符。這項發現本身就是很了不起的結果，表示貝類能夠估算出準確的時間，但後來又發生了一件意外，永遠改變了布朗的人生。

這批牡蠣慢慢將進食時間改得越來越晚，再過兩週之後就重新形成了穩定的週期，不過這次卻比紐哈芬的潮汐晚了三小時。布朗覺得疑惑，他查了天文曆之後才發現，每一天漲潮都是發生在月亮走到天空最高點或者地平線以下最低點的時候，這時是吸引海水的月球引力最強的時候。布朗明白，牡蠣是根據本地的月亮狀態來修正自己的活動，不再依循東岸的漲潮時間，而是根據埃文斯頓（假如有靠海的話）的漲潮時間來進食。他已經將這批生物與所有明顯的環境線索隔離開來，但不知怎的，牡蠣仍能跟著月亮走。

布朗的實驗招來了惡名，這是生物學上最具爭議性的實驗結果之一。科學家才剛發現，生物的生命過程會依據如一天當中時間等環境週期而有所不同，但生物學中每一位其他重要人物都認定，這些節律最終是由生物內在的時鐘所推動，只有布朗堅持生物會接收到神祕的宇宙提示，其他人對此嗤之以鼻。這樣的意見歧異不僅僅是關於生物計時能力的本質，而是反映出一道更加深層、哲理性的鴻溝，橫越在包括人類在內的所有生物與我們的行星及更廣闊的宇宙之間。我們究竟是獨立自主運行的機器，或者生命其實一直和地球、太陽、月亮甚至星星之間進行著隱晦的溝通？

布朗最終輸了這場戰爭，幾十年來的研究成果被認為是有瑕疵的而遭到屏棄，常見的科學故事中幾乎不會提到他，除非是當成警世故事，用來警告科學家偏離常識太遠所造成的危險。自此之後，「時間生物學」領域發展空前成功，研究學者發現了細胞內的分子齒輪組成複雜的網絡，能夠估算出時間，可以說讓星球上的所有生物都能預測太陽每日與每季的運行。

不過生物時鐘當中還有一個基本的謎團尚待解釋，而不斷有些微證據暗示布朗或許已經發現了什麼，這股涓涓細流很快就成為洪水。

●

千百年以來，人們一直都知道地球上的生命是和諧依循著太陽每日通過天空的路徑而運行，我們日出而作、日入而息，花朵也依照一天中的時間盛放或閉合，鳥鳴便預告了天將破曉。人類所知最早對於每日生物週期的書面紀錄是來自薩索斯島的安卓斯泰涅斯（Androsthenes of Thasos），他是亞歷山大大帝麾下的海軍指揮官，於公元前四世紀便描述過泰洛斯（Tylos，今巴林〔Bahrain〕）的酸豆樹葉子會在日出時展開，日落時則閉合。一七二九年開始有科學研究，法國天文學家尚─雅克・多圖斯・德・邁蘭（Jean-Jacques d'Ortous de Mairan）指出，「敏感」植物葉子每日會展開，可能是含羞草（Mimosa pudica），即使將之安置在黑暗中也會持續。一般都將這些每日週期視為依據環境信號的改變而出現的被動反應，例如溫度或光，就連德．邁蘭的結論都認為，他的植物一定能夠「在沒有看到太陽的情況下也感應到陽光」。一直到了一八三二年，瑞士植物學家奧古斯丁．德．坎多爾（Augustin de Candolle）首先提出，含羞草這類植物沉睡與甦醒的活動或許是內在計時的結果。

到了二十世紀上半葉，普遍都還不能接受像植物這類簡單的有機體可能具備準確的內在時鐘，事實上，就連研究的念頭都頗受爭議，這一部分是因為對於自然界的可能性，學界態度有了更大方向的轉變。我們在第九章提過，十九世紀末曾對無所不在的以太產生狂熱研究，再加上如放射性等發現，表示在我們通常認知的常識性事件之外，還存在著有所連結、看不見的現實。過去大眾十分熱中於讀心術與千里眼等題目，也經常成為科學探究的對象，世界上最受敬重的幾名物理學家也嚴肅看待，不過這層信任很快就開始消解，物理學家研究後的結論認為以太並不存在，而一連串難堪的失敗也讓科學家痛苦地認知到，人類偏見有多麼容易讓我們誤入歧途。

例如有一種引起眾人騷動的新型放射線叫做N光，在一九〇三年首度出現報告後就有好幾百篇物理學論文討論，結果在一九〇四年發現只是想像；諸如靈媒和仙子等神奇現象也被揭發為騙局，數十年來針對心電感應的研究並未提出令人信服的發現。另外，還有一起事件形塑了未來對於動物行為的研究，有一匹世界知名的馬兒叫做聰明的漢斯，看起來能夠透過馬蹄拍打地面來回答問題並進行加法解答，結果在一九〇七年發現漢斯只是在回應主人無意間透露出的信號。到了一九二〇至三〇年代便出現了尖銳的懷疑論，尤其是在美國，針對在幾十年前讓許多學者感到著迷的神祕能力與力量，其中也包括生物似乎能夠估算時間的想法。

這並未阻止布朗在研究生涯之初就與生物節律結下不解之緣。布朗出生於一九〇八年，在緬因州馬柴亞斯港（Machiasport）這個海邊小鎮長大，閒暇時都在打獵、出海、捕魚，他尤其對居住在緬因州曲折海岸線地區的生物十分著迷，而掌管著這塊過渡區域的力量是世界上數一數二的潮汐。一九二九年，他開始在哈佛大學攻讀博士學位，研究大西洋招潮蟹的顏色變化。

招潮蟹身上的顏色會在大約日出前後變深，如此就更容易躲開掠食者也能保護內臟不受陽光直射；到了日落時分，顏色會變淺直到身體呈現一種淡淡的銀灰色。布朗很想知道是什麼引起顏色的變化，但是他的研究結果會因為時間不同而有很大差異，於是他開始懷疑就算在實驗室的控制條件下，招潮蟹也會依循著二十四小時的週期。

他越來越著迷於動物的計時能力，一九三四年是他博士研究的最後一個夏季，其間他在百慕達（Bermuda）一處海洋研究機構待了六週。晚間，布朗就坐在實驗室的木棧板碼頭上，舉著火把照亮海面，然後看著動物往光源聚攏，他很快就認識了居住在當地的生物，包括海龍、鰺魚到小海龜與海鰻，不過一個沒有月光的晚上大約十點鐘，水裡突然到處是一種他之前從來沒有看過的生物：一大群活蹦亂跳的半透明小蝦子。

牠們突然出現也突然消失，一個月後卻又回來了，正好在下一次新月之前。布朗抓到了幾隻並送給大英博物館的專家鑑定，專家認出這些蝦子是學名為 Anchistioides antiguensis 的隱蝦，這種蝦類難以捕捉，博物館內也只有另一副標本。後續的研究顯示，這種蝦子只會在接近新月的午夜前群聚湧現一、兩個小時。[76] 布朗回到美國之後，伊利諾大學（University of Illinois）提供他研究員的職位，而現在他知道自己想要研究什麼了：蝦蟹這些行為週期的背後由什麼驅動？

布朗以夏季教學所賺的錢再加上跟兄弟借的錢買了一輛二手車，開車到西部的伊利諾州展開新生活。不過在他離開之前，哈佛的一名資深同僚警告他，如果他重視自己的研究生涯就應該避開生物節律這個惹人懷疑的題目。他謹慎聽取了這個建議，轉而只研究能贏得名聲的題目，例如魚類的彩色視覺，一直到了一九四九年他成為西北大學的終身職教授，也就是說不會遭到開除，於是他終於能回頭去研究「節律問題」。

布朗又開始研究招潮蟹，發現即使放置在光源穩定的恆溫環境中，招潮蟹身上的顏色仍然會每天根據家鄉海灘上的時間變淡、變深。若是他讓螃蟹在不同時間點接觸到光線就可以改變變色的階段，可以促使變色週期提早例如六小時，就像在波羅的海（Baltic Sea），或者提早十二小時，像是在新加坡。但還不僅如此，他還研究了這群螃蟹的生理活動，招潮蟹大多數時間都躲在沙底下的洞穴中，只有等退潮而露出沙灘時才會爬出來覓食。布朗抓到的螃蟹即使距離海灘已經有幾百公里遠，仍然嚴格遵守著這十二．四小時的潮汐週期，代表一個月球日（Lunar day）會出現兩次退潮運動的極大值。動物就像迷你的天文鐘，隨著一是太陽、二是月亮的兩套週期漸漸進入、淡出某個階段，就像在天空中一樣。

到了一九五〇年代早期，另外有幾位科學家也對各式各樣物種的生物節律產生了興趣。在德國，傑出的植物學家歐文·賓寧（Erwin Bünning）記錄下豆苗葉的「睡眠活動」，然後菸斗不離手、雄辯滔滔的生理學家尤金·阿紹夫（Jürgen Aschoff）則在自己身上實驗之後，發現人體溫度有二十四小時的節律。在美國，英國出生的生物學家柯林·皮騰德里格（Colin Pittendrigh）在千里達對付瘧疾問題時，注意到蚊子的活動有每日週期性，便開始研究昆蟲的節律。另外羅馬尼亞出生的弗朗茲·哈爾柏格（Franz Halberg）則是因為老鼠體內的白血球濃度每天會波動變化，結果毀了他的藥物實驗結果，才讓他進入這個研究領域。

布朗關注的主題是月球的影響，不過他的競爭對手則專注於二十四小時的週期。無論他們研究的是什麼物種，包括豆芽、鳥類、蒼蠅、老鼠，同樣發現在恆定的條件中週期都會持續；不過在他們的實驗中，在沒有外在信號的情況下，節律更迭的速度會有些微改變，因此相對於太陽日

76 原註：布朗和他的同事發現一個月中有兩次 A. antiguensis 群聚：新月的三、四天前會大群湧現，然後新月過了兩天之後又有比較小群出現。後來，生物學家發現其他時間這些蝦子都住在海綿裡。

的高峰與低谷會逐漸偏移。不同的個體結果會出現不同的週期長度，每一個都接近二十四小時，但並不精準。研究者的結論認為，節律必定是由生物細胞內隱密的內在計時器驅動。在正常情況下，週期會受到光線與溫度等環境信號影響，好使其確切符合白天與夜晚的時間，但是就算獨立運作也完全沒有問題。

一開始布朗也是這麼想的，但是他開始懷疑這點是否有可能。在他的實驗室中，螃蟹即使完全與周遭環境區隔開來，依據月亮及太陽的週期還是能夠準確維持好幾個月，他實在無法想像獨立運作的內在時鐘怎麼能夠估算出如此精準的時間。然後在一九五四年，他進行了移時牡蠣的實驗。牡蠣雖然待在密閉的暗室中，還是能夠根據本地的月球運行來調整活動，因此布朗相信牡蠣並非依賴內在計時器，而是能感應到天空中的信號。

基本上，這兩種方法就相當於十八世紀導航員為了計算經度會使用的兩種不同計時方法，你可以打造自行計時的機器，就像鐘錶匠約翰．哈里森製作的計時器；或者可以直接從天空中觀察時間的參照點，就像天文學家內維爾．馬斯基林計算月亮距離的方法。生命所選擇的是哪個方法？

布朗決定研究他所能想到最基本的生物過程：新陳代謝。他研究發芽的馬鈴薯，花費數年進行實驗並追蹤一百多萬顆馬鈴薯的時間，另外他也觀察了豆子、麵包蟲、雞蛋以及倉鼠，讓這些生物不受氣溫、氣壓與光線變化的影響。雖然實驗生物應該是跟外界切斷了連繫，布朗卻發現其代謝率的規律不僅仍然符合太陽與月亮的運行，也配合著地球大氣的氣壓與氣象改變，就連馬鈴薯，不只是「知道」時間，還包括一年中的季節，就好像生命本身是隨著地球的時間而脈動。

布朗的結論認為，有機生物對於外在的地球物理因素相當敏感，可能是重力的些微起伏或甚至是人類尚未發現的微弱引力。布朗的競爭對手也進行諸多實驗，應該是要證明內在時鐘的存在，布朗則認為這些實驗對象根本沒有完全與環境隔離開來，而是浸淫在微妙、帶著律動的場域中，會隨著地球運轉而改變，並影響著實驗對象。

布朗的同儕並不太能夠接受這樣的看法。當中有幾個人為了讓其他科學家認真看待自己對每日週期的研究而十分努力，他們也遭受各種罵名，從超心理學乃至於偏執妄想，他們的專業尊嚴端賴使用嚴謹、可重現的方法，而其理論基礎也是無可挑剔、具有因果關係的物理原則；然而布朗對於神祕力量的論述卻是危險的胡說八道，可能危害到這個領域。他們堅稱布朗的測量並不夠精確，或者他在自己高度複雜的資料中所看到的規律根本不存在。但是布朗充滿魅力又雄辯滔滔，不斷影響著輿論必須要採取行動。

第一次重大打擊在一九五七年來臨，在美國科學期刊的龍頭《科學》（Science）刊登了一篇非比尋常的論文，一位備受敬重的生態學家拉蒙・柯爾（LaMont Cole）隨意擺出了幾個數字便聲稱自己「發現了獨角獸的外生性週期」，這是在諷刺布朗和他的團隊，訊息也很清楚：他們的研究結果就跟獨角獸一樣是想像出來的。過去從未見過這樣的人身攻擊，而布朗後來回想起，說此舉「深深重創我們」，「到處都有人拿這篇文章來挖苦我們」。一九五九年，哈爾柏格跟著創造了如今定義此一領域的「晝夜節律」（circadian）一詞，通常是用來指稱二十四小時的週期，不過這麼說不太正確：這個詞彙源自拉丁文，表示「大約一天」，哈爾柏格選擇這個詞正是為了強調布朗理論中的缺漏，也就是說，大部分不受拘束的生物每日生活週期都並非正好二十四小時。對峙的張力在一九六〇年六月來到頂點，此時在紐約市附近的冷泉港（Cold Spring Harbor）正舉行一場關於生物時鐘的研討會，相當具學術地位。

這場會議如今被視為時間生物學的關鍵時刻，皮騰德里格和其他人說明自己對於晝夜節律週期的觀點，認為這是生物自行維持的內在特性，透過調節類似於時鐘齒輪的生物化學機制來控制。這個初萌芽的領域中一切看來都好，出現了新的詞彙以及強大的理論架構，但只有一個問題：布朗。起初他並未受邀，但他還是出席去面對一群抱持敵意的觀眾，會中只有他認為生物並非由體內調節器來控制週期，而是根據宇宙間的提示。

布朗的其中一個論點就是溫度。生物週期的調節時機即使是遭遇相當劇烈的氣溫變化居然也不受影響，這點是眾人都同意的結果。只要時間對了，螃蟹就會變換顏色、蒼蠅也破蛹而出，不管環境的氣溫是高或低；儲存在恆常條件下的乾種子，無論是儲存在攝氏五十度或者零下二十度，發芽能力仍然展現出每年發展的週期。但是，布朗指出，生物化學反應的速度卻會依據氣溫不同有很大差異。一般說來，溫度每上升攝氏十度速率就會加倍（而在攝氏零下二十度時，生物體內的生物化學過程應該就完全不會進行）。他的對手無法解釋由生物化學機制所創造的內在時鐘為何不會受到這樣的影響，但太陽和月亮所提供的不變提示卻可以完美解釋這項特性。布朗警告道，若是科學家堅持內在時鐘的存在，可能就像「追逐鬼魂」那般不切實際。皮騰德里格反駁道，布朗那套神祕又隱晦的影響力說法才是在追逐鬼魂。

那場研討會之後，布朗注意到自己的論文越來越常遭到拒絕，尤其是美國的期刊，而該領域的其他刊物雖然一直都反對他的意見，也不再引述他的研究了。根據布朗的說法，最後哈爾柏格承認了大約在這個時候，布朗的競爭對手私底下達成共識，要盡一切可能阻擋、忽略或者抹黑他；為了這個領域的發展，他們必須讓叛逆分子噤聲。無論這件事是不是真的，他們確實不再與布朗和他的想法有所交集；自此之後，彷彿就像他從不存在一般。皮騰德里格在一九六四年一場重要研討會上完全忽略了布朗的論述，另外隔年阿紹夫在《科學》發表的重要評論中，也不願意指名道姓說出對手的姓名，只簡單提起「另一種假設」受到的批評已經夠多了：「所以我不想再討論。」

布朗和他的宇宙提示說遭到驅逐，而生物週期的研究也就成為晝夜節律時鐘的研究。

這些研究結果形成的領域就此改變了我們對生命運作的理解：不只是動植物，還有人類的，例如阿紹夫就開始進行一連串先驅實驗，探究人類不接觸陽光時會發生什麼事。阿紹夫先在一處二次世界大戰時期的老舊防空洞中進行前導研究後，一九六四年便在巴伐利亞一片山坡上專門為了隔離而建造一座設施，他和身為物理學家的同僚魯特加・韋佛（Rütger Wever）一同研究，將學生關在設施當中，一次就是好幾週，並且以一系列設備來追蹤他們的狀況，包括動態感應器以及直腸探測器。設施內隔音的房間十分舒適，有一間起居室、淋浴間和小廚房，但是所有能夠讓人知道時間的東西，例如時鐘、收音機或電話，則一概禁止（倒是有一臺唱片機，比較聰明的學生會用來計時煮蛋的時間），志願參加者唯一與外界的聯絡就是通信，食物（以及本地釀造的啤酒）則是不定時送進防空洞兩道大門之間的小空間裡。

阿紹夫自己就是第一名志願者，由韋佛觀察。在他居留的十天當中，他猜測自己每一天都更早一些起床，結果離開防空洞當天發現自己最後一次醒來的時間其實是下午三點，他「大感意外」。之後，有超過三百名志願者（大多都是為了準備考試的學生）「進入地底」，一次待上三至四週。其中只有四名提早離開，還有一名的白晝長度逐漸增加到三十三小時，後來抱怨說自己還來不及完成作業的修改，堅持要研究人員讓他回去。

阿紹夫發現，就像其他物種一樣，這群志願者的每日週期即使環境條件不變也會持續[77]，顯示人類也有內在的晝夜節律時鐘。當一個人被剝奪了來自外在世界的訊息，睡眠與清醒的週期通常會稍微超過太陽日，平均約為二十五小時。多年來，阿紹夫和韋佛指出可以透過明亮光線、溫度與社交提示等信號來訓練這樣的週期。

其中有幾名志願者的睡眠規律出現很大差異，晝日長度可以達到五十小時，只是他們自己根本不知道，不過他們的生理狀態，例如體溫或代謝排泄等等，幾乎一直都在二十四至二十六小時短短的區間變化，這表示他們的睡眠與清醒週期並未與其生理狀態同步，阿紹夫將這個現象稱為「同步化失調」，這是他最為重要的其中一項發現，最早暗示了在人體內有許多不同時鐘負責驅動不同功能，而若是沒有恰當的外在提示就可能不再協調。出現這樣的狀況時，志願者會表示感覺不太舒服，於是阿紹夫警告若是人類與太陽失去連結，例如輪班工作，可能會對健康造成影響。

生理時鐘究竟如何運作，第一條線索是在一九七一年從大西洋彼岸傳來，來自一名研究果蠅每日週期的加州研究生。隆納德·科諾普卡（Ronald Konopka）分離出三株失去了計時能力的變異果蠅品系：一株是拖慢到二十九小時的週期、一株則是縮短到只剩十九小時的週期，還有一

77　原註：有些實驗是在保持黑暗的環境下進行，有些則是持續照明，還有一些實驗中讓實驗對象能夠選擇何時打開、關閉光源。

株根本沒有週期。結果這三株品系都在同樣的基因上發生不同的錯誤，後來在一九八四年由其他研究人員辨識出來，將這個基因命名為「週期」，並發現其中編碼的蛋白質每二十四小時就會大量增減。終於，他們能夠一窺生理時鐘當中的機制運作，時間生物學者找到了他們的鬼魂。

自此之後又辨識出了許多其他與生理時鐘相關的基因，其中編碼的蛋白質能夠在回饋迴路的複雜網絡中彼此制衡，最後創造出布朗原本認為不可能的結果：大約每天運行一回的穩定週期，符合太陽運行的週期。不只在果蠅身上能找到類似的系統，小至細菌、大至人類幾乎每種生命體都有，這些太陽時鐘告訴動物何時進食、何時奔跑、何時睡覺以及何時消化；讓植物能夠分配澱粉存量以度過夜晚，並且在清晨啟動光合作用機制開始運行；告訴真菌何時該形成孢子、告訴昆蟲何時該破蛹而出，並提醒成千上萬種的海洋浮游生物該在日出前下潛，並每晚浮出，這是地球上規模最大的生物質運動。只要追蹤日出與日落的時間改變，時鐘也能夠推動四季更迭，確切告訴生物何時該遷徙、蛻皮或繁衍。

同時對人類而言，晝夜節律研究已經成為醫藥界中最熱門的領域，內在的時鐘能夠調節我們的睡眠規律，以及如消化、血壓、體溫、血糖濃度、免疫反應，甚至細胞分裂等身體功能。事實上，很難找到有哪個器官或功能是不遵循每日週期而運行的，同時正如阿紹夫所警告的，若是我們忽略了這些週期就可能有危險。自從第一盞人工光源亮起的兩百年來，我們的生活方式就越來越脫離日出日落的二十四小時週期，我們有許多人會熬夜、輪班工作、在不同時區間移動，白天在昏暗的辦公室中工作，晚上又暴露在來自電腦、電視及智慧型手機的光源下。這是個問題，雖然我們體內的生理時鐘確實可以獨立運作，但若是缺乏外在提示的強化，就可能嚴重偏離常規。

最重要的時間信號是陽光，由眼睛視網膜中的細胞感測，與日出及日落時間相關的資訊會送到大腦的中央調節器，接著再控制全身各個次要時鐘。白天接收到的明亮陽光不夠，或者晚上接觸到太多光，都可能損耗或干擾這些時鐘，讓身體的複雜運作陷入混亂。節律減弱或者彼此脫節都可能造成健康問題，從失眠、憂鬱症乃至於肥胖、心血管疾病，甚至癌症。[78]時間生物學領域的重要學者羅素·佛斯特（Russell Foster）便警告道，雖然現代科技讓我們能夠在自己想要的時間醒來、睡著及工作，「人類生物學仍然極度依賴地球繞著軸心自轉的二十四小時週期」，我們越來越脫離地球物理學週期的生活模式是一顆「正在滴答響的定時炸彈」，他說道，其心理及生理影響「可能危害到我們社會中各個面向，造成悲慘的未來」。

晝夜節律在其他方面也對健康有顯著的重要性。醫師便慢慢發現，大多數病況的發生或症狀都會有特定的每日變化，包括心臟病發、氣喘、支氣管炎、囊腫性纖維化、中風、發燒、疼痛、癲癇及自殺等，一天當中的時間可以決定我們對某種感染或藥物有何反應，或者吃進完全相同的

78　原註：例如在二〇〇七年，世界衛生組織便將會干擾人類晝夜節律的輪班制工作歸類為可能的人類致癌物。

餐點會讓我們增加或減少體重。就連季節的變化也很重要：嬰兒出生的月份會影響之後染上如失智症、多發性硬化症及思覺失調症等疾病的風險（南北半球的規律會相反）。科學家尚未理解究竟是為什麼，他們提出的理論包括早年感染風險、營養和維他命D濃度等等，但顯然在你出生當時地球與太陽的相對位置會影響你的終身健康。

二〇一七年，時間生物學領域接受了科學最高殿堂的認可：諾貝爾獎頒發給了找出週期基因的研究學者。「在這顆行星上的我們都受到太陽的奴役，」傑出生物學家保羅・納斯（Paul Nurse）評論道，「晝夜節律時鐘就內嵌在我們的運轉、新陳代謝等機制中，內嵌在各個地方。」短短幾十年內，能夠預測太陽日已經從特殊有趣的能力轉變成為生命本身的關鍵特色。

這是個美妙的成功故事，但是在這所有令人讚嘆的發現當中，布朗所提出的幾個問題仍然揮之不去，而其中一個想法便是月亮無所不在的影響，儘管懷疑論者用盡一切努力想驅逐這種論述，卻都沒有成功。

●

目前已知最古老的藝術作品之一是一座舊石器時代的雕像，學者在法國羅賽爾（Laussel）一處洞窟中發現一塊石灰岩上鑿著雕刻，這裡距離拉斯科只有幾公里遠。岩石上雕刻著一個胸部十分顯眼的女性，一手還搭在自己隆起的肚腹上，雕刻上原本抹上了赭紅，女人手中握著新月形狀的角，上頭刻著十三道往下的條紋，大部分學者認為這代表了新月至滿月之間經過的天數。

時間生物學家通常會專注在每日週期上，但是認為月亮也對地球生物具有強大力量的信念卻存在於世界各地的傳統社會中。儘管太陽看起來都是一樣的，月亮卻會依循著永恆不變的盈缺週期出現、成長、死亡，然後經過三個沒有月亮的晚上又重生。歷史學家默西亞・埃里亞德調查研究全世界的神話傳說與宗教信仰，結果深具影響力，他認為月相讓最早期的人類能夠測量時間經過的長短，這比人類開始追蹤太陽更為細微的季節運動要早了許久。（從梵語、波斯語乃至於希臘語及拉丁語中，代表月亮的字詞都衍生自古老的字根me，意思是「我測量」。）同時，月亮成長、死亡而重生的週期也孕育出一種週期性、有秩序的宇宙整體觀點，其中地球上的生命規律會反映出天空中的事件。

如羅賽爾雕像這類的藝術作品強烈暗示著，最早可回溯至舊石器時代，人類就已經發現月亮與人類月經週期（平均是二十九・五天，就像陰曆的一個月一樣）以及懷孕時間（九個陰曆月）的關聯，一位學者認為人類最初觀察到這樣的同步性時「便在人心中產生了一種神話般的謎團，述說著地上與天上的事物」；另一位學者則認為或許正是女人在推算自己月復一月的週期時，便開啟了計算時間的傳統。最後，根據埃里亞德的說法，月亮會影響生育的信念又進一步延伸，將月亮視為「在所有天體中最能影響生命週期的一個」。

當然，等到人類開始有書面紀錄時，相信月亮能夠影響生命的類似信念便已經存在了。巴比倫人和古希臘人理所當然地相信女性生育能力是來自月亮（英文中的「月經」〔menstruation〕就衍生自希臘文中的 menes，意思是月亮）。公元一世紀時，羅馬作家老普林尼寫道，月亮的力量「滲透了一切事物」，從植物、動物到人類（尤其是貝類，他說會隨著月相而成長、縮小）；在十七世紀，法蘭西斯．培根提到，人們相信「兔子、鷸鳥、小牛等等動物的大腦在滿月時是內容最滿的時候」。更近代時，人類學家發現在格陵蘭島，年輕女人會不敢直視滿月，以免月亮讓她們懷孕，同時在印度到法國等地的傳統社會中，女人為了受孕則會喝下吸飽了月光的水。

但是這些傳說當中有任何生物學的真相嗎？月亮週期當然對於餵食及覓食等夜間活動相當重要，從貓頭鷹、狼、蛇乃至於蟻獅等夜行性掠食動物都要仰賴月光來狩獵。或許更令人意外的是，其影響力能夠形塑整個生態系統。海洋中如磷蝦到蟹苗等浮游生物每日都會集體下潛，讓這些生物能夠在白天避開掠食動物，一般認為在北極的仲冬時，太陽不會升起，這樣的移動也就會停止；但是在二〇一五年，生物學家發現在北極洋中，這樣的移動其實是從二十四小時的週期轉換成了二十四．八小時的週期，依循著月亮的升起與落下。傳說中的狼人會受到月光刺激而狩獵，研究學者則指出：「我們的資料顯示出真實由月光驅動的活動。」

認為月亮能夠直接掌控如生育等生物活動，這樣的想法就比較多爭議，但這方面的證據也逐漸增加。首先開始研究的是一九二〇年代的英國動物學家哈洛・蒙羅・福克斯（Harold Munro Fox），他發現老普林尼說過貝類在滿月時最「飽滿」，而地中海及紅海地區的漁民至今仍普遍相信這樣的說法，他覺得非常有趣，於是他在蘇伊士一處碼頭以手撈漁網抓了幾隻海膽，結果發現這個說法是真的；在繁衍季節中，貝類的性腺每個月都會逐漸充滿精子或卵子，然後在滿月時便產卵到海裡。

生物學家現在知道，許多海洋生物都是透過將精和卵釋放到海水中以受精繁衍，而這些生物會運用月相（通常會結合每日及每年的生理時鐘）將產卵的時間縮短得相當緊湊，有時只有幾分鐘；居住在太平洋珊瑚礁的磯沙蠶會在春天出現下弦月（十月或十一月）的午夜之前，將生殖器官暴露出來幾個小時。在澳洲的大堡礁，每年春天海洋在精心安排好的月相階段就如活過來了一般，廣大遼闊的堡礁上，億萬株珊瑚會釋放出數以兆計的精和卵，一小團、一小團在海潮中躍動，在海底創造出一波暴風雪，將水面染成了粉紅泡沫。

對於生活在陸地與海洋交界地帶的生物來說，生存端賴運用月亮來預測潮汐的最大、最小值。每個月，地球、月球和太陽會兩度排成一線（在滿月及新月時），而月球與地球的引力加總起來會造成特別高或特別低的潮汐，稱為「大潮」；在兩次大潮之間，月球與太陽在空中呈現垂直，就會造成比較溫和的「小潮」，因為太陽的引力能夠抵銷月球的部分引力。大洋搖蚊生活在大西洋崎嶇岩岸附近的藻叢中，大潮就是生存的關鍵，海床只有在潮汐最低的時候才會暴露出來，此時上百萬的搖蚊幼蟲就會蛹化成年、交配、產卵，然後隨著海水漲起而死去，這一切都在幾小時內完成。還有其他物種也仰賴大潮時特別高漲的潮水，例如日本陸蟹平時在山區生活，不過會在大潮及時爬下山在海裡產下後代。

即使在陸地上也有許多生物依循著月亮的運行生活，無論是和其他個體協調繁衍的時間或者是讓後代擁有最大的存活機會。例如北美的三聲夜鷹這種鳥類通常會在新月期間孵蛋，這樣兩週後幼雛體力需求最高峰的時候，父母就能在月光下狩獵昆蟲餵食。塞倫蓋蒂的牛羚則依循月相來決定受孕的時間，這樣幼犢就能在五月或六月的大舉遷徙之前平安誕生。二〇一五年，科學家發表了第一種依循月相繁衍的植物，也就是麻黃屬的 Ephedra foeminea，這種不開花的植物和針葉樹與蘇鐵有親屬關係，會在滿月時分泌出甜味液體，在夜晚中「如鑽石般閃耀」，藉此吸引昆蟲。

雖然有這些例子，生物學中幾乎不會將月相週期與晝夜節律做比較研究，許多科學家仍然懷疑其重要性，尤其是牽涉到繁衍問題，而認真看待的研究學者又抱怨很難發表自己的研究成果。直到最近，我們大部分的知識都是來自個別觀察，通常是意外所得，例如布朗觀察到百慕達的蝦子，或者一位突尼西亞生物學家注意到，自己辦公室窗外的一棵祕魯六角柱仙人掌會在月光下開花。無論如何，顯然並不是只有人類利用月亮來計算時間，從海洋到沙漠再到森林，月相週期都反映在世界上每一個角落，影響著各種生物。

還不僅如此。雖然有些生物會對月光的改變有反應，許多受月亮影響的行為即使在多雲的夜晚或者實驗室的恆常條件中卻會持續進行。過去幾年來，最初幾份針對這些現象進行的分子研究（對象大多是如珊瑚、海毛蟲、大洋搖蚊和藍子魚等海洋物種）已經發現，月相週期能直接掌控生物活動。二〇一七年臺灣一份針對芽枝軸孔珊瑚（Acropora gemmifera）的研究發現，有上百個基因的活動會隨著月亮變化，其中包括已知與晝夜節律相關的基因，同時還有與細胞訊息傳遞及細胞分裂等重要功能相關的基因。[79] 其他研究已經辨認出對月光敏感的感光細胞，就這些物種而言，本身除了晝夜節律時鐘，其體內還有月亮時鐘。

那麼其他物種、甚至是人類呢？對於我們是否受到月亮影響這點，眾人的意見特別歧異，一部分原因多虧了一位叫做阿諾德・利伯（Arnold Lieber）的美國精神科醫師，他在一九七八年出版了《月亮效應》（The Lunar Effect）一書，聲稱從殺人到必須入院治療的精神疾病發作等

---

79 原註：目前已知細胞分裂更常在夜晚進行，至少在哺乳類細胞中是如此，可能是為了減少暴露在太陽的紫外線下，以免在細胞複製ＤＮＡ時造成錯誤。但是這份珊瑚研究的作者群發現，並非所有夜晚都一樣，許多與細胞分裂相關的基因在新月時會比滿月時更加活躍不少，他們認為至少就芽枝軸孔珊瑚而言，這個過程或許是算好了時間以避開月光以及太陽光。

暴力事件都比較可能在滿月時發生，他援引警方及醫院的資料，還有古代對於月亮及瘋狂的信仰（英文中的「瘋狂」〔lunatic〕就來自拉丁文中的luna，意指月亮；古英文中的同義詞則是monseoc，意思是「月亮的疾病」），認為不理性以及有攻擊性的行為都是受到月球引力牽引著我們細胞中的水分激發，就像其引力會牽引海水一般。他的想法引發了普羅大眾相信我們容易受到月亮影響，這個信念至今仍然存在。另外也有懷疑論者大肆撻伐，堅稱所謂的月亮效應不僅有數據誤差，就物理學而言也不可能，他們指出月球引力對人類的作用是非常微小的，就相當於一滴汗滴在手臂上。一直到了二〇一八年，月亮效應作用在人類身上的概念仍然被學術界形容為「超自然現象」。

不過，現在有些時間生物學者認為，雖然沒有證據能夠支持利伯的引力效應理論，但是人們窮盡一切方法要揭穿這個論點和其他謎團，可能也造成一種盲點，讓我們無法看清月亮確實會影響我們的生理運作。畢竟，動物界中從魚類到無脊椎動物等有基因控制月亮時鐘的種類眾多，必定能夠追溯回演化的非常早期階段，而若是這類基因並未以某種形式存在於人類身上那才令人意外。雖然現在看起來月相改變似乎與我們無關，對古早的人類來說，黯淡與明亮夜晚的每月週期卻能推動各種機會，從睡眠到狩獵，乃至於性。

理論上來說，這樣的時鐘可能會影響人類生育與繁衍；學者嘗試研究生產與月經週期是否會依循月相週期變動，卻得到不同的結果，不過無庸置疑的是，其平均長度非常接近月相週期（甚至有些證據顯示男性的賀爾蒙也有一個月週期）。如果有所關聯，那麼我們的每月週期可能與其他物種的月亮時鐘有共同的起源，只是在演化歷史中的某個時間點與月亮脫鉤了。又或者，月亮節律在現代社會中之所以弱化或消失，是因為我們不再暴露在月亮的光線變化下（也就是說，我們倚靠人工光源的生活方式或許不只是造成健康問題，也干擾了生育能力）。80

月亮與心理健康的關聯或許也有些道理。自二〇一三年起，有好幾份研究都發現睡眠品質會隨著月相而有不同，滿月時的睡眠時間比較短、品質較差，就算在恆常的實驗室環境中也一樣，這同樣顯示出可能與基因中的月亮時鐘有關。因此，目前已知睡眠受到干擾可能引發痙攣與癲癇發作等症狀，同時加劇如躁鬱症及思覺失調症等精神疾病，已經有證據說明痙攣與癲癇發作和月相有關。而在二〇一八年也發表了一份有趣的研究，美國睡眠研究學者湯瑪斯·威爾（Thomas Wehr）追蹤患有躁鬱症的病人，發現不同的睡眠模式會引發他們的情緒在高漲和低落間突然切換，這些睡眠模式顯然與月相週期有關。其中一名病人記錄自己的睡眠時間長達十七年，每天都在同一時間入睡，卻在二十四·八小時後隨著月亮醒來；威爾認為他的清醒時間並非受到太陽的指引，而是誤與月球日連結。

80　原註：除此之外，如今許多生產的時間也由人工因素掌控，例如引產與剖腹生產。

這樣的想法還需要進一步研究，不過威爾的研究成果凸顯出我們對月光和月亮時鐘的影響力所知甚少，就連對我們自己身體的影響以及脫離了天體提示會造成什麼後果都不知道。無論如何，如今看起來，對於月亮無所不在的影響布朗似乎是說對了，在地球上的各種生物身上，除了太陽比較明顯的影響之外還隱藏著月球的脈動。月亮讓生物能夠預測自己所在環境的變化，例如水流或者夜晚中的光線，同時也成為一股全球生命的組織力量，結合了每年及每日運作的時鐘，讓不同的個體與物種能夠依據時間配合並協調彼此的活動。

因此在這幾十億年來，生物的演化就是要讓太陽系的節律能夠確實寫入其DNA當中，在所有生命過程的核心、每一個細胞當中都跳著永不停歇的分子之舞，由白日與夜晚天空照射在我們身上的光線引導著，模仿著地球、月球與太陽的模式。

然而，生物時鐘的故事中還有一個轉折，或許光線並非唯一接觸到我們的天體信號。

●

是什麼神祕的力量讓布朗的牡蠣能夠追蹤天空的變化？布朗知道除非自己能夠提出一套機制，否則他的對手不會認真看待，於是他在一九五九年夏天從新英格蘭海岸泥灘上收集而來三萬四千隻蝸牛，仔細監控其爬行。他有了驚人的發現，這群蝸牛能夠分辨不同的羅盤方位，不僅如此，隨著時間過去還會偏好不同的方向，同時依循著太陽日與月球日，而且他還能夠利用磁鐵來影響或干擾這樣的行為。最終，他相信自己能夠解釋動物或許是如何感測當地的時間，即使在封閉的實驗室中也不受影響：動物是透過地球磁場來感應每日的改變。

這個磁場主要是由地球外核中的熔融鐵循環對流而形成，整體說來其形狀就彷彿是地球內部有一根巨大的磁鐵棒，一端是北磁極、另一端則是南磁極，不過磁場也會受到外在因素的影響，例如天氣與磁暴，還有太陽及月球的運動。太陽輻射會讓外層大氣中的原子游離，製造自由的電子，同時太陽的高溫又會造成潮汐風，讓這些帶電荷的粒子在地球的磁場線上移動進而創造電流，也就形成自己的磁性：二十四小時不斷擴散的波紋就疊加在地球本身更大的磁場上[81]，每個月球日也會因月球引力而出現類似、規模較小的波紋，這些效應會交互作用，在大潮與小潮期間創造出高峰和低谷，同時也倚賴照射在高層大氣的太陽光量，因此會隨著緯度與季節而不同。

81 原註：太陽的引力也對太陽潮有微弱的影響。

地球本身的磁場十分微弱，大約比常見的冰箱磁鐵磁力還要弱一百倍，而太陽和月球潮就更弱了。[82]布朗是最早提出動物可能對磁力有感應的學者之一（當時科學家才剛發現有些魚類對電場很敏感），而且他完全不知道自己的蝸牛是如何偵測到如此細微的改變，不過他知道這可能是外在宇宙提示理論的決定性證據。

他相當興奮地在一九六〇年一場生物時鐘座談會上介紹自己的成果，告訴觀眾，生物對於非常微弱的磁場有很奇妙的感應。[83]雖然我們看不見，但是都浸淫在一片電磁海洋之中，他這樣堅持道，當中的波浪、潮汐和起伏都會根據地球、太陽和月球的相對位置而改變，讓有機生物能持續接觸到太陽系的狀態以及知道一天當中的時間。「我們還無法解釋這些現象，」他說，「但這些現象不斷向我們說明，甚至更加強調，我們忽視影響生命的某些力量是多麼嚴重。」

不過這項重大發現並未說服他的對手，事實上還讓他們更強硬反駁他；正當他們為生化內在時鐘的研究制定嚴格的原則時，所謂微弱磁場的感應（讓人想起老早便遭到揭穿的動物磁流說理論）已經超出了討論範圍，但儘管他們在公開場合將布朗拒之門外，卻沒有完全忽略他的想法：還正好相反。

阿紹夫和韋佛那座知名的防空洞就在幾年後建造完成，不過今日的討論中很少提到的是這裡不止有一座地底居所，而是兩座；兩個一同建造的單位幾乎一模一樣，有相同的床、廚房和唱片機，但是有一個非常重要的差異：其中一個完全包覆在厚重的外殼中，外殼由軟木、線圈、玻璃棉以及鋼鐵組成，讓電磁輻射無法穿透：住在這裡面的人會完全隔離在地球磁場之外。目的就是要顯示這樣的遮蔽對於志願者的生理時鐘毫無差別，並且澈底證明布朗是錯的。

在一九六四至一九七〇年之間，有超過八十名志願者住過這兩個單位。[84]正如阿紹夫所預測的，他們的晝夜節律仍持續運作，但有個問題：兩組團體的實驗結果並不相同。在未遮蔽的防空洞中，人們隔絕了時鐘和陽光但仍然暴露在磁場中，這些人的睡眠與清醒模式偏離了太陽日，達到平均二十四．八小時的週期；但若是連磁場都遭到阻絕，志願者的晝夜節律偏離得更嚴重，白日的長度拉得更長，個人之間的差異也更加顯著，他們不同的節律更有可能變得互不關聯。先前已經提過，阿紹夫將同步化失調奉為自己的重大發現之一，但是在這六年來，卻只曾經出現在有遮蔽的防空洞中，也就是隔離了地球磁場的單位。韋佛發現，如果他讓志願者暴露在類似的人工磁場中，這些效應全部都會反轉。

82 原註：地球的磁場大約在三十至六十微特斯拉（μT）不等，而每日太陽的變量則在大約五十奈米特斯拉（nT）之間。

83 原註：布朗後來指出其他物種，例如扁蟲，也能夠感應到磁場（以及電場）。

84 原註：之後，其中一個單位為了進行溫度實驗而修改過，所以不再是一模一樣了。

實驗結果證明了，雖然無論外在世界施加了什麼電磁資訊在我們身上，我們確實擁有獨立運作的內在時鐘，不過，顯然還不僅於此。儘管志願者無法有意識感知到地球微弱到幾乎不存在的磁力，結果卻表示他們的身體似乎仍能感應到，而且對於生理時鐘的運作有重大的影響。韋佛在一九七〇年代將這份資料發表在一系列論文上，只是如今已經佚失；這個結果「很值得注意」，他說，這是第一份科學證據能夠說明人類受到自然磁場的影響。但阿紹夫並未在這些論文上掛名，甚至在自己的同步化失調論文中沒有提及遮蔽的實驗或者電磁場顯然有所影響。大多數人都遺忘了第二個房間的存在，而晝夜節律的研究持續進行著，彷彿這場磁場實驗從未發生過。

但正當這些研究學者忽視了任何與磁場相關的連結，其他生物學家卻不得不提及磁場的影響，儘管其中的意涵啟人疑竇。這些科學家研究的是許多動物能夠找到方向前往世界各個地方的驚人能力，包括從烏龜到蠑螈、從鳥類到蜜蜂等等。每年都會有上百萬隻帝王斑蝶從北美洲飛到上千公里遠的墨西哥中部一片特定的冷杉樹林中，這些蝴蝶是怎麼辦到的？母赤蠵龜在廣闊的海洋中長大之後就會回到自己十多年前孵出來的同一片沙灘上產卵，赤蠵龜如何知道的？賽鴿又是怎麼能夠從過去從未造訪的遙遠地方直接飛回家裡？

自一九五〇年代起，生物學家便發現，許多物種都懂得解開天空傳來的信號，蝴蝶會追蹤太陽，蛾類則追隨月亮；椋鳥能夠從星星環繞運行的天極找到北方；糞金龜能夠依據延伸而出的閃耀銀河定出方向，以直線滾動糞球。動物通常會綜合這些視覺提示與晝夜節律的資訊，讓牠們能夠彌補不足的時間訊息。就像古代的人類水手一樣，動物會調查出自己在這遼闊宇宙中的位置，利用圍繞身邊的天空，不只是要知道時間，還能夠找到前往世界各地的方向。

但這樣還不足以解釋許多物種的行為，其中有些生物即使天空是灰濛一片仍能夠找到方向，原來在太陽光、甚至是月光中的偏振光存在著某種可偵測的模式，讓生物能夠確定這些天體的位置，即使有雲層遮蔽也不怕。[85]接著在一九七二年，一名叫做沃夫岡・威爾茨科（Wolfgang Wiltschko）的德國研究生發現，以人工製造出強度與地球相近的磁場能夠干擾或者改變知更鳥遷徙的方向。此時開始出現大量證據顯示，動物能夠感應到地球在太空中轉動時製造出的磁場線，小林姬鼠和裸鼴鼠選擇築巢的地點時會利用磁場線；牛和鹿在吃草時會依據磁場線來調整身體方向；而狗也不知為何緣故，大小便時總喜歡朝北或朝南。其他物種，例如烏龜，看起來甚至還擁有磁場地圖的感應，不只能告知方向，也包括位置。幾十年前，讀心術和千里眼都遭人揭穿只是迷思，人們也發現聰明的漢斯只是騙人的把戲，如今生物卻展現出其他或許同樣令人佩服的能力，生命似乎真的與這個看不見的電磁世界緊緊相連。

85 原註：據說維京水手也學習了類似的技巧，利用冰洲石這類的偏光水晶在多雲的天氣中找到太陽的位置，並在北極洋中導航出方向。

當然，一開始仍有許多人持懷疑態度。一般認為自然磁場非常微弱，根本不可能影響生物組織，又怎麼可能偵測到磁場訊號呢？生命確實會找到出路，或者從結果看來，找到了好幾條路。魚類利用電力來解決：魚類游過磁場的時候就會使用充滿膠質的渠道網絡來測量電流的流動（這種方法需要全身浸在水中才能完成迴路，因此在陸地上無法運作）。另一種方法則牽涉到物理力量：一九七五年，研究學者發現了「趨磁」細菌，這種細菌使用一種叫做磁鐵礦的礦物製作出一串串微小的磁性晶體，就像羅盤的指針一樣，能夠沿著磁場線指引方向，細菌就能移動到賴以生長、進食的泥土中。有些學者相信，在像是鳥類和蜜蜂等動物身上也存在類似的晶體，當牠們試圖對齊地球磁場時，這些晶體就會在神經元上施加物理性壓力以「感應磁場」，只是目前尚未確切找出這樣的受體。

一九七八年，德國生物物理學家克勞斯．舒爾騰（Klaus Schulten）在研究了某一類受量子效應所影響的微弱化學反應之後，提出了第三種可能性。電子具有一種物理學家稱為「自旋」的量子特性，舒爾騰就是在研究光能如何激發短暫存在的「自由基」形成，也就是具有不成對電子的分子，能夠以同方向或反方向自旋。這兩種自旋狀態的化學性質並不相同，而電子處在每一種狀態的時間長短會受到磁場影響，因此即使磁場微弱到無法直接影響化學反應，光也能創造出一種激發態，接著便能以某種方式影響結果。想像一隻蒼蠅飛行而撞上石塊，石塊並不會因此移動，但若是將石塊側立在一邊上站著，蒼蠅只要在恰當的時間撞擊到恰當的位置，或許就足以讓石塊傾倒而造成更巨大的影響。

這樣的例子是人人都認為不可能發生的：在這樣的機制中，極弱的磁場能夠產生強大到足以讓神經系統偵測到的化學提示。「我想，喔，或許這就是生物學家在尋找的內在羅盤。」舒爾騰說。但是在現存的生物中並沒有已知能夠產生自由基對的受體，而舒爾騰將他的理論投稿給《科學》時，馬上就遭到拒絕，「這位科學家若不是那麼膽大包天，」一名審查者說，「就該將這篇論文丟進廢紙簍裡。」

二十年後，研究果蠅的生物學家發現一種叫做隱花色素的蛋白質，暴露在藍光下時就會形成自由基對。現在已經知道隱花色素在有機生物當中很常見，包括植物、魚類、昆蟲觸角以及哺乳類和魚類的視網膜中都有發現，而且在數個物種中都有可靠證據顯示，隱花色素確實和磁感應及導航能力有關，研究學者認為這種蛋白質讓鳥類能夠「看見」磁場線，或許是在鳥類面對特定方向時就能接收到更明亮的影響。

人類也有隱花色素。不久之前，大部分科學家都同意人類是感覺不到地球磁場的，但是在二〇一一年，研究學者將人類的隱花色素放進缺乏這種蛋白質的果蠅體內，發現也能完美修復果蠅的磁感應能力，人類的演化歷程在三億年前就和果蠅分道揚鑣，如果說我們沒有以同樣的方式使用隱花色素，這種蛋白質的功能也不會如此有效保存下來。這樣的發現暗示韋佛是對的：即使我們沒有清楚意識到，身體卻仍能感應到地球磁場。[86]而且真正有趣的是，隱花色素之所以為人所知，並不是因為能夠感應地磁，而是另有不同的原因，其實隱花色素是生理時鐘的關鍵成分。[87]

生理時鐘的「機械運作」對磁場敏感，這項發現還相當新穎，同時也尚未確切釐清磁場是否或者如何影響我們的時間感。一派理論說，至少有一些像蜜蜂這類物種，能夠利用地球磁場每日的起伏變動來推估時間，就像布朗原本的論點；另一派則認為，這個連結可能與時鐘如何抗衡溫度變化有關：這是由布朗提出的問題，卻從來沒有人能完整解答。如果無法進行溫度補償，可以推測身體節律仍能持續卻會變得比較不穩定，變化更大並開始脫鉤，就像韋佛在遮蔽了磁場的防空洞實驗中所發現的一樣。或許終究是外在的提示，例如地球磁場，才讓生理時鐘能夠運作，無論溫度如何變化皆然：不見得是直接驅動這樣的行為，而是讓時鐘指針能夠「走」這樣的基本運作。

●

物理學家屏棄了以太之後也就終結了一種過時的科學理論，但還不僅於此。數個世紀以來人們都相信宇宙間充斥著一種無影無蹤的流體，瀰漫在太空之中、穿透了所有物質，鞏固了認為地球、各個行星和星體之間實質上是連結在一起的這種現實觀。這種流質是希臘哲學家所謂的

「世界靈魂」，原本是一種發散到宇宙各個角落的神聖影響力，「代表了神與人之間、人與星星之間存在著同情」，一位歷史學家這樣說道，並且表示理解星星與行星的運動對於存在的各個面向都非常重要，包括人類健康。（在醫療處方上仍會出現Rx這個符號，通常認為這是「配方」〔recipe〕一字的縮寫，但其實是誤寫了古老的符號，代表羅馬天神朱比特，這是要向宇宙本身祈求治癒。）

現代科學和醫藥切斷了生命和宇宙之間的連結，科學的態度從輕信轉向懷疑，要求生理機制而非細微影響，但還不只如此，科學創造出一套有機生物的模型，尤其是人類，基本上就是獨立個體，與天文學的運作分隔開來。我們可以觀看並量測宇宙，但是在生理上我們和太陽與月亮並沒有連結，更不用說行星或其他星體了。這樣的哲學基本上就從此形塑了科學的進展，從實證主

86　原註：二〇一九年，加州理工學院的地球生物學家喬瑟夫・克許文克（Joseph Kirschvink）所帶領的研究團隊，發表了三十四名志願參與者的腦波數據資料，支持人類能夠偵測到磁場的想法，只是或許人類本身並未察覺。克許文克相信，這是透過磁鐵礦晶體而非隱花色素蛋白質，有可能這兩種機制都在人類體內運作。

87　原註：在某些物種體內，例如果蠅，隱花色素每天都會重設晝夜節律以回應日光的波動。而在脊椎動物體內，隱花色素則是生理時鐘的核心「齒輪」，能協助調節整體的速度。（有些物種則兼具兩種方式，例如帝王斑蝶。）另外，科學家發現有些基因會隨著月相階段而循環，隱花色素就是其中之一。

義者奧古斯特・孔德公開表示我們永遠都無法了解星體的運作，乃至於研究晝夜節律的學者決定著重於內在機制而非宇宙提示。

這樣的心態也逐漸定義了我們的現代生活方式，我們比起過去更加脫離了太陽系的運行週期：都市生活彷彿就像是生存在一個溫度受到控制、以人工光源照明的泡泡中，日子與季節長短可隨意調整，時節到來基本上就以聖誕樹和復活節彩蛋當成天文提示。在拉斯維加斯或是新加坡這樣的城市中，你可以穿過蓋在地底下的賭場或購物中心，走上好幾公里的路都看不見天空。我們生活的方式就像是自主的個體，我們可以在自己想要的時間工作、睡覺或購物，而不必理會太陽或月亮，這讓我們擁有前所未有的自在與自由，不過正如先前所提到的，我們或許要付出自己的生理及心理健康為代價。

隔絕了地球的自然週期也會傷害其他物種。夜晚的光害如今影響了地球上超過五分之一的陸地，干擾了鳥類和烏龜的遷徙、蝙蝠進食、兩棲動物繁衍、浮游生物遷徙和植物生長，扼殺了上兆的昆蟲，並且讓學者在二〇一八年提出警告，這應該是相當於氣候變遷的全球性威脅。另外，我們的電子傳輸與裝置所製造的噪音也逐漸造成影響，但科學家最近發現，微弱的無線射頻輻射即使是過去認為不會造成生物效應的程度，也會干擾昆蟲、老鼠和鳥類的生理時鐘及羅盤（一組團隊想要研究知更鳥的時候，卻在他們的德國某大學校園發現，背景輻射會抵銷知更鳥的磁感應能力）。

布朗的觀點總是與眾不同。透過組成人體的原子與電子的最基礎本質，他發現生物就是延續了電磁宇宙的一部分，其中「沒有明顯的疆界」，他說，在生物的電磁場以及地球物理環境的電磁場之間，「生物與其物理環境似乎在生命形成的那一刻就緊密相融」。他從來沒有放棄自己的想法（不過他也認同外在提示必定和某種內在時鐘共同運作），後來隨著年紀增長，他慢慢相信生物不只會運用電磁訊號來感應更廣闊的外在環境，還藉此感應彼此。之後一位時間生物學家回想起一九七九年十一月的一場研討會上，布朗「不著邊際談論著……話中他真心認為將兩株植物放在分別兩個環境箱中，但箱子之間距離很近，那麼兩株植物的晝夜節律便會互相影響」，而包括阿紹夫在內的所有觀眾反應都是令人尷尬的沉默。

布朗於一九八三年在麻州伍茲霍爾（Woods Hole）的海邊過世，當他的對手以晝夜節律的研究而改變生物學，歷史中記載他的形象卻是時間生物學的愚公。但自他過世之後，許多布朗的研究發現都不再被視為荒謬，而讓科學界逐漸接受。一九八七年，美國生物學家肯尼斯・洛曼（Kenneth Lohmann）如今在磁感應研究領域已經是響噹噹的人物，他指出海蛞蝓對準地球磁場方向的方式會依月相而改變，非常類似於布朗在將近三十年前提出泥蝸與扁蟲所受到的影響。二〇一二年，義大利植物學家發現，辣椒植株幼苗可以感應到自己的鄰居，而且即使阻絕了化學、光和溫度提示，也沒有物理接觸的狀況下，仍能辨認出自己的親屬，研究團隊的結論認為，幼苗使用的是先前沒有研究過的溝通機制，或許是量子磁力或聽覺訊號。團隊指出，就像所有生物一般，「植物已經進化並能夠適應環境中富有自然產生而有起伏變化的地球物理波形」，那麼植物會利用這些波能也很合理。

量子物理學家在二十世紀初便明白，我們不能將自己抽離所居住的這個宇宙，因此生物學家也不得不往同樣的結論發展。從細菌、幼苗到烏龜及人類，太陽、月亮，甚至是星星的運行不僅僅是我們所觀察的遙遠事件，而是會直接影響到我們身邊的環境，以及我們。我們的身體和大腦若要好好運作，就必須接觸這些不斷變化的光、溫度及電磁場模式。

因為太陽系運行而造成的這些規律變化，很可能是從地球上最早有生命出現開始就掌控並塑造了生物過程，如今還驅動著一切，從個人情緒或睡眠的改變，乃至於大型、星球等級的遷徙、繁衍與掠食模式，而我們才剛剛開始理解這樣複雜的回應網絡。「過去幾十年來，動物教導我們最明顯的其中一件事就是，」普林斯頓大學的傑出生物學家詹姆士・古爾德（James Gould）說，「很多東西看起來似乎只是『噪音』，其實是我們目前還無法理解或想像的細膩行為模式。」同時，有些研究學者並未排除甚至更長遠距離的影響：包括我們的太陽系在銀河中的晃動在整個演化過程中會造成大量滅絕的模式[88]，乃至於行星的潮汐效應會引發有害的太陽風暴。

「宇宙本為一體，」布朗在一九七七年寫道，就在他過世的幾年前，「宇宙生物學是我們必須也將會探索的領域。」正是這樣的評論讓他遭受排擠，被人視為受到誤導的古怪人物，但我認為他似乎有所發現。雖然他的研究結論不見得完全正確，我認為他確實看出了某個基本事實，關乎到生命本質以及我們和宇宙之間的關係，而我們才正要開始理解這樣的結果。

88 原註：這些晃動會影響抵達地球的宇宙射線數量，而這類射線會造成突變。

11 外星

一九八四年十二月二十七日在南極洲的遠西冰原（Far Western Icefield）上是個溫暖的夏日，平時總是刺骨的寒風稍稍停歇，而氣溫飆升高達攝氏零下二十度。這裡的冰形成一片廣大平坦的平原，在陽光下閃閃發光而隱約透出藍色。地質學家蘿柏塔・史寇爾（Roberta Score）和同事一整個早上都開著雪地摩托車在這裡巡邏，在這三十公尺見方的區域以搜索隊形來來回回開了好幾個小時。這樣單調的例行公事可能讓人的眼睛和大腦麻痺，因此就在中午之前，團隊隊長約翰・史卡特（John Schutt）宣布休息，他們便轉移陣地到附近一處冰柱包圍的懸崖邊，這些冰柱是風蝕而成，看起來就像冰凍住的巨大波浪。

這群地質學家站在懸崖上好好欣賞景色過後，他們騎著摩托車回到搜索區域，同時注意避開冰地上的裂口和風吹捲起的雪堆，就在這時，史寇爾看到了：在閃耀的藍色上有一塊暗沉的綠點。她停下雪地摩托車，朝其他人揮手示意，就在這片無人碰觸過的古老冰原上，佇立著他們一直在尋找的東西：來自太空深處的信使。

自從我們的星球形成之初，宇宙隕石就已經如雨點般落在地球上。古代埃及人認為這些石頭是來自天神的禮物，並且用鐵隕石來製作珠子和匕首，比地球人類懂得如何熔融金屬要早了好幾百年。後來亞里斯多德則認為，「天外掉落的」石頭必定是被風吹起的。一直要到了十九世紀，科學家才接受石頭真的可能從天上掉下來：這是直接帶到我們面前的天體實質碎片，其中包含著太陽系過往的線索。

根據估計，每年除了上萬噸的灰塵之外，還有上千顆小石子和較大的石頭會落在地球上，大部分都是在火星與木星之間地帶推擠、碰撞後造成的古老隕石碎片。人們會目擊的隕石墜落事件只是一小部分，大部分成分都掉落在森林或海洋中不知所蹤，或者化成灰塵。不過在一些偏遠地區，例如南極洲冰原上，這些天外訪客可能保存上千年。一九七〇年代，美國太空總署 NASA 設定任務要尋找這些隕石。

一九七八年，史寇爾看見 NASA 在德州休士頓的詹森太空中心（Johnson Space Center）南極隕石實驗室（Antarctic Meteorite Laboratory）刊登徵才廣告前去應徵，六年後她便首次造訪南極洲。她先在羅斯島（Ross Island）的麥克默多研究站（McMurdo Station）進行生存訓練，接著她和另外五名隕石獵人就搭著直升機抵達兩百五十公里以外的艾倫丘（Allan Hills）偏遠冰原。接下來六週，他們便兩人一組住在「史考特」帳篷中：這種帳篷的形狀像是亮黃色的金字塔，能夠穩穩抓在冰地，並且抵擋強烈的寒風。南極洲的十二月正值盛夏，所以太陽永不落下，而研究人員騎著雪地摩托車度過漫長又明亮刺眼的白日，眼睛為了搜尋隕石都要脫了一層皮，只靠著巧克力棒或葡萄乾零食當午餐維生，因為其他東西都會凍成冰塊。聖誕節前夕，他們擠在一頂帳篷裡一起享用爐火烹煮的大餐，燉起火腿、龍蝦、蝦類和番薯。

等到三天後史寇爾發現隕石的那時，團隊總共已經撿拾了超過一百塊隕石，但是她馬上就認定這一塊不一樣。這顆隕石很大，約有一顆葡萄柚大小，而且佇立在平淡無奇的藍色冰地上，讓其綠色更加突出。她和史卡特捧起隕石放進滅菌過的尼龍袋，然後再以鐵氟龍膠帶捆了好幾圈密封起來。他們在田野筆記中先是描寫著這顆隕石有著「驚人的」外觀，並且部分覆蓋著黑色硬殼（這是隕石穿過地球大氣層時熔化的石頭外層），然後忍不住又加上一句評論：「唉呀唉呀。」等你們看到就知道了，史寇爾回家時就會這樣對同事說。

回到休士頓後，史寇爾的工作就是為團隊的發現結果編碼，使用的索引碼是ALH84（代表地點艾倫丘以及任務年份），她想要讓自己的綠色神祕石頭先受到檢驗，於是將之放在清單第一個。但她打開袋子後卻相當失望，因為她發現這顆隕石看起來其實很普通，就像一塊灰色混凝土一樣，她想那個顏色一定是受到她戴著染色的滑雪鏡影響，或者是光影的把戲。ALH84001後來被分類為一塊平凡的隕石塊，接著交付實驗室保存。

過了十年後，這塊隕石才引起全球的注意並且家喻戶曉。NASA研究學者終於發現這塊隕石事實上是古早時代的火星碎片，比起過去曾發現過的其他行星隕石都更加古老，同時隱藏著爆炸性的祕密，甚至讓美國總統親自發表了一場發人深省的演說。這項發現讓全球媒體為之瘋狂，啟發出各種陰謀論和科幻小說情節，改變了NASA的未來任務走向，並且創立了一個全新的科學領域，也就是太空生物學：研究地外生命的學問。對於史寇爾在那個南極洲夏日所發現的石頭中到底隱藏著什麼，科學家至今爭辯不休，但我們對生命的理解，無論是在地球上或是更廣大的宇宙中，從此大不相同。

●

我們在宇宙中是孤獨的嗎？這是人類所問過最重要的一個大哉問，這個提問看起來很簡單，或許在這片無盡永恆的荒蕪中只有我們冒出生命的火花，又或者我們只是更廣大的宇宙生命網中的一小叢生物，但無論是哪個可能性都是龐大複雜到令人難以理解的地步，而且這個問題還能再引發其他疑問，關於我們是誰、我們的存在代表什麼意義：生命是什麼？人類是特別的嗎？我們到底為什麼會在這裡？

歷史上人們所給出的答案一個接一個，隨著哲學與宗教信仰冒出又沉寂。古代文明在天上看見了神靈與靈魂，但是認為在其他行星或太陽系中居住著真正的外星人，這個概念竟然也能回溯至很古老的年代，至少在古典希臘時期就有了。追隨「原子論」此一哲學流派的人們相信，現實是以微小而不可再分割的粒子組成，他們認為宇宙中有無限的原子，因此也就有無限的世界。「認為在這無限的太空中只有地球是唯一有人居住的世界，」公元前四世紀的哲學家奇奧斯的梅特羅多勒斯（Metrodorus of Chios）寫道，「實在荒謬，就好比主張一整片種下穀物種子的田地上只有一株會長出來。」

後來柏拉圖和亞里斯多德的宇宙學慢慢主導了西方思想，兩者便容不下其他世界或外星生命：柏拉圖認為獨特的造物主就暗指了獨特的造物；亞里斯多德則堅稱，所有元素都是圍繞著地球這個單一中心找到自然的位置，地外生命則遭貶斥為科幻作品。公元二世紀時，諷刺作家琉善（Lucian）寫下目前已知最早的星際旅行故事，用意是在挖苦那些誇大旅人故事的作家，琉善寫道自己被一陣旋風颳到月球上，結果發現了騎著三頭鳥的人，並且在戰鬥中抵抗太陽上的居民。

後來基督教會又強化了柏拉圖與亞里斯多德以地球為中心的教誨，並且在幾百年來，至少在西方世界中就連猜想其他地方可能存在生命都被視為禁忌。這樣的態度在一二七七年開始軟化，巴黎的主教宣稱，若是認為上帝不能隨自己心意創造多個世界，便是異端邪說；然而現代天文學的崛起才真正打開了大門。科學歷史學家麥可・克洛（Michael Crowe）表示，哥白尼提出日心說太陽系模型時，他「將我們的地球變成一顆行星，而將星星變成了其他太陽」。如果我們的太陽系只是眾多太陽系的其中之一，那麼其他太陽系上為什麼不會有生命呢？一五八四年，哥白尼逝世四十年後，義大利修士焦爾達諾·布魯諾（Giordano Bruno）描述了一個有「無數」太陽和地球的宇宙，有生物生活其中；接下來數十年內，伽利略透過望遠鏡觀察到月球上的山脈、木星的衛星等等，證實了其他世界確實存在，至少在我們自己的太陽系中就有。如笛卡爾、克卜勒（克卜勒寫過一本小說，描述月球上的植物以及像蛇一樣的怪獸），還有伽利略這樣的學者，即使不接受外星生命這樣的想法，至少也思考過其可能性。一六九八年，天文學家克里斯蒂安·惠更斯提出詳細的論述，說明有機生物可能如何適應例如火星上比較昏暗而寒冷的天外環境，正如克洛所說：「地外時代於焉展開。」

對外星生命的狂熱在啟蒙時代達到尖峰。隨著人們越來越清楚認識到宇宙是多麼遼闊，許多人似乎很難想像在其他地方不會存在著其他生命，甚至是有智慧的生命，諸如康德以及班傑明·富蘭克林等傑出人物也認同，而法學家孟德斯鳩更思考過針對外星生命的法律。一七五二年，伏爾泰寫了一篇短篇故事諷刺人類自以為擁有的智慧，故事中便提到一個擁有超過一千種感官知覺的地外生命。

大多數的辯論都圍繞著一個核心問題：神聖的創世之舉延伸到了整個宇宙（人類只是更龐大計畫中的一部分）嗎？或者，上帝創造了宇宙只是為了將我們置於其中？湯瑪斯·潘恩在他的《理性年代》中否定了基督教是自然神論的概念，便堅定支持第一種看法。另一種普遍的論點則表示，上帝不可能浪費自己的造物，讓另外廣大的宇宙毫無生命居住。在十九世紀期間，蘇格蘭天文學家湯瑪斯．迪克（Thomas Dick）將這項原則發展到極致，根據天體的表面積來估算可能存在的外星人數量，從月球上有四十億個體乃至於土星環上則有上兆個。

反對派人物包括哲學家兼科學家威廉．惠威爾（William Whewell），在一八五三年主張宇宙完美契合我們的需求，正好證明上帝專為我們創造了宇宙。查爾斯．達爾文對此嗤之以鼻，私底下表示惠威爾認為太陽系是為了我們而創造而非相反：「示範了何謂傲慢!!」不過和達爾文一同建立天擇理論的生物學家亞爾佛德．羅素．華萊士（Alfred Russel Wallace），最後卻同意了惠威爾的看法，「這個遼闊宇宙的終極目標與目的，」華萊士在一九〇三年結論道，「就是製造並發展人類這副可消亡肉體中的長存靈魂。」

有一段時間看起來（至少對狂熱者來說是如此），改良後的望遠鏡將這些外星生命帶到了我們伸手可及之處。最早在一七七〇年代，恆星天文學的先驅威廉．赫雪爾認為自己看見了月球上有森林及環形建築，現今的歷史學家相信就是這樣的信念啟發了他，讓他打造出性能更強大的望遠鏡，也因此成名。一八二二年，巴伐利亞天文學家弗朗茨．馮．保拉．格羅特胡森（Franz von Paula Gruithuisen）宣布自己看見月球上有一座高牆圍起的城市；一八三四年，紐約的報紙《太陽報》（Sun）刊登了一系列虛構但許多人都相信的文章，宣稱知名的天文學家約翰．赫雪爾（威廉的兒子）在南非觀測南方的天空時，目擊了月球上的生物，有球形的兩棲動物、藍色獨角獸，還有黃色臉龐、長著翅膀的人。[89]

這場騙局讓赫雪爾顏面盡失，但他確實相信太陽系中還有其他生命存在。一八六〇年代有研究報告指出在太陽表面觀察到巨大的葉片狀物體，赫雪爾便認為可以解釋為「巨大的磷光魚類」。「天上的人類已經不再是神話，」幾年後，著作十分暢銷的法國天文學家卡米伊・弗拉馬利翁這樣評論，「望遠鏡已經讓我們能夠接觸到他們的國度，而光譜儀也已經讓我們能夠分析他們所呼吸的空氣。」世紀更迭之際，美國商人帕西瓦・洛威爾（Percival Lowell）受到弗萊馬利翁的著作啟發而成為天文學家，在亞利桑那州建造了天文臺（後來也在此處發現了冥王星），並且在此詳細描述出據他所稱在火星表面上的人工水道網絡。

接著正向主義的浪潮崩毀了，外星人目擊事件經不起詳細檢視，到了二十世紀中，科學家運用改良過的光譜學方法及紅外線天文學，知道月球其實是一片死寂，而火星上的環境更是比預想的更加嚴苛。還是有許多人認為火星上可能有植物（或許是某種地衣），但是一九六〇年代送到火星上的探測儀所傳回來的影像，卻顯示出一片蒼涼荒蕪的世界，接著一九七六年NASA送出的維京號探測儀登陸火星，終於摧毀了最後一絲希望。在這次任務之前，致力於推廣科學的天文學家卡爾・沙根（Carl Sagan）認為火星人可能跟北極熊差不多大，引發大眾一陣騷動，他說：「生命存在的可能性，甚至是大型生物，絕對不是毫無機會的。」但是探測儀登陸後並沒有生物經過鏡頭前，他們的設備顯示出火星的大氣十分稀薄，也沒有保護性的磁場，因此星球表面直接暴露在致命等級的太陽輻射下。

而且，雖然尋找外星生命新陳代謝跡象的實驗明顯有正面的結果，但其他實驗卻沒有在土壤中找到可偵測到的有機體，也就是碳主鏈分子。因為地球上的生物是以有機構造為基礎，所以異常的正面結果似乎只能以完全是化學作用造成來解釋。儘管不是所有參與實驗的研究學者都同意，但NASA的結論很明顯：火星上並無證據顯示有生命存在。

火星被視為測試案例，因為這是我們所知太陽系中與地球最相似的地方：如果有機生命會出現在其他地方，肯定就在這裡，因此否定的結果不但是切斷了火星生命存在的機會，更抹除了廣大宇宙中存在生命的可能性。「因為目前為止，火星是在太陽系中最有可能居住著地外生命的地方，」負責執行其中一次維京號實驗任務的諾曼．霍羅維茨（Norman Horowitz）在一九八六年寫道，「如今基本上可以確定，在我們銀河系的這個區域中，地球是唯一有生命的星球。」

89　原註：這些故事的作者是一位名叫理查．亞當斯．洛克（Richard Adams Locke）的年輕記者，顯然他的原意是要諷刺迪克、格羅特胡森等人所提出的瘋狂說法，但讀者卻相信他所寫的每一個字。這些神奇的發現不只讓《太陽報》的流通量加倍，就連其他報紙也大肆報導：《紐約時報》稱這些故事「有機會是真的，也有可能」；《紐約客》雜誌則說這些故事創造了「天文學與科學的新時代」。

同時，研究地球生命的生物學家發現，生命起源所需要的步驟似乎十分不容易且複雜。自從生物學家在一九五〇年代解開了生命的遺傳物質DNA結構之後，也解開了DNA、RNA和蛋白質之間必須如何進行細膩的遺傳之舞，才能編碼遺傳訊息並傳遞給下一代，而這套多層機制就是在一個細胞中執行這些基因指示。對許多人來說，這樣的系統要自然從無到有，發生的機會似乎小到令人無法想像，當然是不可能多發生一次，而基因研究也指出地球上所有已知的生命都是從單一祖先演化而來，便支持了上述論點。

如今關於其他地方是否有生命這個重要問題就不在於上帝，而在於數據統計：只要有機會生命就會出現，或者地球是特別的意外使然？證據權衡之後似乎較傾向後者。一九八〇年代，DNA結構的共同發現者之一弗朗西斯・克里克（Francis Crick）便說過一句名言，形容生命的起源「幾乎就是個奇蹟」[90]；地質學家尤安・尼斯貝（Euan Nisbet）總結了對生命起源的主要看法，就是「一顆極度特別的星球上所發生的非凡意外」；贏得諾貝爾獎的生物學家賈克・莫諾（Jacques Monod）公開表示：「人類終於知道自己是孤單的。」尋找地外生命的任務或許能吸引喜愛科幻作品的人和陰謀論者，但已經不再是科學界會認真探問的題目，就像宇宙學家兼暢銷作者保羅・戴維斯（Paul Davies）所說：「你不如就承認說自己的興趣是尋找仙子吧。」

但就在此時，ALH84001從儲藏室中冒了出來。

大衛・米德費爾特（David Mittlefehldt）從來不打算加入搜尋外星人的行列，這位在NASA詹森太空中心工作的地質學家是對隕石有興趣，以及隕石能讓我們知道早期太陽系中的環境如何。一九八八年，他向史寇爾的實驗室要了幾塊隕石來研究，而他們交給他的其中一塊樣本就是來自ALH84001。

米德費爾特為了探知岩石樣本的組成便朝樣本發射電子束，這會讓不同元素表現出輻射的特殊模式。一開始，ALH84001的結果讓他很困惑，因為這些結果並不符合自己在研究的其他隕石樣本，過了好幾年他才終於接受原因：這塊石頭的身分辨識有誤。事實上，其組成符合另外一小堆稱為SNC的隕石，這個名稱來自三塊掉落於印度謝爾卡蒂（Shergotty）、埃及奈克拉（El Nakhla）以及法國沙西尼（Chassigny）的隕石，早幾年前其他研究學者才剛發現，這些隕石中所封存的混合氣體完全符合維京登陸探測儀所測量的火星大氣，表示這些石頭並非來自隕

90 原註：事實上，克里克認為生命根本不是起源於地球，而是外星人刻意安置在這裡的（他的同僚否定了這個觀點）。

石，而是火星。

這肯定是經由隕石或彗星撞擊而從火星表面掉落的，從行星上落入廣闊無垠太空中的一顆石頭最後卻掉落在另一個行星上（而且我們還可以找到），這可能性似乎微乎其微，但這些石頭就是證據，在這幾十億年來、幾十億次的機會中，近乎奇蹟般的事情也會成真。目前已知這個特殊分類中只有九顆隕石，在一九九三年十月，米德費爾特宣布他找到了第十顆。

消息傳得很快，史寇爾興奮極了，世界各地的研究者紛紛趕來研究這塊她最喜愛的石頭。他們很快就發現即使同樣屬於SNC，ALH84001也很特別，這是超過四十億年前的火山岩漿所形成的石頭，因此十分古老，幾乎就跟太陽系本身一樣古老，比起第二古老的火星隕石歷史要多出三倍以上，而且年份遠遠早於地球上任何一顆已知的石頭。研究岩石中的分子特徵後發現，這塊石頭是在一千六百萬年前因火星遭受撞擊，彈射進入太空，在太陽系中漂流，一直到一萬三千年前才受到地球引力吸引而掉落在南極洲，接著就深深封存在冰層中，直到該區域不停歇的寒風吹蝕才將之再次暴露出來，讓史寇爾發現。

另外還有一件有趣的發現。岩石上布滿了微小的裂縫，這是更早之前，岩石仍待在古代火星上時發生的撞擊所造成的，這些裂痕表面上點綴著微小的扁平顆粒，有時會形容成是「月球」或「球粒」，雖然肉眼稍能辨識，但在顯微鏡下這些顆粒看起來就像金黃圓圈，外圍還環著一圈黑白，其組成是碳酸鹽，這是一種包含了碳和氧的礦物質。在地球上，含有碳酸鹽的岩石（例如石灰岩或白堊）最常見的是在水裡形成，例如貝殼以及海洋生物的骨頭沉積並成為化石。隕石中通常不會發現碳酸鹽，因此米德費爾特找上在同一棟大樓中工作的碳酸鹽專家克里斯・羅曼奈克（Chris Romanek），請他幫忙看看。

羅曼奈克和 NASA 的地球化學家艾弗列特・吉布森（Everett Gibson）合作，吉布森曾經協助探查阿波羅任務太空人帶回來的月球岩石，目前正在研究火星隕石。羅曼奈克以雷射打在碳酸鹽上，要分析其中包含的碳和氧，結果顯示這些碳酸鹽是在火星上形成的（而非南極洲環境汙染），並且是透過溶解在液態水中的二氧化碳流入裂縫後才封存在岩石中。今日的火星平均氣溫是攝氏零下六十度，這麼寒冷的情況下不可能有液態水，但 ALH84001 卻指出過去的環境是更適合居住的。

不僅如此，這兩人也在碳酸鹽顆粒附近發現顯微鏡下才能看見的形體：蟲子，還有看起來像地球上細菌的條狀物，只是小了很多。由此生出了一個瘋狂的想法，流進岩石中的水會不會不只帶有碳酸鹽，還有微小的火星微生物？一九九四年九月，吉布森和羅曼奈克把影像拿給 NASA 的資深科學家大衛・麥凱（David McKay）看，麥凱在幾十年前還負責教導阿波羅任務的太空人地質學。他們同意要偷偷追查這個想法，同時還多找了一個人：幾天後，麥凱找上凱西・湯瑪斯—克普塔（Kathie Thomas-Keprta）[91]，她是NASA的化學家兼電子顯微鏡專家，「我還以為他瘋了，」她後來說，但是仍勉強同意幫忙探查這塊岩石的奇怪特徵，「我想我可以參與研究然後讓他們清醒。」

結果過不了多久，她也一頭栽了進去。

●

在大西洋彼岸，坐落在法國東南方薰衣草田中的一座天文臺裡，一位叫做迪迪埃・奎洛茲（Didier Queloz）的年輕天文學家正狐疑著自己是不是瘋了。一九九四年的整個夏天他都忙著分析一套新設備的研究結果，這套頻譜儀分析遙遠星體的運行能得到比過去更加準確的結果，但是他完全無法理解。

奎洛茲在日內瓦大學（University of Geneva）研讀博士學位，指導教授是米歇爾・梅爾（Michel Mayor），兩人一起在上普羅旺斯天文臺（Haute-Provence Observatory）建造了一臺偵測器，能夠測量星體發出的光所產生的都卜勒效應。他們的想法是透過偵測星體光譜的譜線是往紅色或藍色移動，藉此測量星體朝向或遠離地球移動的速度，就像十九世紀天文學家哈金斯在圖爾斯山上用他的望遠鏡所試圖進行的研究。梅爾和奎洛茲希望他們的結果夠準確，不只要追蹤星體，還能夠找到遙遠的世界。

天文學家無法直接尋找其他太陽系中的行星，因為行星所發出的任何光都會遭到主星更明亮的光芒掩蓋。不過有理論認為，繞著某星體運行的行星引力會施加拉引，讓主星稍微晃動，這點可能是偵測得到的。其他天文學家嘗試過但一無所獲。[92]不過梅爾和奎洛茲的新頻譜儀比起過去的儀器更加敏感，能夠偵測到星體速率只有每秒十公尺的差異。

一九九四年夏天，頻譜儀終於準備完成，梅爾便前往夏威夷進行學術休假，留給奎洛茲一張有待觀察的星體名稱。他們希望能夠找到像是木星這樣的巨大行星，應該可以產生最大的吸引力。木星繞行太陽一週要花大約十二年，於是奎洛茲準備好迎接一段漫長等待，畢竟要觀察到類似行星完整繞行一周可能至少要花上十年，但是他幾乎馬上就注意到某件不尋常的事情。

一顆叫做飛馬座51的星星不太對勁，其速度不穩定，繞行的模式每四天會重複一次。一開

91 原註：一九九六年以前，湯瑪斯—克普塔是以自己結婚前的姓名凱西·湯瑪斯來發表論文。

92 原註：一九九二年發現了兩顆繞著一脈衝星運行的行星，但通常認為這項發現和尋找與我們相似的太陽系沒有關係。脈衝星很罕見，無法維持生命（至少不是我們知道的狀態），其組成也和圍繞著主序星的行星非常不同。

始，奎洛茲認為是他設計的軟體出現漏洞，他又慌張又羞愧，因而不敢告訴梅爾設備根本無法好好運作，於是整個秋天把自己能想到的東西都測試了一次，並且不斷觀察這顆星星，但晃動卻一直沒有消失。

到最後他終於願意去考慮，這樣的異常會不會其實就是引力拉動的結果，他計算出如果要解釋這樣的晃動，就需要一顆巨大的行星，質量是木星的一半而大約是地球質量的一百五十倍，但是非常接近恆星，因此不像地球這樣繞行一周需要一年，而是在四天內就完成一周。這種抱著星星的龐然大物完全不像是我們太陽系中的存在，違反了一切眾所公認的行星形成理論，而許多受人敬重的天文學家在搜尋行星之後認為，在太陽系之外行進十年以內的範圍當中一無所有，奎洛茲的發現則與之矛盾，但是他實在找不出其他解釋了。他傳真給人在夏威夷的梅爾：「我覺得我找到一顆行星了。」

梅爾在一九九五年三月回到歐洲，但此時飛馬座51已經落到地平線以下，因此這兩人計算後預測出這顆推定為行星的運行軌道，準備好在這顆星於七月再次現身夜空時迎接。時間一到，他們帶著家人來到上普羅旺斯，要將這顆不守常規的星星行為和他們的模型比較。第一晚，其速度完美吻合他們的預測，然後第二晚、第三晚、第四晚皆然。到了第五天晚上，奎洛茲回想道：「我們說沒錯，這是一顆行星。」梅爾後來描述發現這件事就像「靈性的一刻」，他們是歷史上兩位首先知道在我們太陽系之外確實存在著其他世界的人。將近五十光年以外的地方，就位於飛馬星座當中，一顆巨大的氣態星體繞著類似於我們太陽的恆星運行。他們將之命名為飛馬座51 b，並且在附近買來了蛋糕和氣泡酒慶祝。

梅爾和奎洛茲於一九九五年十月在佛羅倫斯（Florence）一場研討會上宣布這個消息，觀眾席中的研究學者們相當興奮，但同時也感到懷疑。先前也有學者認為找到了行星，結果都是錯誤警報。同樣在尋找行星的美國學者傑佛瑞・馬西（Geoffrey Marcy）與保羅・巴特勒（Paul Butler）在加州一座天文臺中工作時，聽到了這個消息，他們接下來四天晚上特別仔細觀察了飛馬座51，想要推翻歐洲學者的成果，結果失敗了，於是他們寄了電子郵件給梅爾：「好吧，你們的偉大發現確實沒錯！」

這下媒體都陷入瘋狂了。天文學家知道飛馬座51 b是人類發現的第一顆太陽系外的行星，這是天體物理學上的重要里程碑，再加上其軌道實在奇怪，過去的行星形成理論大概要重新寫過了。[93]但是，大眾的反應完全出乎他們意料之外，全世界的報紙都以頭版頭條來報導，奎洛茲說他們接到了許多電話和訪問邀約，因此接下來六個月期間根本無法工作。「我們完全沒想到的

93 原註：二〇一九年十月，奎洛茲和梅爾因為發現了飛馬座51 b而獲頒諾貝爾物理學獎，同一年共享榮耀的還有宇宙學家詹姆斯・皮博斯（James Peebles），表揚他在宇宙演化上的理論性發現。

是，」他告訴我，「是行星與生命之間的關聯。」

飛馬座51 b本身是一個極度灼熱而不適合居住的世界，與恆星靠得如此近，表面溫度高達攝氏一千度，在那裡要出現生命的機率似乎是趨近於零，但是這顆行星的存在本身就隱含著另一項更加重大的意義：如果太陽系外有一顆行星，想必還有更多。「所謂其他的世界已經不再是痴人說夢和哲思妄想，」《紐約時報》的資深太空科學記者約翰·諾博·威爾佛德（John Noble Wilford）評論道，「這些世界就在外面某處向我們招手，很可能永遠改變人類對於自己在宇宙中位置的觀點。」幾千年來我們一直猜測著外星生命的存在，卻從來沒有一絲確切證據能夠暗示我們絕不孤單，如今，終於有了改變。

●

回到休士頓，湯瑪斯—克普塔原本的計畫是要讓麥凱等人不致丟人現眼，要向他們證明在ALH84001上沒有火星生命的證據。她來回檢視著隕石在顯微鏡底下的表面，看見嵌在銀灰岩石上的橘黃月盤，開始對那些碳酸鹽小球邊緣上的黑色微小顆粒產生興趣，這些顆粒直徑只有奈米大小。她發現，這些顆粒是磁鐵礦（氧化鐵）和磁黃鐵礦（硫化亞鐵）組成的磁鐵晶體，就像地球上趨磁細菌製造出的微小羅盤。雖說可以透過非生物的方式來形成這種礦物質，但是通常需要在極端條件下，例如高溫和強鹼，因此很難解釋為什麼會出現於處在溫度合宜環境的碳酸鹽中，除非這些晶體也是細菌產生的。

一九九五年一月，加州大學洛杉磯分校（University of California, Los Angeles，縮寫為UCLA）的威廉・肖普夫（J. William Schopf）來拜訪這個研究團隊，肖普夫是世界知名的化石微生物專家，曾經在地球上已經有三十五億年歷史的岩石中找到目前已知最古老的生命遺蹟。他對於他們的外星蟲子證據嗤之以鼻，告訴這個團隊：除非你們能證明結構中的有機物，否則就不成立。這件事看起來希望不大：畢竟維京號的任務並未在火星上找到有機生物。但是湯瑪斯—克普塔已經將 ALH84001 的兩小塊樣本寄給史丹佛大學（Stanford University）的化學家理查・札爾（Richard Zare），札爾擁有一套稱為雷射質譜儀的強大設備，即使只是微量的化學分子也能透過汽化找出。只是湯瑪斯—克普塔不想要交出自己正在研究的成果，於是將寄出的樣本另外取了代號，叫做米奇和米妮；札爾和他的同事不太喜歡這樣的使倆，於是默默將樣本放在架子上不理會。不過肖普夫來訪之後，湯瑪斯—克普塔終於說服他們看一看。

結果他們發現了維京號沒能發現的東西：來自火星的有機體。在碳酸鹽的月盤中，聚集著稱為多環芳香烴（PAHs）的複雜有機分子。PAHs 可透過非生物的方法形成，而且幾乎無所不在，包括汽車廢氣或者星際雲都有，但是在地球上，只要有生命駐足過的地方也能找到，例如石油或煤炭。札爾和同事在 ALH84001 找到的分子正是在細菌細胞衰亡時應該會出現的東西。

對團隊來說，這麼多可能存在的生命足跡加總在一起，已經不僅僅是巧合了。一九九六年初，他們既是興奮又加上「讓腸胃翻絞不停的疑懼」，將論文投稿到《科學》，經過審查者會議（包括年邁的卡爾．沙根）花費數週的仔細檢查，終於接受論文刊登，引發後續一連串事件，甚至撼動了這個國家的權力最高層。七月，團隊被叫進了NASA署長丹尼爾．葛定（Daniel Goldin）的辦公室，聽他飆罵了好幾個小時，接著輪到葛定被叫喚到白宮，為總統比爾．柯林頓（Bill Clinton）以及副總統艾爾．高爾（Al Gore）做簡報。

八月七日星期三的記者會上，柯林頓總統從白宮玫瑰園現場直播向全世界發表談話。「今天，編號84001的岩石跨越了億萬年時間、幾百萬公里的距離向我們說話了，」他說，「說出了生命的可能性。」他又說，如果證實了這點，其意涵「將會是人類所能想像中最為深遠、最令人驚嘆的。」接著電視臺將鏡頭轉到了NASA總部擁擠的大演講廳，包括麥凱、吉布森、札爾、湯瑪斯—克普塔和肖普夫（提供懷疑者的觀點）等人都排排坐在臺上，他們面前放著一個玻璃箱，箱中就是一小塊ALH84001，然後還有一大群急切的記者。NASA署長葛定對著鏡頭說話，這個團隊的研究「將我們帶到了這一天，很可能會是歷史上重要的一天」，他說，「我們現在正站在天堂的臺階上，能活在這樣的時代真是令人興奮。」

團隊一個接一個描述自己所負責的證據線索：碳酸鹽、磁鐵晶體和有機體，分別獨立檢視這些證據都不足以下結論，但團隊認為，若放在一起就能夠證明古代火星上存在著原始生命。他們播放了一部動畫，描述外形像蟲子一樣的微生物在火星上的水裡游泳，接著困在形成中的碳酸鹽裡儲存在岩石的裂縫中，接著岩石旋轉著飛進了太空，最終落在南極洲上。記者會最後，他們展示了可能是「化石」本身的影像，可以聽見觀眾發出一陣驚呼。

幾天之內，大約有一百萬人都在網路上讀過了《科學》期刊上那篇論文，NASA 員工算出在第一週就有超過一千則新聞報導 ALH84001。採訪團隊在休士頓的隕石實驗室外排隊，希望能一窺原始的岩石，同時全世界的報紙和雜誌紛紛報導，篇幅版面甚至超過了第一次登月任務，《今日美國》（USA Today）稱此為「自從人類雙眼望向天空以來便一直在等待的頭條新聞」。

不過並非所有報導都是正面的，一名知名的微軟公司（Microsoft）高層就稱 ALH84001 是「將近五百年來對人類種族的最大侮辱」。札爾的實驗室必須暫時關閉網站以及聯絡資訊，因為有信仰虔誠的基本教義派人士抱怨他們的研究違背了聖經。另外，還有許多科學家也準備發出憤怒的回應。

●

接下來幾個月當中，其他研究學者不僅猛烈抨擊 ALH84001 的論文，還有其作者。「這種半吊子的研究根本就不應該刊登出來。」一名隕石專家說道，另一名稱這個團隊是「一群能力不足的人」，還有一名抱怨他們對「糞便般的東西」做出「偏頗到令人煩心的」詮釋。批評者質疑著每一項證據，認為蟲子形狀的東西是在實驗室裡製造出來的，而碳酸鹽和有機體只是南極洲環境汙染；或者，即使碳酸鹽來自火星，也是在溫度高到無法有生命存在的環境中形成。

研究團隊的觀察結果當然是經得起檢視的，如今也有共識認為他們報告中提到的特質確實是在火星上形成，而碳酸鹽是存放在氣溫大約攝氏二十五至三十度的有水環境中。因此，辯論交鋒的焦點便轉移到了如何詮釋這些結果上，雖然麥凱等人認為將好幾個「或許」加在一起就更有說服力，但其他人卻駁斥道，碳酸鹽、有機體和蟲狀物還可能有其他解釋。只是，磁鐵晶體就比較難忽略了。

二〇〇〇年，湯瑪斯—克普塔發表了一篇詳細研究這些晶體的論文。雖然有些晶體可能是以無機方式形成，但她認為其中大約有四分之一以上的綜合特質十分特殊，只有生物性磁鐵才能見到（而且在地球上也認為這是可靠的生命證據）。[94] 同時，另一組研究 ALH84001 的團隊的報告說看見某些晶體形成線狀鎖鏈，就像地球上的細菌一樣，周邊有一圈環，他們解釋這可能是細胞膜的殘留物。湯瑪斯—克普塔說，火星生命的證據現在已經「深具說服力」。

二〇〇三年風向有了轉變，一些評論者認為，湯瑪斯—克普塔所描述的這種磁鐵礦有可能是隕石中的碳酸鹽遭遇到突然的「休克」事件，造成氣溫飆升才形成的，例如將這塊石頭彈射到太空中的撞擊，研究者甚至在實驗室中利用類似的條件製造出這樣的晶體。二〇〇九年，湯瑪斯—

克普塔反擊了，指出ALH84001中不只含有碳酸亞鐵，還有碳酸鈣、碳酸鎂和碳酸錳，而她認為在熱休克的情境中，這些礦物質應該也會分解成氧化物，因此堅稱唯一能夠解釋在隕石中發現純氧化鐵的原因，就是透過生物合成。

NASA團隊一直在研究其他的火星隕石，包括來自奈克拉和謝爾卡蒂的，並且發現其中也有可能的證據。二〇一四年，研究團隊報告在一顆稱為大和000593的火星隕石溝槽和裂縫中填著複雜的有機體，同時還有細微的小管，看起來就像在一些地球岩石中發現的管道（古代及現代皆有），一般認為這些管道是微生物搜尋養分時所蝕刻形成。麥凱在二〇一三年過世，但是吉布森和湯瑪斯—克普塔仍然在研究這個題目，「我們仍然主張原先的假設。」他們在二〇一九年六月告訴我。但雙方的論戰陷入了令人困擾的僵局，雖然NASA團隊一如既往相信生命是最為可靠的解釋，批評者仍然堅持他們無法證實自己的說法。不過大家確實都同意的是，團隊的努力成果以及隨後引發的大量注目，有助於轉變對外星生命的搜尋。

在一九九〇年代早期，NASA苦於找不到存續的目的。隨著蘇聯解體，太空競賽便結束，而該機構需要龐大預算來執行的任務飽受時程延誤、成本透支與重大失誤等困擾，包括在

94 原註：這些特質包括：體積大小有限、化學性質單純、無結構缺陷，以及罕見的截斷式六邊八角體形狀。

一九八六年失去了太空梭挑戰者號（Challenger），以及在一九九三年失去造價十億美金的軌道衛星火星觀察者號（Mars Observer）。白宮將 NASA 的資金削減了數十億；事實上，許多針對 ALH84001 研究的抨擊都是因為行星科學家擔心，這下會有越來越多人主張納稅人的錢有其他更好的用處。「我們在 NASA 預算計畫中是位於啄食順序的底層，」隕石專家艾倫・崔曼（Allan Treiman）在一九九七年告訴《新聞週刊》（Newsweek），「人們都在擔心說，如果這項研究結果就跟冷核融合一樣愚蠢，我們就要流落街頭了。」

事實結果卻正好相反。丹尼爾・葛定已經透過削減官僚、縮減工作以及推動小型創新任務等手段來精簡組織，座右銘就是「更快、更好、更便宜」。還不僅於此，他為 NASA 規劃了一項新的也具科學性的任務：回答關於這個宇宙以及我們身在其中的位置這些大哉問。但是他必須說服政治人物，而 ALH84001 來得正是時候。柯林頓向全世界宣布隕石的消息時，他描述這項研究「證實了美國的太空計畫與我們持續的支持沒有錯，即使在金融緊縮的時期亦然」，他保證說 NASA 會「付出全部的智識力量及科技實力來支持研究，尋找火星生命的進一步證據」。

新聞記者凱西・索耶（Kathy Sawyer）在二〇〇六年出版了《來自火星的岩石》（The Rock from Mars），敘述 ALH84001 的故事，她在書中說道：「地外探險的誘惑力捲土重來。」柯林頓不再縮減 NASA 的資金，總署也將資源轉移到行星探索任務上，火星任務起死回生之後有了新一代的太空航具，這是繼維京號之後，第一次為了尋找生物標記以及與生命相關的棲息地打造航具。一九九八年，NASA建立了太空生物學研究所（Astrobiology Institute），於焉誕生了一個新領域，如今範疇已經延伸到此一機構之外。吉布森說，針對ALH84001多管齊下的研究提供了「指導概念」，參與的科學家並不單單考慮到「外星人」的可能性，他們來自各種不同的研究背景，包括理解行星如何形成、研究地球過去的生命形態，以及偵測存在於星際雲中的有機體等等，如今他們要為了一個整體性目標共同合作：理解宇宙如何與生命連結。

●

接下來的研究在短短幾十年間便重新塑造了我們的宇宙觀，人們開始搜索我們太陽系以外的行星，或稱為「系外行星」。一九九五年宣布發現了飛馬座51 b之後的幾週內，研究學者便開始想找到更多，不過NASA發射了克卜勒太空望遠鏡之後便大幅提升了這項行動的速度，只要一顆行星經過某顆星星面前而使其光芒稍微黯淡，望遠鏡就能搜尋到。克卜勒成為史上成果最豐碩的行星獵人，在二〇一八年退役之前便將已知系外行星的數量提升到超過四千個（還有超過上千顆候選星體尚待確認）。克卜勒讓我們知道，行星不只在我們的銀河系中非常常見，而且類型還多到令人咋舌，從像是木星一樣炙熱的飛馬座51 b，乃至於體積比較迷你、類似海王星的多個行星，或許整個行星表面都覆蓋著海洋；還有許多是潮汐鎖定的「眼球世界」，一邊是永無止境的夜晚，另一邊則是熾熱的白日，兩邊之間還有模糊不明的恆常日暮地帶。

研究學者現在會使用光譜學來探究行星的化學組成，他們在這部分也發現了各式各樣陌生的類型，和我們這一小角銀河系中所存在的星體天差地遠，例如巨蟹座55 e是一個密度甚大而灼熱的火山世界，每十八小時就會繞行自己的恆星一周；HAT-P-7b則是氣態的巨大行星，由一團團汽化後的剛玉氣雲組成，剛玉這種礦物就是形成紅寶石與藍寶石的成分；而克卜勒7b的重量就和聚苯乙烯一樣輕盈；克卜勒16 b就像電影《星際大戰》（Star Wars）中的塔圖因星球（Tatooine）一樣擁有雙日落，HD189733b星球上則罩著一圈不斷活動的藍色大氣，還有從矽雲下來的雨是玻璃。

這些努力的核心是為了尋找可能孕育生命的行星，（在沒有更恰當的描述下）天文學家的定義認為這樣的行星體積大小與地球相近，與恆星也保持適當距離能夠存在液態水。這樣的行星數量似乎也很多。二〇一三年的一份研究分析了克卜勒望遠鏡的數據，結論認為銀河中的所有恆星大約有五分之一，周圍都繞行著至少一個這樣的世界。二〇一六年，在距離我們最近的恆星比鄰星（Proxima Centauri）適居帶上發現了一顆滿布岩石的行星；隔年，天文學家發現在同一個太陽周邊繞行著七顆與地球大小相近的行星組成一套系統（有三顆位於適居帶）。二〇一九年，在獅子座一顆行星的大氣層中偵測到了水蒸氣。總體說來，天文學家推估光是在我們的銀河系中，大約就有八十八億顆可能適合人類居住的地球大小行星。

觀點上出現了非常大的轉變，這是在一九九五年宣布發現飛馬座51 b之後，許多評論者便這樣預測。幾十年前，所謂「其他的世界」純粹只是虛構，幾千年來都是如此，而如今我們眼前卻出現了各種不同的星球，超過了我們所能想像的一切，這個宇宙當中的行星還多過於恆星。即使在任一特定行星上都極不可能出現生命，我們如今知道，光是在這個銀河系中就有數十億個可能發生的機會。

同時，生物學家也逐漸明白，生命本身遠比我們原先所想的更加多變、更加頑強。一九七七年，科學家發現在深海熱泉中存在著蓬勃發展的生態系，讓眾人驚訝不已，不過自從一九九〇年代開始研究「嗜極生物」（偏好極端環境的生物），人們便漸漸明白至少在地球上，只要有一絲可能存在著液態水，就會有生命。「我們先前認為會對生命造成無法克服的物理及化學障礙，」生物學家在二〇〇一年的《自然》（Nature）雜誌上評論道，「如今知道這只是另一種適合嗜極生物居住的棲地。」

一直到了二〇一三年，在南極冰層下發現了有細菌居住在寒冷的鹹水湖中，另外在地球地殼的高熱岩石深處也有細菌存在，過去總以為整個生態系應該都是從太陽光中汲取能量，卻有些能夠取用來自地球深處的化學能量。細菌可以在強酸或高鹽分、極端重力、極度高壓和強烈輻射的環境下生生不息，有些菌株能以鈾為食或者靠砷呼吸。地衣在火星的環境下也能生長，而有一種微小但強悍的微型動物水熊蟲可以在接近真空的空間中產卵。每一種新發現都拓展了我們對生命的認知，也因此更容易想像生命在其他地方可能演化出什麼模樣。

我們也慢慢理解到在太陽系中還有其他可能的可居住地，例如木衛二（Europa）及土衛二（分別是木星和土星的衛星），天文學家相信在這兩顆衛星表面數公里厚的冰層下藏著寬廣的海洋；或者是金星，在數十億年前可能適合居住，後來才因為失控的溫室效應而變成如此熾熱的星球。同時，既然數十億年來，地球和火星之間都會有隕石交換，例如ALH84001的狀況，也就讓宇宙學家保羅．戴維斯和生物化學家史蒂芬．本納（Steven Benner）等等幾位備受矚目的科學家認為，在一顆星球上出現的生命有可能搭便車落到另一顆星球上；另外如天文學家錢德拉．維克拉馬辛赫（Chandra Wickramasinghe）比較具爭議性的人物則認為，整個銀河系就是單一而互相連結的生物圈，這個概念稱為「胚種論」，每顆行星「會從廣大的宇宙基因庫中選擇自己的基因傳承」。隨著人們在彗星及隕石上找到了生命的有機前導物質，又發現了有些細菌與真菌孢子能夠在深層太空中生存（尤其是躲藏在岩石內部的時候），或許這個論點聽起來並沒有過去那般瘋狂。

關於火星本身的想法，無論是來自過去或現在，也捲土重來。一九九八年，NASA的軌道衛星火星全球探勘者號（Mars Global Surveyor）測量結果顯示出，四十億年前的火星擁有覆蓋整個星球的磁場，能夠保護火星不受太陽帶電粒子的「太陽風」傷害，而如今從火星岩石上也有強力證據顯示出，這個磁場讓火星能夠保有比較厚的大氣層，富含二氧化碳，讓氣候相對溫暖，同時在鹹水湖、河流與海洋中也有液態水。二〇一八年，NASA的好奇號（Curiosity）探測車在一個古老湖泊的底部採集了具有三十億年歷史的沉積岩，並且發現了許多形成生命必須的有機組成成分。詭異的是，這一切都相當符合麥凱和其他人在一九九六年曾講述過的故事，認為趨磁細菌曾經生活在有鹽分的碳酸水中。

今日火星上的磁場已經消失，讓這顆星球飽受強烈輻射摧殘，而且稀薄的大氣層也讓液態水很快就蒸發了，但是火星任務的資料仍然不斷描繪出比預期中更適合發展生命的景象。科學家已經看到在極地冰帽以及地底下蘊藏許多冰，同時在赤道的山坡夏季時會出現暗色的溝渠，看起來像是流動的水。二〇一八年，歐洲太空總署（European Space Agency）所發射的軌道衛星火星快車號（Mars Express）用雷達探測後發現，就像在南極洲一樣，火星南極的冰層底下深處也有一個二十公里寬的液態水湖泊。

另外，在火星大氣中也不斷探測到甲烷。雖然這種氣體可以透過地質學方法形成，不過地球上大部分甲烷都是由生物產生，包括居住在地球地殼的細菌，因此有些科學家相信這或許表示在火星表面之下存在著類似的微生物。接下來，NASA和歐洲太空總署所進行的任務都會在地表鑽洞查看，不過甲烷的存在已經讓一九七六年維京號取回的資料出現新的曙光，該次任務並沒有出現正面的結果，因為在土壤中並未偵測到有機分子，不過現在顯然確實存在著這類分子。維京號的生物學家吉爾伯・勒溫（Gilbert Levin）與派翠西亞・史特拉特（Patricia Straat）堅稱，火星生物學仍然是這個結果最可靠的解釋。

整體說來，要解釋ALH84001以及維京號任務成果本來就很困難，讓科學家不得不更廣泛去思考，如何知道自己所看見的是外星生命。就像行星之間可能有天差地遠的歧異，或許生物也是一樣。我們所知道的生命是碳基，並且仰賴液態水為溶劑，不過也有人提出不同的化學機制：或許土星的衛星土衛六上的甲烷或乙烷湖泊中存在著生命，能夠運用這些烴類當成溶劑，而不用水。或許也可能有不同的能量來源：不像地球上的生物要倚靠陽光或化學能，也許是仰賴熱能或動能。有這麼多可能的差異，我們是否應該尋找進行演化、新陳代謝或者基因資訊編碼的能力？又或者，我們所提出的定義都會太過狹隘，應該只要尋找不符合的東西。

其中一個推測的可能性是，繞行中子星的行星上生物可能會從磁場的起伏變化中汲取能量，將自己的基因碼編入磁鐵鍊中，而非化學DNA。也有些人認為地球上可能存在由外星生命形成的「影子生物圈」，我們的傳統測試無法察覺，「就像樹籬外存在著仙子與精靈的國度一樣」。無論我們有沒有找到這樣的生物，光是尋找的動作就改變了我們，拓展了我們對生命本質意義的認知。

比起宇宙中有沒有其他生命，更大的問題當然是有沒有其他有智慧、有覺知的生命？我們仰望天空時，天外有沒有其他生命也回望著我們呢？

在迪迪埃．奎洛茲被自己在天空中看到的奇怪訊號搞糊塗的二十五年前，另一位年輕的天文學家在測試新設備時也碰到了意料之外的事件。一九六七年在劍橋大學，一位名叫喬瑟琳．貝爾（Jocelyn Bell，現在的姓氏是貝爾．柏奈爾〔Bell Burnell〕）的博士生正希望能有所發現，近來發現一種所謂的類星體會發射出極度明亮的無線電波，而貝爾想要多找到幾個例子。貝爾的指導教授安東尼．休伊什（Anthony Hewish）設計出一架巨大的電波望遠鏡，涵蓋的範圍有五十七個網球場這麼大，他的團隊花了兩年打造，在地面上敲進了一千多根木樁，並且以長達數百公里的纜線連接起來。

這座望遠鏡在一九六七年七月啟用，隨著地球轉動，其電波每二十四小時就會掃描天空一圈，只要接收到無線電波，筆就會在紙卷上留下記錄的線條：每天要耗掉三十公尺長的紙卷。貝爾親手分析所有數據，過了幾週之後她注意到圖表上不時會出現一個奇怪的跳動圖形，這完全是個謎，因為這個圖形既不符合陸地干擾，也不是來自已知的天文訊號，她稱之為「冒出」。

最後，貝爾和休伊什決定以更快的記錄速度來檢視冒出的訊號，如此能夠更詳細描繪出圖形。訊號來了又馬上消失，但是終於在十一月貝爾捕捉到了，也為自己所看見的結果震驚不已，「隨著圖表在筆下捲動，」她後來回憶道，「我可以看見訊號是一連串的脈衝……間隔是一又三分之一秒。」她從來沒有看過這樣的東西，如此規律的頻率顯然是人工造成，但是只有在電波指向同一小塊遙遠天空時，訊號才會出現。

這兩位天文學家思考過後排除了幾種可能性，包括從月球反射回來的雷達訊號、在陌生軌道上運行的衛星、鄰近的金屬小倉庫可能引發異常效應等等。最後，他們用另一架望遠鏡觀測（排除了設備出錯的可能性）證實了訊號之後，顯示出來源是距離我們太陽系十分遙遠的地方，貝爾便只得考慮起一個令人不安的可能性：「這些脈衝訊號是人為的嗎？只是這些人可能來自另一種文明？」兩人開玩笑似地將她的神祕來源取名為LGM星，也就是「小綠人」（Little Green Men）的縮寫。

幾年前，物理學家在一九五九年《自然》中的一篇論文提出，有智慧的外星生命若想要穿越深層太空進行溝通，可能就會發出無線電訊號，或許會調頻到頻率1420，這是氫的發射光譜線。他們說，雖然這聽起來好像是科幻小說，「星際訊號的存在完全符合我們目前所知的一切，而且……如果存在這樣的訊號，如今也有了能夠偵測的方法。」美國天文學家法蘭克・德雷克（Frank Drake）很快就開始了第一次搜索：一九六〇年在西維吉尼亞州的美國國家電波天文臺（National Radio Astronomy Observatory），他花了四個月將直徑二十六公尺的望遠鏡指向兩顆鄰近的星星，但什麼都沒聽見。如今看起來，貝爾可能是意外找到了這樣的訊息。

隨著聖誕節接近，訊號看起來越來越像是來自外星生命，雖然出現頻率從未改變，但是脈衝強度卻不同，有時甚至完全停止。訊號只會出現在一段很窄的頻寬上，比較像是雷達脈衝而非其他已知的自然訊號發射，而且天文學家計算後認為其來源非常小，不太可能是常見的星體。

此時，休伊什和天文臺臺長馬丁・賴爾（Martin Ryle）開始認真考慮起外星生命的可能性。「日子一天天過去，我們也越來越激動，」休伊什在一九六八年寫道，「這些脈衝會不會是某種來自外星文明的訊息？」他們討論著，如果找不到其他解釋，他們該如何宣布這個消息，是要去找皇家學會或者政府？賴爾半開玩笑地建議，他們應該燒掉紀錄並忘了這整件事，如果消息傳了出去，人們一定會想要送出回覆，而從歐洲探險的歷史就有眾多證據顯示，「面對更先進的文明，越少接觸越好」。

對貝爾來說，無法解釋的訊息更像是惱人的干擾。「我只是努力想利用新科技拿到博士學位，結果幾個愚蠢的小綠人偏偏要選上我的天線和頻率跟我們溝通。」接著在十二月二十一日，她又查看圖表並認為自己看見更多訊號冒出，但這一次是在另一部分的天空。那天深夜，她出門到了天文臺，等到那片天空再一次經過望遠鏡視野範圍時要更仔細觀看。一開始，她無法讓設備在冷天氣裡運作，「我開開關關了幾次、咒罵幾句，又朝著機器吹氣，終於讓望遠鏡順利運作了五分鐘。」她回想道，正好趕上能夠接收到訊號，並且證實了這是另一串脈衝，這次間隔一・二秒。

貝爾回家過聖誕節時的心情愉快多了，現在她很安心知道訊號的冒出有個自然的解釋：「兩群小綠人實在不太可能會選擇同樣不可能的頻率、還在同一時間，同樣試圖發送訊號給地球這個行星。」她在一月回到研究崗位時很快就發現了另外兩個類似的來源，同時，休伊什也檢查了原始訊號是否有都卜勒效應（若是由外星人發送，那麼外星人應該是位於某個繞著恆星轉的行星上，來源相對於地球的速度就應該會改變），結果一無所獲。接著另一位同時又認為，無線電波回到地球的路徑上都會經過太陽風，而太陽風的直接起伏可以解釋訊號強度的差異。

排除了外星人的可能性後，貝爾和她的同事終於寫好了論文於一九六八年二月發表，他們將這些一閃一滅的來源稱為「脈衝星」。如今根據天文學家的解釋，脈衝星是一種高度磁化的中子星（這是巨星塌陷的核心，直徑只有二十公里寬），轉動速度極快，並且會發射出強大的電磁輻射束，就像燈塔的光束般掃射著周圍，在其路徑上的人觀察起來就像是間歇性的脈衝。休伊什和賴爾（但不包括資歷比他們淺的女同事貝爾）在一九七四年因這項發現獲得了諾貝爾獎。

即使結果證實這件事與小綠人無關，或許有一天我們會接收到來自太空深處的召喚，這樣的想法仍然相當吸引人。目前試圖接收訊號的研究大多是由私人資助進行，相對規模也小（一九九二年 NASA 曾啟動計畫，但在政治人物的嘲弄下便在一年後取消），而天空基本上仍是一片寂靜。或許最有可能的候選人出現在一九七七年八月，一名天文學家自願參與美國俄亥俄州大耳朵（Big Ear）電波望遠鏡的研究，他發現在射手星座爆發了一個頻率 1420 的無線電波，在十分震驚之下，他將圖表印出並圈起訊號，在頁緣寫下：「哇喔！」（Wow!）這個訊號從此沒有人再次偵測到，也從未得到解釋。[95]

二〇一五年，俄羅斯億萬富翁尤里・米爾納（Yuri Milner）協助推動尋找地外智慧生命的計畫（search for extraterrestrial intelligence，縮寫為ＳＥＴＩ），他捐助了一億美金創立了一項叫做突破聆聽（Breakthrough Listen）的計畫，引起大眾的注意，計畫則以加州大學柏克萊分校為基地。這筆錢足以發展出例如機器學習等新穎搜尋科技，並且買下世界頂尖望遠鏡上千

95 原註：天文學家也一直在發送訊號。波多黎各的阿雷西博天文臺（Arecibo Observatory）望遠鏡在一九七四年便發出了最早要給外星人的訊息，由法蘭克・德雷克及卡爾・沙根設計，發送到鄰近的星團。此時，馬丁・賴爾已經是英國的皇家天文學家，對於他們竟然在沒有經過恰當的公眾討論便做此嘗試感到十分驚駭，他寫信給德雷克抱怨說此舉「非常危險，這等於是向銀河系暴露了我們的存在與位置；就我們所知，外面不管有什麼生物可能都抱持惡意——或者是餓意。」阿雷西博也在二〇一二年針對「哇喔！」訊號發送回覆。在國家地理學會的贊助下，這段訊號包含了大約一萬則推特訊息，還加上了標籤＃追尋ＵＦＯ。二〇一七年底，一個叫做發信給地外智慧生命（Messaging to Extraterrestrial Intelligence，簡稱ＭＥＴＩ International）的國際非營利組織開始自行嘗試發訊息給地外智慧生命，發送根據音樂設計的基礎數學題目到附近的系外行星。

小時的使用時間，也足以贏得幾位天文學界重量級人物的支持[96]，同時足以將目標對準上百萬顆鄰近星體。二〇一七年八月，計畫偵測到來自三十億光年以外的矮星系爆出了一組重複而無法解釋的無線電波，只是天文學家認為很有可能是自然發生。

雖然目前為止尚未得到有希望的結果，這項搜尋任務卻越來越受到關注，也就讓外星智慧成了熱門話題，從哲學家至電腦科學家，人人都在討論外星智慧可能以什麼形式出現、我們又能如何與之溝通。「過去只是聽來陌生的小規模科學探究任務，」美國太空政策分析師麥可．米修（Michael Michaud）說，「如今已經成為一項多領域的廣泛思想實驗，讓人思考著智慧的本質與行為，包括在地球上及以外的地方。」

對語言學家來說，這些問題也復興並延伸了一番關於語言本質的古老辯論：延伸到語言發展是根據內在的普遍原則，或者是依據我們的生理本質及環境來塑造。同時，動物行為專家說我們應該考慮的不只是自己的思考和語言模式，還有地球上發現的其他智慧類型，包括蜜蜂的集體記憶乃至於章魚的好奇心以及解決問題的能力。神學家則要問，我們如何知道即使是與我們十分不同的外星種族或文化，也能夠擁有道德心態：是什麼讓一種生命形式值得擁有尊嚴與敬重？

或者，外星生命可能根本不是生物。美國哲學家兼認知科學家蘇珊．史奈德（Susan Schneider）認為，外太空最為複雜的文明應該是超級電腦，這是由生物生命所創造的人工智慧形式，而生物可能已經凋亡或者與其科技融為一體。她預測這些生命形式很可能是以矽為基本構造，因為矽進行資訊處理的速度比生物大腦要快得多。其他人則質疑我們是否一定要將知識與科技進步視為文化進展的關鍵力量，例如NASA生物學家馬克・盧比塞拉（Mark Lupisella）便曾問道，真正先進的外星生命是否並不會將智慧視為一種工具，而是本身即是終結，我們是否能夠想像一種追求主觀價值的文明，例如公正、同理、多元，而非客觀事實？

也就是說，猜想外星社會的樣貌其實就是在推動關於人性的討論：對我們而言什麼是重要的？我們是誰？我們的未來又會如何？正如同尋找其他地方的生命會讓我們質疑生命與宇宙有什麼樣的關聯，甚至是何為生命的本質，尋找地外智慧生命也不得不發展而成為影響更加深遠的議題。再一次，我們成為某項更重大議題的一部分，人性並非智慧生命的普世而必要的條件，而是這一片泅泳著諸多可能性的浩瀚海洋中的一小點。我認為這改變了我們看待人性的方式，即使外星人的訊號永遠不會出現，光是這個概念就讓我們有了一個「他者」的參照，能夠依此來確認自己的位置，就像幾百年來玻里尼西亞的導航員總會想像出看不見的島嶼，藉此對照星星而找到方向。

96 原註：包括英國皇家天文學家馬丁・里斯（Martin Rees），以及宇宙學家史蒂芬・霍金（在他於二〇一八年過世之前）。

雖然自一九九六年以來有這麼多發現，我們仍然沒有一項證據能夠證實其他地方有生命存在。在人類史上第一次，我們可以運用科學方法進行實證調查，研究地球以外的宇宙中到底有什麼，但我們還是無法回答這個大哉問：其他地方有沒有生命？或許在火星上或其他地方。但是我們非常成功做到的，是將這趟搜索拆解成一系列較小的問題：其他行星很常見嗎？火星適合居住嗎？有機分子的分布廣泛嗎？有機體能夠在極端環境下生存，甚至是太空嗎？我們很難忽略的事實是，至少就目前為止，一直得到的答案都是「肯定」。

無論我們搜尋哪裡，證據似乎都肯定說明了宇宙中的生命並非例外，而是常規。過去幾個世紀以來，科學已經將我們的存在從上帝的特別造物降級成意外出現的異常現象，否則整個宇宙仍寂靜一片。史寇爾的南極岩石以及奎洛茲的旋轉行星幫助我們指向了另一種不同的可能性：生命經常會出現。你或許可以說，這是回歸到了活躍宇宙的概念，我們再一次在天空中看見生命。

不僅如此，若是認為宇宙中很容易產生生命，我們就必須重新思考有意識智慧生命的可能性。回到一九九六年，就像天文歷史學家史蒂芬・迪克（Steven Dick）當時在白宮針對ALH84001召開高峰會時對副總統高爾說：「我們想要決定的是，宇宙演化的終極結果僅僅是行星、恆星與銀河系，或者生命、心智與智慧。」

科學的基礎就是研究一個純粹物理、物質的現實，剝除掉主觀經驗，我們才能夠尋找外面真正的真相，而非存在於想像中的東西，如此便無情地引導出認為這世上所存在的唯有物理宇宙這樣的世界觀。但是，如今科學研究的結果也逐漸往另一種可能性靠攏，不僅僅是宇宙中有其他生命，甚至有其他心智，科學家也就開始思考（我們在最後一章會進一步探究），或許意識，或說經驗，並非化學演化的一次性副產品，而是宇宙的基本特質。我們窺見這個宇宙的可能性，不只是活躍的，更是清醒的。

12 心智

NASA太空人克里斯・哈費爾德（Chris Hadfield）在二〇〇一年四月第一次爬出國際太空站，準備進行自己第一次的太空漫步，這是積累數十年訓練與準備後的成果。哈費爾德是一名理性且有紀律的飛行員，研讀數學、物理、工程學和機器人學，並且駕駛過七十餘種不同類型的飛航器，他花了整整五十天在泳池裡練習太空漫步。「我在技術上已經完全準備好去面對接下來要發生的事情。」他說道，但是就某個層面來說，他完全沒有準備好。

當他第一次在太空的真空中自由漂浮時，一手抓著太空船，他的任務就是準備好一條十七公尺長的機器手臂好進行安裝，但此時所有關於這個任務的想法卻暫時離開了他的腦海，轉而受到「不加修飾的美麗衝擊」。在他的右手邊就是如天鵝絨般一望無底的浩瀚宇宙，不斷往前延伸而無止境，還綴滿了星星；而在他左手邊則是整個世界朝他湧來，爆發出繽紛無比的色彩，那景象「令人動彈不得」，他後來說，「讓你完全停止思考。」

他穿著太空衣獨自一人，俯視著「六十億人和其中的一切歷史、一切美麗、詩歌，以及一切屬於人類的事物」，哈費爾德說他在那一刻學到了一件事，那是終其一生埋首書本、聽講和計算都無法教導的事情：「這個世界存在的力量，因我能夠親眼看見而深深受教。」

這本書講述的脈絡是，至少在西方世界中的我們是如何不留情面地在對宇宙的理解中抽離了個人體驗，人們曾經居住在一個充滿神話與神靈的奇幻宇宙（或許有時也讓人惶恐）中，形塑了現實與天體事件的意義和人類的生活與信仰交纏在一起。多少個世紀以來，我們用數學法則與算式當成篩網，將自己和星星的關係瀝了個乾淨。總是會有人對抗這樣的趨勢，但整體的情勢（也就是科學的偉大成就）卻很清楚，我們所認知的宇宙是個獨立的外在現實，無論我們如何解讀都會存在，這個物理國度早在我們的祖先第一次抬頭觀望天空的幾十億年前就已經存在，在最後一個生物消失後的幾十億年後也會繼續存在。

我們現在對這個宇宙的知識來自於探測儀的測量與電腦運算後的結果，而不是個人親眼觀看天空所得。這套方法之成功令人屏息，我們可以探究塵雲的內部、拍攝遙遠到不可思議的銀河系照片、探索大霹靂之後的餘暉、偵測到時空結構中的細微波動；我們可以根據證據描寫出宇宙如何在爆炸後成形，並且預測出宇宙可能如何終結。能夠這樣觀看宇宙相當具有優勢，而我們是第一批能夠一窺奧妙的人類，我們以科技取代了自己的眼睛，便能夠深入探究並發現到遠遠超過我們僅憑感官能達到的成果。

從實際角度來看也是如此，我們已經不再需要觀望天空了。古代社會憑藉著天空的轉動來引導切身相關的生活運作，但是我們現在有了衛星導航系統，只要按個按鈕就能找到自己的位置，數位時鐘的報時也比太陽所能做到的更加精確。再說，即使我們真的抬頭觀望了，光害也幾乎遮蔽了大部分視野，讓我們已經忘記了過去那是什麼樣子。即使是銀河，在幾十年前還能看到這條橫跨夜空的滔滔大河，明亮到讓人們能夠在其陰影中看見故事，如今對歐洲或美國的多數人來說，再也看不見了。從收集數據資料的角度來說，這般的抹滅很不方便卻還不算災難，畢竟天文學家可以在遠離人工光源的偏遠山頂建造望遠鏡，或者直接將望遠鏡送入太空，但只有數據資料才是重點嗎？我們觀看星星，除了數字就沒有別的了嗎？

原來並不是只有我在問這些問題。過去十年、二十年以來，越來越多哲學家、心理學家、神經科學家，甚至是物理學家，都在努力要將認知經驗帶回到我們對自己身處的這個宇宙的理解中，同時也不必犧牲得來不易的方法與科學洞見，他們的研究工作多少能夠說明我們如何看待自己、我們如何與這個世界及更寬廣的宇宙產生連結。對某些人來說，甚至會讓人質疑起現實本身的基本原料。

歷史上的諸多作家都曾描述過自己面對夜空時有何感受，儘管來自不同的背景或宗教信仰，內容卻都驚人地相似。公元一世紀，天文學家托勒密說尋找轉動的星星讓他忘記了自己只是個凡人：「我的雙腳不再碰觸土地，而是與宙斯肩並著肩，和眾神一同共享瓊漿玉液。」將近兩千年後，瑞士哲學家兼詩人亨利—佛雷德列克・阿米爾（Henri-Frédéric Amiel）躺在十九世紀的海灘上，背貼著沙灘仰望夜空，視線穿越了銀河，這樣的景象讓他不禁浮想聯翩：「氣勢恢弘而壯麗、不朽，令人思考起宇宙的起源……只要有人觸到了星星，便擁有了無限！」

今日，我們大多數人都鮮有機會目睹這樣全盛的景象，但若有機會也是同樣令人震撼不已。幾年前的夏天為了一項專題報導的任務，我發現自己困在墨西哥偏遠山區中一頂小小的單人帳篷中，躲避著狂暴的大雷雨，等到雨終於停歇後，我鑽出帳篷看見眼前的夜色，感到既焦慮又孤單。但一抬頭卻馬上湧起一股腎上腺素，在我頭頂是一片閃爍而耀眼的海洋，這片光明之海不僅僅從地平線那端延伸到另一端，更不斷擴張到永無止境的深處。在那一瞬間，我漂浮離開了地面、感到連結，有如回家的安心。

回想起來，那並不是因為我記起了哪一個星座或行星，甚至是銀河的閃耀緞帶，而只是天空的力量帶給我純粹的驚嘆。在我所居住的倫敦，夜空既枯燥又黑暗，帶著橘黃霓虹光般的顏色，偶爾才有幾顆掙扎冒出的光點打破這片虛無。但是在這裡，夜空卻掀起了帷幕，彷彿交還給我某件我根本不知道自己遺失了的東西。在這個沒有月光的夜晚，卻好像一點也不黑暗，只有銀光，只有星星。

在幾年以前，科學家仍會忽略觀星活動中這個比較人性的面向，想將這樣的啟迪思考交給藝術家與詩人來探究，不過如今，他們也很快了解到，和宇宙的直接接觸完全不是只能啟發美學思考，而是對我們的心理健康以及選擇如何生活的方式有著深遠且實際的影響。其中一位先驅者是加州大學柏克萊分校的心理學家達契爾・克特納（Dacher Keltner），他花費數年研究如憤怒與恐懼等負面情緒之後，想要開始研究人類經驗中的正向面向，這是能夠引發強大而長遠改變的情緒，然後他選擇了「驚嘆」。二〇〇三年，克特納與別人合作發表了科學家第一次對這種情緒做出的工作定義，描述為當我們遭遇某件廣泛、超越了正常參照框架，而我們很難理解的事物時，就會出現這樣的感受。

這樣的情緒除了感到驚奇之外還參雜了一絲恐懼，尤其是我們所面對的力量大到讓我們感到自身的渺小，或甚至有可能完全將我們吞沒。同時，科學家更喜愛的「好奇」這種情緒就比較偏向認知，通常會與試圖解決謎團有關，而驚嘆似乎會阻絕理性思考，在這樣的時刻中我們不得不屈服於謎團，因為我們知道有太多東西已經超越了我們所不能理解的範圍。根據克特納所說，所謂的廣泛可以是物理上或概念上的，而且有許多可能的來源，例如強大的領袖、全然的犧牲或精湛技藝之舉，或者是壯觀的自然景色：森林、沙漠、海洋或峽谷。自此以後，世界各地的研究學者便開始以各種物品激發志願參與實驗者的驚嘆，從恐龍骸骨到高大的樹木等等，不過沒有比宇宙更壯觀的東西，其中一種最可靠也經常用來激發驚嘆的方法，就是讓人們觀看星空的照片或影片。

結果令人驚訝，原來即使是像在實驗室中激發的小小驚嘆也能大幅改變我們的情緒及行為。首先，觀看能激發驚嘆的影像似乎能夠打破思考的習慣模式，讓人們更有創意、對世界更感興趣。亞利桑那州的心理學家發現志願者經歷過驚嘆體驗之後，對於短篇故事的記憶增強了，因為他們比較不會受到先前的預設影響而懷有偏見，便能更確切專注在實際正發生的事情上。

另外一項實驗中，感受到驚嘆的人在測驗中能夠提供更具原創性的例子，對抽象畫作更感興趣，同時面對困難的謎題也能堅持更久。而且，對於健康及生活品質也有持久的影響，克特納的團隊發現經歷過驚嘆的人們會感到更快樂、壓力較小，甚至能持續到數週之後。這點能夠延伸到對生理的影響：一份最近的研究便發現，驚嘆能夠降低細胞激素的濃度，這種激素會提升對人體有害的發炎反應；並且能激發副交感神經系統，而這套系統會壓抑人類戰鬥或逃跑反應。

不過更加有趣的是，驚嘆似乎會讓我們變成更好的人。志願者體驗過驚嘆之後便比較不會擔心個人的煩惱及目標，而且經過多份研究結果顯示，志願者會自述他們覺得與其他人及世界有更深的連結，他們會做出更符合道德規範的決定、更加慷慨，也更有可能為了幫助他人而犧牲，他們比較不會在乎金錢而更重視環境，會覺得自己似乎有更充裕的時間。

研究者認為，驚嘆能夠拓展我們的注意力而包含更大的局面，基本上就是縮小了我們對自我的意識。一份二〇一七年的研究中，克特納發現人們體驗過驚嘆之後，簽名時的字體會比較小，畫自己時也比較小（但並不會降低他們對自我地位或自尊的意識）。二〇一九年，荷蘭的神經科學家表示觀看激發驚嘆的影片能夠安撫大腦內「預設模式網絡」的活動，包含了大腦額葉與皮質的區塊，一般也認為這部分與自我意識有關。「驚嘆能夠產生逐漸消失的自我，」克特納告訴我，「你腦中的聲音、自我利益、自信，都消失了。」結果，我們覺得自己和更廣大的整體關係更親近了：也就是社會、地球，甚至是整個宇宙。

研究學者仍在辯論著驚嘆是如何演化出來及其原因，克特納認為強大的領袖是原始來源，而其他人則表示，這股結合了社會羈絆與創意思考的強大力量最早是受到大雷雨等自然力量所啟發。我認為我們不應該低估了夜空的影響力，自從人類的思考最初綻放光芒之時，這片壯觀的光之海洋便啟迪了每一個社會。

●

「好美，真是太美了！」蘇聯太空人尤里・加加林（Yuri Gagarin）在一九六一年四月搭乘火箭飛上繞行地球軌道後幾分鐘，成為了第一個上太空的人類，他這樣讚嘆道。他所說的並非星星或宇宙，而是我們自己的星球，他後來寫下一段留給我們其他人的署名訊息：「世界上的人們，我們應該保護並改善這樣的美景，而非摧毀！」

比起抬頭仰望夜空，回頭俯瞰的力量似乎更加強大。綜觀人類歷史，從過去的穴居人到冥想者，乃至於藝術家，神祕術士和薩滿等等都在自己的心智中暢遊宇宙，但是藉著人類近代才剛出現不久的科技進展，終於有幾百人得以真正旅行到太空中。擁有航太技術的國家想要展現科技實力並獲得科學知識，但太空人所帶回來最強大的訊息並非什麼事實或科學知識，電腦也無法破解，有時就連要用文字表達出來都很困難。這些太空旅人最想要分享的知識完全是根據自己對太空的認知經驗，不是透過測量或計算，而是感受與察覺。

他們最主要談論的是地球的美麗、生命力與脆弱，還有地球是如何珍貴而需要保護這樣強大的認知。一九七一年，阿波羅任務的太空人詹姆斯・艾爾文（James Irwin）從月球表面望著家鄉，他說：「那個美麗溫暖且富生命力的物體看起來如此脆弱、如此易碎，如果伸出一根手指觸碰都可能遭到壓扁而解體。」NASA 太空人羅納德・加蘭（Ronald Garan）於二〇〇八年上太空繞行地球，也認為我們的行星「就像一個活生生在呼吸的有機體」，只有一層如薄紙般的大氣層保護著，「避免死亡……阻絕太空的嚴酷考驗」。

他們回到地球之後通常都決心要保護環境。俄羅斯太空人尤里・亞祖許金（Yuri Artyushkin）感受到「一股強烈的憐憫之情，以及對我們行星的處境與人類對之的影響擔心不已……你要捍衛的是我們整個地球。」身為遊戲設計師的百萬富翁理查・蓋瑞特（Richard

Garriott）在二〇〇八年成為世界上第六位太空旅客，返航之後他賣掉了自己的休旅車、安裝了太陽能板，並開始投資綠能與電動車。

其他人都在談論著國家疆界與政治衝突這等雞毛蒜皮的小事，而各個國家的太空人卻強調說我們都居住在同一顆星球上，正如阿波羅十四號的艾德加・米契爾（Edgar Mitchell）所言：「從月球上往地球看，國際政治看起來實在可悲至極，你都想要抓起某個政治人物的領口，將他拖到二十五萬英里以外的地方說：『仔細看看，你這王八蛋。』」從太空看地球，「你不會看到分裂這個世界的種種阻礙，例如膚色、宗教和政治。」阿波羅十七號的太空人金恩・塞南（Gene Cernan）這樣說，他所想到的反而是「人性、愛、情感與思考」。

這種現象在一九八〇年代被命名為「總觀效應」，不過到了最近才有越來越多人注意。二〇〇八年，一群太空人、科學家以及太空專家創立了總觀研究所（Overview Institute），希望跟更多人分享太空人的洞見，並且「讓人類更接近世界和平」。二〇一二年的紀錄片《總觀》（Overview）以及二〇一八年國家地理頻道拍攝的影集《超凡地球》（One Strange Rock），將這個現象介紹給了廣大觀眾，同時因為虛擬實境和太空旅行的進展，也讓更多人很快就有機會能夠直接體驗這種效應。二〇一六年，心理學家分析過這種效應之後便描述這是驚嘆的強大範例，他們認為，從外太空看地球能夠澈底翻轉觀點，逼迫太空人不再將焦點放在自己身上，而是轉向對整個星球來說什麼是重要的。

總觀效應並非一種恐懼，主要是牽涉到幸福愉悅和團結一體的感覺。太空實驗室四號任務的科學駕駛員艾德・吉布森（Ed Gibson）在繞行地球時，感受到了「內心的平靜」，而太空人傑夫・霍夫曼（Jeff Hoffman）則稱之為「恩典狀態」。太空人經常會描述自己感覺和全人類、地球、甚至是整個宇宙融為一體。梅伊・傑米森（Mae Jemison）於一九九二年時在太空梭奮進號中待了一週，覺得自己和「宇宙的其他地方」連結在一起。克里斯・哈費爾德則深受震撼，「感覺到還有比你自己更加巨大、更深遠的東西，如此古老，（還有）自然而生的一股重要性，讓你自身變得渺小」。詹姆斯・艾爾文「感受到上帝的力量」，而艾德加・米契爾從月球返航回家時，感覺整個宇宙「似乎有了知覺」，「那種在生理上、心理上都往外延伸到宇宙中的感受，完全淹沒了我，」他說，「當下的領悟真的令人震驚，知道宇宙的本質並不像我過去所學的那樣。」彷彿他的自我感縮小到了一個極致，他和太空其他部分之間的疆界就這樣消解了。

●

當然，你不需要真的噴射進入太空繞行才能感覺和宇宙融為一體或者失去自我感，透過如祈禱或打坐冥想等儀式而引發的宗教體驗，經常也與總體效應有關。在進入二十世紀之際，心理學家兼哲學家威廉・詹姆斯（William James）最出名的研究便是收集各種不同信仰的範例，從佛教徒頓悟後感受到的更高覺察，乃至於基督徒的冥想，例如聖十字若望（St John of the Cross）就曾談過自己進入了「一片寬廣無際的沙漠中，進入智慧的深淵」，而聖德蘭（St Teresa）則描述過自己的靈魂與上帝結合在一起。

詹姆斯所引述的體驗並不全然都是完全宗教的。詩人艾弗列．丁尼生（Alfred Tennyson）總是會不斷重複默念自己的名字，藉此引發清醒的出神狀態，此時「個體性似乎會消解而逝去成為無所拘束的存在」。但是所有體驗過同樣感受的人之後都會出現更強的覺知。德國作家兼理想主義者瑪爾維達．馮．梅森布（Malwida von Meysenbug）曾經跪在海岸邊，此時感受到「自己從個別化的孤獨中回復到與一切結合為一體的意識中……地球、天空和海洋彼此迴響著而成為一片包圍著全世界的浩瀚和諧」。加拿大精神科醫師理查．莫里斯．布克（Richard Maurice Bucke）曾在某天晚上和朋友討論哲學之後，搭乘漢索姆馬車返家時，感覺自己「被包圍在如火焰般顏色的雲中」，從此以後「我不僅僅是逐漸相信，而是知道宇宙並非以死去的物質所組成，相反地，宇宙是活生生的存在」。

布克將這樣的經驗命名為「宇宙意識」，並且表示這種經驗能讓人擁有「永生感……並不是相信自己將得到永生，是意識到自己已經擁有永生」。詹姆斯認為這樣的經驗「很神祕」，而且結論說，雖然人們會因為自己先前的信仰而對細節有不同的詮釋，基本上描述的都是同一件事：與意識宇宙融為一體的感受，特色就是浩瀚、永恆、安全而放鬆（以及他有許多資訊來源都描述為「愛」）。幾十年後，英國作家阿道斯・赫胥黎（Aldous Huxley）認為這些洞察都具有同樣的核心，形成「一種遠古而普世皆準的基質，鋪設而成為所有信仰與靈性之路的基礎」。

諷刺的是，藉由科學與科技的力量而噴射進入太空的太空人，返回地球後所帶回的核心宇宙訊息，似乎也符合千百年來靈性探索者不斷傳達的訊息，那麼，這些經驗能夠告訴我們哪些和宇宙或我們自身相關的有用資訊呢？

這些訊息似乎都牽涉到一種意識狀態，心理學家如今稱之為「超越」，在這樣的狀態下，自我不僅是縮小了，更是完全消融。這種極端的事件很罕見，也一直很難直接研究，詹姆斯所能做的也就只有收集個人的描述。不過科學家最近得到了一項強大的新方法，能夠研究意識的新面向：迷幻藥物。這些藥物在一九五〇年代時發現，服用後會先爆發出興奮感，這種迷幻藥叫做ＬＳＤ，是在一個瑞士實驗室中製造出來。從墨西哥的薩滿文化中帶回來的蘑菇當中含有致幻的賽洛西賓，研究人員發現這種藥物能夠與大腦中的血清素受體結合，引發超越狀態。

一九六〇及七〇年代間進行了上萬項研究，利用迷幻藥物來治療酒癮、毒癮和憂鬱症，但這些研究並非全都有嚴謹的方式，有些太過積極的研究學者會任意送出藥物，就像在發糖果一樣。美國與歐洲的官員擔心有安全風險，更不用說這些藥物似乎會助長反體制的情緒，因此決定禁止，中止了研究。不過就在過去十多年當中，幾位科學家再次獲准，能夠在嚴格控制的條件下研究迷幻藥物的影響，第一份研究是由約翰・霍普金斯大學（Johns Hopkins University）的臨床藥理學家羅蘭．葛瑞菲斯（Roland Griffiths）領導，在二〇〇六年發表結果，參與者描述起自己的體驗像是與終極的意識現實融為一體，有些人則認為那是上帝，一人談起感覺自己「處在虛空中」，時間和空間都不存在，只有愛。後來，他們又回報自己出現更強烈的信念，認為在某方面而言，我們在死後仍會繼續存在。

有四分之三的志願者都體驗到葛瑞菲斯與同事評為「完全」神祕的經驗，表示這樣的狀態並非意識的詭異扭曲，而是「生物性的常態」。大約有三分之二的參與者認為這趟旅程是他們人生中最有意義的一次體驗，自此之後便有越來越多證據顯示賽洛西賓的益處，當然是要在嚴格控制的環境中使用。使用賽洛西賓的人比起使用安慰劑的人，事後會感覺更加快樂、更願意幫助他人，而且即使經過一年多之後，仍然表示自己更加幸福、對生活更滿足。

就像在一九六〇年代一樣，也有人專注於研究使用像賽洛西賓這類藥物來治療憂鬱和成癮等精神疾病，還有診斷已進入末期的癌症病患所產生的焦慮。二〇一六年由葛瑞菲斯帶領針對癌症病人的研究，顯示在服用了賽洛西賓之後，參與者的憂鬱和焦慮都降低了，同時幸福感、生命的意義感、樂觀以及對死亡的接受程度都有增加；其中的好處能夠持續到六個月之久。其中一人在自己的日記中寫道，他造訪了一個充滿「純然愉悅」的地方，讓他學會了像是食物、音樂、建築，甚至是癌症，這些「世俗的東西」都微不足道，而我們的存在會一直延續下去，沒有終結。「我現在理解了，」他寫道，「有一種超越了智識的覺察……我的生命、每一條生命，還有宇宙中的所有生命，都等同於一件事……愛。」另一名病人參與了加州的研究，原本對死亡相當焦慮，讓她無法好好享受自己剩下的時間，但是賽洛西賓一發揮作用之後，「我知道我沒有什麼好畏懼的，我和宇宙連結在一起了。」

同時，倫敦帝國學院（Imperial College London）的神經科學家在羅賓・卡哈特—哈里斯（Robin Carhart-Harris）的帶領下，讓志願者服下賽洛西賓和ＬＳＤ而忘我時掃描他們的大腦，藉此研究這些藥物如何影響大腦。他們發現迷幻藥物會降低預設模式網絡的活動，就像驚嘆情緒所能做到的，這個效應與無拘無束的感受、失去自我的感受互有相關。「我感覺這是同一件事，」卡哈特—哈里斯對我說，「迷幻藥物劫持了自然的系統，讓人們能夠快速達到驚嘆的體驗。」

因此，這些研究的結果有助於解釋大腦中發生了什麼事，不只是在人們服用了迷幻藥物的時候，還有人們觀望星空、與自然連結、冥想或旅行到太空的時候。除了降低自我感，原本分隔開來的大腦區塊之間的界線也會崩毀，能夠促進創造力與彈性思考。或許這就是為什麼，這樣的狀態能夠引起人們態度與個性的長久改變，這點對成人來說很不尋常，畢竟一般認為成人的這些特質都已經固定下來。事實上，卡哈特—哈里斯和其他人認為，這樣的狀態或許有助於扭轉我們在人生中發展出的僵硬思考模式。年幼的孩子非常具有彈性、適應力，自我的感覺也還未固定，不過隨著長大成人，我們的認同就會固定下來，思考和行為就會凝為一成不變的路徑。

事先規劃好的模式讓我們能夠更有效率，才不必凡事從零開始，但這些模式會降低觸發新想法的能力，也可能有害，就像在憂鬱症的情況下，人們會困在負面思考的情緒裡。卡哈特－哈里斯認為，驚嘆透過神經傳導物質血清素而運作，能夠鬆開這些束縛；若是我們遭遇的挑戰十分強大，現有的思考模式無法應付的情況下，這種物質就能讓我們大腦去適應。

傳統的科學觀點支撐著我們的現代社會，而認為我們理性、清醒的意識能夠傳達出最準確、最實用的現實觀，無論是針對我們周身的環境或整個宇宙皆然。在生活的各個領域內，從商業和政治到醫藥和教育，我們都傾向信任理性思考，也就會視為優先。同時，我們將驚嘆和好奇斥為幼稚，輕視超越的狀態，若不是完全懷疑的扭曲也認為毫無意義，只是以人為胡亂製造出大腦接線的狀態，結果原來這樣的景象是有缺陷的。

這一章到目前為止所描述的研究認為，我們不應該將之視為現實與幻想，或許比較像是刻度盤上不同的意識狀態，一端是經過層層過濾的認知，另一端則是一發不可收拾的滔滔洪流。無論是太過偏向哪一端都會造成心理疾病，也沒有好好處世的能力，但這兩端所代表的都是現實，而從驚嘆與迷幻狀態的研究中所顯示的好處則表示，要過著健康的生活，以及擁有健康的社會，我們必須平衡兩者。

具備狹窄的濾網讓我們擁有強大的自我感，讓我們能夠專注在細節上，順著邏輯思考，並且確切參與物理世界中的活動。但這樣的認知必然是有限的、孤立的，同時受到先前已經存在的偏見與信念所影響；另一方面，因驚嘆和超越而擴張的覺察卻為我們注入了彈性、創造力和連結，讓我們能夠理解到更大的現實、看到狹隘的日常擔憂之外的東西，並且在做決定時，不只能讓我們成為更快樂的人，同時能維護我們的星球，為了整體人類的福祉努力。

例如，克特納便很擔心在社會中失去了驚嘆情緒的後果。我們將心思專注在智慧型手機與螢幕上，而非大自然中更寬廣的地平線，表示我們幾乎不會被迫要面對廣大未知的恐懼。「我們相信在過去五十多年來許多人都觀察到的社會變遷當中，失去驚嘆便是一個影響因素，」他和同事在二〇一五年投書《紐約時報》寫道，「人們變得更加個體化、更專注於自我、更物質化，且與他人的連結減少。」

要平衡這個刻度盤有不同的方法，除了藥物治療外，專家也提出許多建議，包括多多參與大自然和藝術、正念冥想以及沉浸在虛擬現實中。最重要的是，我認為我們應該努力保存世界上最大、最震撼人心的體驗，在幾千年來都是人類體驗的核心，如今卻快速消逝，那便是星空。思考關於星空的一切並不一定能夠教會我們什麼新東西，不過卻有更重要的價值，因為此舉讓我們能夠對自己所知的東西有不同的思考。

但這條路還不算走到了盡頭。極度超越的狀態有一個關鍵的特色，眾多觀星者、神祕術士、太空人和藉由藥物神遊的人都有同樣的感受，那便是堅持他們所體驗到的意識狀態絕對是真實的，他們自身的覺察不過是在這滄海中的小小一粟，而這汪洋中蘊含著所有存在。對那些體驗過的人來說，這樣的認知通常是無庸置疑，這是非常強大的信念，甚至能夠改變人們過活的方式，抹除他們對死亡的恐懼。如此也算是窺探了宇宙的真實樣貌嗎？

威廉・詹姆斯引述十九世紀的詩人約翰・席蒙茲（John Symonds）的話，詩人經常自問：「苦惱不已，從那毫無形體、荒蕪而十分傷感的存在中清醒過來，哪個才是非現實的？」詹姆斯自己並未體驗過神祕狀態：「我自身的狀況讓我幾乎完全無法享受這樣的愉悅。」不過他曾使用氧化亞氮來麻醉，讓他終身都深信，我們正常的清醒意識「不過就是一種特殊的意識類型，雖然無所不在，卻又隔著一層極薄的屏幕，那處就是完全不同的意識可能形式」，他堅持認為，「若是忽略了這些其他形式的意識，那麼描述整體宇宙的論述都不可能是最終答案」。

在二十世紀後期，但凡暗指到「宇宙意識」的概念，絕對都會被認為是偽科學，若是在德高望重的科學圈子中提起都會毀掉一個人的事業。對於席蒙茲的問題，普遍能夠接受的答案是以為自己與更大的覺知融為一體是一種幻覺：當我們大腦的視野被拓展得太寬的時候就會出現噪音，而這種幻覺就是其中一部分。大多數科學家都會同意記者麥可・波倫（Michael Pollan）的說法，他在二〇一八年出版的著作《改變你的心智》（How to Change Your Mind）中，讓大眾注意到他對狂喜狀態的研究，而在他所有體驗之後下了結論：「我仍然傾向認為意識必定是侷限在大腦中的。」

在過去幾年，隨著研究學者開始比較認真看待超越狀態，關於這個基本問題的輿論風向也開始轉變。離經叛道的哲學家與物理學家再一次探究起這個概念，想知道心智是否牽起了代表現實的絲線。

●

關於我們的心智和宇宙有何關聯，也就是說心智如何與身體連結，這場新的論戰在激烈而漫長的哲學戰爭中只是最新一場戰役。正如我們所見，十七世紀的笛卡爾將靈魂與物質切分開來，將宇宙形容為一臺依據物理規則運作的機器；接著，伽利略又進一步強化了這套模型，認定自然之書就是以數學語言寫成的；牛頓則提出了自己空前成功的物理法則。但是並非人人都同意宇宙的客觀及主觀面向能夠如此輕易就區別開來。

例如與牛頓同時代的萊布尼茲和史賓諾莎便認為，物理與心理世界都是衍生自同樣的物質，兩人都提倡過某種泛心論，認為心智是物質的基本屬性。十八世紀時冒出了各種不同形式的理想主義，則更進一步認為，物質世界實際上是衍生自心智。啟蒙時代的哲學家康德則反對所謂我們能夠透過理性來理解物理世界的想法，他認為我們所認知的現實，甚至是所謂時間與空間的結構，免不了都是我們心智運作的表現，而無法讓我們知道除此之外還有什麼確切的事實；愛爾蘭主教兼哲學家喬治·柏克萊更是否認了物體能夠獨立於我們心智之外而存在的概念，他認為「存在就是認知到了」。

到了十九世紀及二十世紀初，正當詹姆斯探索著意識，現代藝術家又努力想逃脫邏輯與寫實，此時也就相當明顯能夠看出，研究客觀物理性質的物理學卻未碰觸到自然的某些本質。詹姆斯深受法國哲學家亨利·柏格森（Henri Bergson）的影響，柏格森總強調數學和邏輯有其限制，他說當我們開始相信物理學的抽象規則與法則似乎比一開始衍生法則的經驗更加精確、更加真實的時候，總會遇到問題，我們將生活反了過來，認為自己的認知、存在就是基本數學真相的限定版本，如柏格森所說：「我們為事實擬定了機械式的解釋，然後就用這套解釋取代了事實。」而事實上，他認為，這些算式和圖表未能解釋我們所生活的這個真實宇宙，無法描述出宇宙完整且生動的意願及複雜性。

哲學家伯特蘭·羅素向來奉邏輯與科學為圭臬，就連他都在一九二〇年代指出，物理學只能夠揭露物質的行為，而非其基礎本質（包括其中是否牽涉到意識），「物理學能以數學解釋，並不是因為我們對物理世界知之甚多，而是因為知道得太少，」他說，「我們能夠發現的只有其數學特質。」亞瑟·愛丁頓在一九一九年觀察日食而證實了愛因斯坦的相對論，他也在一九二八年根據羅素的論點進一步闡述，事實上，他指出確實有一個例子是我們能夠從內部探知物質：我們自身的大腦，而這當然是有覺知的。據此假設其他物質也有類似的本質，不是再簡單不過了嗎？他認為，堅稱物理物質必定在本質上無法體驗而得，然後又好奇著經驗都是從何而來，這似乎

「相當愚蠢」。

同一時間，量子力學本身也讓人開始懷疑在物質存在的基本層面上究竟發生了什麼。隨著物理學家持續往下鑽探，要研究物質的最微小組成成分，客觀事實似乎就從他們的指間流逝。物理學家並未發現粒子的確切特質、存在的確切位置，他們的實驗和努力得來的算式卻只能產生或然率，所有可能的現實似乎在他們進行測量之前都有可能存在，而測量當下，因各種可能性而升起的雲霧突然就散開，露出了科學家能夠觀察的單一現實，因此才出現了知名的哥本哈根詮釋（Copenhagen Interpretation）：談論到客觀現實時，除了我們所觀測到的之外，其他都沒有道理。這讓人們認為，物理學家並不是記錄下已經存在的現實（這是牛頓以來的教條），而是觀察的這個動作似乎才讓結果存在。

從一開始，對於我們的意識心智可能會決定粒子出現的時間與地點，有些物理學家對此感到相當驚駭，例如愛因斯坦所提出的看法就相當知名，他堅稱只有我們看著月亮時，月亮才存在。他的同事馬克斯・普朗克（Max Planck）認為質疑科學上的客觀現實是一個「危機時刻」，可能威脅到文明本身的存在。不過其他量子領域的先驅則接受心智的影響力，希望他們的研究或許有助於整合科學與神祕主義。愛因斯坦深信現實是獨立於心智之外的存在，這是「哲學上的偏見」，沃夫岡・包立這樣說。埃爾溫・薛丁格認為：「物質宇宙和意識的組成是同一種東西。」並且提出科學需要「接受一點來自東方思考的輸血」。

在第二次世界大戰之後，這波熱烈討論便退燒了，科學家一直沒有解釋清楚有意識觀察者的角色，但是在整個一九五〇年代，物理學家提出了其他解釋來說明他們得到的奇怪結果：或許粒子是受到潛在的導航波所引導，無法靠測量而得；或者現實會在每一次觀測時分裂成多個平行宇宙（這個概念稱為「多重世界」）。即使這些方法無法透過實驗證實，仍然讓客觀現實的概念得以留存，而量子理論本身就預測物理世界的行為這部分而言，結果卻是特別準確，於是科學家減少了哲學上的辯論，繼續研究物理世界。

在二十世紀下半葉期間，這種理解自然的方法日漸強大，物理學家和天文學家以廣義相對論和量子理論為武器，改進了他們對宇宙的理解，詳細描繪出宇宙從大霹靂之後那一瞬間起展開的歷史。同時，生物學家得到了前所未有的力量能夠解釋生命的謎團，一九五三年所發現的DNA結構再加上天擇論是一大躍進，能夠更加理解生物特徵如何演化傳承。

即使看似主觀的人類特質，例如我們的情緒、認知和道德，都可以客觀解釋為行為傾向，是根據生存價值來選擇。而且也有越來越多證據顯示，不同的意識狀態都與生理狀況和大腦內的機制互有相關，我們的覺知「可以一刀切成兩半，因化學物質而改變、透過電擊開啟或阻止，只要一記重擊或者缺氧就會消滅」，認知科學家史帝芬．品克（Steven Pinker）在一九九七年的著作《心智如何運作》（How the Mind Works）便這樣指出，他說，還談什麼以為是無形的靈魂呢。

看起來，科學證明了意識並非宇宙中基本或必要的原料，而是演化中的意外副作用或副產品，完全是因我們神經元的生理活動所引起及決定。聞到咖啡的香味或讓針刺了一下、讓人耗盡一切心力的母愛力量，或是我們對閃耀星空的超越驚嘆：這些體驗都是錦上添花，並不是引發的原因，因為在這宇宙中發生的一切到頭來都可以分解成粒子和力量，透過物理法則決定。我們或許會覺得自己是主動想出了想法或做決定，但我們的覺知只是大腦中神經化學路徑的產出結果。

還是有不滿的人會提出疑問，如果生命只是隨機產生的意外，為什麼宇宙似乎和我們的存在有如此完美的契合，包括光速的物理特性到碳原子的性質等等都正好適合讓有生命、會思考的生物出現？然後還有在描述宇宙結構的數學公式當中，原本我們可能預期出現漫無章法的混亂，卻深藏著簡潔性、可預測性，甚至是美麗。物理學家為了回應而援引「多重宇宙」的概念，其中一個版本就牽涉到一連串無限延伸的平行宇宙，不斷從各個世界中此起彼落冒出頭來，各自都擁有不同的物理法則。光是要能夠問出這樣的問題，我們就必須存在於能夠支持更先進生命形式的宇宙裡，只是還會有無數其他的宇宙不能。不需要什麼目的或設計，只是盲選的機會。

另一個謎團就是到底為什麼會演化出意識，就算像活屍般，有同樣的神經元活動但缺乏內在經驗的情況下，一樣能夠活動；又或者，光是靠重新排列死去而無活動的原子如何能夠產生覺知這般豐富而定性的本質。一九九四年，哲學家大衛・查爾莫斯（David Chalmers）特別強調這個存在已久的問題，呼籲自己的同僚要面對這個「困難的問題」：用物理等式怎麼能夠完整描述痛苦、好奇心和紅色呢？有些人的回應是乾脆抹除這個問題，而其中一個支持這種方法的人便是哲學家丹尼爾·丹尼特（Daniel Dennett），他認為要說在物理學之外還存在著什麼東西，也就是某件事物感覺起來像什麼，一種讓我們與活屍有所分別的特殊而突出的主體性，這只是「一種幻覺」，除了科學家所研究的客觀特質以外，包括神經元的生理活動以及產生的可測量行為，關於意識就沒有其他可解釋的了。

說到頭，這種說法便是認為科學理解世界的能力十分強大，足以解釋一切，有了科學我們便能超越人類的觀點、人類的宇宙，同時能夠看到事物真實的本質。不要受到我們的熱忱與詩歌所誤導：人類就是「接受了盲目設定的機械載具，目的只是要保存被稱為基因的自私分子」（理查·道金斯）；「不過就是一大堆神經元」（弗朗西斯·克里克）；「只是一堆在中等大小行星上的化學渣滓」（史蒂芬·霍金）。或許就我們的自尊而言，這樣的觀點並不討喜，不過在預測及操控物理世界方面卻無疑相當成功。「還原論者的世界觀實在令人膽寒而不近人情，」宇宙學家史蒂文·溫伯格（Steven Weinberg）在一九九二年的著作《最終理論之夢》（Dreams of a Final Theory）當中坦承，「必須要接受這樣的解釋，不是因為我們喜歡，而是因為這就是世界運作的方式。」

新一代的知名物理學家採取了比較懷柔的語調，或許在這原本應該荒蕪而無意義的宇宙中，我們只是意外出現的過客，但仍能珍視自己的信仰、獨特的智力與自覺之窗。粒子物理學家布萊恩．考克斯建議我們可以自詡為「意義進入宇宙的機制」。宇宙學家蕭恩．卡羅爾（Sean Carroll）在二〇一七年出版《詩性的宇宙》（The Big Picture），他在書中提倡「詩意自然主義」，強調我們是「會思考、有感覺的人類」，我們有許多談論世界的方法。弦理論學家布萊恩．葛林（Brian Greene）則接著在二〇二〇年出版《眺望時間的盡頭》（Until the End of Time），特地花了好幾章說明宗教、文學及藝術如何塑造出「存在的神聖性」。

不過從根本上而言，他們對人性的觀點仍然十分強硬。卡羅爾認定「沒有屬於存在的特殊心智領域」，他說，無論我們在日常生活中告訴自己什麼樣的故事，我們的感覺就只是「字詞組合」，用來投射出大腦中神經元的生理狀態。僅此而已。在我們製造並稱頌自身的意義時，也必須理解，我們的感受、欲望、價值、情緒、選擇和信仰等內在生活，在物理世界中並不存在也不具重要性。

葛林同樣認為傳統的物理學終究能夠完整解釋意識，「數學確實就是法則，」他寫道，「我們是一大群粒子組合而成的物體，受到自然法則的約束……我們覺得自己的選擇、決定和行動最終都掌握在自己手中，但是還原論的論述卻清楚表明並非如此。我們的思想或行為都無法逃脫物理法則的掌控。」

對今日的科學主流來說，這是我們理解現實的最後一步，也是這本書中追蹤旅程的最終目的地。沒有物理測量無法到達的心智領域，而即使科學尚未能夠補足所有細節，其手段和方法最終也能告訴我們所需要知道的一切。當然，我們每個人都能找到自己生命的意義，不過就從宇宙的角度而言，「你」（正如在你的心智中、你的經驗、你的自我）若非盲目的粒子交互作用下產生的意外而短暫的副作用，便是其實根本不存在。

這樣的世界觀經過大力提倡，成為相對於相信有超自然神靈存在的另一種理性論述，不過隨著我們漸漸進入二十一世紀，局勢開始有了改變。有越來越多備受敬重的人物認為，即使沒有上帝，科學也還是忽略了某樣重要的東西。二〇一二年，無神論哲學家湯瑪斯·內格爾（Thomas Nagel）在他的著作《心智和宇宙》（Mind and Cosmos）中抱怨道，傳統上將同一論和達爾文主義混為一談，「並不能夠為我們的宇宙……提供恰當的解釋」，此話一出讓他飽受批評。史帝芬·品克在推特上表示這本書暴露出「曾經偉大的思想家也有論證輕率的時候」，而丹尼特則說這話「一文不值」。不過內格爾並不孤單，還有其他名聲響亮的科學家，例如物理學家保羅·戴維斯與生物學家史都華·考夫曼（Stuart Kauffman），他們不認為有超自然上帝的存在，但也質疑如微調和意識等這樣的宇宙謎團真的能夠說只是隨機的意外就交代過去嗎？

戴維斯、考夫曼和其他人認為，我們所知道的物理法則或許無法解釋一切，或許還有其他額外的法則尚待發現，這些法則隱隱不斷推動著宇宙，使其變得更複雜，從而讓生命與意識得以出現。還有一小群不過人數逐漸增加的少數哲學家以不同的方式應對，他們重新提出了一個想法，就算只是早幾年可能都會笑掉人家的大牙：泛心論。他們論證道，或許我們對現實的基本理解顛倒過來了，或許意識並非只是幻覺、也不是晚近才意外加入到宇宙間的東西，而其實是無所不在。

這波運動的其中一位先驅是英國哲學家蓋倫．史特勞森（Galen Strawson），他說自己從來沒想過到最後會成為泛心論者，他自述為堅定的物質主義者，相信宇宙中的一切都具有實體；不過他也堅持意識是真實的，畢竟我們擁有意識，「本身就是我們所知道最肯定的一件事」。而且，他反對有些人認為意識是從無中生有，他認為，如果原子只要重新自我排列就能一躍而獲得全新的本質，每一次發生都是一個奇蹟，在科學的其他地方都找不到規模如此巨大的解釋裂口：「所以我才不得不去想，在事物的底層肯定存在著經驗或意識。」而長久以來一直都存在著。

他說，科學界堅稱物質不可能有覺知，這是太過自信的誇大說法。羅素與愛丁頓的論述堅固到一絲不漏；物理學根本不可能告訴我們其研究粒子的固有本質，而如果意識只是常見物理物質的額外面向（雖然我們無法用科學設備來測量），也沒有一蹴可幾的解釋方法。就像演化將基礎物質塑造成了我們複雜的實體，「演化也發現了意識並將之也塑造」揉入了我們的感官和心智。

意識宇宙觀點的出現並不容易，史特勞森真正發現這個概念其中隱含的意思時「我大概整整兩週都興奮不已」，接著在二〇〇六年他發表一篇論文提倡泛心論，「我被嘲笑了」，但自此之後，便有越來越多人接受了意識可能是超越哺乳類大腦的存在這個想法。生物學家思考著，意識或許有沒有可能進一步延伸到人類以下的動物王國中，至少能套用到章魚和蜜蜂身上，甚至還有人提出更具爭議性的說法，認為就連植物和黏菌都不只是具有智力，還有覺知。

神經科學家正琢磨著意識在電腦及外星生命當中可能是什麼樣子，同時一項相當受歡迎的新研究方法叫做資訊統整理論（Integrated Information Theory，縮寫為ＩＩＴ）則認為，任何以特殊方式處理資訊的物理系統都會產生覺知。而在哲學界，查爾莫斯形容說「新一代的哲學家認為我們必須修正自己對物理世界的觀點才能容納意識」。有些人受到ＩＩＴ的吸引，不過在史特勞森的研究之後又再冒出了更加激進版本的泛心論，過去將泛心論觀點藏在心裡的年輕學者如今都據此來發展事業，包括研討會、雜誌文章以及大眾書籍等等，例如英國哲學家菲利普・高夫（Philip Goff）在二〇一九年出版的《伽利略的錯誤》（Galileo's Error）。

與眾人所相信的正好相反，現代泛心論者並不認為椅子、石頭或湯匙有意識，有些泛心論者認為像夸克或電子等基本粒子可能具有某種簡單的覺知，但是這些並不會累積成為更龐大的意識，除了像大腦這類特例之外。這一章稍早也描述了比較相關的超越狀態研究，其他人則是討論著一種廣大的覺知場域，這種觀點稱為「宇宙心論」。

今日，大多數物理學家都將宇宙描述為各種場域相互交纏的組合，基本粒子就在這些場域中進行能量振盪，有電磁場、引力場，還有些場域是給像是夸克、微中子和電子各種次原子粒子。我們看見從光子到行星等物體，都具有各自的身分，不過這些物體同時也是更大整體的一部分，假如說意識就是這些場域的一個基本特性呢？在澳洲提倡宇宙心論的自然哲學家芙蕾雅・馬修斯

（Freya Mathews）就將之譬喻成潮流與波浪巡迴的廣大海洋，在這樣的觀點下，我們的心智就像海洋中精細難解的漩渦或渦流：持續與整體場域共同運作，但同時擁有獨立的內在經驗，從外面無法觸碰。

史特勞森說自己是透過理性辯證而引導到泛心論的，不過其他人則是受到經驗所影響，例如馬修斯曾經描述過自己造訪澳洲鄉間一處叫做漢彌爾頓低谷（Hamilton Downs）的老養牛場，其間她感覺「彷彿在外頭有人駕馭著某種活物，像是巨龍或大蛇，那是一股能量的波動」。另一位則是以色列的意識哲學家伊泰・夏尼（Itay Shani），夏尼在研究生涯早期便對傳統理論忽略了第一人稱的體驗而感到不滿，接著他到新斯科舍（Nova Scotia）的岩岸海灣旅遊，讓他的觀點有了轉變。

夏尼和朋友待在森林與海水交會的地帶，他開始感到異常放鬆並且與周遭環境連結在一起，幾天之後他造訪了一處叫做佩吉海灣（Peggy's Cove）的地方，這裡的花崗岩經過古代冰川的刻鑿摩擦，這樣的美景讓他大受震撼。「這些岩石在光的映照下閃閃發光。」他說道。時間流逝，而他覺得自己彷彿離開了身軀，飛越了宇宙前往遙遠的星星，接著他全身都沐浴在光芒中，他說自己深深感受到了平和、歡欣和統一的感覺，就像是在所有現實之下有著「一顆跳動的心」。

對夏尼而言，意識宇宙的概念從純粹理性的觀點來說不只比較有道理，也能解釋人們千百年以來所述說的靈性體驗。我們正常清醒下的意識會過濾掉一切，只留下十分有限範圍內的經驗，但是或許超越狀態能讓我們進入另一個面向的現實，讓我們能夠接觸到更寬廣的覺知場域。許多東方哲學中都深深埋藏著這樣的概念，例如道教就有一位永恆不變的存在，或稱之為「西王母」。最近在西方也有些人物開始推廣，包括提倡另類醫學的狄帕克．喬布拉（Deepak Chopra）以及超心理學家魯伯特．謝爾卓克（Rupert Sheldrake），他們的論述中經常會混雜未有證據支持的主張，例如讀心術和信心療法，科學家通常對此嗤之以鼻。但夏尼認為，我們不應該駁斥更廣大覺知場域這個核心概念。我們知道科學所能告訴我們的事情生來就有限制，他告訴我：「詹姆斯和他那一代的人一次又一次對我們強調的就是這個……我們必須找到能夠認真看待經驗的方法，而這也包括了超個人體驗的描述。」

就像研究驚嘆和超越狀態的心理學家一樣，許多提倡某種形式宇宙覺知的哲學家也相信，這種方法具有實際的意涵。「自那時以後我沒有一天不想著那次，」夏尼說起他在佩吉海灣的經驗，「無論你做什麼，那已經成為你的基礎。」他認為泛心論能夠幫助我們理解人類普遍都渴求連結的心態，想要「更多的什麼」，「這種方法是想要解釋，沒錯，你就是某樣東西不完整的一部分。」研究顯示，超越經驗能夠減少我們對自己的關注從而對個人福祉有益，而夏尼更進一步解釋，他認為過著有意義的生活或許就牽涉到「與遙遠彼方的事物核心更加調和」。

同時，馬修斯認為泛心論就是我們在這個星球上存續的關鍵。她主張西方的物質主義將世界描述為人類存在的不變背景，而自然是一種商品，是原物料的來源，供我們操控支配，但如今生物圈正漸漸崩解。為了治癒傷害，她要我們承認地球是有主動能力的對象，本身就是值得關愛和敬重的存在，並且（透過我們藉由超越經驗而得到的洞察）還能夠傳授本身的智慧。

●

今時今日並不是只有泛心論提議應該將意識和宇宙整合為一體，在科學界本身也冒出了其他想法，包括量子物理。雖然在二次大戰之後，學界轉而傾向現實主義，不過二十世紀物理學的一位巨擘仍然緊抓著哥本哈根詮釋。約翰．惠勒（John Wheeler）的年紀比愛因斯坦及波耳還小一點，後來他讓「黑洞」一詞成為家喻戶曉，也創造了其他如「蟲洞」和「量子泡沫」等詞彙。惠勒認為所謂宇宙是在幾十億年前的大霹靂後開始形成，這樣的想法根本全錯了，他反而主張宇宙是「不斷從一團充滿各種可能性的迷霧中冒出來」，而且我們不只是被動的觀察者，還參與了其創造過程。

惠勒反對宇宙是根據既定規則運轉的機器這種想法，不會有什麼物理法則或數量即使沒有我們、沒有這樣或那樣的數值仍能神奇存在著，他引用了「一切源於訊息」這句座右銘，「代表的主張是，物理世界中的每一樣東西追根究柢（大多數情況下要追究到最深的根底）都有一個非關物質的源頭可作為解釋，我們所謂的現實是經過了是非題的提問，並透過各種設備才得出的回應，從最近一次分析中浮現」。他所強調的是，我們認為是物理現實的一切事物，包括每顆粒子、場域，甚至是時空本身，到頭來都是從訊息中衍生而出，源自於我們所知物理學家量測的結果。

在一九七〇年代，惠勒提議進行一項思想實驗，想藉此證明他的論點，知名的雙狹縫實驗揭露出量子世界中的一些詭異之處，而惠勒的實驗便據此設計出另一版本。原始版本是讓光子穿過一塊有兩條狹縫的板子後打在屏幕上，如果檢視每個光子所行進的路徑，那麼光子總會通過其中一條狹縫；但如果不特別檢視，光子似乎會同時穿過兩條狹縫。惠勒認為，可以延遲決定要不要檢視的時間，等到實驗尾聲，也就是等到光子已經穿過板子之後再檢視，也會得到相同的結果；換言之，觀察本身就會決定光子穿過板子的路徑，即使是一直等到行進已經結束之後才觀察也相同。

惠勒這樣預測的時候還不可能證實這說法，不過一九八四年在馬里蘭州的一間實驗室中證實了。實驗過程中，光子的路徑一直到物理學家測量時才固定下來，這點強化了沒有已經存在的隱藏現實這個論述；即使觀察者已經決定了過去的事件也不影響。自此之後，科學家進行了一系列各種版本的雙狹縫實驗以重複驗證，其中包括使用整個原子。而在二〇一七年，甚至讓光子從太空中的人造衛星反彈。天文學家甚至計畫（依據惠勒原先的建議）要以遙遠銀河系傳來的光來做實驗，如果可行，我們今日的選擇和實驗就會決定了一趟原本早在幾十億年前就該發生的旅程。

惠勒的直覺認為宇宙就像一個巨大的反饋迴路，我們的觀察不只是能夠持續創造出現在與未來，還包括了過去。他將物理學家觀察到的光子比喻為「煙霧形成的巨龍」，有著明顯可分辨的頭和尾巴（在測量的當下），但頭尾之間充滿著大片不確定的雲霧，他用來描述宇宙的另一個譬喻是「觀察兼參與者在所有地方、所有時間點在一座鋼琴上彈奏出的音符」，這樣的觀點所描述的並非一次大霹靂，而是億萬次再億萬次的小小創世閃光，認為現實是一幅正在進行中的作品，在我們觀看時才一片、一片清晰起來。

惠勒認為物理現實是由訊息構成的觀點引發了眾多研究，許多人研究這類量子訊息的行為與特性而做出各類量子力學詮釋，討論熱度相當高。不過，惠勒的一個學生克里斯多福・富克斯（Christopher Fuchs）如今是波士頓麻薩諸塞大學（University of Massachusetts）的量子物理學家，說他發現這個新方向十分令人困擾，尤其是支持這個論述的人又提出了如「未知的量子狀態」等概念，無法傳送、無法保護也無法揭露。他認為將訊息視為一種存在於外在世界的新型物質、獨立於我們的知識之外，如此是忽略了惠勒的論點：「如果量子狀態只是訊息，怎麼會是未知？顯然必定會有某人或某物知曉吧？」

富克斯反而是從貝氏推論機率的方法得到靈感，這種方法認為我們無法發現客觀的機率，當要決定特定事件在未來發生的機率時，總是我們主觀的知識與信念發揮作用的結果。富克斯及同事發展出一套量子力學的類比詮釋，表示量子物理學家所計算出的機率並非關乎世界上在發生的事，而是觀察者的內在知識。從眾多可能性中因為測量的動作消解到只剩一個，這並非外在事件，而是觀察者更新了自身的信念。原本他們將自己的方法稱為「量子貝氏論」（Quantum Bayesianism），不過現在則簡稱為QB論（QBism，發音就和「立體主義」〔cubism〕一樣：創始者說兩者同樣都是革命性的理論）。

經常有人指控QB論者說外在現實不存在，但富克斯堅稱並非如此，這套論述隱含的意思是「現實不只是第三人稱觀點所能掌握的」。富克斯在學習知識上的英雄典範之一（另外還有惠勒與尼爾斯．波耳）就是威廉．詹姆斯，威廉斯針對意識做過了各種調查研究之後下了結論，認為現實的最後一塊拼圖就是「純粹經驗」，而「從切身之處找到點和面的材料縫補出新的存在」。宇宙既非客觀也非主觀，而是兩者皆有，富克斯在二〇一五年告訴《量子》雜誌（Quanta）：「組成世界的物質性質就是我們每個人活著的每一刻所接觸到的東西，這樣的物質既非內在也非外在，而是根本存在於將兩者劃分開來的概念之前。」

重點不在於這些關於意識的想法是否絕對正確、可證實或者接近讓學界普遍接受的程度，蕭恩．卡羅爾與布萊恩．葛林等物理學家所表達的主流立場都是，傳統科學已經一次又一次證實了能夠解釋現象的能力，因此沒有必要做出將意識引介到宇宙的基本架構這般膽大妄為。許多量子物理學家傾向支持多重世界的現實，雖說是無窮無盡但至少客觀，而大多數研究心智的哲學家則偏好認為在神經元的生理活動之外，關於意識就沒有「更多」好解釋的。話雖如此，還是敞開了一扇門。

我們如今見證著各種想法如雨後春筍冒出，受人敬重的科學家與哲學家否定了認為宇宙是純然物理而覺知沒有影響力的說法，反而是意識經驗的論述又再抬頭，從各個不同角度討論，認為這是我們與現實關係之間的拱心石。即使是在科學界中，也越來越有可能探問，四百年前笛卡爾定義出了可量測的物質世界，而在這樣的世界之外是否必定還存在著什麼。

面對這股逐漸增長的少數，各種努力排拒意識論點的舉動，都只是示範了人們為了緊抓住古老的典範會做到何等程度：接受越來越扭曲的現實景象，包括活屍和無限宇宙等等，就像天文學家過去也曾經引介更加複雜難解的行星本輪系統，而非考慮比較簡單（對我們而言也是明顯到不行）的地球繞日學說。

●

克里斯・哈費爾德踏出國際太空站漂浮在太空中時，他說最讓他意外且驚豔的是「世界存在的力量，就這樣由我親眼所見的景象傳達給我」。這段訊息不僅僅是關於我們存在於外在現實的星球，而是關於經驗的核心重要性，基本上就是我們看見世界的能力，正如哈費爾德在幾年後所說：「我們不是探索宇宙的機器，而是人類。」這點在地球上、在我們的日常生活中，也是和太空中同理。

我們花了幾千年才將自己對宇宙的經驗從對宇宙的理解中抽離，打造出物理的數學網絡，最後建造出強大、優雅、對生命也十分重要的知識框架，但這是有限的，無論多麼精細複雜，終究也只是一個抽象概念，只是從可測量的數據中繪出的簡化圖像。物理法則看來或許是堅不可摧，卻形成一層濾網，從定義上來看只會捕捉到我們生活體驗過的單一面向。

這就是亨利．柏格森的關鍵論點。我們所感知到的存在每一刻都從我們的覺知中爆發出來，充滿活力、互相矛盾、違反邏輯又不受拘束。為了幫助我們理解這團華麗的混亂，為了這項特殊任務而設計出來的科學已經超越了所有期望：要提取並預測物理世界中可測量的行為。科學讓我們有了掌控周遭環境的能力、推動科技進步，還讓我們登上了月球，但這並不表示科學是客觀的、廣納現實所有的第三人稱模型。

我們在這本書一開始看到的是不斷擴張的宇宙泡泡，是一個壯觀而不斷演化的國度，散布著銀河系、星雲和黑洞，已經存在了一百四十億年，星星自己告訴我們這段啟迪人心而力量強大的故事。但說真的，我們的宇宙是什麼？我認為舊石器時代的人們在天上地下看見自己的影子，這樣的觀點也堪可靠；我認為，希臘天文學家托勒密談起自己與宙斯並肩漂浮時，似乎說對了什麼；我認為，康定斯基說藝術就是現實，這話很有道理；而馬列維奇示警說理性就是（或至少可以是）牢籠，也有道理。惠勒所看見的宇宙並非「在外太空」早已存在的東西，是億萬次又億萬次的創造靈光，我們在其中都扮演著關鍵角色，我想我們也能學習這樣的觀點。

我認為，我們都應該聽聽從太空返航的太空人，不是聽他們說物理測量和觀察，是談論美麗、詩歌以及照顧彼此和我們的世界這股迫切需求。只要我們停止爭辯、抬頭仰望星空，就會直覺知曉一切，太空人敦促我們要記住這股力量：我們身在宇宙之中，我們就在這裡。

後話

科幻作家以撒·艾西莫夫（Issac Asimov）在一九四一年的短篇故事〈夜幕降臨〉（Nightfall）中想像出一個叫做拉加許（Lagash）的星球，這個星球跟地球非常相似，只是不斷處在六個太陽的照耀之下，其居民生活在永晝當中，絲毫沒有察覺其他星星的存在。結果兩千年一遇的罕見日食將整顆星球籠罩在夜幕當中，拉加許人終於見到天上的壯觀景色，同時也明白了宇宙的浩瀚與自身的微不足道，此情此景讓拉加許人陷入瘋狂，他們急切地燒起大火以阻絕黑夜，將城市燒成灰燼。

我認為艾西莫夫的觀點沒錯，夜空確實具有改變世界的力量，但或許他弄反了。在〈夜幕降臨〉中，突然出現的星星讓文明毀於一旦，而在地球上，窺探宇宙卻正巧啟迪了人類。在我們種族的誕生之際，星星的繞行讓人們得以先從一片混亂中爬梳出秩序，整理出一套存在的模型，就是光明與黑暗、生命與死亡不斷交替的循環。

自此之後，我們便從這樣的基礎上發展。觀察太陽、月亮與星星讓我們學會了如導航、計時等實用能力，最終也衍生出引領今日複雜科技發展的科學方法。同時，人們在天空中看見神奇怪獸、神聖太陽或宇宙力量等圖樣，也餵養出神靈信仰及政治架構，還有關於自然及現實意義的想法。那麼，若是我們失去了這片景象，體驗到了與拉加許相反的日食情況會發生什麼事？

我們如今是有史以來第一次在生理上與更寬廣的宇宙分離開來，科學家的洞見並非來自自己的雙眼，而是來自撞擊電子偵測器的光子，創造出可供電腦破解的數據。在日常生活中，電燈、集約農業以及全球旅行等發展讓我們接觸不到宇宙的物理循環，同時也接觸不到更廣泛的大自然。我們對月亮及行星刻畫出的訊息視而不見，讓時鐘及衛星導航系統告訴我們當下的時間與位置。

如今情況日漸明朗，這樣的分離對我們沒有好處。生物學家漸漸發現，生物有機體有多麼仰賴光線、氣溫及磁場等自然週期才能作用、溝通及存活。同時，研究驚嘆與超越狀態的心理學家則提出警告，人類必須接觸到更廣大的局面才能維護社會的健全，為了培養創造力、連結及同理心，我們所需要的不只是分析數據資料，而要親身體驗宇宙的神祕與浩瀚無垠。太空人也認同這樣的訊息，他們從太空旅行返航中便敦促我們要更加善待彼此，要知道我們的行星是多麼脆弱的一處避風港。

不過這樣的分離不只是因為科技發展縮減了我們對星星的依賴所造成的直接結果，而是交雜著一種更加深層的哲學性分離。長久以來，科學一直能夠成功預測物理世界的行為，讓我們漸漸認為從機械角度來解釋宇宙會比我們一開始所採用的經驗更加真實，我們在思考宇宙或者觀察星星時的個人所感、所見都變得無關緊要，不只是在日常生活中不具實用性，也無助於我們切身理解何為現實、在其中如何自處。一開始我們說運用科學來調查世界的某一特定面向相當實用，如今則直接說科學的觀點就是一切。

這很重要，因為科學所引領的方向，包括我們所問的問題、聆聽的答案、運用結果的方式，端賴我們內心深處的信念與假設。我們在本書中不斷看到宇宙模型如何一直滲透到人類生活的各個面向中，這點在今時今日依然如此。如果我們否認了經驗的重要性、如果我們說只有可算出數字的東西才存在、如果我們將行星看成惰性的原物料而自己是孤立的機器，那麼這些潛在的原則也就自己成為了現實，引導著我們所建立的那種知識與社會。

結果到頭來，學校裡教的是數學算式而非驚嘆、如此專業的醫療系統每一年卻會因為濫用藥物及治療而害死百萬條人命，同時排擠了心理方法並否認了在掃描螢幕上無法顯示的症狀，這樣的情況似乎也不令人意外。我們計算著金錢而不懂衡量幸福，我們以貼文得到的按讚數來評斷自己的意見與經驗，同時將自己的生活與社會運作逐漸交付給盲目的人工智慧；我們執著於將身邊的一切打造成聰明的新科技，另外又將維持人類生存的生物圈逼向毀滅；我們太過專注於螢幕，幾乎不會注意到街燈遮蔽了我們觀星的視線。

我認為我們對何為宇宙的理解正處於關鍵的轉捩點。對古代人而言，觀感認知就是現實，過去幾千年來，那樣的觀點正逐步遭到反轉。巴比倫人的數字模型與希臘人的天體論述播下了思考新方式的種子，稍後隨著笛卡爾、伽利略與追隨他們的科學家出現而開花，他們培育出的宇宙概念日漸強大，認為這是一個由物理粒子和力場構築出的數學國度，創造出一套極有說服力的系統，在過去這一世紀以來，終於掙脫一切束縛破繭而出，卻只是扼殺了提出這套系統的人類心智。我們恐怕就要將自己的存在從這宇宙中澈底抹除。

這就是驅動我們現代世界的宇宙學，不同意的人都已經遭斥為不理性、信奉神祕學說或者反科學，但現在也有越來越多人、甚至在科學家之間都漸漸明白，光靠物理學並不能揭露光子的固有本質，更不用說是宇宙或我們自己，這表示我們又能開始討論心智在宇宙中所扮演的角色，這是我們能夠選擇的。我們有另一條前進的道路：不是要反對科學或者呼求超自然的力量，而是考慮將意識經驗視為科學所描述的現實中自然而基本的一部分。

因此，無論是從實際或哲學的角度來看，我們個人和宇宙之間的連結並非一塊無關緊要、毫無價值的糖果，可以為了科技的便利性就拋棄，反而是屬於讓我們生而為人的一部分本質。回首我們和宇宙之間的關係史，顯示出我們如何驅逐了神靈、拆穿神話傳說，根據證據寫出了我們自己的創世故事。剝除了主觀意義並專注於可量化的觀察結果，讓我們擁有空前絕後的力量去理解並形塑世界，進而矮化了先前經歷過的一切，但若不加以控制，這股力量也可能變得冷漠、自戀且具有破壞性。

本書講述的，是我們如何閉上了觀星之眼，而如今的挑戰就是讓雙眼再次張開。

謝詞

這本書描述了許多人的研究工作，我也深受他們的熱忱、想法及奉獻之心而有所啟發，因此我想要感謝這群考古學家、天文學家、哲學家、導航員、薩滿以及藝術家，他們各自在不同的時間以不同的方式探索宇宙。我尤其深受現代學者的恩惠，他們慷慨放棄自己的研究時間來跟我討論他們的想法，並且檢查書稿的各個部分（不過當然書中若有任何錯誤都是我該負責），包括麥可．拉朋格魯克、詹斯．拿特洛夫、邁克．帕克．皮爾森、吉姆．埃文斯、尼克．坎皮恩、珍娜特．芬可、迪迪埃．奎洛茲、查柯瑞．柏塔—湯普森（Zachory Berta-Thompson）、艾弗列特．吉布森、達契爾．克特納、羅賓．卡哈特—哈里斯、蓋倫．史特勞森、伊泰．夏尼。感謝克里斯．哈費爾德提供的撥片，也感謝喬．鮑比和珊卓．英格曼耐心對待我提出的奇怪問題。

若沒有我的經紀人威爾．法蘭西斯（Will Francis）這本書就不會存在，他幫助我抓住一個四處延伸的廣泛想法並將之馴服，成為可辨認出的出版提案；還有我的編輯賽門．索羅古德（Simon Thorogood），感謝他從很早開始就相信這個概念可行，並且讓我有機會讓這本書成真。我實在非常感謝你們兩位在整個寫作過程中的支持與建議。同時也要感謝這本書的美國編輯史蒂芬・莫羅（Stephen Morrow）為完稿提供寶貴的評論與建議，另外感謝我可愛的校稿員尤金妮・陶德（Eugenie Todd），多虧有妳嚴格的檢查與漂亮的修改。

我也想感謝神奇的大英圖書館，讓我能夠接觸到幾百年前的歷史文件與最新科學期刊等各種資源，還讓我有一處可以激發靈感的地方工作。謝謝伊莎貝爾・庫克（Isabel Cook）陪我聊天並針對書稿提供深富遠見的評論；感謝阿尼爾・安納塔斯瓦米（Anil Ananthaswamy）提供寶貴的回饋；謝謝蘿拉・唐納文（Laura Donovan），在我需要寫作時知道孩子們受到非常好的照顧，這點對我實在至關重要；還要謝謝我最棒的朋友以及寫作夥伴蓋雅・文斯（Gaia Vince）和艾瑪・楊（Emma Young），非常高興我們結伴度過這趟旅程。

最後要謝謝伊恩（Ian）毫無動搖的支持與鼓勵，即使我根本無法向你解釋我到底想要寫什麼的時候，你依然支持我。我要對美妙的帕比（Poppy）和魯弗斯（Rufus）獻上我所有的愛，你們就是我宇宙的中心，這本書獻給你們，希望等你們長大依然能夠看見星星。

參考書目與資料

編註：書名僅翻譯臺灣已出版之書目，其餘保留原文。

（所有線上參考資料都於二〇一九年十一月取得連結。）

序曲

能看見上千顆星星：Bob King, '9,096 stars in the sky – is that all?', Sky & Telescope, 17 September 2014, <https://www.skyandtelescope.com/astronomy-resources/how-many-stars-night-sky-09172014>.

只能看見幾十顆：Peter Christoforou, 'How many naked eye stars can be seen in the night sky?', Astronomy Trek, 12 March 2017, <http://www.astronomytrek.com/how-many-naked-eye-stars-can-be-seen-in-the-night-sky>.

根本再也看不見：Fabio Falchi et al., 'The new world atlas of artificial night sky brightness', Science Advances 2 (2016), <https://doi.org/10.1126/sciadv.1600377>.

「化學渣滓」：'Reality on the Rocks', Windfall Films, 1995; quoted in Raymond Tallis, 'You chemical scum, you', Philosophy Now 89 (2012), <https://philoso-phynow.org/issues/89/You_Chemical_Scum_You>.

1 神話

有趣的點狀圖案：Michael Rappenglück, 'A Palaeolithic planetarium underground – the cave of Lascaux (part 1)', Migration & Diffusion 5 (2004): 93–111.

最早出現記述的星座之一：Arkadiusz Soltysiak, 'The bull of heaven in Mesopotamian sources', Culture and Cosmos 5 (2001): 3–21.

一九四〇年九月十二日：目擊者對於洞窟發現過程的記述：Brigitte Delluc and Giles Delluc, 'Lascaux, les dix premières années sous la plume des témoins', in Lascaux inconnu, ed. Arlette Leroi-Gourhan and Jacques Allain, XII Supplément à Gallia Préhistoire (1979): 21–34.

其他地方也發現：Jo Marchant, 'A journey to the oldest cave paintings in the world', Smithsonian, January 2016: 80–95, <https://www.smithsonianmag.com/history/journey-oldest-cave-paintings-world-180957685>.

以植物製成的刷子：Norbert Aujoulat, Lascaux: Movement, Space and Time (Abrams, 2005); Jean-Michel Geneste, Lascaux (Gallimard, 2012).

各種令人目不暇給的答案：若需要實用的概述，參見 David Lewis-Williams, The Mind in the Cave: Consciousness and the Origins of Art (Thames & Hudson, 2002).

男性和女性身分：Robert Kelly and David Thomas, Archaeology: Down to Earth, 5th edition (Wadsworth, 2013), 200.

諾伯特・奧祖拉特：關於諾伯特・奧祖拉特的人生，參見 Judith Thurman, 'First impressions', New Yorker, 23 June 2008, <https://www.newyorker.com/magazine/2008/06/23/first-impressions>; Jacques Jaubert and Jean Clottes, 'Norbert Aujoulat (1946–2011)', Bulletin de la Société préhistorique française 108 (2011): 781–91; Jean-Philippe Rigaud and Jean-Jacques Cleyet-Merle, 'Norbert Aujoulat (1946–2011)', PALEO: Revue d'archaéologie préhistorique 22 (2011): 9–13.

第一次見到拉斯科：Aujoulat, Lascaux, 9–10.

〈大熊〉：Marcel Baudouin, 'La grande ourse et le phallus du ciel', Bulletin de la Société Préhistorique de France 18 (1921): 301–8.

美國考古學家亞歷山大・馬沙克：Alexander Marshack, The Roots of Civilization: Cognitive Beginnings of Man's First Art,

Symbol and Notation (Weidenfeld & Nicholson, 1972).

「我真是大開眼界」以及後續引述：與麥可・拉朋格魯克的電話訪談，二〇一八年一月十二日。

有多麼符合：Michael Rappenglück, 'The Pleiades in the “Salle des Taureaux”, grotte de Lascaux. Does a rock picture in the cave of Lascaux show the open star cluster of the Pleiades at the Magdalenian era (c. 15,300 bc)?' Astronomy & Culture (January 1997): 217–25.

安地斯山脈等地的農耕社群：Benjamin Orlove et al., 'Ethnoclimatology in the Andes', American Scientist 90 (2002): 428–35.

美洲原住民：Rappenglück, 'The Pleiades', 221–2.

另一頭原牛：Michael Rappenglück, 'Palaeolithic timekeepers looking at the golden gate of the ecliptic; the lunar cycle and the Pleiades in the cave of La-Tête-du-Lion (Ardéche, France) – 21,000 BP', Earth, Moon and Planets 85–86 (2001): 391–404.

冰堡洞窟：Michael Rappenglück, 'Ice Age people find their ways by the stars: a rock picture in the Cueva de El Castillo (Spain) may represent the circumpolar constellation of the Northern Crown (CrB)', Migration & Diffusion 1 (2000): 15–28.

朱利安・德修伊探究這些故事的起源：Julien d'Huy, 'A cosmic hunt in the Berber sky: a phylogenetic reconstruction of a Palaeolithic mythology', Les Cahiers de l'AARS, Saint-Lizier: Association des amis de l'art rupestre saharien (2013): 93–106; Julien d'Huy, 'The evolution of myths', Scientific American 315 (2016): 62–9; Julien d'Huy and Yuri Berezkin, 'How did the first humans perceive the starry night? –On the Pleiades', Retrospective Methods Network Newsletter, 12–13 (2016–2017): 100–122; Julien d'Huy, 'Lascaux, les Pléiades et la Voie lactée: à propos d'une hypothèse en archéoastronomie', Mythologie française 267 (2017): 19–22.

動物牙齒吊墜：Tõnno Jonuks and Eve Rannamäe, 'Animals and worldviews: a diachronic approach to tooth and bone pendants from the Mesolithic to the medieval period in Estonia', in The Bioarchaeology of Ritual and Religion, ed. Alexandra Livarda et al. (Oxbow, 2017), 162–78.

生活方式相當類似：Brian Hayden and Suzanne Villeneuve, 'Astronomy in the Upper Palaeolithic?', Cambridge Archaeological Journal 21 (2011): 331–55.

圓形草屋：Lynn Gamble, The Chumash World at European Contact: Power, Trade and Feasting among Complex Hunter-gatherers (University of California Press, 2008), 1–16.

約翰・皮博迪・哈靈頓：關於哈靈頓的人生與作品，參見 Jan Timbrook, 'Memorial to Dee Travis Hudson (1941–1985)', Journal of California and Great Basin Anthropology 7 (1985): 147–54; Catherine Callaghan, 'Encounter with John P. Harrington', Anthropological Linguistics 33 (1991): 350–55; Lisa M. Krieger, 'Long gone Native languages emerge from the grave', Mercury News, 23 December 2007, <https://www.mercurynews.com/2007/12/23/long-gone-native-languages-emerge-from-the-grave>.

《天空中的水晶》：Travis Hudson and Ernest Underhay, Crystals in the Sky: An Intellectual Odyssey Involving Chumash Astronomy, Cosmology and Rock Art (Ballena Press, 1978)；同時參見 Travis Hudson and Thomas Blackburn, 'The integration of myth and ritual in south-central California: the "Northern Complex" ', Journal of California Anthropology 5 (1978): 225–50; Edwin Krupp, 'Hiawatha in California', Astronomy Quarterly 8 (1991): 47–64.

這些天空中的祕密：Hayden and Villeneuve, 'Astronomy'.

曼陀羅屬：Richard Applegate, 'The Datura cult among the Chumash', Journal of California Anthropology 2 (1975): 7–17.

開創性研究：Mircea Eliade, Shamanism: Archaic Techniques of Ecstasy (Princeton Press, 1964).

真的進入：Michael Winkelman, 'Shamanism and the Alteration of Consciousness', in Altering Consciousness, ed. Etzel Cardeña and Michael Winkelman (Praeger, 2011), 159–80; Michael Hove et al., 'Brain network reconfiguration and perceptual decoupling during an absorptive state of consciousness', Cerebral Cortex 26 (2016): 3116–24; Pierre Flor-Henry et al., 'Brain changes during a shamanic trance: altered modes of consciousness, hemispheric laterality, and systemic psychobiology', Cogent Psychology 4 (2017): <https://doi.org/10.1080/23311908.2017.1313522>.

他們造訪的神靈世界：Michael Harner, Cave and Cosmos: Shamanic Encounters with Another Reality (North Atlantic Books, 2013).

在一九九八年合著：David Lewis-Williams and Jean Clottes, The Shamans of Prehistory: Trance and Magic in the Painted Cave (Harry Abrams, 1998).

二〇〇二年的暢銷書：Lewis-Williams, The Mind in the Cave；同時參見 David Lewis-Williams, A Cosmos in Stone: Interpreting Religion and Society Through Rock Art (Alta Mira, 2002), 321–42; David Lewis-Williams, 'Rock Art and Shamanism', in A Companion to Rock Art, ed. Josephine McDonald and Peter Veth (Wiley-Blackwell, 2012), 17–33.

「一張生命網」：與珊卓・英格曼的電話訪談，二〇一八年二月六日。

晚間舉行的儀式：與喬・鮑比的電話訪談，二〇一八年一月二十七日。

馬塞爾・拉維達和他的朋友：Delluc and Delluc, Lascaux inconnu.

宇宙狩獵：Julien d'Huy, 'Un ours dans les étoiles, recherche phylogénétique sur un mythe préhistorique', in Préhistoire du Sud-Ouest 20 (2012): 91–106.

新石器時代的岩畫：Enn Ernits, 'On the cosmic hunt in north Eurasian rock art', Folklore 44 (2010): 61–76.

鳥頭人是薩滿：Michael Rappenglück, 'A Palaeolithic planetarium underground –the cave of Lascaux (part 2)', Migration & Diffusion (2004): 6–47; Michael Rappenglück, 'Possible Astronomical Depictions in Franco-Cantabrian Paleolithic Rock Art', in Handbook of Archaeoastronomy and Ethnoastronomy, ed. Clive Ruggles (Springer, 2015), 1205–12.

2 土地

天將亮之際：關於麥可・歐凱利對於紐格萊奇與二至點的發現：'Michael J. O'Kelly', Newgrange.com, <http://www.newgrange.

com/michael-j-okelly.htm>; Simon Welfare and John Fairley, Arthur C. Clarke's Mysterious World (A&W, 1980), 91–3; Michael O'Kelly and Claire O'Kelly, Newgrange: Archaeology, Art and Legend (Thames & Hudson, 1982); Michael O'Kelly, 'The restoration of Newgrange', Antiquity 53 (1979): 205–10.

克勞斯・施密特正在尋找：Andrew Curry, 'Göbekli Tepe: the world's first temple?' Smithsonian, November 2008, <www.smithsonianmag.com/history/gobekli-tepe-the-worlds-first-temple-83613665>.

「我有兩個選擇」：Elif Batuman, 'The Sanctuary: the world's oldest temple and the dawn of civilization', New Yorker, 19–26 December 2011, <www.newyorker.com/magazine/2011/12/19/the-sanctuary>.

這片山丘到處都是：關於近來考古發現的討論，參見 Klaus Schmidt, 'Göbekli Tepe – the Stone Age sanctuaries. New results of ongoing excavations with a special focus on sculptures and high reliefs', Documenta Praehistorica 37 (2010): 239–56; Jens Notroff et al., 'What modern lifestyles owe to Neolithic feasts. The early mountain sanctuary at Göbekli Tepe and the onset of food-production', Actual Archaeology, January 2015, 32–49; Oliver Dietrich et al., 'Markers of "Psycho-cultural" Change: The Early-Neolithic Monuments of Göbekli Tepe in Southeastern Turkey', in Handbook of Cognitive Archaeology: Psychology in Prehistory, ed. Tracy Henley et al. (Routledge, 2020), 311–31.

「融合了兩者」：Steven Mithen, 'Did farming arise from a misapplication of social intelligence?' Philosophical Transactions of the Royal Society B, 362 (2007): 705–18.

「但是他們從來沒想到或者想要這樣的生活」：Jacques Cauvin, The Birth of the Gods and the Origins of Agriculture (Cambridge University Press, 2000), 72.

這一小塊地方：Manfred Heun et al., 'Site of einkorn wheat domestication identified by DNA fingerprinting', Science 278 (1997): 1312–14; Simcha Lev-Yadun et al., 'The cradle of agriculture', Science, 288 (2000): 1602–03.

「產生了這樣的副產品」：Steven Mithen, After the Ice: A Global Human History, 20,000–5,000 BC (Harvard University Press,

2006), 67.

「與自然界同等的形象」：Notroff, 'Neolithic feasts'.

大部分都是頭骨碎片：Julia Gresky et al., 'Modified human crania from Göbekli Tepe provide evidence for a new form of Neolithic skull cult', Science Advances 3 (2017), <https://doi.org/10.1126/sciadv.1700564>.

「超凡世界」：Schmidt, 'Göbekli Tepe'.

「石塊舷窗」：Schmidt, 'Göbekli Tepe'.

對於死亡的執著，尤其是人類的頭骨：David Lewis-Williams and David Pearce, Inside the Neolithic Mind: Consciousness, Cosmos and the Realm of the Gods (Thames & Hudson, 2005), chapter 3; see also Jens Notroff et al., 'Gathering of the Dead? The Early Neolithic Sanctuaries of Göbekli Tepe, Southeastern Turkey', in Death Rituals, Social Order and the Archaeology of Immortality in the Ancient World, ed. Colin Renfew et al. (Cambridge University Press, 2016), 65–80.

「充滿了不斷流動、變形的物質」：Ian Hodder, 'The Vitalities of Çatalhöyük', in Religion at Work in a Neolithic Society: Vital Matters, ed. Ian Hodder (Cambridge University Press, 2014), 3.

「神祕世界的物質表現」：David Lewis-Williams, 'Constructing a cosmos: architecture, power and domestication at Çatalhöyük', Journal of Social Archaeology 4 (2004): 28–59.

巴拉薩納人：Stephen Hugh-Jones, 'The Pleiades and Scorpius in Barasana cosmology', Journal of Skyscape Archaeology 1 (2015): 111–24.

在二〇〇五年出版的書：Lewis-Williams and Pearce, Neolithic Mind, chapter 4.

星星的起落：Donna Sutcliff, 'The sky's the topic', Current Anthropology 53 (2012): 125; Giulio Magli, 'Sirius and the project of the megalithic enclosures at Göbekli Tepe', Nexus Network Journal 18 (2016): 337; Martin Sweatman and Dimitrios Tsikritsis, 'Decoding Göbekli Tepe with archaeoastronomy: what does the fox say?' Mediterranean Archaeology and Archaeometry 17

(2017): 233–50.

拿特洛夫並不認同：Jens Notroff et al. 'More than a vulture: A response to Sweatman and Tsikritsis', Mediterranean Archaeology and Archaeometry 17 (2017): 57–74.

至少有一部分是在地底下：與詹斯．拿特洛夫透過電子郵件的訪談，二〇一九年十月。

圓盤及新月形狀：Schmidt, 'Göbekli Tepe'.

「月神」：Ludwig Morenz, 'Media-evolution and the generation of new ways of thinking: the early neolithic sign system (10th/9th millennium cal BC) and its consequences', John Templeton Foundation newsletter, September 2014, 'Our Place in the World'.

意識狀態的改變：David Lewis-Williams and Thomas Dowson, 'On vision and power in the Neolithic: evidence from the decorated monuments', Current Anthropology 34 (1993): 55–65; David Lewis-Williams and David Pearce, 'An accidental revolution? Early Neolithic religion & economic change', Minerva (July–August 2006): 29–31.

農耕技術逐漸傳播：Pontus Skoglund et al., 'Origins and genetic legacy of Neolithic farmers and hunter-gatherers in Europe', Science 336 (2012): 466–9; Zuzana Hofmanová et al., 'Early farmers from across Europe directly descended from Neolithic Aegeans', PNAS 113 (2016): 6886–91; Selina Brace et al., 'Ancient genomes indicate population replacement in early Neolithic Britain', Nature Ecology & Evolution 3 (2019): 765–71.

公元前三七五〇年：Nicki Whitehouse et al., 'Neolithic agriculture on the European western frontier: the boom and bust of early farming in Ireland', Journal of Archaeological Science 51 (2014): 181–205.

「一個強大的超越網絡」：Robert Hensey, First Light: The Origins of Newgrange (Oxbow Insights in Archaeology, 2015), 156.

一百七十七處石棚墓：Michael Hoskin, Tombs, Temples and Their Orientations: A New Perspective on Mediterranean History (Oxbow, 2001); Michael Hoskin, 'Seven-stone Antas', in Handbook of Archaeoastronomy and Ethnoastronomy, ed. Clive

Ruggles (Springer, 2014), 1149–52.

一百三十六座愛爾蘭通道墓：Frank Prendergast et al., 'Facing the sun', Archaeology Ireland 31 (2017): 10–17.

這些遺址的目的已經改變：Hensey, First Light; Robert Bradley, The Significance of Monuments (Routledge, 1998), chapters 7–8.

「宇宙間生命、死亡與重生」：Lewis-Williams and Pearce, Neolithic Mind, chapter 9.

德魯伊神廟：關於巨石陣長久以來的各種論點，參見 Mike Parker Pearson, 'Researching Stonehenge: theories past and present', Archaeology International 16 (2013): 72–83.

近年來的一系列挖掘工作：Timothy Darvill et al., 'Stonehenge remodelled', Antiquity 86 (2012): 1021–40; Clive Ruggles, 'Stonehenge and its Landscape', in Handbook of Archaeoastronomy and Ethnoastronomy, ed. Clive Ruggles (Springer, 2015), 1223–37; Michael Allen et al., 'Stonehenge's avenue and "Bluestonehenge" ', Antiquity 90 (2016), 991–1008; Mike Parker Pearson, 'The sarsen stones of Stonehenge', Proceedings of the Geologists' Association 127 (2016): 363–9; Mike Parker Pearson, Science and Stonehenge: Recent Investigations of the World's Most Famous Stone Circle (Veertigste Kroonvoordracht, 2018).

岩石表面：Parker Pearson, Science and Stonehenge.

馬達加斯加的同事：Mike Parker Pearson et al., 'Materialising Stonehenge: the Stonehenge Riverside Project and new discoveries', Journal of Material Culture 11 (2006): 227–61; Mike Parker Pearson, Stonehenge: Exploring the Greatest Stone Age Mystery (Simon & Schuster, 2012).

「都沒學到什麼」：Parker Pearson, 'Researching Stonehenge'.

「死後的永生」：關於杜靈頓垣牆以及與巨石陣之間的關聯，參見 Parker Pearson et al., 'Materialising Stonehenge'；與邁克・帕克・皮爾森的電話訪談，二〇一九年十月十五日。

在兩處遺址挖掘：Parker Pearson, 'Researching Stonehenge'.

「亡者的黑暗世界」：Parker Pearson et al., 'Materialising Stonehenge'.

3 命運

霍姆茲德・拉薩姆：Hormuzd Rassam, Asshur and the Land of Nimrod (Curts & Jennings, 1897).

平底船：Henry Layard, Discoveries in the Ruins of Nineveh and Babylon (Harper & Brothers, 1853).

因聖經上的記載而為人所知：列王記下18至19章；約拿書1至3章。

「實驗性檢視」：Rassam, Asshur, 24–32.

「一切事物的先導」：與珍娜特・芬可的電話訪談，二〇一八年五月八日。

「在亞札魯這個月裡」：Enuma Anu Enlil, 17.2.

足以裝滿好幾個板條箱的泥板：Layard, Discoveries, chapter 16; David Damrosch, The Buried Book: The Loss and Rediscovery of the Great Epic of Gilgamesh (Henry Holt & Co., 2007).

（註解）**視為同一批收藏**：Jeanette Fincke, 'The British Museum's Ashurbanipal Library Project', Iraq 66 (2004): 55–60.

「蒐集起文字寫下的知識」：Fincke, 'Ashurbanipal'.

史詩《吉爾伽美什》：Gilgamesh, trans. Stephen Mitchell (Profile, 2004).

助理研究員喬治・史密斯：Damrosch, Buried Book, chapter 1.

《至高之時》：Joshua J. Mark, 'Enuma Elish – The Babylonian Epic of Creation – Full Text', Ancient History Encyclopedia, 4 May 2018, <https://www.ancient.eu/article/225/enuma-elish---the-babylonian-epic-of-creation-fu>.

「至高之時」：Louise Pryke, 'Religion and Humanity in Mesopotamian Myth and Epic', in Religion: Oxford Research Encyclopedias (2016). Doi:10.1093/acrefore/9780199340378.013.247. 另有翻譯成「在其上之時」。

神殿中的祭司：Marc Linssen, The Cults of Uruk and Babylon: The Temple Ritual Texts as Evidence for Hellenistic Cult Practice (Leiden, 2004).

「崇拜這些神明」：Jean Bottéro, Religion in Ancient Mesopotamia, trans. Teresa Fagan (University of Chicago Press, 2001), 158.

「要盡可能蒐集泥板，越多越好」：Fincke, 'Ashurbanipal'.

南博比：Hermann Hunger, 'The relation of Babylonian astronomy to its culture and society', Proceedings of the International Astronomical Union 5 (2009): 62–73.

一個人觀察到的跡象：與珍娜特．芬可的電話訪談，二〇一八年五月八日。

他們的智慧集結：Fincke, 'Ashurbanipal'; Jeanette Fincke, 'The oldest Mesopotamian astronomical treatise: En ma Anu Enlil', in Divination as Science: A workshop conducted during the 60th Rencontre Assyriologique Internationale, Warsaw, 2014, ed. Jeanette Fincke (Eisenbrauns, 2016), 107–46.

在尼桑努月的第一天：Enuma Anu Enlil text, British Museum, accessed 5 November 2019, <http://www.mesopotamia.co.uk/astronomer/explore/enuma1t.html>.

「國家將遭受攻擊」：Simo Parpola, 'Excursus: The Substitute King Ritual', in Letters from Assyrian Scholars to the Kings Esarhaddon and Assurbanipal, ed. Simo Parpola (Verlag, 1983), XXII–VI.

切分成了四個象限：Parpola, 'Substitute King'.

建造了一座龐大的宮殿：Paul Tanner, 'Ancient Babylon: From gradual demise to archaeological rediscovery', Near East Archaeological Society Bulletin 47 (2002): 11–20; Roan Fleischer, 'Nebuchadnezzar II and Babylon: Building personal legacy through monumentality', Binghampton Journal of History 18 (2017): 3–24.

「埃特曼南奇」：Andrew George, 'The tower of Babel: archaeology, history and cuneiform texts', Archiv für Orientforschung

51 (2005–2006): 75–95.

「結構奠基於」：Andrew George, Babylonian Topographical Texts (Peeters Press, 1992), 299.

叫做約翰・史特拉斯邁爾的神父：Teije de Jong, 'Babylonian Astronomy 1880–1950: The players and the field', in A Mathematician's Journeys, ed. Alexander Jones et al. (Springer, 2016), 265–302; 同時參見 Gary Thompson, 'The recovery of Babylonian astronomy', 2009–2018, 二〇一九年十一月五日存取，<http://members.westnet.com.au/gary-david-thompson/babylon4.html>.

埃平一開始並不願意：de Jong, 'Babylonian Astronomy'; Johann Epping, Astronomisches aus Babylon (Freiberg im Breisgau, 1889).

逐步進展：James Evans, The History and Practice of Ancient Astronomy (OUP USA, 1998); Mathieu Ossendrijver, 'Babylonian Mathematical Astronomy', in Handbook of Archaeoastronomy and Ethnoastronomy, ed. Clive Ruggles (Springer, 2015), 1863–70.

成為黃道十二宮：Evans, Ancient Astronomy, 39.

數學非常高明：Evans, Ancient Astronomy, 317；與詹姆斯・埃文斯的電話訪談，二〇一八年五月三十一日。

（註解）**馬修・奧森德瑞弗**：Mathieu Ossendrijver, 'Ancient Babylonian astronomers calculated Jupiter's position from the area under a time-velocity graph', Science 351 (2016), 482–4.

昆圖斯・寇提厄斯・魯弗斯：Quintus Curtius Rufus, The History of Alexander, trans. John Yardley (Penguin Classics, 1984), 93–4.

「將大致上……變成了真正的理論」：Evans, Ancient Astronomy, 213.

「希臘奇蹟」：Evans, Ancient Astronomy, 23.

一個地主家族：de Jong, 'Babylonian Astronomy'.

（註解）**使用六十進位**：F. R. Stephenson and L. Baolin, 'On the length of the synodic month', The Observatory 111 (1991): 21–2.

科學新領袖：George Bertin, 'Babylonian Astronomy IV', Nature 40 (1889): 360.

畫著三角函數：Daniel Mansfield and Norman Wildberger, 'Plimpton 322 is Babylonian exact sexagisemal trigonometry', Historia Mathematica 44 (2017): 395–419

一定是親自造訪：Gerald Toomer, 'Hipparchus and Babylonian Astronomy', in A Scientific Humanist: Studies in Memory of Abraham Sachs, ed. Erle Leichty et al., Occasional Publications of the Samuel Noah Kramer Fund 9 (University of Philadelphia, 1988), 353–62; Alexander Jones, 'The adaptation of Babylonian methods in Greek numerical astronomy', Isis 82 (1991): 441–53.

「震驚」：與詹姆斯・埃文斯的電話訪談，二〇一八年五月三十一日。

象牙碎片：Jean-Paul Bertaux, 'La découverte des tablettes: les données archéologiques', in Les tablettes astrologiques de Grand (Vosges) et l'astrologie en Gaule romaine: actes de la table-ronde du 18 mars 1992, organisée au Centre d'études romaines et gallo-romaines de l'Université de Lyon III, ed. Josèphe-Henriette Abry and André Buisson (University of Lyon, 1993), 39–47.

古代垃圾堆：Alexander Jones, Astronomical papyri from Oxyrhynchus (American Philosophical Society, 1999).

《亞歷山大大帝》：The Greek Alexander Romance, trans. Richard Stoneman (Penguin Classics, 1991).

有錢的客戶：James Evans, 'The astrologer's apparatus: a picture of professional practice in Greco-Roman Egypt', Journal of the History of Astronomy 35 (2004): 1–44.

追溯至公元前四一〇年：Abraham Sachs, 'Babylonian horoscopes', Journal of Cuneiform Studies 6 (1952), 49–75; Francesca Rochberg, 'Babylonian horoscopy: the texts and their relations', in Ancient Astronomy and Celestial Divination, ed. Noel

Swerdlow (MIT Press, 1999), 39–60.

「關係到理性」：Ptolemy, Tetrabiblos III, chapter 13.

占星預測：Patrick Boner, 'Galileo's Astrology', Renaissance Quarterly 59 (2006): 222–4.

強化並改革：Gérard Simon, '8.3 Kepler's Astrology: The direction of a reform', Vistas in Astronomy 18 (1975): 439–48.

變得更加可信：Julie Beck, 'The New Age of Astrology', The Atlantic, 16 January 2018, <https://www.theatlantic.com/health/archive/2018/01/the-newage-of-astrology/550034/>. 同時參見以下分析，指出相信占星學的人大約落在百分之二十二至七十三之間，

取決於如何定義「相信」：Nicholas Campion, 'How many people actually believe in astrology?' The Conversation, 28 April 2017, <https://theconversation.com/how-many-people-actually-believe-in-astrology-71192>.

「自宇宙學中錯置的系統」：與尼可拉斯．坎皮恩透過 Skype 的訪談，二〇一八年五月二十八日。

「削弱了人類文明的基本結構」：Trevor Jackson, 'When balance is bias', British Medical Journal 343 (2011): <https://doi.org/10.1136/bmj.d8006>.

「萎縮、磨損了宇宙的價值」：Richard Dawkins, 'The real romance in the stars', Independent, 31 December 1995, <https://www.independent.co.uk/voices/the-real-romance-in-the-stars-1527970.html>.

亞歷山大再次接近：阿里安（Arrian），《亞歷山大遠征記》（The Campaigns of Alexander），臺灣商務：二〇〇一。

「國王駕崩」：Leo Depuydt, 'The time of death of Alexander the Great: 11 June 323 bc (–322), ca. 4:00–5:00pm', Die Welt des Orients 28 (1997): 117–35; Jona Lendering, 'Alexander's Last Days', Livius, 二〇一九年十一月五日存取，<https://www.livius.org/articles/person/alexander-the-great/alexander-3.6-last-days/>.

最後一批楔形文字泥板：Hermann Hunger and Teije de Jong, 'Almanac W22340a from Uruk: The latest datable cuneiform tablet', Zeitschrift für Assyriologie und Vorderasiatische Archäologie 104 (2014): 182–94.

4 信仰

君士坦丁在這一天的經歷： Eusebius, Life of Constantine, chapter 28; Lactantius, Liber de Mortibus Persecutorum, chapter 44.

「所偏好的神祇」： Elizabeth Marlowe, 'Framing the Sun: The arch of Constantine and the Roman cityscape', Art Bulletin 88 (2006): 223–42; Maggie Popkin, 'Symbiosis and Civil War: The audacity of the arch of Constantine', Journal of Late Antiquity 9 (2016): 42–88.

「在天空中發光」： Karlene Jones-Bley, 'An archaeological reconsideration of solar mythology', Word 44 (1993): 431–43.

無上的造物主： Lawrence Sullivan, 'Supreme Beings', in Encyclopedia of Religion, 2nd edition, ed. Lindsay Jones and Mircea Eliade (Thomson Gale, 2005), volume 13.

崇拜著以天體代表的各方神祇：考古證據包括在以色列北部的特拉哈佐（Tel Hazor）發現的十三世紀玄武石板，畫著一雙手朝著一彎新月伸出，另外從特拉塔安納克（Tel Taanach）出土的一座十世紀異教雕像，上面則刻著一副長出翅膀的太陽圓盤。聖經中也有幾段經文提到天體崇拜，例如列王記下第二十三章第五節：「王廢去了拜偶像的祭司……又廢去向巴力和日，月，行星，並天上萬象獻祭的人。」

「抽象且無法摧毀的上帝」： David Aberbach, 'Trauma and abstract monotheism: Jewish exile and recovery in the sixth century BCE', Judaism 50 (2001): 211–21.

「所有的起點」： Mircea Eliade, Patterns in Comparative Religion, trans. Rosemary Sheed (University of Nebraska Press, 1996), 95.

「邪惡時期」： Arnold Jones, Constantine and the Conversion of Europe (English Universities Press, 1948), 2.

「塞滿各種神祇」： Marianne Bonz, 'Religion in the Roman World', PBS Frontline, 二〇一九年十一月五日存取，<https://www.pbs.org/wgbh/pages/frontline/shows/religion/portrait/religions.html>.

君士坦丁下令軍隊： Jonathan Bardill, Constantine: Divine Emperor of the Golden Age (Cambridge University Press, 2011).

這樣的傳統能夠回溯至：Bardill, Divine Emperor.

「穿著絲質長袍」：Bradley Schaefer, 'Meteors that changed the world', Sky & Telescope, 1 February 2005, <https://www.skyandtelescope.com/observing/celestialobjects-to-watch/meteors-that-changed-the-world>.

君士坦丁的鑄幣廠：Martin Wallraff, 'Constantine's Devotion to the Sun after 324', Studia patristica 34 (2001): 256–69.

「守護的神祇是太陽神」：Bardill, Divine Emperor, 92.

再度接收到異象：在 Bardill, Divine Emperor, chapter 5 當中有討論。

幻日：Peter Weiss, 'The vision of Constantine', Journal of Roman Archaeology 16 (2003): 237–59.

「天堂使者」：Eusebius, Life of Constantine, book 3, chapter 10.

「如太陽般閃耀」：討論君士坦丁的太陽崇拜可參見：Wallraff, 'Constantine's Devotion'; Bardill, Divine Emperor.

「最為明亮的光芒……純粹的光」：引述於 Bardill, Divine Emperor, 330.

主要的崇拜日：關於星期日成為基督教崇拜日的起源，詳細的討論可參見 Samuele Bacchiocchi, 'Sun-worship and the Origin of Sunday', in From Sabbath to Sunday: A Historical Investigation of the Rise of Sunday Observance in Early Christianity (The Pontifical Gregorian University Press, 1977), 131–63.

瑪麗娜・華納：Warner, Alone of All Her Sex: The Myth and the Cult of the Virgin Mary (OUP, 2016), 263.

「若是基督教不是扎根於」：Warner, Alone of All Her Sex, 266.

「衝鋒陷陣」：Jacquetta Hawkes, Man and the Sun (Cresset, 1962), 199; 引述於 Bacchiocchi, 'Sun-worship'.

政治「高招」：Bardill, Divine Emperor, 331.

越來越有帝國的特色：Adam Renner, 'The nimbus in Imperial and Christian iconography: Origin, transformation, and significance', 二〇一九年十一月五日存取，<https://www.academia.edu/1598242/Nimbus_in_Imperial_and_Christian_Imagery>.

「他成為了人們」：Thomas Mathews, The Clash of Gods: A Reinterpretation of Early Christian Art (Princeton University

Press, 1999), 11.

「坐在柔軟的雲朵上」：Maria Shriver, What's Heaven? (Griffin, 2007).

J・愛德華・萊特：Edward Wright, The Early History of Heaven (OUP, 1999).

死亡之後會發生什麼事：Diarmaid MacCulloch, A History of Christianity: The First Three Thousand Years (Viking, 2010).

「永遠別想和解」：Homer, Odyssey, trans. A. T. Murray, revised George E. Dimock (Loeb Classical Library 104, Harvard University Press, 1919), 435–7，討論參見 Nicholas Campion, 'Was there a Ptolemaic revolution in ancient Egyptian Astronomy? Souls, stars and cosmology', Journal of Cosmology 13 (2011): 4174–86.

不朽靈魂：Donald Zeyl and Barbara Sattler, 'Plato's Timaeus', Stanford Encyclopaedia of Philosophy (summer 2019 edition), ed. Edward N. Zalta, <https://plato.stanford.edu/archives/sum2019/entries/plato-timaeus/>; Richard Poss, 'Plato's Timaeus and the inner life of stars', Memorie della Societa Astronomica Italiana 73 (2002): 287; Nicholas Campion, 'Astronomy and psyche in the classical world: Plato, Aristotle, Zeno, Ptolemy', Journal of Cosmology 9 (2010): 2179–86.

「從地上飛到天堂」：Plato, Theaeteus, trans. Benjamin Jowett，引述於 Campion, 'Astronomy and psyche'.

「我們搭上火車」：文森・梵谷寫給弟弟席歐（Theo）的信件，大約是一八八八年七月九日，Letters of Vincent van Gogh: A Facsimile Edition (Vincent van Gogh Foundation, 1977)，引述於 Wright, Early History, 98.

來自柏林的兩兄弟：Henri Brugsch, 'Zwei Pyramiden mit Inschriften aus den Zeiten der VI. Dynastie', Zeitschrift für Ägyptische Sprache und Alterthumskunde 19 (1881): 1–15; Henri Brugsch, My Life and My Travels (Berlin, 1894), chapter 7; Ronald Ridley, 'The Discovery of the Pyramid Texts', ZAS 110 (1983): 74–80.

「再開心最後一次」：Henri Brugsch, My Life, chapter 7.

埃及人的宇宙觀：Wright, Early History of Heaven; Geraldine Pinch, Egyptian Mythology: A Guide to the Gods, Goddesses and Traditions of Ancient Egypt (OUP, 2002); John Taylor, Egyptian Mummies (The British Museum Press, 2010).

「遺體安息的地方」：Taylor, Egyptian Mummies, 113.

「我在空中划著你的船前進」：James Allen, The Ancient Pyramid Texts (SBL press, 2015), 52 and 34.

指向：Allen, Pyramid Texts; Raymond Faulkner, 'The king and the star-religion in the Pyramid Texts', Journal of Near Eastern Studies 25 (1966): 153–61.

二十分之一度：Juan Antonio Belmonte, 'On the orientation of Old Kingdom Egyptian Pyramids', Journal for the History of Astronomy 32 (2001): S1–S20; Giulio Magli and Juan Antonio Belmonte, 'Pyramids and stars: Facts, conjectures and starry tales', in In Search of Cosmic Order: Selected Essays on Egyptian Archaeoastronomy, ed. Juan Antonio Belmonte and Mosalam Shaltout (Supreme Council of Antiquities Press, 2009), chapter 10.

「精準到令人瘋狂」：Giulio Magli, 'A possible explanation of the void in the pyramid of Khufu on the basis of the Pyramid Texts', 1 January 2018, <https://arxiv.org/abs/1711.04617v2>.

一切的開端：Campion, 'Ptolemaic revolution'.

古代傳記：概述於 Kitty Ferguson, Pythagoras: His Lives and the Legacy of a Rational Universe (Icon books, 2010).

「將靈魂也考慮進來」：Campion, 'Ptolemaic revolution'.

「星星的運動」：Marcus Aurelius, Meditations, 7.47, trans. Martin Hammond (Penguin Classics, 2006).

「人的靈魂飛升」以及**「智慧人」**：傳道書第三章第二十一節以及但以理書第十二章第三節。討論參見 Wright, Early History of Heaven, 87.

「對死後概念」：MacCulloch, History of Christianity, 71.

君士坦丁病了：Eusebius, Life of Constantine, chapters 58–75; Bardill, Divine Emperor, chapter 9.

「戲仿」：Thomas Paine, 'On the origin of free-masonry', 1818.

「在混亂無序中」：Plato, Timaeus, <http://classics.mit.edu/Plato/timaeus.html>.

「**天是我的座位**」：以賽亞書第六十六章第一節。

「**敞開心胸分享**」以及「**帶著崇拜眼光**」：Eusebius, Life of Constantine；引述於 Wallraff, 'Constantine's Devotion'.

「**我所相信的上帝**」：Guy Consolmagno, 'Astronomy and Belief ', Thinking Faith, 18 April 2013, <https://www.thinkingfaith.org/articles/20130418_1.htm>.

「**神聖與永恆的動物**」：Plato, Timaeus.

「**靈魂，或說是……整個世界**」：Pliny, Natural History, Loeb Classical Library 330, 178–9.

「**沒有比柏拉圖學派更親近我們的人**」：聖奧古斯丁，《天主之城》，臺灣商務：2014。

「**誰看不出來**」：聖奧古斯丁，《天主之城》。

「**拒絕將宇宙視為活物的想法**」：Nicholas Campion, Astrology & Cosmology in the World's Religions (NYU Press, 2012), 169.

5 時間

阿什摩爾書稿一七九六：John North, God's Clockmaker: Richard of Wallingford and the Invention of Time (Hambledon, 2005)；博德利圖書館的書稿分類整理可見 <http://mlgb3.bodleian.ox.ac.uk/mlgb/book/4885/>.

「**讓人能夠觀察**」：John North, Richard of Wallingford: An Edition of His Writings with Introductions, English Translation and Commentary, volume 2 (OUP, 1976), 366.

理查出生於：關於理查的生平，參見 North, God's Clockmaker; North, Richard of Wallingford; Thomas Walsingham, Gesta Abbatum Monasterii Sancti Albani, ed. Henry Riley (Longmans, 1867).

進攻並圍剿：Gabrielle Lambrick, 'Abingdon and the riots of 1327', Oxoniensia 29 (1964): 129–41.

對時間的執著：North, God's Clockmaker; David Landes, Revolution in Time: Clocks and the Making of the Modern World

(Harvard University Press, 2000); John Scattergood, 'Writing the clock: the reconstruction of time in the late Middle Ages', European Review 11 (2003): 453–74; Lewis Mumford, Technics and Civilization (University of Chicago Press, reprint edition, 2010); Jacques Le Goff, Time, Work and Culture in the Middle Ages (University of Chicago Press, 1982).

「時間紀律」：Landes, Revolution in Time, 59.

「祈禱且要經常祈禱」：Landes, Revolution in Time, 61.

最早詳細描述……衝到鬧鐘處取水：John North, 'Monasticism and the first mechanical clocks', in The Study of Time II, ed. Julius Fraser and Nathaniel Lawrence (Springer, 1975), 381–98; Scattergood, 'Writing the clock'.

「最高明的發明」：Landes, Revolution in Time, 10.

堅固的齒輪：Ibn Khalaf al-Muradi, The Book of Secrets in the Results of Ideas: Incredible Machines from 1000 Years Ago, Lisa Massimiliano et al. (Leonardo 3, 2008), <http://www.leonardo3.net/en/l3-works/publishing-house/1503-the-book-of-secrets.html>.

水銀推動的水運儀象臺：Joseph Needham et al., 'Chinese astronomical clockwork', Nature 177 (1956): 600–02.

「達成盡善的結果」：Robertus Anglicus, De Sphera of Sacrobosco, 1271；引述於 North, 'Monasticism', 381–98.

最早提到的紀錄：North, 'Monasticism'.

〈玫瑰的故事〉：作者 Guillaume de Lorris，更多資訊可參見：<https://www.bl.uk/collection-items/roman-de-la-rose>.

兩顆「圓球」：Cicero, De Re Publica, book 1, sections 21–22.

神祕的青銅器械：Derek de Solla Price, 'Clockwork before the clock and timekeepers before timekeeping', in The Study of Time II, ed. Julius Fraser and Nathaniel Lawrence (Springer, 1975), 368–80；喬・馬錢特，《齒輪間的宇宙：解開世界上第一臺計算機之謎》，五南：二〇一六。Alexander Jones, A Portable Cosmos: Revealing the Antikythera Mechanism, Scientific Wonder of the Ancient World (OUP, 2017).

拜占庭日晷：Judith Field and Michael Wright, 'Gears from the Byzantines: A portable sundial with calendrical gearing', Annals of Science 42 (1985): 87–138；馬錢特，《齒輪間的宇宙》。

十三世紀的星盤：馬錢特，《齒輪間的宇宙》（插頁有附圖）。

「特殊奇妙的輪子」：記載於約翰・諾斯所發現的一份十三世紀拉丁文稿中，相關討論參見 North, God's Clockmaker, chapter 12.

壯觀的水鐘：Joseph Noble and Derek de Solla Price, 'The water clock in the Tower of the Winds', American Journal of Archaeology 72 (1968): 345–55.

寫了一篇論文：Roger Bacon, 'Letter on secret works of art and of nature and on the invalidity of magic', 1248. Michael Mahoney 翻譯，可由以下網址存取 <https://www.princeton.edu/~hos/h392/bacon.html>.

（註解）**皮耶爾・德・馬里庫特**：Pierre de Maricourt, 'Letter on the magnet', 1269，相關討論參見 North, God's Clockmaker, chapter 12.

更加寶貴：Roger Bacon, 'Letter on secret works'，相關討論參見 North, God's Clockmaker, chapter 12.

「宇宙機器」：North, God's Clockmaker, chapter 14.

頁緣上的筆記：North, Richard of Wallingford, volume 2, 309–20.

「結合了數學」以及**「無可出其右者」**：North, God's Clockmaker, 212 and 214.

幾十年後：North, God's Clockmaker, chapter 13.

「偉大的修道院院長」：North, Richard of Wallingford, preface.

「最能創新的英國科學家」：North, God's Clockmaker, xv.

巨大時鐘的傳統：範例的相關討論參見 Landes, Revolution in Time, chapter 4.

世俗的齒輪組合：Nicholas Whyte, 'The astronomical clock of Richard of Wallingford', 1990–91, <http://www.nicholaswhyte.info/row.htm>.

「關鍵機器」：Mumford, Technics, 87.

提到時鐘的文學作品：Scattergood, 'Writing the clock'.

「可嘆，那鐘」：Dafydd ap Gwilym, Poems, ed. and trans. Rachel Bromwich (Gomer, 1982), 110–13；引述於 Scattergood, 'Writing the clock'.

要做的第一件事情：引述於 Landes, Revolution in Time, 91.

進行簡單的算術：Landes, Revolution in Time, chapter 4.

「人類變得如此強大」：Mumford, Technics, 25.

「一輪燦爛」：但丁．阿利格耶里，《神曲III：天堂篇》，黃國彬譯，九歌：二〇二〇。第十章。

複雜的天文鐘：Silvio Bedini and Francis Maddison, 'Mechanical Universe: The Astrarium of Giovanni de' Dondi', Transactions of the American Philosophical Society 56 (1966): 1–69.

「這個狀況」：Nicole Oresme, Le livre du Ciel et du Monde, 1377；引述於 Scattergood, 'Writing the clock'.

延伸這樣的比喻：例如在以下作品中就有討論：David Wootton, The Invention of Science: A New History of the Scientific Revolution (Harper, 2015) 436–41.

「不需要這麼多解釋」：Stephen Toulmin, 'From Clocks to Chaos: Humanizing the Mechanistic World-View', in The Machine as Metaphor and Tool, ed. Hermann Haken et al. (Springer, 1993), 142.

好幾個原始社會：Chris Sinha et al., 'When time is not space: The social and linguistic construction of time intervals and temporal event relations in an Amazonian culture', Language and Cognition 3 (2011), 137–69.

關鍵的創見：Landes, Revolution in Time, chapter 7; Seth Atwood, 'The development of the pendulum as a device for regulating clocks prior to the 18th century', in The Study of Time II, ed. Julius Fraser and Nathaniel Lawrence (Springer, 1975), 417–50.

「真時與數學時」：Lennart Lundmark, 'The mechanization of time', in The Machine as Metaphor and Tool, ed. Hermann Haken et al. (Springer, 1993), 45–65.

將平均時作為標準：Lundmark, 'The mechanization of time', 57.

「我們的反應能力」：Landes, Revolution in Time, 2.

「時間荒」：Joseph Carroll, 'Time pressures, stress, common for Americans', Gallup, 2 January 2008, <https://news.gallup.com/poll/103456/Time-Pressures-Stress-Common-Americans.aspx>.

一三三〇年代早期：North, God's Clockmaker, chapter 15; North, Richard of Wallingford; Walsingham, Gesta Abbatum.

「與羅馬決裂」：North, God's Clockmaker, 5.

6 海洋

在海上度過兩個月：關於奮進號抵達大溪地的故事參見：The Journals of Captain James Cook. Volume I: The Voyage of the Endeavour 1768–1771, ed. John Beaglehole (Hakluyt Society, 1955), 一七六九年三月三十日至四月十三日的紀錄。

「浮在水面上的煤桶」：瓊．楚特，《了不起的圖帕伊亞：庫克船長的傳奇領航員》，陳榮彬譯，網路與書出版：二〇一五。

湧上許多艘獨木舟：關於奮進號在大溪地停留期間的故事參見：Ann Salmond, The Trial of the Cannibal Dog: Captain Cook in the South Seas (Penguin, 2004)；楚特，《圖帕伊亞》；Beaglehole, Journals Volume I; Joseph Banks, The Endeavour Journal of Sir Joseph Banks, University of Sydney Library (first published 1771)；威廉．弗萊姆，蘿拉．沃克，《庫克船長與太平洋：第一位測繪太平洋的航海家，1768—1780》，黃煜文譯，左岸文化：二〇一九。

糞金龜：James Foster et al., 'How animals follow the stars', Proceedings of the Royal Society B 285 (2018), <https://doi.org/10.1098/rspb.2017.2322>.

地理大發現時代：David Barrie, Sextant: A Voyage Guided by the Stars and the Men who Mapped the World's Oceans (William Collins, 2014); Ben Finney, 'Nautical cartography and traditional navigation in Oceania', in The History of Cartography, volume 2, book 3, ed. David Woodward and Malcolm Lewis (University of Chicago Press, 1998), 443–92.

他稱之為H4：David Landes, Revolution in Time: Clocks and the Making of the Modern World (Harvard University Press, 2000), 145–57.

可以在船上計時：這個故事的普及是因為戴瓦．梭貝爾，《尋找地球刻度的人》，范昱峰、劉鐵虎譯，時報出版：二〇〇五。

計算出行星的視差：Edmund Halley, 'A new method of determining the parallax of the Sun', Philosophical Transactions 29 (1716): 454; Michael Chauvin, 'Astronomy in the Sandwich Islands: The 1874 transit of Venus', The Hawaiian Journal of History 27 (1993): 185–225. History of attempts to measure solar system size from Venus transits: Donald Teets, 'Transits of Venus and the Astronomical Unit', Mathematics Magazine 76 (2003): 335–48.

六分儀以及**剛修好的象限儀**：關於庫克在一七六九年任務中的設備及天文學研究，參見：Wayne Orchiston, 'Cook, Green, Maskelyne and the 1769 transit of Venus: The legacy of the Tahitian observations', Journal of Astronomical History and Heritage 20 (2017): 35–68; Wayne Orchiston, 'James Cook's 1769 transit of Venus expedition to Tahiti', Proceedings of the International Astronomical Union Colloquium No. 196, 2004: 52–66.

「我們理當」：Orchiston, 'Cook, Green, Maskelyne'. 想了解更多有關庫克任務的政治背景，參見 Chauvin, 'Sandwich Islands'.

「新的世界秩序」：Barrie, Sextant, 92.

圖帕伊亞是阿里奧里教：楚特，《圖帕伊亞》。

「把他當成奇珍異獸養著」：Banks, Endeavour Journal, 12 July 1769.

「真心的眼淚」：Banks, Endeavour Journal, 13 July 1769.

非凡的時刻：弗萊姆、沃克，《庫克船長》。

「同一個國家」：The Journals of Captain James Cook on his Voyages of Discovery: Volume II: The Voyage of the Resolution and Adventure 1772–1775, ed. John Beaglehole (Routledge, 2017), 354.

「由圖帕伊亞親手繪製的」：Beaglehole, Journals Volume I, 294；引述於 Anne Di Piazza and Erik Pearthree, 'History of an idea about Tupaia's chart', Cook's Log 35 (2012): 18. 同時參見弗萊姆．沃克，《庫克船長》：Finney, 'Nautical cartography', 443–92.

「以太陽為羅盤」：Beaglehole, Journals Volume I, 154.

航海遷徙：Ben Finney, 'The Pacific basin: An introduction', in The History of Cartography, volume 2, book 3, ed. David Woodward and Malcolm Lewis (University of Chicago Press, 1998), 419–22; Ben Finney, 'Colonising an island world', Transactions of the American Philosophical Society 86 (1996): 71–116.

懷疑論取而代之：關於懷疑論及異議者的討論，包括侯庫雷亞號任務的起源，參見 Finney, 'Nautical cartography'.

「文化迴響」：'Nainoa Thompson', Polynesian Voyaging Society，二〇一九年十一月五日存取，<http://archive.hokulea.com/index/founder_and_teachers/nainoa_thompson.html>.（這篇傳記中包括的資訊取自於 Gisela Speidel, 'The Ocean Is My Classroom', Kamehameha Journal of Education 5 (1994): 11–23，以及奈諾亞．湯普森於一九九七年及一九九八年發表的演說。）更多關於侯庫雷亞號的資訊，參見：Patrick Karjala et al., 'Kilo Hōkū – Experiencing Hawaiian, non-instrument open ocean navigation through virtual reality', Presence 26 (2017): 264–80.

「原本只是流落荒島的人民」：Gary Kubota, 'Ben Finney, a founder of the Polynesian Voyaging Society, dies at 83', Honolulu Star Advertiser, 24 May 2017, <https://www.staradvertiser.com/2017/05/24/breaking-news/ben-finney-a-founder-of-the-polynesian-voyaging-society-dies-at-83>.

考古及基因研究發現：例如 Alice Storey et al., 'Radiocarbon and DNA evidence for a pre-Columbian introduction of Polynesian chickens to Chile', PNAS 104 (2007): 10335–9; Shane Egan and David Burley, 'Triangular men on one very long voyage: The context and implications of a Hawaiian-style petroglyph site in the Polynesian kingdom of Tonga', Journal of the Polynesian Society 118 (2009), 209–32; Andrew McAlister et al., 'The identification of a Marquesan adze in the Cook Islands', Journal of the Polynesian Society 122 (2013): 257–73.

大衛・劉易斯：David Lewis, We, the Navigators: The Ancient Art of Landfinding in the Pacific (University of Hawaii Press, 1972).

使用一種「星空羅盤」：Finney, 'Nautical cartography'; Anne Di Piazza, 'A reconstruction of a Tahitian star compass based on Tupaia's "Chart for the Society Islands with Otaheite in the center" ', Journal of the Polynesian Society 119 (2010): 377–92.

「大鱗鮋」：Finney, 'Nautical cartography'.

古老歌謠：Teuira Henry, 'Birth of the heavenly bodies', Journal of the Polynesian Society 16 (1907): 101–04.

教導祭司的過程：Stan Lusby et al., 'Navigation and discovery in the Polynesian oceanic empire: Part One', Hydrographic Journal 131/132 (2010): 17–25.

盧阿奴伊的梁柱：Stan Lusby et al., 'Navigation and discovery in the Polynesian oceanic empire: Part Two', Hydrographic Journal 134 (2010): 15–25.

「存在的方式」：Di Piazza and Pearthree, 'History of an idea'.

庫克的大溪地地圖：James Cook, 'Chart of the Island Otaheite' (London, 1769), National Maritime Museum, Greenwich, <https://collections.rmg.co.uk/collections/objects/540641.html>.

最早在地圖加上數學符號的人：關於繪製地圖的歷史大略的來源：The History of Cartography, Volume One: Cartography in Prehistoric, Ancient, and Medieval Europe and the Mediterranean, ed. Brian Harley and David Woodward (University of Chicago Press, 1987).

世界地圖：David Woodward, 'Medieval Mappaemundi', in Harley and Woodward, The History of Cartography, 286–370.

迪・皮耶薩和彼爾特雷指出：Anne Di Piazza and Erik Pearthree, 'A new reading of Tupaia's chart', Journal of the Polynesian Society 116 (2007): 321–40; Di Piazza and Pearthree, 'History of an idea'.

「礁洞探勘」：Finney, 'Nautical cartography'.

「我們有科技」：引述於'Navigation part of the brain "is switched off" as soon as you turn on a sat nav', Daily Express, 21 March 2017, <https://www.express.co.uk/news/uk/781986/Navigation-part-brain-switched-off-sat-nav-GPS>;Amir-Homayoun Javadi et al., 'Hippocampal and prefrontal processing of network topology to simulate the future', Nature Communications 8 (2017), 14652.

更難找到路：Steven Tripp, 'Cognitive Navigation: Toward a biological basis for instructional design', Educational Technology and Society 4 (2001): 41–9; Alex Hutchinson, 'Global Impositioning Systems: Is GPS technology actually harming our sense of direction?', The Walrus, November 2009, <https://thewalrus.ca/global-impositioning-systems>.

過度依賴科技：Nicholas Carr, 'All can be lost: The risk of putting our knowledge in the hands of machines', The Atlantic, November 2013, <https://www.theatlantic.com/magazine/archive/2013/11/the-great-forgetting/309516/>.

7 權力

愛找人吵架又口若懸河：關於湯瑪斯・潘恩的生平細節：R. R. Fennessy, Burke, Paine, and the Rights of Man (Springer, 1963), 12–47; Harvey Kaye, Thomas Paine and the Promise of America (Hill & Wang, 2005); Peter Linebaugh, Peter Linebaugh Presents The Rights of Man and Common Sense (Verso, 2009); Edward Larkin, Thomas Paine and the Literature of Revolution (Cambridge University Press, 2005); Craig Nelson, Thomas Paine: His Life, His Time and the Birth of Modern Nations (Profile, 2007).

交融出勃勃生氣：'Descriptions of eighteenth-century Philadelphia before the Revolution', National Humanities Center Resource Toolbox, 2009, <http://nationalhumanitiescenter.org/pds/becomingamer/growth/text2/philadelphiadescriptions.pdf>.

「最有影響力的作家」：Harvey Kaye, Thomas Paine，引述於 Mariana Asis and Jason Xidias, An Analysis of Thomas Paine's Rights of Man (Routledge, 2017), 62.

這則告示：Alyce Barry, 'Thomas Paine, Privateersman', Pennsylvania Magazine of History and Biography, 101 (2014): 451–61.

「一對圓球」：Thomas Paine, The Age of Reason (Watts & Co., 1945), 42. 完整全文參見：<https://archive.org/details/in.ernet.dli.2015.202369/page/n5>.

「他們時時的講述」：Craig Nelson, 'Sample chapter: Thomas Paine', <http://www.craignelson.us/books/thomas-paine/sample-chapter/>.

「宇宙城邦」：Nicholas Campion, 'Astronomy and political theory', Proceedings of the International Astronomical Union 5 (2009): 595–602.

「從來沒有人聽說過」：Bruno Latour, We Have Never Been Modern (Harvard University Press, 2006), 107，引述於 Campion, 'Astronomy and political theory'.

「天子」：Sun Xiaochun, 'Crossing the boundaries between heaven and man: Astronomy in ancient China', in Astronomy Across Cultures, ed. Helaine Selin and Sun Xiaochun (Springer, 2000), 423–54.

雨神恰克：Ivan Šprajc, 'Astronomy and power in Mesoamerica', in Astronomy and Power: How Worlds are Structured: Proceedings of the SEAC 2010 Conference, BAR International Series 2794 (2016): 185–92.

「世界帝國中心」：Ibrahim Allawi, 'Some evolutionary and cosmological aspects to early Islamic town planning', in Theories and Principles of Design in the Architecture of Islamic Societies (Aga Khan Program for Islamic Architecture, 1988), 57–72. 相關討論同時參見：Nicholas Campion, 'Archaeoastronomy and calendar cities', Journal of Physics: Conference Series 685 (2016):

012005.

（註解）**位於西非馬利的廷布克圖**：Clare Oxby, 'A review of African ethno-astronomy', La Ricerca Folklorica 40 (1999), 55–64.

強大國王的形象：Keith Hutchison, 'Towards a political iconography of the Copernican revolution', in Astrology, Science and Society: Historical Essays, ed. Patrick Curry (Woodbridge, 1987), 95–141.

「掌管著行星家族」：Nicolaus Copernicus, Complete Works, Volume 1, trans. Edward Rosen (Johns Hopkins University Press, 1992).

歐洲君王也轉而開始：Hutchison, 'Copernican revolution'; Eran Shalev, 'A Republic amidst the stars: political astronomy and the intellectual origins of the stars and stripes', Journal of the Early Republic 31 (2011): 39–73.

「世界運作系統」：Mordechai Feingold, The Newtonian Moment: Isaac Newton and the Making of Modern Culture (OUP USA, 2005), 157–67.

「數學語言」：Galilei Galileo, Opere 6, ed. Antonio Favaro (Edizione Nazionale, 1890–1909): 232; Douglas Jesseph, 'Galileo, Hobbes and the Book of Nature', Perspectives on Science 12 (2004): 191–211.

「孤獨、貧困、危險」：湯瑪斯．霍布斯，《利維坦》，莊方旗譯，五南：二〇二一。同時參見 Jesseph, 'Galileo, Hobbes'.

牛頓取代了這片漫無目的的宇宙：Isaac Newton, The Mathematical Principles of Natural Philosophy, volume 2 (London, 1729), 388, <http://www.newtonproject.ox.ac.uk/view/texts/normalized/NATP00056>. 此影響的討論可參見 Rob Iliffe, Newton: A Very Short Introduction (OUP, 2007).

「自然法則」：約翰．洛克，《人類理解論》，關文運譯，五南：二〇二〇。

「如何讚賞也嫌不夠」：關於洛克與牛頓之間的關聯討論參見 Lisa Downing, 'Locke's Newtonianism and Lockean Newtonianism', Perspectives on Science 5 (1997): 285–310; Lisa Downing, 'Locke's Metaphysics and Newtonian Metaphysics', in Newton and Empiricism, ed. Zvi Biener and Eric Schliesser (OUP, 2014), 97–118.

「新時代的象徵」：Mordechai Feingold, 'Partnership in Glory: Newton and Locke through the Enlightenment and beyond', in Newton's Scientific and Philosophical Legacy, ed. Paul Scheurer and Guy Debrock (Kluwer, 1988), 292. 關於啟蒙時代哲學與政治的廣論參見 Jonathan Israel, A Revolution of the Mind: Radical Enlightenment and the Intellectual Origins of Modern Democracy (Princeton University Press, 2011); Jonathan Israel, Democratic Enlightenment: Philosophy, Revolution, and Human Rights, 1750–1790 (Oxford University Press, 2013).

滲透到政治學當中：Carl L. Becker, The Declaration of Independence: A Study in the History of Political Ideas (Vintage, 1958), 59–60; Nicholas Campion, 'Astronomy and culture in the eighteenth century: Isaac Newton's influence on the Enlightenment and politics', Mediterranean Archaeology and Archaeometry 16 (2016): 497–502; Feingold, Newtonian Moment.

將社會連結比喻成引力：引述於 Feingold, Newtonian Moment.

有天體運動的機制：Henry St John, Viscount Bolingbroke, 'A Dissertation upon Parties' (1733–1734), in The Works of Lord Bolingbroke (Philadelphia, 1841), II, 85.

最為有力的政治概念：Richard Striner, 'Political Newtonianism: The cosmic model of politics in Europe and America', William and Mary Quarterly, 3rd Series, 52 (1995): 583–608.

「這樣的政府」：孟德斯鳩，《論法的精神》，臺灣商務：一九九八。

「我才剛剛落腳」：Thomas Paine, The American Crisis, VII, 21 November 1778,<http://www.ushistory.org/paine/crisis/c-07.htm>：引述於 Nelson, Thomas Paine.

「自然界中從未見過」：Thomas Paine, Common Sense (Haldeman-Julius, 1920), 48, <https://archive.org/details/commonsense00painrich/page/n2>.

「笨驢換獅子」：Paine, Common Sense, 29.

「引力」：Paine, Common Sense, 17.

「讓世界重新開始」：Paine, Common Sense, 84.

「不是傻子就是瘋子」：Bernard Bailyn, Faces of Revolution: Personalities and Themes in the Struggle for American Independence (Knopf, 1990), 67.

「潘恩採用了」：Nelson, Thomas Paine, 82.

「一年前提及獨立」：John Keane, Tom Paine: A Political Life (Little, Brown, 1995), 145；引述於 Nelson, Thomas Paine, 93.

「恰當的球體……必然嚮往之」：引述於 Shalev, 'Republic amidst the stars'.

「往空中丟了太多顆球」：Shalev, 'Republic amidst the stars'.

「在星辰當中建立了共和國」：Shalev, 'Republic amidst the stars'.

「各自恰當的軌道」：The Records of the Federal Convention of 1787, ed. Max Farrand (New Haven, 1911), volume I；引述於 Striner, 'Political Newtonianism'.

「那些吸引力與排斥力」：John Adams, A Defence of the Constitutions of the Government of the United States of America (Dilly, 1787–1788)；引述於 Shalev, 'Republic amidst the stars'.

「十三顆星星，以藍色為底畫上白星」：Shalev, 'Republic amidst the stars'.

「似乎對我而言」：湯瑪斯．潘恩寫給喬治．華盛頓的信件，一七九一年七月二十一日；引述於 Nelson, Thomas Paine.

大受歡迎的書冊：Edmund Burke, Reflections on the Revolution in France, and on the Proceedings in Certain Societies in London Relative to That Event: In a Letter Intended to Have Been Sent to a Gentleman in Paris (London, 1790).

「會傳染的」：引述於 Nelson, Thomas Paine, 192.

「艱難無比」：Thomas Paine, The Rights of Man (Watts & Co., 1906), 22, <https://archive.org/details/rightsman00paingoog/page/n9>.

「多佛暴民」：Nelson, 'Sample chapter'.

「湯瑪斯・潘恩萬歲！」：Nelson, Thomas Paine, 235.

將法國共和比喻為：Nelson, Thomas Paine, 253.

「我知道我的生命」：湯瑪斯・潘恩寫給山繆・亞當斯的信件，一八〇三年一月一日，Thomas Paine National Historical Association, <http://thomaspaine.org/letters/other/to-samuel-adams-january-1-1803.html>.

「在我自學精通」：Paine, Age of Reason, 42.

「為了嚇阻並奴役」：Paine, Age of Reason, 2.

「無比必要」：Paine, Age of Reason, 1.

演講中的概念：David Hoffman, ' "The Creation We Behold" : Thomas Paine's The Age of Reason and the tradition of physico-theology', Proceedings of the American Philosophical Society 157 (2013): 281–303.

「數百萬個一般大小的世界」：Paine, Age of Reason, 44.

「有百萬個世界都同樣仰賴」：Paine, Age of Reason, 49；論述的相關討論參見 Hoffman, Creation We Behold.

「在腦中四分五裂」：Paine, Age of Reason, 43.

「如今稱之為自然哲學」：Paine, Age of Reason, 28.

自然神論傳統：Fennessy, Burke, Paine, 12–47.

在一七九四年出版：Franklyn Prochaska, 'Thomas Paine's The Age of Reason revisited', Journal of the History of Ideas 33 (1972): 561–76.

「滿是憤怒和懷疑」：湯瑪斯・潘恩寫給喬治・華盛頓的信件，巴黎，一七九六年七月三十日，<https://www.thomaspaine.org/major-works/letter-to-george-washington.html>.

「那時我根本沒奢望過」：Paine, Age of Reason, 62.

潘恩的體溫：Nelson, Thomas Paine, 282.

「喝醉酒的無神論者」：Keane, Tom Paine, 451；引述於 Nelson, Thomas Paine.

「討厭的爬蟲」：Alfred Aldridge, Man of Reason: The Life of Thomas Paine (Lippincott, 1959), 269.

「人類混血的野獸之主」：The Complete Writings of Thomas Paine, volume 1, ed. Philip Foner (Citadel Press, 1945), xlii.

「因為充滿智慧和力量的神」：Isaac Newton, Principia, 388.

「正是像潘恩這樣的人」：Bertrand Russell, 'The Fate of Thomas Paine', in Why I Am Not a Christian (Routledge, 2004), 70–83.

重要一步：克里斯多福．希鈞斯，《上帝沒什麼了不起》，劉永毅譯，小異出版：二〇〇八；Christopher Hitchens, Thomas Paine's Rights of Man (Grove Press, 2007). 英國人道主義協會（Humanists UK）同樣很推崇湯瑪斯．潘恩，<https://humanism.org.uk/humanism/the-humanist-tradition/enlightenment/thomas-paine/>，以及國家世俗協會（National Secular Society）也表示「若要了解世俗主義的發展，就必須提到湯瑪斯．潘恩」，<https://www.secularism.org.uk/thomas-paine.html>.

「除魅」：Richard Jenkins, 'Disenchantment, enchantment and re-enchantment: Max Weber at the millennium', Max Weber Studies 1 (2000): 11–32. 相關討論同時參見 Nicholas Campion, 'Enchantment and the awe of the heavens', Inspiration of Astronomical Phenomena VI, 441 (2011), 415.

上帝之死：Friedrich Nietzsche, The Joyous Science (Penguin Classics, 2016).

「最偉大的發現」：牛頓對亞當．斯密的影響，相關討論參見 Feingold, Newtonian Moment.

上百條心理學「法則」：Karl Teigen, 'One hundred years of laws in psychology', American Journal of Psychology 115 (2002): 103–18.

8 光

陌生的光點：Simon Schaffer, 'Uranus and the establishment of Herschel's astronomy', Journal of the History of Astronomy, 12 (1981): 11–26.

改變了觀看天空的方式：範例的相關討論參見 Richard Holmes, The Age of Wonder: How the Romantic Generation Discovered the Beauty and Terror of Science (Harper Collins, 2008).

無邊無際的天文花園：範例參見 Erasmus Darwin, The Botanic Garden (J. Johnson, 1791).

奧古斯特・孔德：Jonathan Turner et al., 'The Sociology of Auguste Comte', in The Emergence of Sociological Theory (Sage, 2012), 37–54.

「我們可以想像」：Auguste Comte, Cours de Philosophie Positive, volume 2 (Baillière, 1864), 6；引述於 Barbara Becker, 'Celestial spectroscopy: making reality fit the myth', Science 301 (2003): 1332–3.

「對天文學並無正當益處」：Edward Maunder, The Royal Observatory Greenwich (The Religious Tract Society, 1900), 266–7.

「讓他們驚訝到了骨子裡」：Biman Nath, 'From Chemistry to the Stars', in The Story of Helium and the Birth of Astrophysics (Springer, 2013), 38.

「聞到本生燃燒的味道」：Lawson Cockcroft, 'A perilous life', Chemistry in Britain, May 1999, 49–50.

「在我們腳下」：Cockcroft, 'A perilous life'.

物理學家古斯塔夫・克希荷夫：本生與克希荷夫的合作研究相關討論參見 Owen Gingerich, 'The Nineteenth-century birth of astrophysics', in Physics of Solar and Stellar Coronae, ed. Jeffrey Linsky and Salvatore Serio (Kluwer, 1993), 47–58; Andrew King, Stars: A Very Short Introduction (Oxford University Press, 2012); Nath, 'From Chemistry to the Stars'.

從許多方面來說都完全相反：克希荷夫的生平相關討論參見 Klaus Hentschel, 'Biographical Introduction', in Gustav Robert Kirchhoff 's Treatise 'On the Theory of Light Rays' (1882), ed. Klaus Hentschel and Ning Yan Zhu (World Scientific, 2016), 1–18; Robert von Helmholtz, 'A Memoir of Gustav Robert Kirchhoff ', translated from Deutsche Rundschau, 14 (1888), 232–45.

「勝過所有其他」：Gustav Kirchhoff and Robert Bunsen, 'Chemical Analysis by Observation of Spectra', Spectroscopy 7 (1860): 20–25, translated from Annalen der Physik und der Chemie 110 (1860): 161–89.

「用來描述藍色」：Mary Weeks, 'The discovery of the elements. XIII. Some spectroscopic discoveries', Journal of Chemical Education 9 (1932): 1413–34；引述於 Nath, 'From Chemistry to the Stars', 43.

「如果我們可以判斷」：'Some Scientific Centres: The Heidelberg Physical Laboratory', Nature 65 (1902): 587–90.

只有一人生還：約瑟夫．夫朗和斐的生平相關討論參見 W. F. T. Schirach, 'Joseph von Fraunhofer', Monthly Notes of the Astronomical Society of South Africa 9 (1950): 64–7; Nath, 'From Chemistry to the Stars'.

「或強或弱的垂直線條」：J. S. Ames, Prismatic and Diffraction Spectra: Memoirs by Joseph von Fraunhofer (Harper & Brothers, 1898)；引述於 Nath, 'From Chemistry to the Stars', 24.

「他讓星星與人類更靠近」：Nath, 'From Chemistry to the Stars', 26.

很快就知道：Gustav Kirchhoff, 'On the relation between the radiating and absorbing powers of different bodies for light and heat', translation in Philosophical Magazine and Journal of Science, series 4, 20 (1860): 1–21; Nath, 'From Chemistry to the Stars', 40.

「不讓我們睡覺」：羅伯特．本生寫給亨利．羅斯科的信件，一八五九年十一月十五日，收錄於 The Life and Experiences of Sir Henry Enfield Roscoe (Macmillan, 1906), 81；引述於 Gingerich, Birth of Astrophysics. 同時參見：Gustav Kirchhoff, 'Über die Fraunhofer'schen Linien', Monatsberichte der Königlichen Preussischen Akademie der Wissenschaft zu Berlin (1859): 662–5; translation in Philosophical Magazine and Journal of Science, series 4, 19 (1860): 193–7.

「我永遠不會忘記」：Henry Roscoe, Ein Leben der Arbeit Errinerungen (Leipzig, 1919)；引述於 É. V. Shpol'skii, 'A century of spectrum analysis', Soviet Physics Uspekhi, volume 2 (1960): 967; and Nath, 'From Chemistry to the Stars', 42.

（註解）**「拿到點黃金」**：von Helmholtz, 'Memoir of Gustav Robert Kirchhoff ', 232–45.

「如果我們能夠到太陽去」：Becker, 'Celestial spectroscopy'.

富裕家庭：威廉・哈金斯與瑪麗・哈金斯夫婦的生平與研究工作相關討論參見 William Huggins and Mary Huggins, An Atlas of Representative Stellar Spectra, volumes 1 & 2 (William Wesley, 1899); Sarah Whiting, 'Lady Huggins', Astrophysical Journal 42 (1915): 1–4; Charles Mills and C. F. Brooke, A Sketch of the Life of Sir William Huggins (London, 1936); Barbara Becker, 'Dispelling the Myth of the Able Assistant: Margaret and William Huggins at work in the Tulse Hill Observatory', in Creative Couples in the Sciences, ed. Helena Pycior et al. (Rutgers, 1996); Barbara Becker, Unravelling Starlight: William and Margaret Huggins and the Rise of the New Astronomy (Cambridge University Press, 2011).

「一處甘泉」：William Huggins, 'The New Astronomy: A personal retrospect', Nineteenth Century 41 (1897): 907–29.

「揭開面紗」：Huggins, 'New Astronomy'.

（註解）**「有一點不滿足」**：Huggins, 'New Astronomy'.

「會散發出有毒氣體的」：Huggins, 'New Astronomy'.

「特有光線」：Huggins and Huggins, Atlas, 1, 8.

（註解）**歷史學家芭芭拉・貝克**：Becker, 'Celestial spectroscopy'.

五十顆主要星體：William Huggins and William Miller, 'On the Spectra of some of the Fixed Stars', Philosophical Transactions of the Royal Society 154 (1864): 413–35.

「最為相關的」：Huggins and Miller, 'Spectra', 434.

「發光液體」：由威廉・赫雪爾提出；引述於 Stewart Moore, 'Historical Note: 150 years of astronomical spectroscopy', Journal of the British Astronomical Association, August 2014, 186–7.

「島宇宙」：這個詞彙是後來才出現的，不過有許多學者都支持這種看法，例如康德就是其中之一。相關討論參見 Michael Crowe, Modern Theories of the Universe: From Herschel to Hubble (Dover, 1994), 69–70.

「祕密天地」：Huggins, 'New Astronomy'.

這片星雲會產生：Huggins and Miller, 'Spectra'.

「奇妙物體」：Huggins and Miller, 'Spectra'.

「讓我相當開心的是」、**「強大的擠壓」**以及**「有個世界起火燃燒」**：Huggins, 'New Astronomy'.

（註解）**「未知物質」**：William Huggins, 'A supplement to the paper "On the spectra of some of the fixed stars" ', Philosophical Transactions 154 (1864): 443.

（註解）**「氦」**：Becker, 'Dispelling the myth', footnote 59.

（註解）**哈金斯寫信**：James Clerk Maxwell, The Scientific Letters and Papers of James Clerk Maxwell, Volume 2: 1862–1873, ed. P. M. Harman (Cambridge University Press, 1995), 306.

（註解）**達爾文發表論文**：Charles Darwin, 'Inherited instinct', Nature 7 (1873): 281.

（註解）**芭芭拉・貝克認為**：Becker, 'Dispelling the myth'.

亨利・杜雷伯與安娜・杜雷伯：Joseph Tenn, 'The Hugginses, the Drapers, and the rise of astrophysics', Griffith Observer, October 1986, 1–15.

「萬用關節」：Mills and Brooke, Sketch, 38–40.

「沒有比此更能啟迪想像」：Mills and Brooke, Sketch, 37.

「會更快樂一點」：Mills and Brooke, Sketch.

「感到最困惑的就是」：Mills and Brooke, Sketch.

「每一項發現」：引述於 George Hale, 'The Work of Sir William Huggins', Astrophysical Journal 37 (1915): 145–53.

一本總集：Huggins and Huggins, Atlas.

「有史以來最偉大的」：Mills and Brooke, Sketch.

「久久凝視著鏡片而傷感著」：Mills and Brooke, Sketch.

較重的化學元素：William Fowler, 'Experimental and theoretical nuclear astrophysics: The quest for the origin of the elements', Nobel lecture, 1983; George Wallerstein et al., 'Synthesis of the elements in the stars: forty years of progress', Reviews of Modern Physics 69 (1997): 995–1084.

「他們看起來彷彿」：Gary Fildes, An Astronomer's Tale (Century, 2016), 253.

9 藝術

評論說這是：Rosamund Bartlett and Sarah Dadswell, Victory Over the Sun: The World's First Futurist Opera (University of Exeter Press, 2012), 88–9, 95.

在月神公園劇場：關於這齣劇製作細節的相關討論參見：Bartlett and Dadswell, Victory Over the Sun; Charlotte Douglas, 'Victory Over the Sun', Russian History 8 (1981): 69–89; Anna Kisselgoff, 'Victory Over the Sun', New York Times, 27 January 1981, <https://www.nytimes.com/1981/01/27/arts/theater-victory-over-the-sun.html>; Isobel Hunter, 'Zaum and Sun: The “first Futurist opera” revisited', Central Europe Review, 12 July 1999, <https://www.pecina.cz/files/www.ce-review.org/99/3/ondisplay3_hunter.html>.

「試圖驚嚇所有人」：Douglas, 'Victory Over the Sun'.

「浪費眾人時間的可笑之作」：Andrew Clements, 'Victory Over the Sun', Guardian, 22 June 1999, <https://www.theguardian.com/culture/1999/jun/22/artsfeatures2>.

「並不等同於」：Ronald Rees, 'Historical links between cartography and art', Geographical Review 70 (1980): 66.

正好也是製圖師在地圖上採用：Rees, 'Historical links', 60–78.

攝影的發明：例如約翰・伯格，《觀看的方式》，吳莉君譯，麥田：二〇二一。

十分懾人：亞瑟・米勒，《愛因斯坦和畢卡索—兩個天才與二十世紀的文明歷程》，劉河北譯，聯經：二〇〇五：Jonathan Jones, 'Pablo's punks', Guardian, 9 January 2007, <https://www.theguardian.com/culture/2007/jan/09/2>.

興起了一波科學及科技發展：關於科學的發展以及如何影響藝術家，參見：Linda Henderson, 'Vibratory Modernism: Boccioni, Kupka, and the Ether of Space', in From Energy to Information: Representation in Science and Technology, Art, and Literature, ed. Bruce Clarke and Linda Henderson (Stanford University Press, 2002), 126–50; Linda Henderson, 'Editor's Introduction: I. Writing Modern Art and Science – An Overview; II. Cubism, Futurism, and Ether Physics in the Early Twentieth Century', Science in Context 17 (2004): 423–66; Linda Henderson, 'Abstraction, the Ether, and the Fourth Dimension: Kandinsky, Mondrian, and Malevich in Context', in The Infinite White Abyss: Kandinsky, Malevich, Mondrian, ed. Marlon Ackermann et al. (Snoeck Verlagsgesellschaft, 2014), 233–44.

「對我們不可或缺」：J. J. Thomson, 'Address by the President, Sir J. J. Thomson', in Report of the 79th Meeting of the British Association for the Advancement of Science (1909) (John Murray, 1910), 15：引述於 Henderson, 'Writing Modern Art and Science'.

終極來源：Henderson, 'Vibratory Modernism'; 'Writing Modern Art and Science'.

潛藏著更多維度空間：Linda Henderson, 'The Image and Imagination of the Fourth Dimension in Twentieth-Century Art and Culture', Configurations 17 (2009), 131–60; Linda Henderson, The Fourth Dimension and Non-Euclidean Geometry in Modern Art (MIT Press, new edition, 2013).

「不可見的國度」：Henderson, 'Writing Modern Art and Science', 447.

「現代畫室語言」：Guillaume Apollinaire, 'La Peinture nouvelle: Notes d'art', Les Soirées de Paris, 3 (April 1912), 90. 相關討論參見 Henderson, Fourth Dimension, chapter 2.

「大氣的濃縮物」：Umberto Boccioni (1914), Dynamisme plastique: peinture et sculpture futuristes, ed. Giovanni Lista, trans. Claude Minot and Giovanni Lista (L'Age d'homme, 1975), 104. 相關討論參見 Henderson, 'Vibratory Modernism'.

程度是過去從未見過的：Henderson, 'Vibratory Modernism'.

「我所看見的一切都會看見其面貌」：Wassily Kandinsky, 'Reminiscences/Three Pictures (1913)', in Kandinsky: Complete Writings on Art, ed. Kenneth Lindsay and Peter Vergo (Da Capo Press, 1994), 361.

出生於敖得薩：關於康定斯基的生平參見：Jerome Ashmore, 'Vasily Kandinsky and his idea of ultimate reality', Ultimate Reality and Meaning 2 (1979): 228–56; 'Wassily Kandinsky and his Paintings'，二〇一九年十一月五日存取，<http://wassily-kandinsky.org>.

「色彩明亮的活生生圖片」：Peg Weiss, Kandinsky and Old Russia: The Artist as Ethnographer and Shaman (Yale University Press, 1995), 4.

「那畫的是乾草堆」：Kandinsky, 'Reminiscences', 363.

「睥睨著宇宙」：Roy McMullen, 'Wassily Kandinsky', Encyclopaedia Britannica，二〇一九年十一月五日存取，<https://www.britannica.com/biography/Wassily-Kandinsky>.

無法捕捉到他的感覺：Kandinsky, 'Reminiscences', 363–4.

「就像一把瘋狂的低音號」：Kandinsky, 'Reminiscences', 360.

康定斯基擊碎了窗戶：Donald Kuspit, 'Spiritualism and Nihilism: The Second Decade', in A Critical History of 20th-Century Art (State University of New York, 2008), <http://www.artnet.com/magazineus/features/kuspit/kuspit2-17-06.asp>.

三年後畫成：McMullen, 'Kandinsky'.

「藝術界勇敢躍入未知之境」：Kuspit, 'Spiritualism'.

「原子的崩毀」：Ashmore, 'Ultimate reality', 239.

「新型態的藝術溝通管道」：Henderson, 'Vibratory Modernism'.

傳送出看不見的訊息：Henderson, 'Vibratory Modernism'.

「一片數不盡的網絡與管道」：Edward Carpenter, 'The Art of Creation', 1904；引述於 Henderson, 'Vibratory Modernism'.

「不斷觀望注意著新的情緒」：Ezra Pound, 'The wisdom of poetry', The Forum 47 (April 1912), 500；引述於 Henderson, 'Vibratory Modernism'.

某種「世界的靈魂」：Linda Henderson, 'Modernism and Science', in Modernism, ed. Astradur Eysteinsson and Vivian Liska (John Benjamins, 2007), 391.

加入神智學協會：康定斯基受到神智學的影響相關討論參見：Sixten Ringbom, 'Art in the epoch of the Great Spiritual: occult elementsin the early theory of abstract painting', Journal of the Warburg and Courtauld Institutes 29 (1966): 386–418; Sixten Ringbom, The Sounding Cosmos: A Study in the Spiritualism of Kandinsky and the Genesis of Abstract Painting (Äbo, 1970); Wessel Stoker, 'Kandinsky: Art as Spiritual Bread', in Where Heaven and Earth Meet: The Spiritual in the Art of Kandinsky, Rothko, Warhol and Kiefe (Rodopi, 2012); Henderson, 'Abstraction'.

「內在聲音」以及**「宇宙事件」**：Wassily Kandinsky, 'Point and Line to Plane', in Kandinsky, Complete Writings, 619；引述於 Stoker, 'Spiritual Bread', 68.

「宇宙法則」：Ashmore, 'Ultimate Reality'.

「唯物主義思想的夢魘」：Wassily Kandinsky, Concerning the Spiritual in Art. An updated version of Michael Sadleir's translation (Wittenborn, 1972), 24；引述於 Ashmore, 'Ultimate Reality'.

「在這個年代」：Kandinsky, Complete Writings, 97–8；引述於 Kuspit, 'Spiritualism'.

「世界會發聲」：Wassily Kandinsky, Der Blaue Reiter (almanac, 1912), in Kandinsky, Complete Writings, 250.

「本身就是現實」：Kuspit, 'Spiritualism'. 同時參見：Michel Henry, Seeing the Invisible: On Kandinsky, trans. Scott Davidson

(Continuum, 2005).

遠離文化中心：'About the Artist', The Malevich Society，二〇一九年十一月五日存取，<http://malevichsociety.org/about-the-artist/>.

參加了一場辯論：Alexandra Shatskikh, Black Square and the Origin of Suprematism, trans. Marian Schwartz (Yale University Press, 2012), chapter 1.

「**理性將藝術關在了盒子裡**」：Shatskikh, Black Square, chapter 1.

矛盾名言：Shatskikh, Black Square, chapter 1.

「**毫無理解的能力**」：Shatskikh, Black Square, chapter 1.

「**色塊自己出現了**」：寫於一九一四年三月五日信件上的附註，引述於 Shatskikh, Black Square, chapter 1.

「**奇妙的幾何形狀**」：Shatskikh, Black Square, chapter 1.

「**偏食**」：Shatskikh, Black Square, chapter 1.

「**狂喜啟蒙**」、「**強烈的閃電**」、「**手指快過**」、「**吃不下，喝不了也睡不著**」：Shatskikh, Black Square, 45.

「**極端行為**」：Peter Schjeldahl, 'The Prophet: Malevich's Revolution', New Yorker, 2 June 2003, <https://www.newyorker.com/magazine/2003/06/02/the-prophet-2>.

個人的「躍進」：Shatskikh, Black Square, 53.

「**感覺夜晚**」：Shatskikh, Black Square, 261.

「**這就是『象徵』**」：俄國藝術家亞歷山大．伯努瓦（Alexandre Benois）的評論，引述於 Shatskikh, Black Square, 109.

「**白色深淵**」：Shatskikh, Black Square, 252.

「**終極幻象**」：El Lissitzky, 'A. and Pangeometry, 1925', in Sophie Lissitzky–Küppers, El Lissitzky: Life, Letters, Texts (Thames & Hudson, 1968), 354.

「有這樣的形體」、「驚嘆的情緒淹沒了我」：Shatskikh, Black Square, 140.

馬列維奇是在回應：Henderson, 'Image and Imagination'; 'Abstraction'.

布萊格登發表了數份圖表：Claude Bragdon, Primer of Higher Space: The Fourth Dimension (1913)；相關討論參見 Henderson, 'Image and Imagination'; 'Abstraction'.

寓言故事：Claude Bragdon, Man the Square: A Higher Space Parable (Manas Press, 1912).

「新的地平線就此展開」：Charles Hinton, The Fourth Dimension (1904)；引述於 Henderson, 'Image and Imagination'.

馬列維奇的至上主義多邊形：Henderson, 'Image and Imagination'. 同時參見 Stephen Luecking, 'A Man and His Square: Kasimir Malevich and the Visualisation of the Fourth Dimension', Journal of Mathematics and the Arts 4 (2010): 87–100; Linda Henderson, 'Malevich, the fourth dimension and the ether of space one hundred years later', in Celebrating Suprematism: New Approaches to the Art of Kazimir Malevich, ed. Christina Lodeer (Brill, 2018), 44–80.

「擁有某種力量」：Peter Ouspensky, Tertium Organum (Routledge & Kegan Paul, 1965), 145.

「當我這把骨頭倒下」：馬列維奇寫給馬修申的信件，一九一六年十一月；引述於 Shatskikh, Black Square, chapter 4.

「宇宙就是溶解液」：Shatskikh, Black Square, 253.

以兩千萬美元賣出：Christie's, New York, 13 May 2015, <https://www.christies.com/lotfinder/Lot/robert-ryman-b-1930-bridge-5896026-details.aspx>.

甚至沒有提到……只是在開玩笑：Shatskikh, Black Square, chapter 5.

零＝全部：Shatskikh, Black Square, chapter 5 and epilogue.

企圖想傳達：Shatskikh, Black Square, chapter 5.

「夏天時」：馬列維奇寫給馬修申的信件，一九一七年十一月；引述於 Shatskikh, Black Square, chapter 5.

「流星、恆星、彗星與行星」：Kazimir Malevich, 'God is not cast down (1920)', in K. S. Malevich: Essays on Art 1915–1933, ed. Troels Andersen (Borgen, 1968), 193–7：引述於 Charlotte Gill, '"An urge to take off from the Earth": How Malevich embodies the role of "shamanic artist" in his early career', North Street Review: Arts and Visual Culture 17 (2014), 53–62.

「如果所有藝術家都能看到」：Kazimir Malevich, 'The Art of the Savage and its Principle (1915)', in Malevich, Essays on Art, 29：引述於 Gill, 'Shamanic artist'.

神祕靈性：Gill, 'Shamanic artist'.

「我是一切的開端」：Kazimir Malevich, The Artist: Infinity, Suprematism: Unpublished Writings 1913–33, ed. Troels Andersen (Borgen, 1978), 29：引述於 Gill, 'Shamanic artist'.

「挑戰物理法則的極限」：James Housefield, Playing with Earth and Sky: Astronomy, Geography and the Art of Marcel Duchamp (Dartmouth College Press, 2016), 17.

切割出木板：Marcel Duchamp, 3 Standard Stoppages (Paris, 1913–14), <https://www.moma.org/collection/works/78990>.

「新測量標準」：Jonathan Williams, 'Pata or Quantum: Duchamp and the end of determinist physics', Tout-fait: The Marcel Duchamp Studies Online Journal 1 (2000), <https://www.toutfait.com/issues/issue_3/Articles/williams/williams.html>.

毛髮剃成彗星的形狀：Housefield, Earth and Sky, 137–53. 同時參見 Linda Henderson, 'The Large Glass seen anew: reflections of contemporary science and technology in Marcel Duchamp's "hilarious picture"', Leonardo 32 (1998): 113–26.

「來回踱步」：André Breton, Manifesto of Surrealism (1924), 相關討論參見 Gavin Parkinson, Surrealism, Art and Modern Science: Relativity, Quantum Mechanics, Epistemology (Yale University Press, 2008), 38.

「聰明的群體」、「埋藏的太陽」、「星星的溫柔低語」：André Breton and Philippe Soupault, Les Champs magnétiques (1919); 相關討論參見 Parkinson, Surrealism, Art and Modern Science, 48–50.

觀察日食：關於證實廣義相對論的討論：Abraham Pais, Subtle is the Lord: The Science and the Life of Albert Einstein (OUP, 2005); Parkinson, Surrealism, Art and Modern Science, chapter 1：關於愛丁頓任務的描述：Frank Dyson et al., 'A determination of the deflection of light by the sun's gravitational field, from observations made at the total eclipse of May 29, 1919', Philosophical Transactions of the Royal Society A 220 (1920): 291–333; Malcolm Longair, 'Bending space-time: a commentary on Dyson, Eddington and Davidson (1920) "A determination of the deflection of light by the sun's gravitational field" ', Phil. Trans. R. Soc. A 373 (2015), <https://doi.org/10.1098/rsta.2014.0287>; Peter Coles, 'Einstein, Eddington and the 1919 Eclipse', in Historical Development of Modern Cosmology, ASP Conference Proceedings 252 (2001), 21.

「測量光的重量」： Arthur Eddington, 'The total eclipse of 1919 May 29 and the influence of gravitation on light', The Observatory 42 (1919), 121.

發表理論： Longair, 'Bending space-time'.

數據模稜兩可： Ben Almassi, 'Trust in expert testimony: Eddington's 1919 eclipse expedition and the British response to general relativity', Studies in History and Philosophy of Modern Physics 40 (2009): 57–67; Coles, 'Einstein, Eddington'.

《泰晤士報》的頭條： Almassi, 'Trust in expert testimony'; Coles, 'Einstein, Eddington'. 兩天後，《紐約時報》跟著刊出頭條：〈天空中的光線都是歪斜的〉。

展開激烈辯論： Juan Marin, ' "Mysticism" in quantum mechanics: the forgotten controversy', European Journal of Physics 30 (2009): 807–22. 關於量子力學對超現實主義者的影響，參見 Parkinson, Surrealism, 尤其是 chapter 1.

維捷布斯克： Alexandra Shatskikh, 'Vitebsk in the Career of Kazimir Malevich', in Vitebsk: The Life of Art (Yale University Press, 2007), 184–97.

沉浸在天文學中： Alexandra Shatskikh, 'The cosmos and the canvas: Malevich at Tate Modern', Tate Etc. 31, summer 2014, <https://www.tate.org.uk/tate-etc/issue-31-summer-2014/cosmos-and-canvas>.

史普尼克： Shatskikh, 'The cosmos and the canvas'.

「建築子」： Shatskikh, 'Vitebsk'; 'The cosmos and the canvas'.

兒童繪本：El Lissitzky, About Two Squares (1920), <https://www.ibiblio.org/eldritch/el/pro.html>.

搬到彼得格勒：'About the Artist', The Malevich Society; Shatskikh, 'Vitebsk', 191.

「反革命的布道演說」：Gilles Néret, Malevich (Taschen, 2003), 93; Brian Dailey et al., 'To look is to think: A conversation with Brian Dailey', ASAP Journal 2 (2017): 60.

畫上一個黑色方塊：Laura Cumming, 'Malevich review: An intensely moving retrospective', Observer, 20 July 2014, <https://www.theguardian.com/artanddesign/2014/jul/20/malevich-tate-modern-review-intensely-moving-retrospective>.

安放了一塊白色方塊：Néret, Malevich, 94.

10 生命

牡蠣修正自己的活動：Frank Brown, Jr. 'Persistent activity rhythms in the oyster', American Journal of Physiology 178 (1954): 510–14; Frank Brown, Jr. 'The rhythmic nature of animals and plants', American Scientist 47 (1959): 147–68; Frank Brown, Jr. 'Hypothesis of Environmental Timing of the Clock', in The Biological Clock: Two Views (Academic Press, 1970), 13–60.

警世故事：範例可參見 Russell Foster and Leon Kreitzman, 'Oscillators, Clocks and Hourglasses', in Rhythms of Life: The Biological Clocks that Control the Daily Lives of Every Living Thing (Yale University Press, 2004), 46.

最早的書面紀錄：William Schwartz and Serge Daan, 'Origins: A brief account of the ancestry of circadian biology', in Biological Timekeeping: Clocks, Rhythms and Behaviour, ed. V. Kumar (Springer, 2017), 3–22.

N光：Richard Noakes, 'Haunted thoughts of the careful experimentalist: psychical research and the troubles of experimental physics', Studies in History and Philosophy of Biological and Biomedical Sciences 48 (2014): 46–56.

並未提出令人信服的發現：Egil Asprem, 'Parapsychology: naturalising the supernatural, re-enchanting science', in Handbook of Religion and the Authority of Science, ed. Jim Lewis and Olav Hammer (Brill, 2010), 633–72; Richard Noakes, 'The historiography of psychical research: Lessons from histories of the sciences', Journal of the Society for Psychical Research, 2008, <http://hdl.handle.net/10036/36372>; Noakes, 'Haunted thoughts'; Andreas Sommer, 'Psychical research in the history and philosophy of science: An introduction and review', Studies in History and Philosophy of Biological and Biomedical Sciences 48 (2014): 38–45.

聰明的漢斯： Edward Heyn, 'Berlin's wonderful horse: he can do almost everything but talk – how he was taught', New York Times, 4 September 1904; Fabio De Sio and Chantal Marazia, 'Clever Hans and his effects: Karl Krall and the origins of experimental parapsychology in Germany', Studies in History and Philosophy of Biological and Biomedical Sciences 48 (2014): 94–102. 關於聰明的漢斯對於動物行為研究領域上的影響，參見 Michael Beran, 'To err is (not only) human: fallibility as a window into primate cognition', Comparative and Cognition Behaviour Reviews 12 (2017): 57–82; Phillip Veldhuis, 'Bees, Brains and Behaviour', MA thesis, University of Mannitoba, Winnipeg, 1999.

尖銳的懷疑論： 相關討論參見James Gould, 'Animal navigation: the evolution of magnetic orientation', Current Biology 18 (2008); R482–4.

海邊小鎮： 關於布朗的生平： Frank Brown, Jr., 'Biological Clocks and Rhythms', in Discovery Processes in Modern Biology: People and Processes in Biological Discovery, ed. W. Klemm (Krieger, 1977), 2–24.

海龍、鯵魚： 關於棲息在馬尾藻海中的生物參見： Sargasso Sea Commission, <http://www.sargassoseacommission.org/about-the-sargasso-sea/biological-significance>.

到處是生物： Brown, 'Rhythmic nature'.

Anchistioides antiguensis： Brown, 'Biological Clocks and Rhythms'; J. Wheeler and Frank Brown, 'The periodic swarming of Anchistioides antiguensis (Schmitt) at Bermuda', Zoological Journal of the Linnean Society 39 (1936): 413–28.

（註解）**一個月中有兩次 A. antiguensis 群聚**：Wheeler and Brown, 'Periodic swarming'。**住在海綿裡**：Guidomar Soledade, 'New records of association between caridean shrimps (Decapoda) and sponges (Porifera) in Abrolhos Archipelago, northeastern Brazil', Nauplius: The Journal of the Brazilian Crustacean Society 25 (2017): e2017027.

夏季教學：Brown, 'Biological Clocks and Rhythms'.

警告他避開：Brown, 'Rhythmic nature'; 'Environmental Timing'.

每天變淡、變深：Brown, 'Rhythmic nature'; 'Environmental Timing'; 'Biological Clocks and Rhythms'.

另外有幾位科學家：J. Bonner, 'Erwin Bünning (23 January 1906–4 October 1990)', Proceedings of the American Philosophical Society 138 (1994): 318–20; Serge Daan and Eberhard Gwinner, 'Obituary: Jürgen Aschoff (1913–98)', Nature 396 (1998): 418; M. Chandrashekaran, 'Biological rhythms research: a personal account', Journal of Biosciences 23 (1998): 545–55; Kim Kiser, 'Father Time', Minnesota Medicine, November 2005, 26–30; Woodland Hastings, 'Colin Stephenson Pittendrigh: A Memoir', Resonance, May 2006, 81–6; Germaine Cornelissen, 'Reminiscences: In Memoriam of Franz Halberg', World Heart Journal 5 (2013): 197–8; Germaine Cornelissen, 'Franz Halberg: A maverick ahead of his time', Herald of the International Academy of Sciences, Russian Section 1 (2018): 78–84.

隱密的內在計時器：Schwartz and Daan, 'Origins'.

花費數年進行實驗：Brown, 'Rhythmic nature'; 'Environmental Timing'.

從超心理學乃至於偏執妄想：Chandrashekaran, 'Biological rhythms research'; Kiser, 'Father Time'; Cornelissen, 'Reminiscences'.

「獨角獸的外生性週期」：LaMont Cole, 'Biological clock in the unicorn', Science 125 (1957): 874–6.

「深深重創我們」：Brown, 'Biological Clocks and Rhythms', 13.

「晝夜節律」：Foster and Kreitzman, Rhythms of Life, 41.

相當具學術地位的研討會：Foster and Kreitzman, Rhythms of Life; Bora Zivkovic, 'Clock Tutorial 2a: 45 years of Pittendrigh's empirical generalisations', A Blog Around the Clock, 3 July 2006, <https://blog.coturnix.org/2006/07/03/clocktutorial_3_fortyfive_year>.

一開始他並未受邀：Brown, 'Biological Clocks and Rhythms'.

論點就是溫度：Frank Brown, Jr., 'Response to pervasive geophysical factors and the biological clock problem', Cold Spring Harbor Symposia on Quantitative Biology 25 (1960): 57–71; Brown, 'Environmental Timing'; Foster and Kreitzman, Rhythms of Life.

發芽能力：Erwin Bünning, 'Endogenous rhythms in plants', Annual Review of Plant Physiology 7 (1956): 71–90.

「追逐鬼魂」：Colin Pittendrigh, 'Circadian rhythms and the circadian organization of living systems', Cold Spring Harbor Symposia on Quantitative Biology 25 (1960): 159–84.（在皮騰德里格發表論文之後的評論都出現在出版的討論文章中。）相關討論同時參見 Schwartz & Daan, 'Origins'.

最後哈爾柏格承認：Brown, 'Biological Clocks and Rhythms'.

越來越常遭到拒絕：Brown, 'Biological Clocks and Rhythms'.

皮騰德里格忽略了布朗的論述：Woodland Hastings, 'Colin Stephenson Pittendrigh: A Memoir', Resonance, May 2006, 81–6. 同時參見 M. K. Chandrashekaran, 'Biological rhythms research: a personal account', Journal of Biosciences 23 (1998): 545–55，當中說道在歐文・賓寧於一九六四年至一九六七年間每週舉辦的討論會上，幾乎沒有人提起布朗的名字，就連閒聊間都沒有。

不願意指名道姓：Jürgen Aschoff, 'Circadian rhythms in man', Science 148 (1965): 1427–32.

專門為了隔離而建造一座設施：Aschoff, 'Circadian rhythms'; Michael Globig, 'A world without day or night', Max Planck Research 2 (2007): 60–1.

第一名志願者：Aschoff, 'Circadian rhythms'; Anna Wirz-Justice et al., 'Rütger Wever: An appreciation', Journal of Biological Rhythms 20 (2005): 554–5.

每日週期持續：Aschoff, 'Circadian rhythms'.

「同步化失調」：Aschoff, 'Circadian rhythms'; Jürgen Aschoff et al., 'Desynchronisation of human circadian rhythms', Japanese Journal of Physiology 17 (1967): 450–57.

三株變異果蠅品系：Ronald Konopka and Seymour Benzer, 'Clock mutants of Drosophila melanogaster', PNAS 68 (1971): 2112–16.

將這個基因命名為「週期」：Pranhitha Reddy et al., 'Molecular analysis of the period locus in Drosophila melanogaster and identification of a transcript involved in biological rhythms', Cell 38 (1984): 701–10.

回饋迴路……每種生命體都有：Carlos Ibáñez, 'Scientific background: Discoveries of molecular mechanisms controlling the circadian rhythm', The Nobel Assembly, 2017, <https://www.nobelprize.org/uploads/2018/06/advanced-medicineprize2017.pdf>.

最熱門的領域：Pietro Cortelli, 'Chronomedicine: A necessary concept to manage human diseases', Sleep Medicine Reviews 21 (2015): 1–2; Z. Chen, 'What's next for chronobiology and drug discovery', Expert Opinion on Drug Discovery 12 (2017): 1181–5; Linda Geddes, Chasing the Sun: The New Science of Sunlight and How It Shapes Our Bodies and Minds (Wellcome, 2019).

造成健康問題：Russell Foster and Till Roenneberg, 'Human responses to the geophysical daily, annual and lunar cycles', Current Biology 18 (2008), R784–94; Kristin Uth and Roger Sleigh, 'Deregulation of the circadian clock constitutes a significant factor in tumorigenesis: a clockwork cancer. Part I: clocks and clocking machinery', Biotechnology & Biotechnological Equipment 28 (2014): 176–83; Ruth Lunn et al., 'Health consequences of electric lighting practices in the modern world: A report on the National Toxicology Program's workshop on shift work at night, artificial light at night, and circadian disruption', Science of the Total Environment 607–8 (2017): 1073–84.

「人類生物學仍然」：Foster and Roenneberg, 'Human responses'.

「正在滴答響的定時炸彈」：P. Lewis et al., 'Ticking time bomb? High time for chronobiological research', EMBO Reports, 19 (2018): e46073.

（註解）**可能的人類致癌物**：Thomas Erren et al., 'Shift work and cancer: the evidence and the challenge', Deutsches Aerzteblatt International 107 (2010): 657–62.

「可能危害到各個面向」：Russell Foster and Katharina Wulff, 'The rhythm of rest and excess', Nature Reviews Neuroscience 6 (2005): 407–8.

大多數病況：Michael Smolensky, 'Diurnal and twenty-four hour patterning of human diseases: Cardiac, vascular, and respiratory diseases, conditions, and syndromes', Sleep Medicine Reviews 21 (2015): 3–11; Michael Smolensky, 'Diurnal and twenty-four hour patterning of human disease: acute and chronic common and uncommon medical conditions', Sleep Medicine Reviews 21 (2015): 12–22.

有何反應：Franz Halberg et al., 'From biological rhythms to chromones relevant for nutrition', in Not Eating Enough: Overcoming Underconsumption of Military Operational Rations, ed. Bernadette Marriott (National Academy Press, 1995), 361–72.

就連季節的變化：Foster and Roenneberg, 'Human responses'.

「受到太陽的奴役」：Nicola Davis and Ian Sample, 'Nobel Prize for medicine awarded for insights into internal biological clock' Guardian, 2 October 2017, <https://www.theguardian.com/science/2017/oct/02/nobel-prize-for-medicine-awarded-for-insights-into-internal-biological-clock>.

舊石器時代的雕像：Helen Benigni, 'The Emergence of the Goddess: A Study of Venus in the Paleolithic and Neolithic Era', in The Mythology of Venus (University Press of America, 2013), chapter 1; Jules Cashford, The Moon: Myth and Image (Cassell,

2003), 20–1.

時間經過的長短：Mircea Eliade, Patterns in Comparative Religion, trans. Rosemary Sheed (University of Nebraska Press, 1996), 155，引述於 Cashford, The Moon, 22.

代表月亮的字詞：Eliade, Comparative Religion, 155.

九個陰曆月：Walter Menaker and Abraham Menaker, 'Lunar periodicity in human reproduction: A likely unit of biological time', American Journal of Obstetrics and Gynecology, 7 (1959): 905–14.

「便在人心中產生了」：Joseph Campbell, The Way of the Animal Powers: Mythologies of the Primitive Hunters and Gatherers (Harper & Row, 1988), 68，引述於 Benigni, 'Emergence of the Goddess'。一個類似概念的相關討論參見 Eliade, Comparative Religion：「月亮既能測量也能夠統一行動……整個宇宙都能看成一種模式，要遵守特定的法則。」

「在所有天體中最能影響」：Eliade, Comparative Religion, 154.

「滲透了一切事物」：Pliny the Elder, Natural History, Book 2, Chapter 102.

「兔子、鷸鳥、小牛等等動物的大腦」：Francis Bacon, Sylva Sylvarum: A Natural History, In Ten Centuries, 9 (1627), 892.

人類學家發現：D. Kelley, 'Mania and the moon', Psychoanalytic Review 29 (1942); 406–26.

印度到法國等地：Cashford, The Moon, foreword.

仰賴月光來狩獵：Noga Kronfeld-Schor et al., 'Chronobiology by moonlight', Proceedings of the Royal Society B 280 (2013), <https://doi.org/10.1098/rspb.2012.3088>.

移動其實是轉換成：Kim Last et al., 'Moonlight drives ocean-scale mass vertical migration of zooplankton during the Arctic winter', Current Biology 26 (2016): 244–51, <https://doi.org/10.1016/j.cub.2015.11.038>.

抓了幾隻海膽：Harold Fox, 'Lunar periodicity in reproduction', Proceedings of the Royal Society B 95 (1923): 523–50.

將生殖器官暴露出來：Alain Reinberg et al., 'The full moon as a synchroniser of circa-monthly biology rhythms: chronobiologic perspectives based on multidisciplinary naturalistic research', Journal of Biological and Medical Rhythm Research 33 (2016): 465–79, <https://doi.org/10.3109/07420528.2016.1157083>.

海洋就如活過來了一般： Matthew Oldach et al., 'Transcriptome dynamics over a lunar month in a broadcast spawning acroporid coral', Molecular Ecology 26 (2017): 2514–26; Jackie Wolstenholme et al., 'Timing of mass spawning in corals: potential influence of the coincidence of lunar factors and associated changes in atmospheric pressure from northern and southern hemisphere case studies', Invertebrate Reproduction & Development 62 (2018): 98–108, <https://doi.org/10.1080/07924259.2018.1434245>.

大潮就是生存的關鍵： Kronfeld-Schor, 'Chronobiology by moonlight'; Reinberg et al., 'The full moon'. 關於海洋生物與潮汐／月亮關係的概述： Martin Bulla et al., 'Marine biorhythms: bridging chronobiology and ecology', Philosophical Transactions of the Royal Society B 372 (2017): 20160253.

日本陸蟹： Kronfeld-Schor, 'Chronobiology by moonlight'.

依循著月亮： Kronfeld-Schor, 'Chronobiology by moonlight'; Noga Kronfeld-Schor et al., 'Chronobiology of interspecific interactions in a changing world', Philosophical Transactions of the Royal Society B 372 (2017), <https://doi.org/10.1098/rstb.2016.0248>.

第一種依循月相而繁衍的植物： Catarina Rydin and Kristina Bolinder, 'Moonlight pollination in the gymnosperm Ephedra (Gnetales)', Biology Letters 11 (2015), <https://doi.org/10.1098/rsbl.2014.0993>.

「如鑽石般閃耀」： Andy Coghlan, 'Werewolf plant waits for the light of the full moon', New Scientist, 1 April 2015, <https://www.newscientist.com/article/dn27277>.

抱怨很難發表： Reinberg et al., 'The full moon'.

突尼西亞生物學家： Reinberg et al., 'The full moon'.

最初幾份分子研究： Juliane Zantke et al., 'Genetic and genomic tools for the marine annelid Platynereis dumerilii', Genetics 197 (2014): 19–31; Masato Fukushiro, 'Lunar phase-dependent expression of cryptochrome and a photoperiodic mechanism for lunar phase-recognition in a reef fish, goldlined spinefoot', PLoS ONE 6 (2011): e28643; Florian Raible et al., 'An overview of monthly rhythms and clocks', Frontiers in Neurology 8 (2017): 189.

芽枝軸孔珊瑚： Oldach et al., 'Transcriptome dynamics'.

對月光敏感：例如 Maxim Gorbunov and Paul Falkowski, 'Photoreceptors in the cnidarian hosts allow symbiotic corals to sense blue moonlight', Limnology and Oceanography 47 (2002): 309–15.

阿諾德・利伯聲稱： Arnold Lieber, The Lunar Effect: Biological Tides and Human Emotions (Doubleday, 1978).

「瘋狂」： Raible et al., 'Monthly rhythms and clocks'.

大肆撻伐： James Rotton and Ivan Kelly, 'Much ado about the full moon: A meta-analysis of lunar-lunacy research', Psychological Bulletin 97 (1985): 286–306; Daniel Myers, 'Gravitational effects of the period of high tides and the new moon on lunacy', Journal of Emergency Medicine 13 (1995): 529–32; Foster and Roenneberg, 'Human responses'; Hal Arkowitz and Scott Lilienfeld, 'Lunacy and the full moon: does a full moon really trigger strange behavior?' Scientific American Mind, 1 February 2009, <https://www.scientificamerican.com/article/lunacy-and-the-full-moon/>. 'Full Moon and Lunar Effects', Skeptic's Dictionary, 二〇一九年十一月五日存取，<http://skepdic.com/fullmoon.html>.

「超自然現象」： Armando Simón, 'No effect of the full moon-supermoon on the aggressive behavior of incarcerated convicts: nailing the coffin shut on the Transylvania effect', Biological Rhythm Research 49 (2018): 165–8.

盲點： Reinberg et al., 'The full moon'.

追溯回非常早期階段： Raible et al., 'Monthly rhythms and clocks'.

男性的賀爾蒙也有一個月週期： Natalia Rakova et al., 'Long-term space flight simulation reveals infradian rhythmicity in human

Na+ balance', Cell Metabolism 17 (2013): 125–31.

干擾了生育能力： Reinberg et al., 'The full moon'.

睡眠品質會隨著月相而有不同： Christian Cajochen et al., 'Evidence that the lunar cycle influences human sleep', Current Biology 23 (2013): 1485–8; Michael Smith et al., 'Human sleep and cortical reactivity are influenced by lunar phase', Current Biology 24 (2014): R551–2; Ciro Della Monica et al., 'Effects of lunar phase on sleep in men and women in Surrey', Journal of Sleep Research 24 (2015): 687–94.

痙攣與癲癇發作： Stephen Rüegg et al, 'Association of environmental factors with the onset of status epilepticus', Epilepsy and Behaviour, 12 (2008): 66-73.

追蹤患有躁鬱症的病人： Thomas Wehr, 'Bipolar mood cycles and lunar tidal cycles', Molecular Psychiatry 23 (2018): 923–31; Thomas Wehr, 'Bipolar mood cycles associated with lunar entrainment of a circadian rhythm', Translational Psychiatry 8 (2018): 151. 同時參見 Tânia Abreu and Miguel Bragança, 'The bipolarity of light and dark: A review on bipolar disorder and circadian cycles', Journal of Affective Disorders 185 (2015): 219–29; Thomas Erren and Philip Lewis, 'Hypothesis: Folklore perpetuated expression of moon-associated bipolar disorders in anecdotally exaggerated werewolf guise', Medical Hypotheses 122 (2019): 129–33.

三萬四千隻蝸牛： Brown, 'Pervasive geophysical factors'; 'Environmental timing'.

二十四小時不斷擴散的波紋： Nicholas Pedatella and Jeffrey Forbes, 'Global structure of the lunar tide in ionospheric total electron content', Geophysical Research Letters 37 (2010): L06013; Adrian Hitchman and Ted Lilley, 'The quiet daily variation in the total magnetic field: global curves', Geophysical Research Letters 25 (1998): 2007–10; James Gould, 'Magnetoreception', Current Biology 20 (2010): R431–5.

地球的磁場： Hitchman and Lilley, 'Global curves'.

有些魚類對電場很敏感： Hans Lissman and Kenneth Machin, 'The mechanism of object location in Gymnarchus niloticus and similar fish', Journal of Experimental Biology 35 (1958): 451–86.

介紹自己的成果： Brown, 'Pervasive geophysical factors'.

「我們還無法解釋」： Brown, 'Pervasive geophysical factors'.

超過八十名志願者： Rütger Wever, 'The effects of electric fields on circadian rhythmicity in men', Life Sciences and Space Research 8 (1970): 177–87; Rütger Wever, 'Human circadian rhythms under influence of weak electric fields and the different aspects of these studies', International Journal of Biometeorology 17 (1973): 227–32; Rütger Wever, 'ELF effects on human circadian rhythms', in ELF and VLF Electromagnetic Field Effects, ed. Michael Persinger (Plenum Press, 1974), 101–44.

結果「很值得注意」： Wever, 'Human circadian rhythms'.

甚至沒有提及遮蔽的實驗： 例如 Aschoff et al., 'Desynchronisation': 450–7; Aschoff, 'Circadian rhythms'; Jürgen Aschoff, 'Temporal orientation: circadian clocks in animals and humans', Animal Behaviour 37 (1989): 881–96. 同時參見阿紹夫在《自然》雜誌上的訃聞，說到他建造了一座「地下『防空洞』」：Daan and Gwinner, 'Obituary'.

上百萬隻帝王斑蝶： Patrick Guerra et al., 'A magnetic compass aids monarch butterfly migration', Nature Communications 5 (2014): 4164; Gregory Nordmann et al., 'Magnetoreception: A sense without a receptor', PLoS Biology 15 (2017): e20032324.

許多物種都懂得： James Foster, 'How animals follow the stars', Proceedings of the Royal Society B 285 (2018): 20172322.

偏振光的模式： James Foster et al., 'Orienting to polarised light at night – matching lunar skylight to performance in a nocturnal beetle', Journal of Experimental Biology 222 (2019), <https://doi.org/10.1242/jeb.188532>.

（註解）**據說維京水手：** Jo Marchant, 'Did Vikings navigate by polarised light?' Scientific American, 31 January 2011, <https://www.scientificamerican. com/article/did-vikings-navigate/>.

沃夫岡・威爾茨科發現： Wolfgang Wiltschko and Roswitha Wiltschko, 'Magnetic compass of European robins', Science 176

(1972): 62–4.

出現大量證據：科學家對「劇烈變化」的相關討論參見 James Gould, 'Animal navigation'，同時參見 Sönke Johnsen and Kenneth Lohmann, 'Magnetoreception in animals', Physics Today, March 2008, 29–35.

朝北或朝南： Vlastimil Hart et al., 'Dogs are sensitive to small variations of the earth's magnetic field', Frontiers in Zoology 10 (2013): 80.

利用電力來解決：描述三種磁感應策略的常見來源： Gould, 'Animal navigation'; James Gould, 'Magnetoreception'; Henrik Mouritsen, 'Long-distance navigation and magnetoreception in migratory animals', Nature 558 (2018): 50–9.

細菌使用一串串： Richard Blakemore, 'Magnetotactic bacteria', Science 190 (1975): 377–9.

晶體能夠「感應磁場」： Veronika Lambinet, 'Linking magnetite in the abdomen of honey bees to a magnetoreceptive function', Proceedings of the Royal Society B 284 (2017), <https://doi.org/10.1098/rspb.2016.2873>; Nordmann et al., 'Magnetoreception'.

「我想，喔，或許」： Dan Cossins, 'A sense of mystery', Scientist, 1 August 2013, <https://www.the-scientist.com/cover-story/a-sense-of-mystery-38949>.

叫做隱花色素的蛋白質： Ilia Solov'yov et al., 'Magnetic field effects in Arabidopsis thaliana Cryptochrome-1', Biophysical Journal 92 (2007): 2711–26.

隱花色素確實： Robert Gegear et al., 'Animal cryptochromes mediate magnetoreception by an unconventional photochemical mechanism', Nature 463 (2010): 804–7.

「看見」磁場線： Peter Hore and Henrik Mouritsen, 'The radical-pair mechanism of magnetoreception', Annual Review of Biophysics 45 (2016): 299–344.

將人類的隱花色素放進果蠅體內： Lauren Foley et al., 'Human cryptochrome exhibits light-dependent magnetosensitivity',

Nature Communications 2 (2011): 356.

（註解）二〇一九年的研究團隊：C.X. Wang et al. 'Transduction of the geomagnetic field as evidenced from Alpha-band activity in the human brain.' ENeuro (2019), https://doi.org/10.1523/ENEURO.0483-18.2019

關鍵成分：Taishi Yoshii et al., 'Cryptochrome mediates light-dependent magnetosensitivity of Drosophila's circadian clock', PLoS Biology 7 (2009): 813–19; Thorsten Ritz et al., 'Cryptochrome – a photoreceptor with the properties of a magnetoreceptor?', Communicative & Integrative Biology 3 (2010): 24–7.

（註解）**核心「齒輪」**：Gegear, 'Animal cryptochromes'；隱花色素就是其中之一：Fukushiro, 'Lunar phase-dependent expression'; Oldach et al., 'Transcriptome dynamics'.

推估時間：James Gould, 'The case for magnetic sensitivity in birds and bees (such as it is)', American Scientist 68 (1980): 256–67; Gould, 'Animal navigation'; Gould, 'Magnetoreception'; Thomas Erren et al., 'What if . . . the moon provides zeitgeber signals to humans?' Molecular Psychiatry (2018), <https://doi.org/10.1038/s41380018-0216-0>.

布朗提出的問題：Foster & Kreitzman, Rhythms of Life, 48; Christian Hong et al., 'A proposal for robust temperature compensation of circadian rhythms', PNAS 104 (2007): 1195–200; Philip Kidd et al., 'Temperature compensation and temperature sensation in the circadian clock', PNAS 112 (2015): E6284–92; Yoshiki Tsuchiya et al., 'Effect of multiple clock gene ablations on period length and temperature compensation in mammalian cells', Journal of Biological Rhythms 31 (2016): 48–56; Rajesh Narasimamurthy and David Virshup, 'Molecular mechanisms regulating temperature compensation of the circadian clock', Frontiers in Neurology 8 (2017): 161; Lili Wu et al., 'Robust network topologies for generating oscillations with temperature-independent periods', PLoS ONE 12 (2017), <https://doi.org/10.1371/journal.pone.0171263>.

「走」這樣的基本運作：James Close, 'The compass within the clock – Part 1: the hypothesis of magnetic fields as secondary zeitgebers to the circadian system – logical and scientific objects', Hypothesis 12 (2014): e1; James Close, 'The compass within the clock – Part 2: does cryptochrome radical-pair based signaling contribute to the temperature-robustness of circadian systems?' Hypothesis 12 (2014): e2; Yoshii et al., 'Cryptochrome mediates'.

「存在著同情」：取自一篇匿名評論，'Magic, Witchcraft, and Animal Magnetism', Journal of Psychological Medicine and Mental Pathology 5 (1852): 292–322.

Rx這個符號：'Magic, Witchcraft, and Animal Magnetism'; Mohammad Qayyum et al., 'Medical aspects taken for granted', McGill Journal of Medicine 10 (2007): 47–9; Bob Zebroski, A Brief History of Pharmacy: Humanity's Search for Wellness (Routledge, 2016); Otto Wall, The Prescription: Therapeutically, Pharmaceutically, Grammatically and Historically Considered (St Louis, 1898), 200–6（雖然不是人人都同意：George Griffenhagen, 'Signs and Signboards of the Pharmacy', Pharmacy in History 32 (1990): 12–21）

夜晚的光害：Fabio Falchi et al., 'The new world atlas of artificial night sky brightness', Science Advances 2 (2016), <https://doi.org/10.1126/sciadv.1600377>.

干擾了鳥類和烏龜的遷徙：Kronfeld-Schor et al., 'Interspecific interactions'; Aisling Irwin, 'The dark side of light: how artificial lighting is harming the natural world', Nature 553 (2018): 268–70.

全球性威脅：Thomas Davies and Tim Smyth, 'Why artificial light at night should be a focus for global change research in the 21st century', Global Change Biology 24 (2018): 872–82.

干擾生理時鐘及羅盤：Svenja Engels et al., 'Anthropogenic electromagnetic noise disrupts magnetic compass orientation in a migratory bird', Nature 509 (2014): 353–6; Alfonso Balmori, 'Anthropogenic radiofrequency electromagnetic fields as an emerging threat to wildlife orientation', Science of the Total Environment 518–19 (2015): 58–60; Lukas Landler and David Keays, 'Cryptochrome: the magnetosensor with a sinister side?' PLoS Biology 16 (2018), <https://doi.org/10.1371/journal.pbio.3000018>; Rachel Sherrard et al., 'Low-intensity electromagnetic fields induce human cryptochrome to modulate intracellular reactive oxygen species', PLoS Biology 16 (2018), <https://doi.org/10.1371/journal.pbio.2006229>; Premysl Bartos et al., 'Weak radiofrequency fields affect the insect circadian clock', Journal of the Royal Society Interface 16 (2019), <https://doi.org/10.1098/rsif.2019.0285>.

「沒有明顯的疆界」：Frank Brown, Jr., 'The "Clocks" Timing Biological Rhythms', American Scientist 60 (1972): 756–66.

「生物與其物理環境」：Frank Brown, Jr., 'Biological Clocks: Endogenous cycles synchronised by subtle geophysical rhythms', BioSystems 8 (1976): 67–81.

「不著邊際談論著……互相影響」：Chandrashekaran, 'Biological rhythms research'.

在海邊過世：Marguerite Webb, 'In memoriam: Professor Frank A. Brown, Jr.', Journal of Interdisciplinary Cycle Research 15 (1984): 1–2.

海蛞蝓對準：Kenneth Lohmann and Arthur Willows, 'Lunar-modulated geomagnetic orientation by a marine mollusk', Science 235 (1987): 331–4.

義大利植物學家發現：Monica Gagliano et al., 'Acoustic and magnetic communication in plants: Is it possible?' Plant Signaling and Behaviour 7 (2012): 1346–8.

「最明顯的其中一件事」：Gould, 'Animal navigation'.

太陽系在銀河中的晃動：Mikhail Medvedev and Adrian Melott, 'Do extragalactic cosmic rays induce cycles in fossil diversity?' Astrophysical Journal 664 (2007): 879–89. 同時參見，有科學家認為在兩百六十萬年前一顆超新星的輻射滅絕了地球上的岸棲動物：Adrian Melott et al., 'Hypothesis: Muon radiation dose and marine megafaunal extinction at the end-Pliocene supernova', Astrobiology 19 (2019): <https://doi.org/10.1089/ast.2018.1902>.

行星的潮汐效應：Ching-Cheh Hung, 'Apparent relations between solar activity and solar tides caused by the planets', NASA technical report: NASA/TM—2007–214817, <https://ntrs.nasa.gov/archive/nasa/casi.ntrs.nasa.gov/20070025111.pdf>.

「宇宙本為一體……將會探索的領域」：Brown, 'Biological Clocks and Rhythms'.

11 外星

一塊暗沉的綠點：關於史寇爾如何發現 ALH84001：'ALH84001', Martian Meteorite Compendium, <https://curator.jsc.nasa.gov/antmet/mmc/alh84001.pdf>; Paul Recer, 'Even in '84, geologist thought rock was "special" ', Associated Press, 22 August 1996, <https://www.apnews.com/6a50bda0d4f33fcee7f8cb84935630d4>; Scott Sandford, 'The 1984–1985 Antarctic Search for Meteorites (ANSMET) Field Program', Smithsonian Contributions to the Earth Sciences 30 (1986): 5–9; Kathy Sawyer, The Rock from Mars: A Detective Story on Two Planets (Random House, 2006), 3–21.

「天外掉落的」：Aristotle, Meteorology, Part 7, trans. E. W. Webster, <http://classics.mit.edu/Aristotle/meteorology.1.i.html>.

上萬噸：Samantha Mathewson, 'How often do meteorites hit the earth?' Space.com, 10 August 2016, <https://www.space.com/33695-thousands-meteorites-litter-earth-unpredictable-collisions.html>; Nancy Atkinson, 'Getting a handle on how much cosmic dust hits earth', Universe Today, 30 March 2012, <https://www.universetoday.com/94392/getting-a-handle-on-how-much-cosmic-dust-hits-earth/>.

「唉呀唉呀」：'ALH84001', Martian Meteorite Compendium.

「唯一有人居住的世界」：引述於 John Traphagan, 'Science and the Emergence of SETI', in Science, Culture and the Search for Life on Other Worlds (Springer, 2016), 41.

人們所給出的答案：關於地外生命的信仰歷史：Michael Crowe, 'A history of the extraterrestrial life debate', Zygon 32 (1997): 147–62; Steven Dick, 'The Twentieth Century History of the Extraterrestrial Life Debate: Major themes and lessons learned', in Astrobiology, History, and Society, ed. Douglas Vakoch (Springer, 2013).

已知最早的星際旅行故事：Lucian, 'A True Story', in Selected Satires of Lucian, ed. Lionel Casson (Routledge 2017).

「將我們的地球變成」：Crowe, 'A history'.

「無數」太陽和地球：Giordano Bruno, On the Infinite Universe and Worlds, <https://faculty.umb.edu/gary_zabel/Courses/Parallel%20Universes/Texts/Giordano%20Bruno%20On%20the%20Infinite%20Universe%20and%20Worlds%20(First%20D.htm>.

植物以及像蛇一樣的怪獸：Johannes Kepler, Somnium: The Dream, or Posthumous Work on Lunar Astronomy, trans. by Edward Rosen (Dover, 2003).

有機生物可能如何適應：Christiaan Huygens, The Celestial Worlds Discover'd (1698).

「地外時代」：Crowe, 'A history'.

人類自以為擁有的智慧：Voltaire, Micromégas (1752), <https://publicdomainreview.org/collections/micromegas-by-voltaire-1752/>.

「示範了何謂傲慢!!」：Michael Crowe, The Extraterrestrial Life Debate 1750–1900 (Dover, 1999), 271，引述於 Iris Fry, 'The Philosophy of Astrobiology: The Copernican and Darwinian Philosophical Presuppositions', in The Impact of Discovering Life Beyond Earth, ed. Steven Dick (Cambridge University Press, 2015) 23–37.

「終極目標」：Alfred Russel Wallace, 'Man's place in the universe', The Independent 55 (1903): 473–83，引述於 Dick, 'Twentieth Century History'.

森林及環形建築：Michael Crowe, 'William and John Herschel's Quest for Extraterrestrial Intelligent Life', in The Scientific Legacy of William Herschel, ed. Clifford Cunningham (Springer, 2017), 239–74.

月球上有一座高牆圍起的城市：Richard Baum, 'The man who found a city in the moon', Journal of the British Astronomical

Association 102 (1992): 157–9.

虛構但許多人都相信：相關討論參見 Crowe, 'A history'; Dick, 'Twentieth Century History'.

太陽系中還有其他生命存在：Crowe, 'William and John Herschel'.

「天上的人類」：Camille Flammarion, Les Terres du ciel (Paris, 1877), 594.

受到弗萊馬利翁的著作啟發：Alessandro Manara and A. Wolter, 'Mars in the Schiaparelli–Lowell letters', Memorie della Societa Astronomica Italiana 82 (2011): 276–9.

「生命存在的可能性」：Seth Shostak, 'Current approaches to finding life beyond Earth', in Dick, Life Beyond Earth, 11.

沒有可偵測到的有機體：研究結果與意涵的討論參見 Dick, 'Twentieth Century History'.

「最有可能居住著地外生命的地方」：Norman Horowitz, To Utopia and Back: The Search for Life in the Solar System (W. H. Freeman, 1986), 46；引述於 Dick, 'Twentieth Century History'.

「幾乎就是個奇蹟」：Francis Crick, Life Itself: Its Origin and Nature (Simon & Schuster, 1982), 88.

「非凡意外」：Euan Nisbet, The Young Earth: An Introduction to Archaean Geology (Allen & Unwin, 1987), 353.

「人類終於知道」：Jacques Monod, Chance and Necessity: An Essay on the Natural Philosophy of Modern Biology (Knopf, 1971), 180. 後來輿論風向開始轉變時出現了另一個異議的聲音，是生物學家克里斯坦・德・杜維（Christian de Duve）在他的著作中提出：《生物決定論：人類一定會出現在地球上嗎？》，陳挹芳譯，左岸文化：二〇一一。

「尋找仙子」：Paul Davies, 'Searching for a shadow biosphere on Earth as a test of the "cosmic imperative"', Philosophical Transactions of the Royal Society A 369 (2011): 624–32.

從來不打算加入：關於米德費爾特在確認 ALH84001 來自火星當中的角色：Sawyer, Rock from Mars, 46–58; Monica Grady and Ian Wright, 'Martians come out of the closet', Nature 369 (1994): 356.

（註解）**生命根本不是起源於地球**：Francis Crick and Leslie Orgel, 'Directed Panspermia', Icarus 19 (1973): 341–6.

史寇爾興奮極了：Sawyer, Rock from Mars, 59.

火山岩漿所形成的石頭：David McKay et al., 'Search for past life on Mars: Possible relic biogenic activity in Martian meteorite ALH84001', Science 273 (1996): 924–30; 'ALH84001', Martian Meteorite Compendium.

和 NASA 的地球化學家合作：羅曼奈克與吉布森對碳酸鹽類的研究以及他們所發現的蟲子形狀，參見：Sawyer, Rock from Mars, 61–82.

「我還以為」：Michael Schirber, 'Meteorite-based debate over Martian life is far from over', Space.com, 21 October 2010, <https://www.space.com/9366-meteorite-based-debate-martian-life.html>；同時參見 Sawyer, Rock from Mars, 83–114.

迪迪埃・奎洛茲正狐疑著：關於奎洛茲和梅爾發現飛馬座51 b 的資料參見：與迪迪埃・奎洛茲的電話訪談，二〇一九年六月十二日；Michel Mayor and Didier Queloz, 'A Jupiter-mass companion to a solar-type star', Nature 378 (1995): 355–9; Michel Mayor and Davide Cenadelli, 'Exoplanets – the beginning of a new era in astrophysics', European Physical Journal H 43 (2018): 1–41; Kevin Fong, 'Life Changers: Didier Queloz', BBC World Service, 首播於二〇一五年九月二十一日，<https://www.bbc.co.uk/programmes/p032k6jq>.

（註解）**繞著一脈衝星**：Aleksander Wolszczan and Dail Frail, 'A planetary system around the millisecond pulsar PSR1257 + 12', Nature 355 (1992): 145–7.

「靈性的一刻」：Michel Mayor and Pierre-Yves Frei, New Worlds in the Cosmos: The Discovery of Exoplanets, trans. Boud Roukema (Cambridge University Press, 2003), 18.

「你們的偉大發現」：Mayor and Frei, New Worlds, 22.

「所謂其他的世界」：John Wilford, 'In a golden age of discovery, faraway worlds beckon', New York Times, 9 February 1997, <https://www.nytimes.com/1997/02/09/us/in-a-golden-age-of-discovery-faraway-worlds-beckon.html>.

威廉・肖普夫來拜訪：肖普夫的來訪以及他與理查・札爾的合作，相關描述參見：Sawyer, Rock from Mars, 91–106.

「讓腸胃翻攪不停的疑懼」：在發表之前的嚴格檢視，包括丹尼爾・葛定的參與，相關描述參見：Sawyer, Rock from Mars, 110–52.

「編號 84001 的岩石向我們說話了」：柯林頓總統對於發現火星隕石所發表的談話，一九九六年八月七日，<https://www2.jpl.nasa.gov/snc/clinton.html>.

擁擠的大演講廳：這場記者會的照片參見 Leonard David, 'Remembering a big scoop about a small rock', Space News, 12 September 2016, <http://www.spacenewsmag.com/feature/remembering-a-big-scoop-%E2%80%A8about-a-small-rock/>; Sawyer, Rock from Mars, 153–68.

《科學》期刊上那篇論文：McKay, 'Search for past life'.

「最大侮辱」：Sawyer, Rock from Mars, 166.

「半調子的研究」、**「一群能力不足的人」**以及**「糞便般的東西」**：Sawyer, Rock from Mars, 177–8.

確實是在火星上形成：John Bridges et al., 'Carbonates on Mars', in Volatiles in the Martian Crust (Elsevier, 2019), 89–118.

如何詮釋這些結果：Everett Gibson et al., 'Martian biosignatures: tantalizing evidence within Martian meteorites', Biosignature Preservation and Detection in Mars Analog Environments, proceedings of a conference held 16–18 May 2016, Lake Tahoe, Nevada, LPI Contribution No. 1912, id. 2052, <https://ui.adsabs.harvard.edu/abs/2016LPICo1912.2052G/abstract>.

詳細研究的論文：Kathie Thomas-Keprta et al., 'Elongated prismatic magnetite crystals in ALH84001 carbonate globules: potential Martian magnetofossils', Geochimica et Cosmochimica Acta 64 (2000): 4049–81; Kathie Thomas-Keprta et al., 'Magnetofossils from ancient Mars: a robust biosignature in the Martian meteorite ALH84001', Applied and Environmental Microbiology 68 (2002): 3663–72.

線狀鎖鏈：Imre Friedmann, 'Chains of magnetite crystals in the meteorite ALH84001: evidence of biological origin', PNAS 98 (2001): 2176–81.

評論者認為：D. Golden et al., 'Evidence for exclusively inorganic formation of magnetite in Martian meteorite ALH84001',

American Mineralogist 89 (2004): 681–95.

湯瑪斯—克普塔反擊了：Kathie Thomas-Keprta et al., 'Origin of magnetite nanocrystals in Martian meteorite ALH84001', Geochimica et Cosmochimica Acta 73 (2009): 6631–77; Schirber, 'Meteorite-based debate'.

其他的火星隕石：David McKay et al., 'Life on Mars: new evidence from Martian meteorites', Proceedings Volume 7441, Instruments and Methods for Astrobiology and Planetary Missions XII (2009): 744102; Richard Kerr, 'New signs of ancient life in another Martian meteorite?' Science 311 (2006): 1858–9; Lauren White et al., 'Putative indigenous carbon-bearing alteration features in Martian meteorite Yamato 000593', Astrobiology 14 (2014): 170–81.

「仍然主張原先的假設」：於吉布森之間的電子郵件往來，二〇一九年六月，包括一份二〇一七年四月論述的更新版本，來自 Everett Gibson et al., 'Position Paper: Significance of the ALH84001 research and 1996 Science manuscript', <https://www.eatsleepshopplay.com/ekg-4>. 二〇一九年，吉布森又說他認為在 ALH84001 中含有古代生命的證據論述「仍然很有力」，同時從其他隕石得到的更新資料也能支持這點。同時參見 Charles Choi, 'Mars life? 20 years later, debate over meteorite continues', Space.com, 10 August 2016, <https://www.space.com/33690-allen-hills-mars-meteorite-alien-life-20-years.html>.

「位於啄食順序的底層」：Adam Rogers, 'War of the Worlds', Newsweek, 9 February 1997, <https://www.newsweek.com/war-worlds-174656>.

「更快、更好、更便宜」：NASA, Daniel Saul Goldin, <https://history.nasa.gov/dan_goldin.html>.

「證實了美國的太空計畫」：比爾．柯林頓總統對於發現火星隕石所發表的談話，一九九六年八月七日，<https://www2.jpl.nasa.gov/snc/clinton.html>.

「地外探險的誘惑力」：Sawyer, Rock from Mars, 197. 同時參見：Mark Peplow, 'Do you believe in life on Mars?', Nature, 8 March 2005, <https://www. nature.com/news/2005/050307/full/050307-9.html>.

總署也將資源轉移：關於 ALH84001 所引發的研究方向轉移：Leonard David, 'Moon and Mars exploration pioneer David McKay dies at 76', Space.com, 25 February 2013, <https://www.space.com/19949-david-mckay-obituary-moon-mars.html>, Dick, 'Twentieth Century History', 140; Gibson et al., 'Position paper'.

「指導概念」： Gibson et al., 'Position paper'.

史上成果最豐碩的行星獵人： Alexandra Witze, 'NASA retires Kepler spacecraft after planet-hunter runs out of fuel', Nature, 30 October 2018.

使用光譜學來探究： McGregor Campbell, 'Red sun rising', New Scientist, 21 July 2018, 39–41; Ryan MacDonald, 'And now for the exoweather...', New Scientist, 10 November 2018, 38–41.

分析了克卜勒望遠鏡的數據： Erik Petigura et al., 'Prevalence of Earth-size planets orbiting Sun-like stars', PNAS 110 (2013), <https://doi.org/10.1073/pnas.1319909110>.

在距離我們最近的恆星： Guillem Anglada-Escudé et al., 'A terrestrial planet candidate in a temperate orbit around Proxima Centauri', Nature 536 (2016): 437–40.

七顆與地球大小相近的行星： Michaël Gillon et al., 'Seven temperature terrestrial planets around the nearby ultracool dwarf stars TRAPPIST-1', Nature 542 (2017): 456–60.

偵測到了水蒸氣： Angelos Tsiaras et al., 'Water vapour in the atmosphere of the habitable-zone eight-Earth-mass planet K2-18 b', Nature Astronomy (2019) <https://doi.org/10.1038/s41550-019-0878-9>.

八十八億顆可能適合人類居住： Petigura, 'Prevalence of Earth-sized planets'; Nancy Atkinson, '22% of sun-like stars have earth-sized planets in the habitable zone', Universe Today, 4 November 2013, <https://www.universetoday.com/106121/22-of-sun-like-stars-have-earth-sized-planets-in-the-habitable-zone/>. 同時參見：Michael Gowanlock and Ian Morrison, 'The Habitability of Our Evolving Galaxy', in Habitability of the Universe Before Earth, ed. Richard Gordon and Alexei Sharov (Elsevier, 2018).

在深海熱泉中： Cristina Luiggi, 'Life on the ocean floor, 1977', Scientist, 1 September 2012, <https://www.the-scientist.com/

foundations/life-on-the-ocean-floor-1977-40523>.

「無法克服的物理及化學障礙」：Lynn Rothschild and Rocco Mancinelli, 'Life in extreme environments', Nature 409 (2001): 1092–101. 其他關於嗜極生物的資料來源：Mosè Rossi et al., 'Meeting Review: Extremophiles 2002', Journal of Bacteriology 185 (2003): 3683–9; Mark Lever et al., 'Evidence for microbial carbon and sulfur cycling in deeply buried ridge flank basalt', Science 339 (2013): 1305–8.

其他可能的可居住地：Seth Shostak, 'Current Approaches to Finding Life Beyond Earth', in Dick, Life Beyond Earth, 9–22; Dirk Schulze-Makuch, 'The Landscape of Life', in Dick, Life Beyond Earth, 81–94.

搭便車：Paul Davies, The Fifth Miracle: The Search for the Origin and Meaning of Life (Simon & Schuster, 1998); Steven Benner and Hyo-Joong Kim, 'The case for a Martian origin for Earth life', Instruments, Methods, and Missions for Astrobiology XVII 9606 (2015): 96060C; Chandra Wickramasinghe, 'Evidence to clinch the theory of extraterrestrial life', Journal of Astrobiology & Outreach 3 (2015): <https://doi.org/10.4172/2332-2519.1000e107>.

生命的有機前導物質：Fred Goesmann et al., 'Organic compounds on comet 67P/Churyumov-Gerasimenko revealed by COSAC mass spectrometry', Science 349 (2015), <https://doi.org/10.1126/science.aab0689>; Queenie Chan et al., 'Organic matter in extraterrestrial water-bearing salt crystals', Science Advances 4 (2018), <https://doi.org/10.1126/sciadv.aao3521>.

在深層太空中生存：例如 Natalia Novikova et al., 'Study of the effects of the outer space environment on dormant forms of microorganisms, fungi and plants in the "Expose-R" experiment', International Journal of Astrobiology 14 (2015): 137–42.

軌道衛星火星全球探勘者號：Mario Acuna et al., 'Magnetic field and plasma observations at Mars: initial results of the Mars Global Surveyor Mission', Science 279 (1998): 1676–80. 同時參見 B. P. Weiss et al., 'Records of an ancient Martian magnetic field in ALH84001', Earth and Planetary Science Letters 201 (2001): 449–63.

保有比較厚的大氣層：Ramses Ramirez and Robert Craddock, 'The geological and climatological case for a warmer and wetter early Mars', Nature Geoscience 11 (2018): 230–7.

三十億年歷史的沉積岩：Jennifer Eigenbrode, 'Organic matter preserved in 3-billion-year-old mudstones at Gale crater, Mars', Science 360 (2018): 1096–101.

更適合發展生命的景象：Colin Dundas et al., 'Exposed subsurface ice sheets in the Martian mid-latitudes', Science 359 (2018): 199–201; Anja Diez, 'Liquid water on Mars', Science 361 (2018): 448–9; Yoshitaka Yoshimura, 'The Search for Life on Mars', in Astrobiology, ed. Akihiko Yamagishi et al. (Springer, 2019), 367–81.

也不斷探測到甲烷：Marco Giuranna et al., 'Independent confirmation of a methane spike on Mars and a source region east of Gale Crater', Nature Geoscience 12 (2019): 326–32.

堅稱火星生物學：Gilbert Levin and Patricia Ann Straat, 'The case for extant life on Mars and its possible detection by the Viking labeled release experiment', Astrobiology 16 (2016): 798–810.

提出不同的化學機制：Chris McKay, 'What is Life – and how do we search for it on other worlds?' PLoS Biology 2 (2004): 1260–63; Schulze-Makuch, 'Landscape of Life'.

繞行中子星：Schulze-Makuch, 'Landscape of Life'.

「影子生物圈」：Carol Cleland, 'Epistemological issues in the study of microbial life: alternative terran biospheres?' Studies in History and Philosophy of Science Part C: Studies in History and Philosophy of Biological and Biomedical Sciences 38 (2007): 847–61, <https://doi.org/10.1016/j.shpsc.2007.09.007>; Paul Davies, 'Searching for a shadow biosphere on Earth as a test of the "cosmic imperative"', Proceedings of the Royal Society A 369 (2011): 624–32.

「仙子與精靈的國度」：David Toomey, Weird Life: The Search for Life that is Very, Very Different from Our Own (W. W. Norton & Co., 2013), 34.

一位名叫喬瑟琳・貝爾的博士生：關於貝爾發現的故事：Jocelyn Bell Burnell, 'Little Green Men, white dwarfs or pulsars?' Annals of the New York Academy of Science 302 (1977): 685–9; Alan Penny, 'The SETI episode in the 1967 discovery of pulsars', European Physical Journal H 38 (2013): 535–47.

「隨著圖表在筆下捲動」：Bell Burnell, 'Little Green Men'.

「這些脈衝訊號」：Bell Burnell, 'Little Green Men'.

「小綠人」：Penny, 'The SETI episode'.

在一九五九年《自然》中的一篇論文：Giuseppe Cocconi and Philip Morrison, 'Searching for interstellar communications', Nature 184 (1959): 844–6.

法蘭克・德雷克很快就開始：Dick, 'Twentieth Century History', 139.

「越來越感激動」：Penny, 'The SETI episode', 4.

「越少接觸越好」：Penny, 'The SETI episode'.

「我只是努力想拿到博士學位」、**「我開開關關了幾次」**以及**「實在不太可能」**：Bell Burnell, 'Little Green Men'.

終於寫好了論文：Antony Hewish et al., 'Observation of a rapidly pulsating radio source', Nature 217 (1968): 709–13.

試圖接收訊號的研究大多是：關於SETI計畫的努力歷史，參見 Douglas Vakoch and Matthew Dowd (ed.), The Drake Equation: Estimating the Prevalence of Extraterrestrial Life Through the Ages (Cambridge University Press, 2015); Linda Billings, 'Astrobiology in culture: the search for extraterrestrial life as "Science"', Astrobiology 12 (2012): 966–75; Seth Shostak, 'Current Approaches to Finding Life Beyond Earth, and What Happens if We Do', in Dick, Life Beyond Earth, 9–22.

（註解）**「非常危險」**：Penny, 'The SETI episode'.

重複而無法解釋的無線電波：'Distant galaxy sends out 15 high-energy radio bursts', UC Berkeley press release, 30 August 2017, <https://news.berkeley.edu/2017/08/30/distant-galaxy-sends-out-15-high-energy-radio-bursts/>.

「聽來陌生的小規模科學探究任務」：Michael Michaud, 'Searching for Extraterrestrial Intelligence', in Dick, Life Beyond Earth,

295.

最為複雜的文明：Susan Schneider, 'Alien Minds', in Dick, Life Beyond Earth, 189–206.

將智慧視為一種工具：Mark Lupisella, 'Life, Intelligence, and the Pursuit of Value in Cosmic Evolution', in Dick, Life Beyond Earth, 159–74.

「我們想要決定的是」：Sawyer, Rock from Mars, 188.

12 心智

駕駛過七十餘種不同類型的飛航器：克里斯．哈費爾德，《太空人的地球生活指南：夢想、心態、怎麼按電梯、如何刷牙，以及怎麼穿著方形裝備走出圓形的門》，陳榮彬譯，大塊文化：二〇一四。

「我在技術上已經完全準備好」：克里斯．哈費爾德在倫敦皇家地理學會的談話，二〇一四年十二月七日。

「不加修飾的美麗衝擊」：哈費爾德，《太空人的地球生活指南》。

「令人動彈不得」……「六十億人」：'Chris Hadfield's Incredible Description of Spacewalking', 5 May 2013, <https://www.youtube.com/watch?v=cxxTGkBuo1c>.

「讓你完全停止思考」：引述於 Jo Marchant, 'Awesome awe', New Scientist (2017): 33–5.

「這個世界存在的力量」：哈費爾德，皇家地理學會談話。

「我的雙腳不再碰觸土地」：引述於 Owen Gingerich, 'Was Ptolemy a fraud?' Quarterly Journal of the Royal Astronomical Society 21 (1980): 253–66.

「氣勢恢弘而壯麗」：Henri-Frédéric Amiel, Amiel's Journal (1882), <https://www.gutenberg.org/files/8545/8545-h/8545-h.htm>，引述於 William James, The Varieties of Religious Experience: A Study in Human Nature (Penguin Classics, 1983), 395.

科學家做出的工作定義：Dacher Keltner and Jonathan Haidt, 'Approaching awe, a moral, spiritual, and aesthetic emotion', Cognition and Emotion 17 (2003): 297–314.

結果令人驚訝：概述於 Marchant, 'Awesome awe'；**讓人們更有創意**：Alice Chirico et al., 'Awe enhances creative thinking: An experimental study', Creativity Research Journal 30 (2018): 123–31；**增強記憶**：Alexander Danvers and Michelle Shiota, 'Going off script: Effects of awe on memory for script-typical and -irrelevant narrative detail', Emotion 17 (2017): 938–52；**降低細胞激素濃度**：Jennifer Stellar et al., 'Positive affect and markers of inflammation: Discrete positive emotions predict lower levels of inflammatory cytokines', Emotion 15 (2015): 129–33；**激發副交感神經系統**：Michelle Shiota et al., 'Feeling Good: Autonomic nervous system responding in five positive emotions', Emotion 11 (2011): 1368–78；**比較不會擔心個人的煩惱及目標……更符合道德規範的決定**：Paul Piff et al., 'Awe, the small self, and prosocial behavior', Journal of Personality and Social Psychology 108 (2015): 883–99；**比較不會在乎金錢**：Libin Jiang et al., 'Awe weakens the desire for money', Journal of Pacific Rim Psychology 12 (2018): e4；**更重視環境**：Huanhuan Zhao et al., 'Relation between awe and environmentalism: The role of social dominance orientation', Frontiers in Psychology 9 (2018): 2367; Yan Yang et al., 'From awe to ecological behavior: The mediating role of connectedness to nature', Sustainability 10 (2018): 2477；**覺得自己似乎有更充裕的時間**：Melanie Rudd et al., 'Awe expands people's perception of time, alters decision making, and enhances well-being', Psychological Science 23 (2012): 1130–6.

簽名時的字體會比較小：Yang Bai et al., 'Awe, the diminished self, and collective engagement: Universals and cultural variations in the small self', Journal of Personality and Social Psychology 113 (2017): 185–209；同時參見 Michiel van Elk et al., '"Standing in awe": The effects of awe on body perception and the relation with absorption', Collabra 2 (2016): 4.

荷蘭的神經科學家：Michiel van Elk et al., 'The neural correlates of awe experience: Reduced default mode network activity during feelings of awe', Human Brain Mapping 40 (2019): 3561–74.

「消失的自我」：與達契爾．克特納的電話訪談，二〇一七年五月五日，原先引述於 Marchant, 'Awesome awe'.

大雷雨等自然力量：Alice Chirico and David Yaden, 'Awe: A self-transcendent and sometimes transformative emotion', in The Function of Emotions, ed. Heather Lench (Springer, 2018), 221–33.

「好美，真是太美了！」：Alison George, 'One minute with . . . Yuri Gagarin', New Scientist, 9 April 2011, 29.

「世界上的人們」：Yuri Gagarin, Yuri Gagarin (Novisti Press, 1977), 14 and 17；引述於 Richard Roney, 'Beyond War: A New Way of Thinking', in Breakthrough: Emerging New Thinking: Soviet and Western Scholars Issue a Challenge to Build a World Beyond War (Walker, Novisti, 1988), 5.

「美麗溫暖而富生命力的物體」：Jim Irwin, To Rule the Night: The Discovery Voyage of Astronaut Jim Irwin (A. J. Holman, 1973), 60.

「活生生在呼吸的有機體」：Overview documentary film, Planetary Collective, 2012, <http://weareplanetary.com/overview-short-film/>. 同時參見 Ron Garan, The Orbital Perspective: Lessons in Seeing the Big Picture from a Journey of 71 Million Miles (Berrett-Koehler, 2015), 52–3.

「憐憫之情與擔心」：David Yaden et al., 'The Overview Effect: Awe and self-transcendent experience in space flight', Psychology of Consciousness: Theory, Research, and Practice 3 (2016): 3.

賣掉了自己的休旅車：Ben Guarino, 'The Overview Effect will save Earth one rich space tourist at a time', Inverse, 18 December 2015, <https://www.inverse.com/article/6301-overview-everview-effect-space-tourism-environmentalism-spacex-richard-garriot>.

「從月球上往地球看」：Alex Pasternak, 'The moon-walking, alien-hunting, psychic astronaut who got sued by NASA', Vice, 14 May 2016, <https://www.vice.com/en_us/article/aek7ez/astronaut-edgar-mitchell-outer-space-inner-space-and-aliens>.

「你不會看到種種阻礙」：Frank White, The Overview Effect: Space Exploration and Human Evolution, third edition (American

Institute of Aeronautics and Astronautics, 1987), 37.

在一九八〇年代被命名：White, 'Overview Effect'.

驚嘆的強大範例：Yaden et al., 'Overview Effect', 1–11.

「內心的平靜」：White, 'Overview Effect', 41.

「恩典狀態」：Geoff Hoffman, iPM, BBC Radio 4, 25 May 2013, <http://www.bbc.co.uk/programmes/b01sjn9l>，引述於 Nick Campion, 'The Importance of Cosmology in Culture: Contexts and Consequences', in Trends in Modern Cosmology, ed. Abraao Capistrano (InTechOpen, 2017).

「宇宙的其他地方」：Yasmin Tayag, 'Six NASA astronauts describe the moment in space when "everything changed" ', Inverse, 20 July 2019, <https://www.inverse.com/article/57841-nasa-astronauts-describe-overview-effect-everything-changed>.

「比你自己更加巨大的東西」：Chris Hadfield, 'Why all politicians should travel to space (and some should come back)', Big Think, 23 March 2018, <https://bigthink.com/videos/chris-hadfield-how-space-travel-expands-your-mind>.

「上帝的力量」：John Wilford, 'James B. Irwin, 61, Ex-Astronaut; Founded Religious Organization', New York Times, 10 August 1991, <https://www.nytimes.com/1991/08/10/us/james-b-irwin-61-ex-astronaut-founded-religious-organization.html>.

「似乎有了知覺」：Edgar Mitchell, The Way of the Explorer: An Apollo Astronaut's Journey Through the Material and Mystical Worlds, revised edition (New Page books, 2008), 16 and 74–5.

威廉・詹姆斯最出名的研究：James, Religious Experience, 395.

「宇宙意識」：Richard Bucke, Cosmic Consciousness: A Study in the Evolution of the Human Mind (Dutton & Co., 1901).

「一種遠古而普世皆準的基質」：Aldous Huxley, The Perennial Philosophy (Harper & Brothers, 1947)，引述於 Charles Grob et al., 'Use of the classic hallucinogen psilocybin for the treatment of existential distress associated with cancer', in Psychological

Aspects of Cancer, ed. Brian Carr and Jennifer Steel (Springer, 2013), 291–308.

蘑菇當中含有致幻物質： Gordon Wasson, 'Seeking the magic mushroom', Life, 13 May 1957, 100–2 and 109–20.

臨床藥理學家羅蘭・葛瑞菲斯： Roland Griffiths et al., 'Psilocybin can occasion mystical-type experiences having substantial and sustained personal meaning and spiritual significance', Psychopharmacology 187 (2006): 268–83; Roland Griffiths et al., 'Mystical-type experiences occasioned by psilocybin mediate the attribution of personal meaning and spiritual significance 14 months later', Journal of Psychopharmacology 22 (2008): 621–32.

「處在虛空中」： Frederick Barrett and Roland Griffiths, 'Classic hallucinogens and mystical experiences: phenomenology and neural correlates', in Behavioural Neurobiology of Psychedelic Drugs (Springer, 2017), 393–430.

二〇一六年的研究： Roland Griffiths et al., 'Psilocybin procures substantial and sustained decreases in depression and anxiety in patients with life-threatening cancer: A randomized double-blind trial', Journal of Psychopharmacology 30 (2016), 1181–97.

在自己的日記中寫道以及**「沒有什麼好畏懼的」：** Grob et al., 'Existential distress'.

迷幻藥物會降低活動：關於迷幻藥物如何影響大腦： Robin Carhart-Harris et al., 'Neural correlates of the psychedelic state as determined by fMRI studies with psilocybin', PNAS 109 (2012): 2138–43; Samuel Turton et al., 'A qualitative report on the subjective experience of intravenous psilocybin administered in an fMRI environment', Current Drug Abuse Reviews 7 (2014): 117–27; Enzo Tagliazucchi et al., 'Increased global functional connectivity correlates with LSD-induced ego dissolution', Current Biology 26 (2016): 1043–50; Barrett and Griffiths, 'Classic hallucinogens'; Matthew Nour and Robin Carhart-Harris, 'Psychedelics and the science of self-experience', British Journal of Psychiatry 210 (2017): 177–9; Michael Schartner et al., 'Increased spontaneous MEG signal diversity for psychoactive doses of ketamine, LSD and psilocybin', Scientific Reports 7 (2017), <https://doi.org/10.1038/srep46421>; Robin Carhart-Harris, 'How do psychedelics work?' Current Opinion in Psychiatry 32 (2019): 16–21.

「我感覺這是」：與羅賓．卡哈特－哈里斯的電話訪談，二〇一七年五月九日，原先引述於 Marchant, 'Awesome awe'.

鬆開這些束縛：Robin Carhart-Harris et al., 'Psychedelics and connectedness', in Psychopharmacology 235 (2017): 547–50; Robin Carhart-Harris and David Nutt, 'Serotonin and brain function: a tale of two receptors', Journal of Psychopharmacology 3 (2017): 1091–1120.

「我們相信失去驚嘆」：Paul Piff and Dacher Keltner, 'Why do we experience awe?' New York Times, 22 May 2015, <https://www.nytimes.com/2015/05/24/opinion/sunday/why-do-we-experience-awe.html>.

「苦惱不已」：James, 'Religious Experience', 386.

「我自身的狀況」：James, 'Religious Experience', 379 and 388.

「我仍然傾向認為」：麥可．波倫，《改變你的心智：用啟靈藥物新科學探索意識運作，治療上癮及憂鬱，面對死亡與看見超脫》，謝忍翻譯，大家：二〇二〇。

「存在就是認知到了」：Lisa Downing, 'George Berkeley', The Stanford Encyclopedia of Philosophy (spring 2013 edition), ed. Edward Zalta, <https://plato.stanford.edu/archives/spr2013/entries/berkeley/>.

詹姆斯深受影響：William James, A Pluralistic Universe: Hibbert Lectures at Manchester College on the Present Situation in Philosophy (1908), lecture 6.

「機械式的解釋」：Henri Bergson, Time and Free Will: An Essay on the Immediate Data of Consciousness, trans. F. L. Pogson (Dover Publications, 2001), 100.

「物理學能以數學解釋」：Bertrand Russell, An Outline of Philosophy (Routledge Classics, 2009), 171；引述於 Galen Strawson, 'A hundred years of consciousness: “a long training in absurdity”', Estudios de Filosofia 59 (2019): 9–43.

似乎「相當愚蠢」：Arthur Eddington, The Nature of the Physical World: The Gifford Lectures 1927 (Cambridge University Press, 1928), 259；引述於 Galen Strawson, 'Realistic monism: why physicalism entails panpsychism', Journal of Consciousness

Studies 13 (2006): 3–31.

「危機時刻」：Max Planck, 'Where is Science Going?' (Ox Bow Press, 1977), 65；引述於 Juan Marin, '"Mysticism" in quantum mechanics: the forgotten controversy', European Journal of Physics 30 (2009): 807–22.

「哲學上的偏見」：Albert Einstein, The Born–Einstein Letters: Friendship, Politics, and Physics in Uncertain Times: Correspondence Between Albert Einstein and Max and Hedwig Born from 1916 to 1955 with Commentaries by Max Born (Macmillan, 2005), 218；引述於 Marin, 'Mysticism'.

「物質宇宙」：Erwin Schrödinger, 'Interviews with Great Scientists: no. 4. – Prof. Schrödinger', Observer, 11 January 1931, 15–16; quoted in Strawson, 'A hundred years of consciousness'.

「接受輸血」：Erwin Schrödinger, What is Life? With Mind and Matter and Autobiographical Sketches (Cambridge University Press, 2012), 130；引述於 Marin, 'Mysticism'.

一九五三年所發現的：James Watson and Francis Crick, 'Molecular structure of nucleic acids', Nature 171 (1953): 737–8.

「可以一刀切成兩半」：史帝芬・品克，《心智探奇》，韓定中，劉倩娟譯，臺灣商務：二〇〇六。

「困難的問題」：'David Chalmers on the Hard Problem of Consciousness', (Tucson, 1994), <https://www.youtube.com/watch?v=_lWp-6hH_6g>.

湯瑪斯・內格爾：'What is it like to be a bat?', Philosophical Review 83 (4): 435–50, <https://doi.org/10.2307/2183914>.

「一種幻覺」：John Horgan, 'Is consciousness real? Philosopher Daniel Dennett tries, once again, to explain away consciousness', Cross Check blog, Scientific American, 21 March 2017, <https://blogs.scientificamerican.com/cross-check/is-consciousness-real/>.

不滿的人會提出疑問：例如 Paul Davies, The Goldilocks Enigma: Why Is the Universe Just Right for Life? (Allen Lane, 2006); Ryan Gillespie, 'Cosmic meaning, awe and absurdity in the secular age: A critique of religious non-theism', Harvard

Theological Review 111 (2018): 461–87.

「機械載具」：理查・道金斯，《自私的基因》（新版），趙淑妙譯，天下文化：二〇二〇。

「一大堆神經元」：Francis Crick, The Astonishing Hypothesis: The Scientific Search for the Soul (Simon & Schuster, 1995), 3.

「化學渣滓」：Reality on the Rocks, Windfall Films, 1995；引述於 Raymond Tallis, 'You chemical scum, you', Philosophy Now, March/April 2012, <https://philosophynow.org/issues/89/You_Chemical_Scum_You>.

「還原論者的世界觀」：Steven Weinberg, Dreams of a Final Theory: The Scientist's Search for the Ultimate Laws of Nature (Vintage, 1994), 53.

「意義進入宇宙的機制」：The Atheist's Guide to Christmas, ed. Ariane Sherine (Friday Project, 2010), 83.

「詩意自然主義」：蕭恩・卡羅爾，《詩性的宇宙：一位物理學家尋找生命起源，宇宙與意義的旅程》，蔡承志譯，八旗文化：二〇一七。

「存在的神聖性」：布萊恩・葛林，《眺望時間的盡頭：心靈，物質以及在演變不絕的宇宙中尋找意義》，蔡承志譯，鷹出版：二〇二一。

「沒有特殊心智領域」：'Physics of consciousness', 與蕭恩・卡羅爾的訪談，Closer to Truth, <https://www.closertotruth.com/interviews/54817>.

「數學確實就是法則」：葛林，《眺望時間的盡頭》。

「並不能夠提供」：Thomas Nagel, Mind and Cosmos: Why the Materialist, Neo-Darwinian Conception of Nature is Almost Certainly False (OUP USA, 2012).

「論證輕率」：Andrew Ferguson, 'The Heretic', Weekly Standard, 25 March 2013, <http://www.weeklystandard.com/andrew-ferguson/the-heretic>.

「一文不值」：Michael Chorost, 'Where Thomas Nagel went wrong', Chronicle of Higher Education, 13 May 2013, <https://

www.chronicle.com/article/Where-Thomas-Nagel-Went-Wrong/139129>.

保羅・戴維斯……史都華・考夫曼： Davies, Goldilocks Enigma; Paul Davies, The Demon in the Machine: How Hidden Webs of Information Are Solving the Mystery of Life (Allen Lane, 2019); Stuart Kauffman, 'Beyond the stalemate', Cornell University, arXiv.org, <https://arxiv.org/abs/1410.2127v2>; Stuart Kauffman, Reinventing the Sacred: A New View of Science, Reason and Religion (Basic, 2008).

「最肯定的一件事」與接下來的引言**：**與蓋倫・史特勞森在倫敦查爾克里（Chalk Farm）進行的訪談，二〇一九年八月十三日。同時參見 Strawson, 'Realistic monism'; Galen Strawson, 'Mind and Being: The primacy of panpsychism', in Panpsychism: Contemporary Perspectives, ed. Godehard Brüntrup and Ludwig Jaskolla (OUP USA, 2016); Strawson, 'A hundred years of consciousness'.

意識或許有沒有可能進一步延伸： Colin Klein and Andrew Barron, 'Insects have the capacity for subjective experience', Animal Sentience 9 (2016): 1–19；賽・蒙哥馬利，《章魚的內心世界：三顆心臟，八隻腕足，九個腦袋，三億個神經元，章魚的獨特演化如何感受這個世界？》，鄧子衿譯，馬可孛羅：二〇一九。

就連植物和黏菌： Paco Calvo, 'Are plants sentient?' Plant, Cell and Environment 40 (2017): 2858–69; Chris Reid and Tania Latty, 'Collective behaviour and swarm intelligence in slime moulds', FEMS Microbiology Reviews 40 (2016): 798–806; Jordi Vallverdú et al., 'Slime mould: The fundamental mechanisms of biological cognition', Biosystems 165 (2018): 57–70.

在電腦及外星生命當中： Murray Shanahan, 'AI and Consciousness', in The Technological Singularity (MIT Press, 2015), 117–50; Susan Schneider, 'Alien Minds', in Dick, Life Beyond Earth, 189–206.

資訊統整理論： Giulio Tononi and Christof Koch, 'Consciousness: here, there and everywhere?' Philosophical Transactions of the Royal Society B 370 (2015), <https://doi.org/10.1098/rstb.2014.0167>.

「新一代」以及**《伽利略的錯誤》：**引述自大衛・查爾莫斯對高夫著作的書評： Philip Goff, Galileo's Error: Foundations for a New

Science of Consciousness (Penguin Random House, 2019)。關於越來越多人接受泛心論，參見 Adam Frank, 'Minding matter: the closer you look, the more the materialist position in physics appears to rest on shaky metaphysical ground', Aeon, March 2017, <https://aeon.co/essays/materialism-alone-cannot-explain-the-riddle-of-consciousness>; Philip Goff, 'Panpsychism is crazy, but it is also most probably true', Aeon, March 2017, <https://aeon.co/ideas/panpsychism-is-crazy-but-its-also-most-probably-true>; Olivia Goldhill, 'The idea that everything from spoons to stones is conscious is gaining academic credibility', Quartz, January 2018, <https://qz.com/1184574/the-idea-that-everything-from-spoons-to-stones-are-conscious-is-gaining-academic-credibility/>. 自從史特勞森在二〇〇六年發表了那篇立場激進的論文之後，關於泛心論的學術出版包括 David Skrbina, Panpsychism in the West (MIT Press, 2007); The Mental as Fundamental: New Perspectives on Panpsychism, ed. Michael Blamauer (Ontos Verlag, 2011); Panpsychism, ed. Brüntrup and Jaskolla.

廣大海洋：Freya Mathews, 'Panpsychism as paradigm', in Blamauer, Mental as Fundamental, 141–56.

「駕馭著某種活物」：Freya Mathews, Reinventing Reality: Towards a Recovery of Culture (University of New South Wales Press, 2005), 111.

「閃閃發光」以及後續段落的引言：與伊泰・夏尼的 Skype 訪談，二〇一九年七月二十六日。同時參見 Itay Shani, 'Cosmopsychism: A holistic approach to the metaphysics of experience', Philosophical Papers 44 (2015): 389–437; Itay Shani and Joachim Keppler, 'Beyond Combination: How cosmic consciousness grounds ordinary experience', Journal of the American Philosophical Association 4 (2018): 390–410.

泛心論就是關鍵：Freya Mathews, For the Love of Matter: A Contemporary Panpsychism (State University of New York Press, 2003); Mathews, Reinventing Reality.

年紀比愛因斯坦及波耳還小一點：Charles Misner et al., 'John Wheeler, relativity, and quantum information', Physics Today, April 2009, 40–6.

「不斷冒出來」：Tim Folger, 'Does the universe exist if we're not looking?', Discover, 1 June 2002, <http://discovermagazine.com/2002/jun/featuniverse>. 這是佛格的描述，並非直接引述惠勒的話。

「代表的主張」：John Wheeler, 'Information, Physics, Quantum: The Search for Links', in Complexity, Entropy and the Physics of Information, ed. Wojciech Zurek (Addison Wesley, 1990), 309–36.

在一間實驗室中證實了……一系列各種版本：針對延遲決定實驗的檢視參見：Xiao-song Ma et al., 'Delayed-choice gedanken experiments and their realizations', Reviews of Modern Physics 88 (2016), <https://doi.org/10.1103/RevModPhys.88.015005>; Andrew Manning et al., 'Wheeler's delayed-choice gedanken experiment with a single atom', Nature Physics 11 (2015): 539–42; Francesco Vedovato, 'Extending Wheeler's delayed-choice experiment to space', Science Advances 3 (2017), <https://doi.org/10.1126/sciadv.1701180>.

天文學家甚至計畫：Laurance Doyle, 'Quantum astronomy: a cosmic-scale double-slit experiment', Space.com, 13 January 2005, <https://www.space.com/667-quantum-astronomy-cosmic-scale-double-slit-experiment.html>.

「煙霧形成的巨龍」：John Wheeler, 'Time Today', in Physical Origins of Time Asymmetry, ed. J. J. Halliwell et al. (Cambridge University Press, 1994), 19–20；引述於 Anil Ananthaswamy, 'Closed loophole confirms the unreality of the quantum world', Quanta, 25 July 2018, <https://www.quantamagazine.org/closed-loophole-confirms-the-unreality-of-the-quantum-world-20180725/>.

「在一座鋼琴上彈奏出的音符」：Wheeler, 'Information, Physics, Quantum', 24.

億萬次再億萬次、「如果量子狀態」以及**同樣都是革命性**：Christopher Fuchs, 'Notwithstanding Bohr, the reasons for QBism', Mind and Matter 15 (2017): 245–300, footnote 5.

「現實不只是」：Christopher Fuchs, 'On Participatory Realism', in Information and Interaction, ed. Ian Durham and Dean Rickles (Springer, 2017), 113–34.

富克斯在學習知識上的英雄典範之一：Fuchs, 'Notwithstanding Bohr'.

「純粹經驗」：William James, 'A World of Pure Experience (1904/11)', in Essays in Radical Empiricism (1912), 39–91. 詹姆斯也說：「新的經驗會不斷搭接在舊有的物質上，藉此宇宙的質量便持續成長。」William James, 'Does "Consciousness" exist?', Journal of Philosophy, Psychology, and Scientific Methods 1 (1904): 477–91.

「從切身之處找到點和面的材料」：William James, 'Pragmatism: A New Name for Some Old Ways of Thinking', 'Lecture VIII, Pragmatism and Religion', in William James, Pragmatism: A New Name for Some Old Ways of Thinking (1907).

「組成世界的物質」：Amanda Gefter, 'A private view of quantum reality', Quanta, 4 June 2015, <https://www.quantamagazine.org/quantum-bayesianism-explained-by-its-founder-20150604/>.

「QB主義並非極端」：Philip Ball, 'Reality? It's what you make it', New Scientist, 11 November 2017, 29-32.

「我們不是機器」：Chris Hadfield, 'What I learned from going blind in space', TED talk, 19 March 2014, <https://www.youtube.com/watch?v=Zo62S0ulqhA>.

後話

短篇故事〈夜幕降臨〉：Isaac Asimov, 'Nightfall' (1941). 這篇故事後來延伸擴寫成了一本小說，當中的星球改名為「凱加許」（Kalgash）：Isaac Asimov and Robert Silverberg, Nightfall (Doubleday, 1990).

醫療系統：現代醫學經常專注在生理上的實體與療程，同時不太理會病患的體驗及心理療法，關於更多討論參見 Jo Marchant, Cure: A Journey into the Science of Mind Over Body (Canongate, 2016).

人類大宇宙

抬頭望向天空尋找答案的人們，以及隱藏在星空中的歷史

作者　喬・馬錢特
譯者　徐立妍
主編　蔡曉玲
封面設計　莊謹銘
內頁設計　賴姵伶
特約行銷　黃怡婷
校對　鄭寬量・黃薇霓

發行人　王榮文
出版發行　遠流出版事業股份有限公司
地址　臺北市中山北路一段 11 號 13 樓
客服電話　02-2571-0297
傳真　02-2571-0197
郵撥　0189456-1
著作權顧問　蕭雄淋律師

2022 年 10 月 1 日　初版一刷
定價新臺幣 600 元
（如有缺頁或破損，請寄回更換）

Printed in Taiwan
ISBN：978-957-32-9774-1
遠流博識網 http://www.ylib.com
E-mail: ylib@ylib.com

國家圖書館出版品預行編目 (CIP) 資料

人類大宇宙：抬頭望向天空尋找答案的人們，以及隱藏在星空中的歷史 / 喬．馬錢特 (Jo Marchant) 著；徐立妍譯．-- 初版．-- 臺北市：遠流出版事業股份有限公司，2022.10
面；　公分
譯自：The human cosmos : a secret history of the stars.
ISBN 978-957-32-9774-1(平裝)
1.CST: 宇宙論
163　　111014545